도시행정론

강인호 · 박치형 · 하정봉

法 文 社

머리말

인류의 역사는 도시와 함께했다고 해도 과언이 아닐 것이다. 그래서 윈스턴 처칠은 1943년 10월 폭격으로 폐허가 된 런던의 복구를 약속하면서 "사람은 도시를 만들고, 도시는 사람을 만든다"라고 했는지 모른다. 도시는 인간의 삶의 터전이며 정치 · 경제 · 문화 간의 상호작용의 실현과 생산 및 소비의 실체가 존재하는 인간 공동체의 공간이다. 현재 세계의 도시인구는 10명 중 6명은 도시에 살고 있으며 한국 또한 10명 중 9명이 도시에 거주 하고 있다. 인구성장에 따른 도시 변화는 실로 예전에는 상상도 할 수 없을 정도의 폭발력과 파급 효과를 가지면서 많은 사회변화를 초래하고 있다. 21세기 4차 산업혁명의 시대는 주택, 교통, 정보, 위생, 환경, 유틸리티, 토지사용, 건물 및 통신 등 광범위한 기반시스템 제공과 함께 지역사회 발전을 위한 행정수요가 시민들로부터 빠르게 요청되고 있다. 이러한 변화에 대응하기 위해 저자들은 도시행정을 공부하는 학생들에게 도시의 전반적인 상황을 체계적으로 이해하기 위한 저서의 필요성을 느꼈다.

1990년대 초반까지 대다수 사람들이 가지고 있는 도시행정에 대한 인식은 빈약한 재정문제, 빈곤의 집중, 범죄로 인한 피해로 고통받는 이웃, 낡고 허름하고 살기에 부적합한 공공주택의 문제 등 협의의 도시문제에 한정되어 있었기 때문에 이러한 문제점들을 해결하기 위한 공공정책의 대응에 한정되어 있었다. 하지만 21세기의 도시행정은 지리적, 사회적, 경제적으로 훨씬 더 넓고 더 많은 영역들을 다루고 있다. 따라서 오늘날의 도시행정은 너무나 광범위하기 때문에 저자들은 학생들에게 도시행정을 어떻게 쉽게 이해하고 접근하게 해야 할지를 고민해 왔다. 왜냐하면 도시연구 분야는 사회학, 지리학, 경제학, 정치학, 인류학, 도시계획, 교육, 건축 및 도시디자인 등을 포함하는 융 · 복합 학문이기 때문이다. 즉, 도시행정은 다른 전문분야를 효과적으로 조합하는 통합 연구 분야이며, 시민들을 돕기 위한 정책의 총합이라고 할 수 있다. 도시의 급진적 변화로 인하여 많은 도시문제를 민간이 아닌 도시정부가 떠안아야 하는 상황이 총체적으로 발생하고 있기 때문에 도시행정 안에서 다양하고 많은 정책들이 집행되고 있다. 대부분의 사람들이 현재 도시 지역에 살고 있기 때문에 거의 모든 공공행정이 도시행정으로 간주될 수 있다.

도시 정책가나 실무자들은 시민들을 위하여 지역도시문제, 더 넓은 경제와 지역을 연결하는 과정, 거버넌스, 물리적, 경제적, 사회적 및 문화적 차원으로 표현된 공간구조 및 사회변화를 복합적으로 인식해야 한다. 도시 안에서 한 분야의 접근방식은 상대적으로 일관성은 있지만, 대부분은 다양하고 복합적인 문제를 가지고 있기 때문에 서로의 보완이 필요하다. 즉, 도시 삶의 측면에서 좋은 학교, 안전한 거리, 양질의 일자리, 접근 가능한 건강관리 및 위생관리, 공정한 신용 및 신뢰할 수 있는 사회 안전망이 없으면 도시 지역사회는 주민들에게 행복한 삶을 제공할 수 없다. 따라서 도시행정은 도시를 더 살기 좋은 곳으로 만들기 위해 도시화의 원인, 도시계층, 도시규범, 도시 내 토지이용, 도시 거주패턴, 도시계획, 도시교통, 주택 및 주거지역, 사회적 양극화, 도시쇠퇴, 도시사회계급, 성별, 민족성, 지역개발, 도심공동화, 교외화, 도시이미지, 시민복지 등 다양한 융·복합적인 연구가 필요하다. 즉, 도시행정은 지역사회의 변화와 상태에 대한 광범위한 연구를 통하여 도시 문제점을 해결하기 위해 다양한 정책과 관리의 새로운 방향을 제시하는 종합적이고 응용적인 학문으로 확장되어야 한다. 하지만 도시의 모든 것을 도시행정으로, 다른 한쪽에 있는 모든 것을 다른 것으로 지정할 수 있는 경계를 쉽게 정의할 수 없다. 그럼에도 불구하고 지속가능한 도시 개발을 달성하기 위해서는 다양한 이해 관계자들의 민주적 참여과정을 통해 사회적으로 통합되고 연결된 정책을 육성해야 한다. 도시행정은 장기적으로 보다 혁신적, 생산적, 포괄적, 탄력적인 도시개발을 촉진할 공통비전과 목표를 위해 다양한 행위자들을 조정하고 집약해야 하는 일관된 정책결정 세트이다. 따라서 올바른 도시행정을 구현하려면 생산적이고 생생하며 탄력적인 도시를 설계하고 건설할 수 있는 법적기반을 위한 지속적인 기술적 프로세스가 필요하다. 이러한 기능을 개발할 때 공공부문은 지역사회, 민간 투자자 및 기타 기관과 긴밀히 협력해야 한다. 즉, 도시정부만으로는 성공적인 도시를 건설할 수 없다. 따라서 도시행정은 정책목표를 달성하기 위해서 다양한 이해 관계자들의 적극적인 참여가 필요하다. 그러므로 이 책은 도시의 지속가능한 개발을 위한 정책결정 흐름과 그 정책이 어떻게 도시문제에 대응하고 있는가를 보여주고 있다.

많은 국가들은 도시문제를 조정하고 관리하기 위한 정책을 개발해 왔다. 각 국가의 도시문제는 다른 상황, 역사, 기술역량 및 기타 기능에 따라 다양한 목표로 인해 차이점을 갖고 있다. 모든 시나리오에 맞는 정책은 없지만 다른 국가의 경험을 통해 많은 것을 배울 수 있다. 현재 세계의 도시들은 지역을 물리적 및 경제적 기반으로 재생산하여 도시를 매력적으로 만들 수 있도록 지역사회자본 또는 지역사회 역량강화를 위해 새로운 형태의 복잡한 도시행정을 펼치고 있다. 따라서 이 책은 영국, 미국, 일본의 도시행정에 대한 전반적인 사례를 통하여 구체적인 도시문제와 그 문제가 어떻게 다루어졌는지를 포함하고 있다. 이 사례들이 학생들에게 해당 분야에 대한 학문적 지식 제공과 함께 한국의 도시정책에 투영되어 함께 발전하기를 기대한다.

이 책은 국내・외 도시연구를 수행한 학술적 자료와 전문 문헌을 기초로 완성되었다. 이 책은 한 학기 강의용으로 적절하게 사용하기 위해 총 14개장으로 구성되었다. 이 책의 특징 중 하나는 도시행정의 현장의 목소리를 독자들에게 간접적이나마 전달하고자 하는 데 있다. 또한 기존의 도시행정의 패러다임이 도시성장 중심에 치중하면서 도시 현장 곳곳에서 문제점들을 노출하고 있는데, 이러한 폐단을 치유하기 위해 저성장, 저고용, 뉴 노멀(New Normal) 시대의 적합한 지역의 특성에 맞는 다양한 도시재생정책들을 소개하는 데 좀 더 많은 노력을 기울였다. 도시행정론의 범위가 엄청나게 방대하기 때문에 가능한 한 체계적이고 간결하게 정리하려고 노력했다. 그러나 저자들의 지식의 빈약으로 책이 용두사미(龍頭蛇尾) 꼴이 아닌지 염려스러운 마음으로 이 책을 내놓으면서 독자들과 동학(同學) 여러분들의 질책과 비판을 겸허하게 받아들이면서 부족한 부분을 추후 개정판을 통해 수정・보완해 나가고자 한다.

이 책이 발간되기까지에는 많은 분들의 도움이 있었다. 특히 저자들의 외국유학과 학문적 정진을 가능하도록 물심양면으로 도와주신 부모님과 형제 그리고 많은 어려움을 함께해준 사랑스러운 가족들에게 존경과 감사를 표하고자 한다. 마지막으로 짧은 시간 동안에 멋진 모양의 책이 되도록 애써주신 법문사 여러분께 깊은 감사를 전하고자 한다.

2020년 8월

저자 일동

차 례

제1장 도시와 도시문제

제 2 장 도시행정의 범위 및 특성

제 3 장 주요국가의 도시 발달

제 4 장 도시에 대한 주요 접근방법

제 5 장 도시정부의 구성과 정부 간 관계론

제 9 장 도시주택 및 토지정책

제 10 장 도시재난관리 정책

제 11 장 도시교통 및 환경정책

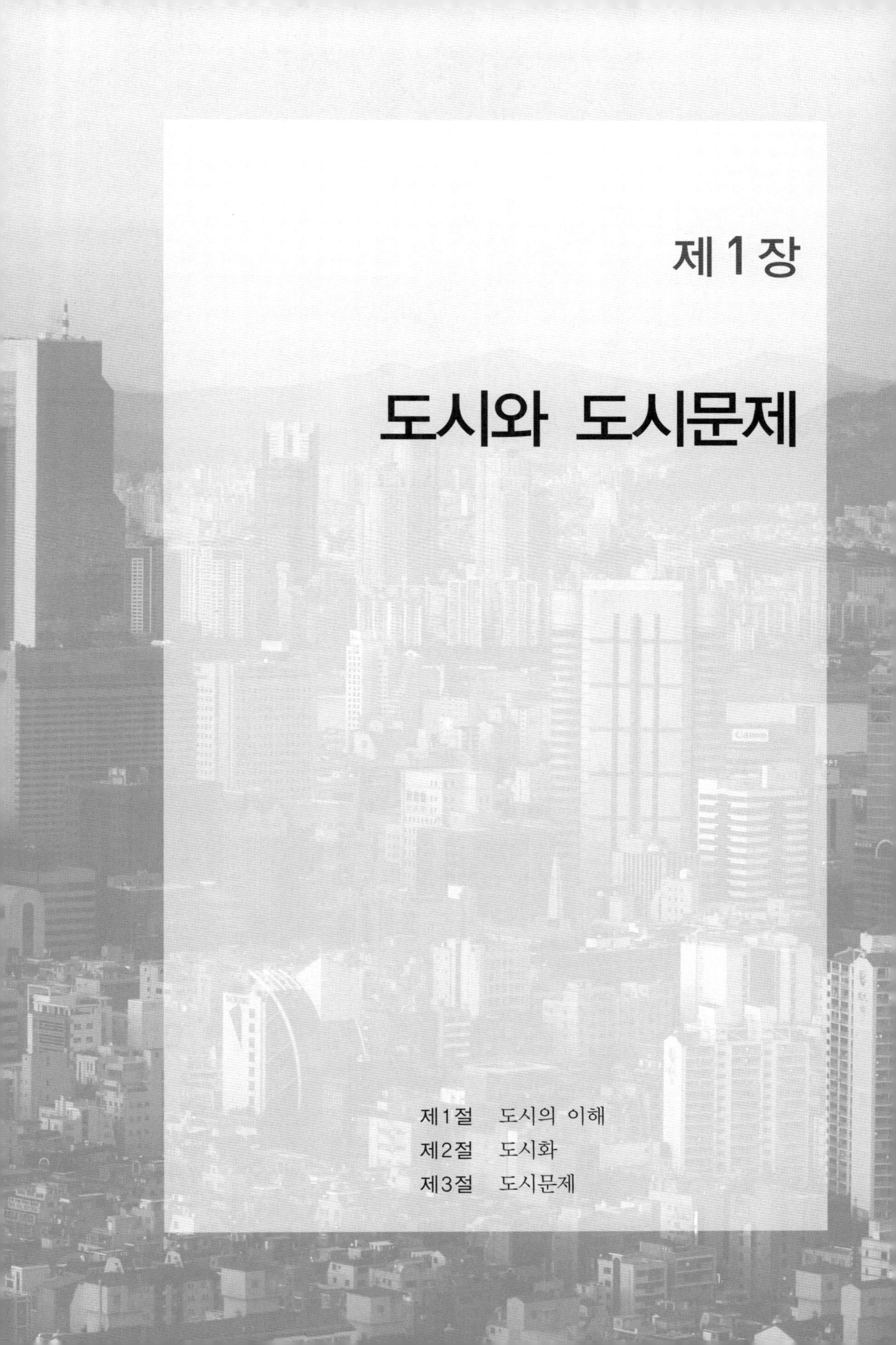

제 1 장

도시와 도시문제

제 1 장

도시와 도시문제

제1절 | 도시의 이해

1. 도시의 개념

초기의 도시는 서아시아지역에서 침입을 당한 사람들을 에워싸고 보호하여 정착시키기 위한 장소로 사용되었다. 초기의 도시에 살았던 사람들은 비 농업적이고 비 유목민적인 존재로서 도시를 독특한 삶의 방식의 장소로 발전시켰다. 우리는 보통 마을보다 큰 곳과 같은 모호한 문구를 사용하여 도시를 묘사한다. 도시라는 용어를 더 구체적으로 사용하게 되면 자의적인 구분이 생길 수 있지만, 일반적으로 도시는 생활방식과 고용형태 면에서 독특한 삶의 방식을 가진 사람들의 집중으로 묘사될 수 있다. 고도의 특수 토지 이용과 도시 내 시설과 자원의 이용을 조정하기 위해 다양성이 존재하는 복잡한 장소로서 도시는 사회 · 경제 · 정치적인 권력의 중심이다. 도시는 시골에 비해 많은 양의 자본 및 인력과 빠른 변화가 존재하는 인간 군집의 정착지이다. 도시를 이해하는데 있어서 더 중요한 것은 도시와 시골의 구별은 궁극적으로 사람들이 살고 있는 장소를 어떻게 인식하는가에 달려 있다. 보통 사람들에게 도시는 정치, 사회, 문화 등 모든 면에서 소통이 활발히 존재하기 때문에 시골 주민들이 이용할 수 없는 기회가 존재하는 곳이다. 즉, 도시는 사람들에게 훨씬 더 많은 활동, 다양한 전문분야, 다양한 지역사회를 접하고 교류할 수 있는 기회를 제공하는 장소이다.

Urban과 City라는 단어가 요즘 거의 같은 의미로 사용되긴 하지만, 그것들 사이에는 차이점이 존재한다. 명사 도시(City)에는 정부와 행정부라는 개념이 통합되어 있지만 형용사 도시(Urban)는 인구 밀도가 높은 장소와 그곳에 사는 사람들의 생활 방식, 즉 문화에 대한 아이디어를 가지고 있다. City의 의미는 대부분 법적 및 행정적인 면에서 관련이 있는 반면, Urban의 의미는 흔히 도시 문화라고 부르는 것, 즉 그들의 건축, 생활방식, 사회학, 경제학과 관련이 있다. 이 두 가지 의미들은 서로 잘 어울린다. 이러한 혼합 속에 City와 Urban 사이의 차이점을 조금 더 심도 있게 보는 것은 유용하다.

우리는 집을 정주의 장소로 보았을 때, 재래식 상품 개념, 즉 집(home)은 집(house)보다 더 많은 의미를 갖고 있다. 객관적 요인으로 집(house)은 상품이다. 이에 반하여 주관적 요인으로 집(home)은 삶의 장소이다(Gottdiener 1993; Orum 1995). 따라서 도시에 대한 이러한 결합의 의미는 대규모의 활동을 조정하고 통제하는 집중된 인구의 지역으로 특징되어진다고 역사가 Chudacoff(1975)에 의해 제한된다. Chudacoff는 도시의 네 가지 주요 기준을 설명하였다: (1) 인구 밀도의 특성을 가지고 있다. (2) 도시는 인구, 상품, 서비스 및 소통을 중앙 집중화하고 분산시키는 노드이다. (3) 복잡하고 전문화된 관계는 사회생활을 특징짓는다. (4) 도시 거주자들은 특히 도시적인 습관과 관심사를 공유한다. 이와는 대조적으로, 시골 사회는 인구 밀도가 낮고, 임금 소득자의 비율이 낮으며, 더 단순하고, 더 긴밀한 사회적 유대관계를 촉진하며, 그들의 관점에서는 국제적이지 않다.

도시는 일반적으로 주택, 교통, 위생, 유틸리티, 토지사용, 건물 및 통신을 위한 광범위한 기반시스템을 갖추고 있다. 일정규모의 인구 밀도를 가지고 있으며 2차, 3차 산업에 종사하는 인구분포가 높으며, 정치 · 경제 · 문화 간의 상호 작용을 촉진한다. 즉, 도시는 상대적으로 인구 규모뿐만 아니라 그 기능과 특별한 상징적 지위에 의해 인구 밀도가 낮은 지역과 구별된다. 따라서 도시의 물리적 거리와 건물 또는 그곳에 거주하는 사람들의 집합을 지칭 할 수 있으며, 일반적으로 사회적 · 경제적 · 정치적 요소들이 결합되어 생산 및 소비의 실체가 존재하는 인간 공동체의 장소이다.

2. 도시의 성장과 기능

(1) 도시의 성장

오늘날 전 세계적으로 도시에 사는 사람들이 시골에 사는 사람보다 더 많은 이유는 도시의 끊임없는 성장의 결과이다. 세계 도시의 끊임없는 성장은 1950년 이후로 도시인구를 네 배로 증가시키는 결과를 야기했다. 2005년에 64억 5천만의 인구 중에서 31억 7천만이 도시에 살았다. 그리고 현재 추세로 2030년에는 도시에 거주하는 인구가 거의 50억까지 증가할 것이라고 본다. 앞으로 20년 동안, 세계의 도시들은 20억 명의 이상의 인구가 증가한다는 것이다. 2008년에 유엔은 역사상 처음으로 세계 66억 인구의 절반이 도시에 거주하고 있다고 발표했다. 대부분 시골 생활에서 도시 생활로 바뀐 사회의 변화는 100여 년 전에 유럽, 북아메리카, 동아시아의 산업화 국가들에서 시작되었다. 이것은 1950년 이후 몇 십 년 만에 라틴 아메리카와 카리브해의 많은 지역에서 비슷한 도시 성장이 일어났다. 유엔 보고서에 따르면, 일부 개발도상국에서는 매달 수백만 명의 새로운 도시 거주자들이 나타나 세계도시 성장률을 연간 1.78퍼센트로 끌어올리고 있다고 보고 있다(World Bank, 2009).

도시성장을 이끄는 가장 큰 이유는 인간 사회의 가장 기본적인 특징인 사람들이 서로 가까이서 살기를 원하는 것이다. 상호보호, 생존의 본질적인 요소들의 생산, 아니면 단지 상호 소속감의 충족 등 사람들은 기록된 역사가 시작되기 훨씬 전부터 지역사회로 모이는 본능적인 욕구를 따랐다. 그러나 사회과학자들이 도시성장이라고 부르는 현상은 보다 최근에 나타난 현상이 원인이다. 예를 들어, 농업에 종사하는 사람들이 더 크고, 더 복잡하고, 인구밀도가 높은 도시라고 곳으로 이동하는 것을 의미한다. 이러한 장소의 변화는 농업 관련 활동을 대체하는 무역, 제조 및 서비스 제공에 있어 라이프 스타일에 중대한 변화를 가져온다. 지난 7,000년 동안 인간 발전의 가장 중요한 진보 중 하나는 도시의 부상이다. 도시들은 역사적으로 중요한 문화적 혁신의 모든 범위를 위한 공간을 제공해 왔다. 많은 수의 사람들이 서로 가까이 살고 있고 고도의 전문적 활동을 할 수 있는 도시들은 다양한 문화 활동과 사회적 상호작용을 위한 중심지로서 경제 생산과 소비의 필수적인 동력, 기술 진보의 장소, 그리고 행정과 정부의 자리로서 성장을 했다. 고대 메소포타미아, 이집트, 중국 등과 마찬가지로 잉여 식품과 그 밖의 가치항목의 집중이 더 넓은 세계와의 무역과 상업의 기초가 되어 도시의 성장을 촉진시켰다(Brugmann, 2009).

어느 시점에 마을이 하나의 도시가 되고, 언제 그 도시가 대도시로 성장되는가? 인구 규모는 도시와 시골을 구분할 수 있는 편리한 수단이며, 사실, 정부가 가장 많이 사용하는 수단이다. 연간 인구조사 데이터 수집을 통해 인구수는 일반적으로 도시와 시골 범주로 분류된다. 그러나 이러한 다소 단순한 구별은 도시를 결정하기 위해 각국이 다른 공식들을 따른다는 사실 때문에 복잡하다. 덴마크에서 200명 이상의 주민들로 구성된 모든 지역사회는 정부에 의해 도시로 분류된다. 미국에서는 2,500명이 있는 곳에서 도시경관이 수여되는데 반해 중국은 5,000명, 스위스는 10,000명, 일본은 30,000명, 한국은 도 · 농 통합기준 15만명 이상이다. 인도는 성인 남성 인구의 75% 이상이 비농업 업무에 종사해야 한다는 요건으로 도시지역이 구별된다. 도시에 대한 행정 분류는 소위 시골 지역으로 인정된 도시 경계 밖에서 살고 있는 사람들이 실제로는 상당히 높은 밀도에서 살 수 있다는 사실에 의해 더욱 복잡해진다. 그러한 지역사회는 시간이 지남에 따라 도시경계에 다시 편입되는 과정일 수도 있고 황폐한 도시화 지역의 경우처럼 무한정 합법적으로 존재할 수도 있다. 개발도상국의 이러한 어려움을 극복하기 위해 연구자들은 기능적으로 하나의 도시화된 공간과 연계된 상대적으로 높은 밀도에 사는 사람들이 더 큰 도시화된 지역의 일부로 포함되는 기능적 도시 성장의 개념을 이용하는 것을 선호한다.

미국의 일상 도시 시스템은 노동의 이동의 맥락에서 활용되었는데 더 넓은 수준에서 여러 중심 도시의 기능적 영향력이 시간이 지남에 따라 서로 합쳐지고 분산될 수 있다. 즉 다양한 서비스 중심지를 둘러싸고 있는 도시 공간의 계층 구조를 가지고 도시 지역을 구별해 왔다. 메트로폴리스라는 용어는 여전히 수백 마일과 수천만 명의 거주자를 포함하는 더 큰 도시화된 지역에 적용된다. 미국의 보스턴 –뉴욕–워싱턴, 일본의 도쿄–오사카, 한국의 서울–인천–경기도와 같은 지역의 기능성은 매우 효율적인 교통 및 통신 연결의 존재에 의해 가능해진다(Pacione, 2009).

하지만 도시의 성장에 대한 도전은 끊임없이 변화하고 있다. 인구의 크기, 구성, 그리고 그 사람들의 상대적인 복지가 도시성장에 장애요인의 변수로 나타나고 있다. 시간이 지남에 따라 도시 성장은 국가 및 세계 수준에서 발생하는 경제 상황의 변화에 의해 많은 영향을 받는다. 유럽, 미국, 동아시아의 선진 공업국들의 기성 도시 지역은 외국인 이민으로 인한 도시 인구의 구성에 대한 우려가 존재한다. 또한 만성적인 도시 빈곤과 한때 활기찬 산업이었던 제조업 기반 경제의 쇠퇴는 도시성장의 장애 요인이다. 세계의 많은 도시들에게 그러한 도전들은 어떻게 해서든지 극복하기 위하여 많은 사람들을 수용할 필요가 있기 때문에 그것들을 흡수할 능력은 매우 중요한 변수로 작용하고 있다. 무엇보다도 중요한 것은, 세계의 모든 도시 지역들이 도시의 성장을 위해 필수적인 공공 서비스 요구에 직면해 있다는 점이다. 도시들은 깨끗한 물, 전기, 원활한 대중교통 시스템, 하수처리, 어린이공원, 교육 및 주민을 위한 레크리에이션 그리고 수십 가지의 다른 요구들을 적절히 제공할 필요가 있다. 도시는 그러한 요구를 수용하기 위해 막대한 예산을 필요로 한다. 즉, 성장하는 도시 경제는 대규모 공공 지출을 뒷받침하기 위해 필요한 수익 기반이 필요하다. 주민들이 경험하는 삶의 질에 대한 일반적인 인식은 덜 유형적이지만 그럼에도 불구하고 도시 지도자들에게는 중요한 관심사다. 대기 및 수질오염, 경제가 악화되어 버려진 건물로 인한 시각적 파괴, 자연재해에 대한 취약성도 중요한 요인으로서 주민의 인식에 영향을 미친다. 도시 성장의 마지막 도전은 도시정부가 관할권을 넘나들며 공동의 정책 우려를 해결하기 위해 함께 일하는 능력이다. 공기오염, 교통체증, 적당한 가격의 주택, 실업, 그리고 많은 다른 사회적 문제들은 행정적 경계에 국한되지 않는다. 인근 지역사회들은 주민들이 통근하고 쇼핑하고 오락거리를 찾아 경계를 넘나들면서 함께 묶여 있다. 따라서 사업과 고용을 위한 도시 간의 협력은 도시성장에 필수적이다. 하지만 자원의 수준이 다른 인접 도시들은 서로를 경쟁자로 보고 함께 일하는 방법을 찾기 보다는 반대 목적을 향해 반목하는 경우도 존재한다.

(2) 도시의 기능

1) 구조적 측면

도시는 인간정주형태의 한 유형이다. 시골과 도시의 개념 맥락에서 볼 때 도시는 다수 인구가 조밀한 지역에 집단으로 구성된 취락(settlement)의 한 형태이다. 따라서 도시는 인구분포상의 고밀도 주거 및 생활지역이다. 좁은 지역에 다양한 토지이용이 이루어진다는 점이 시골과 구별되는 점이다. 또한 도시는 철도, 도로, 쓰레기 분리수거장, 자동차, 상·하수도, 병원, 학교, 공공도서관과 같은 생활 필요시설과 주택, 종교시설, 마트와 같은 시장경제를 상징하는 상업건물 군과 같은 인공건축물들이 상호 유기적인 관계를 가지며 모여 있는 공간으로 볼 수 있다.

도시는 단지 물리적인 메커니즘과 인공적인 구조만이 아니라 그것을 구성하는 사람들의 필수적인 과정에 관여한다. 즉, 도시는 자연의 산물이며, 특히 인간 본성의 산물이다(Park, Burgess and McKenzie, 1925). 도시 기반 구조는 주택, 학교, 정부청사, 법원, 병원 및 이와 유사한 시설이 공공 부문 활동과 결합하여 서로 다른 범주의 자본에 의해 진화한다. 도시 구역 내에 포함된 밀도와 활동은 면적 비율, 현장 적용 범위 비율, 건물 거주 유형(예: 거주, 상업, 산업)의 기준에 의해 결정된다. 또한 전력 공급, 물 분배, 통신 또는 운송 시스템을 보장하는 기반 구조의 형태에 대한 적절한 수준의 투자가 도시의 물리적·구조적 측면을 강하게 이끌고 있다. 안전하고 편안한 삶을 이루기 위해 도시 주민은 도시 정부가 제공하는 물리적 서비스에 의존하는데, 예를 들어 도시정부는 사람들이 거주하고 일하는 건물에 안전한 물을 공급하며, 폐수를 운반하는 파이프 및 하수 처리장을 건설하고 유지하며, 건물의 안전한 설치에 대한 표준을 제정하고 화재의 위험으로부터 보호한다. 따라서 도시정부는 낯선 사람들 사이에서 삶을 살 수 있도록 수천 가지 물리적 사업을 수행한다.

도시 사회구조를 이해하기 위해서는 가장 중요한 요소인 정치, 경제, 문화의 변화를 관찰하여야 한다. 도시의 사회구조 변화를 발생시키는데 있어 민간부문에서의 투자와 비 투자의 역할은 매우 중요하다. 예를 들면 중심도시에서 교외로의 자본의 이동은 교외의 급속한 성장과 중심도시의 쇠퇴와 관련이 있다. 따라서 도시의 빈곤, 주택, 사회양극화, 고령화, 공동화, 노숙자, 인종 및 문화적 문제를 해결하기 위해서는 도시에 대한 사회구조적 접근이 중요하다. 사회구조적인 접근은 도시 사회구조적 문제를 해결하기 위하여 정부개입을 강조하고 있다.

2) 경제적 측면

대부분의 지리학자는 인구가 집중 되어 있는 도시의 공간적인 의미에 집중하고, 사회학자들은 사람들의 사회적 교류를 위한 공간인 도시에 초점을 맞춘다. 이와는 대조적으로 경제학자들은 도시의 존재에 대해 일자리와 고용 위치에 초점을 맞춘다. 따라서 특정 경제력이 고용을 공간에 집중하게 한다고 주장한다. 일자리의 집중은 사람들이 직장 근처에 있는 주거지의 집중을 유도하기 때문에 그 결과 도시가 형성된다고 주장한다.

경제학자들에 의해 발견된 고용의 공간적 집중을 유도하는 주요 요인은 규모경제와 집약경제이다. 규모에 대한 수익 증가로 잘 알려진 규모경제는 큰 규모의 사업체를 운영하여 작은 규모의 사업체보다 투입 단위당 더 많은 생산을 하여 더 효율적이다. 그러므로 규모의 경제는 대기업의 형성에 유리하다고 할 수 있다. 규모의 경제는 단일 사업장에 적용되기 쉽기 때문에 도시에 대규모 공장이 설립되어 고용의 공간적 집중이 이루어진다. 또한 대기업 경제는 재정적으로 안정적이며 기술에 자본을 투자하여 고용을 증진시킨다. 경제학자들에 따르면 금융집약경제는 투입물의 생산성에 영향을 미치지 않고 기업의 투입물 비용을 감소시키고, 기술집약경제는 투입 비용을 낮추고 생산성을 높인다. 간단히 말해서, 규모의 경제는 작은 도시보다 대도시에서 투입물을 더 저렴하게 만들고, 집약경제는 작은 도시보다 다양한 많은 공장들이 모여 있는 대도시에서 생산성을 더 높인다.

도시의 노동시장은 금융, 기술, 노동의 집중이 이루어지는 규모의 경제를 보여준다. 한 회사가 노동 인구 중에서 보기 드문 기술을 가진 전문화된 유형의 노동자를 고용하려고 한다고 가정해 보자. 큰 노동시장에서는 그러한 기술을 갖춘 노동자들 중 몇 명은 도시에 거주할 수 있고, 아마도 그들 중 한 명을 적당한 광고 비용과 적당한 인터뷰 비용으로 고용할 수 있을 것이다. 그러나 소도시나 시골의 노동시장에서는 아마도 원하는 유형의 노동자가 없을 수도 있다. 이러한 부재 때문에 고용주는 다른 도시에서 더 많은 비용을 들여 그 기술을 가진 노동자를 찾고, 면접을 위해 멀리서 구직자들을 데려올 수밖에 없을 것이다. 따라서 그 회사는 고용된 노동자를 위해 이전 비용을 지불해야 한다. 따라서 회사는 도시에 위치함으로써 전문 인력 채용 비용을 낮출 수 있다. 도시의 고용 집중은 고용 비용을 줄이기 위해 회사가 그 곳에 위치함에 따라 훨씬 더 많은 노동인력을 끌어들이고 있다. 따라서 많은 노동자들이 사업 고용주들에게 그들의 단순 혹은 전문 노동 서비스를 제공하기 위해 대규모 노동 시장을 가진 큰 도시로 이주를 한다. 일단 일자리가 집중되면, 더 많은 기업들이 더 낮은 투입 비용을 활용하기 위해 사람들이 모이는 도시에 위치하기를 원할 것이다. 그 후 도시는 이러한 집중 효과의 결과로 더욱 고용의 효과가 커지고 규모의 경제를 이룬다.

도시에 위치하면 개별 노동자가 공급하는 노동 투입물과 반대로 다른 기업이 공급하는 투입비용도 줄일 수 있다. 예를 들어, 큰 도시에서 보안서비스는 하나의 큰 시장이며 많은 경비요원들을 고용해야 한다. 많은 보안경비원들은 공급자로서 서로 경쟁하여 임금을 낮추고 건물이나 공장을 보호하기 위해 사용되는 보안 서비스의 비용을 낮출 것이다. 또한 대도시 경쟁은 법률과 광고서비스, 상업적 청소와 토지 관리 등과 같은 다른 사업 서비스의 가격을 낮출 수 있다. 대도시 공급자들 간의 경쟁으로 공급비용이 감소하여 생산 공정의 생산성을 높이는 것처럼 회사 구내식당의 식품구매도 같은 지역에서 공급되는 물리적 투입의 맥락에서 같은 영향이 발생할 수 있다. 따라서 고용뿐만 아니라 생산과 유통의 도시 집중은 생산비용을 낮추는 규모의 경제효과를 나타내므로 기업체는 도시를 원한다.

3) 사회적 측면

사회적 측면에서 도시는 매우 다양한 직업, 가치관, 종교 등을 가진 사람들로 모인 장소이다. 도시는 시골에 비해서 규모가 크며, 문화적으로 다양하고, 사회적으로 이질성을 지닌 장소라 할 수 있다. 도시주민은 시골주민에 비해 전문적이다. 사회학자들에 의하면 도시의 존재를 무엇이 반영하는가? 그들의 대답은 도시의 밀도와 다양성이다. 가까운 곳에 사는 많은 사람들의 존재에서 시작된다. 도시생활의 논리는 거주지와 일터는 멀리 떨어져 있다. 그것은 도시 거주자들이 주변의 땅을 경작하거나 목재를 자르지 않고 땅에서 광물을 캐지 않기 때문이다. 대신, 도시 거주자는 물건을 거래하고, 만들고, 운반한다. 즉, 도시 거주자들은 다른 사람들을 위한 서비스를 제공함으로써 생계를 유지한다. 도시는 상품과 서비스의 제조자, 특수·전문 업무를 수행해야 하는 전문그룹, 일반 노동력의 일원으로 생산논리에 따라 다양한 사람들이 모여서 생계를 유지하는 장소이다. 또한 도시 인구가 많을수록 도시라는 장소는 낯선 사람들의 장소일 가능성이 높다. 우리는 도시의 거리를 걷는다. 우리가 무엇을 보고 누구를 만날지 결코 알지 못한다. 그 도시의 크기는 너무 커서 일어나는 일의 많은 부분을 예측할 수 없다.

제2절 | 도시화

1. 도시화(Urbanization)

도시화란 도시의 발전에 따른 주변의 지역의 변화과정을 말한다. 도시화는 인구가 시골에서 도시로 이동하여 도시와 마을이 성장할 수 있도록 하는 프로세스이다. 도시화는 개발도상국과 선진국에서 점점 더 많은 사람들이 도시에 더 가까이 다가가면서 사회적, 경제적 서비스 및 혜택을 얻는 경향이 있기 때문에 매우 일반적이다. 여기에는 더 나은 교육, 건강관리, 위생, 주택, 사업기회 및 교통수단과 같은 사회적 및 경제적 이점이 포함된다. 대부분의 사람들은 시골 지역을 경제적 어려움과 후진적 생활양식이 있는 곳으로 보고 있기 때문에 도시로 이사를 원한다. 따라서 인구가 보다 발전된 지역인 도시로 이동함에 따라 나타나는 즉각적인 결과는 도시화이다.

도시 성장과 도시화는 다른 개념으로 구별하기는 쉽다. 도시의 성장은 자체적 도시의 확대이지만 도시화는 도시의 세력이 주변 시골지역으로 외연적 확장을 통하여 시골지역이 도시적 형태로 변화해 가는 과정을 말한다. 즉, 도시 자체 성장보다는 주변지역에 도시적 요소를 확대하는 도시발전과정을 포함한다. 2018년 유엔보고서에 따르면 도시화는 도시와 시골지역의 인구 통계학적 및 사회적 구조를 포함시키고 있다. 즉, 주변지역의 건축 된 환경을 변화시켜서 인구의 공간 분포를 시골에서 도시지역으로 이동과 함께 직업, 생활양식, 문화 및 행동의 변화를 일으키고 있다(Montgomery and others, 2004).

도시화의 주요 결과는 도시의 수, 토지 면적 및 인구 규모의 증가이다. 시골 거주자와 비교한 도시 거주자의 수와 비율에 따르면 도시화는 공간 및 도시계획뿐만 아니라 건물 및 하부 구조, 경제 활동과 혁신의 비중, 도시 중심의 교통, 무역 및 정보의 흐름이 주변지역으로 이동 발전한다. 따라서 도시와 연계된 일반 시골 지역에서도 제2, 3차 산업의 비중이 높아짐으로써, 고용 면이나 토지이용 면에서 도시화가 진행된다. 즉, 도시 외연부가 더욱 바깥쪽으로 확대되어 근교지대가 도시화된다. 따라서 도시화는 일반적으로 상업용 부동산, 사회 및 경제 지원 기관, 운송 및 주거용 건물에 사용할 토지 개발에 기여한다.

그림 1-1 도시화의 과정: 베네수엘라 수도 카라카스

출처 : Worldpress, https://garsidej.wordpress.com/.

역사적으로 도시 전환은 경제 발전과 밀접한 관련이 있다. 유럽과 북미에서 19세기와 20세기의 빠른 산업화와 함께 급속한 경제 성장이 도시화를 촉진하기 때문이다(Bairoch, 1988). 사람들은 특히 산업 및 서비스 부문에서 고용의 기회를 찾아 도시로 이동한다. 따라서 도시화는 경제성장, 빈곤감소, 고용증대라는 긍정의 힘으로 볼 수 있다. 왜냐하면 세계의 국내 총생산(GDP)의 약 80%가 도시에서 생성되기 때문이다(Grübler and Fisk, 2013).

2. 도시화의 배경

(1) 유럽

서유럽의 약 24개국은 세계에서 가장 큰 도시화된 지역으로 구성되며, 평균 75%가 도시에 살고 있다. 이 지역은 중세 시대로 거슬러 올라가는 아주 오래된 도시 전통을 가지고 있다. 유럽 경제에서 장거리 무역과 지역의 전문화는 도시들을 발전시키고 성장하도록 자극했다. 즉, 서유럽의 산업 혁명과 관련된 제조업의 확산은 시 외곽으로 도시 확장을 자극했다. 주조 공장과 같은 갑자기 생겨난 공장 등을 수용하기 위해 서두르는 과정에서 오래된 도시의 구조가 급격하게 변화되었다. 공장 단지, 항만 확장, 철도 네트워크를 위한 공간을 만들기 위해 많은 양의 원자재, 물품, 사람들이 인구밀집 지역으로 확장되어 도시화를 촉진하였다.

더 넓은 수준에서, 새로운 산업 성장을 유지하고 촉진하기 위해 필요한 대중교통, 근로자, 학교, 수도, 상업지구, 그리고 수많은 다른 서비스와 편의시설들과 같은 다양한 서비스들이 있었다. 산업혁명이 진행되면서 교통 혼잡, 소음, 공해, 삶의 질의 저하에 대한 우려가 높아지면서 도시계획 수립을 위한 첫 번째 노력이 이루어졌다. 이미 잘 확립된 도시는 전통과 함께 성장을 더 잘 규제하고 계획적 통제를 시행하기 위한 개혁이 채택되고 새로운 기관이 도입되었다. 도시화 성장은 여전히 19세기에는 매우 위험했고, 20세기에 시작된 새로운 개혁법들이 오늘날 그 틀을 확립하기 시작했다.

오늘날 서유럽의 도시화는 어떻게 만들어졌는가? 도시의 외곽지역에서는 교통로를 따라 그리고 이전의 시골 지역으로 교외화를 수반하는 꾸준한 확장과정이 일어났다. 이러한 급격한 성장은 한때 도시를 갈라놓았던 농지와 작은 마을들을 흡수하고 확장시켜 도시화를 이끌었다. 그래서 유럽의 도시화된 지역은 백만 명 이상의 사람들이 거주하고 있다(Couch et al., 2005). 1950년대 중반 이후 유럽 도시들이 평균 78%의 도시성장률을 보인 이유는 인구이동에 따른 인구증가가 주요한 원인이었다.

(2) 동아시아

일본은 다른 산업화된 사회와 많은 공통점을 가지고 있다. 일본의 도시 인구는 2차 세계 대전 말기의 34%에서 1960년대에는 50% 이상으로 급증하면서, 20세기 초에는 산업화를 위한 급속한 추진의 맥락에서 극적으로 증가했다. 이 비율은 향후에 80%까지 증가할 것으로 예상된다. 전국 인구 1억2,700만 명 중 8,000만 명은 혼슈의 해안 평야와 내부 계곡을 따라 규슈 북부의 인접 지역으로 이어지는 도시화된 지역에 집중되어 있다. 다른 모든 지역을 주도하고 있는 것은 도쿄를 중심으로 한 대도시 지역이며, 오사카－고베－교토 주변 대도시 지역은 1,800만 명이 넘고 나고야 대도시 지역은 870만 명이 넘는다.

동아시아에서 일본의 이웃인 한국과 대만은 같은 특징을 많이 가지고 있다. 둘 다 제조업을 중심으로 첨단기술을 가지고 있는 고도로 산업화된 도시사회이다. 일본과 마찬가지로 단일 광역 도시화지역이 이들 국가를 지배하고 있다. 한국의 서울시와 그 주변 지역인 경기도와 인천은 총 인구의 48%에 해당하는 2,550만 명의 인구가 살고 있다. 대만의 타이베이 켈룽이라는 대도시는 인구 2,300만 명 중 29%인 670만 명의 본거지다. 이 두 나라의 도시화는 경제성장에 의한 고밀도 혼합 이용 지역으로 일본의 선례를 따랐다(Chou and Chang, 2008).

그림 1-2 서울의 인구성장(1955-2010)

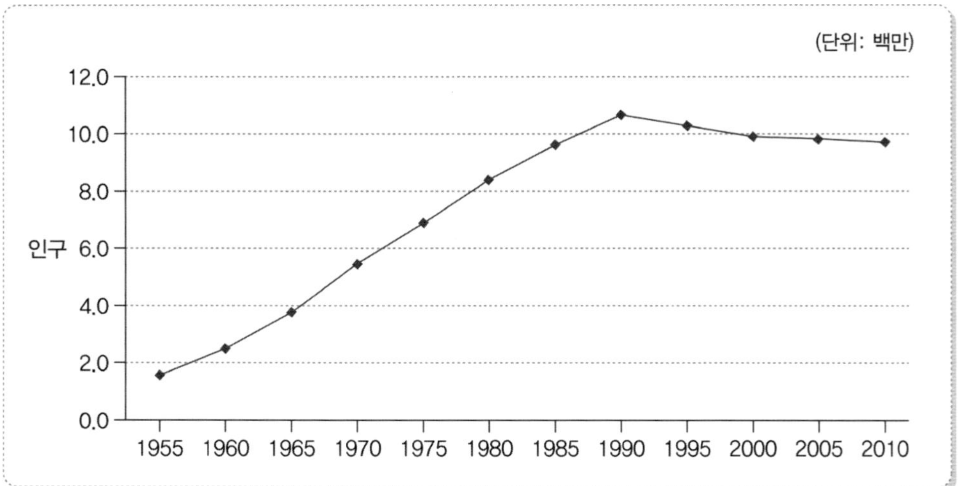

출처: Woorldpress, https://urbanizationinseoul.wordpress.com.

(3) 개발도상국

개발도상국의 도시화는 유럽, 북미, 일본, 한국 등 선진국에서의 초기 도시화 현상과는 다른 현상으로 설명할 수 있다. 우선 초기 산업화는 개발도상국의 도시화를 설명하지 않는다. 지난 30년 동안 전 세계 생산지역의 구조 조정은 중국, 멕시코, 베트남 및 인도네시아와 같은 국가의 산업화를 위한 새로운 기회를 부여했다. 이 나라들은 외국 투자자와 기업이 자금을 지원하는 공장과 공장에서 저임금 조립 작업을 위한 노동력의 제공국이 되었다. 많은 노동자들이 일거리가 있는 도시로 이동하며 도심의 외각지대에 밀집하여 빈민촌을 형성하여 도시성장을 촉진했다. 비록 생활환경은 열악하지만 도시로 이주한 사람들에게는 교육 기관에 대한 접근성이 향상되고 건강관리가 개선될 뿐만 아니라 휴대 전화 및 인터넷과 같은 정보화에 접근이 가능하고 시골보다 많은 새로운 기회도 제공되었다(Neuwirth 2006; Brugann 2009).

하지만 자발적이고 계획되지 않은 거대한 빈민가 지역이 도시 지역을 지배하며, 모든 주택의 반 이상을 빈민가가 차지하고 있다. 이러한 현상은 유럽과 북미의 19세기에 비슷한 유형의 정착촌의 형성과 유사하다. 빈민가가 널리 퍼져있는 것은 도시에 거주하는 사람들의 수가 많고 통제를 좋아하지 않은 전통에 기인한 것이다. 대부분의 개발도상국들은 하향식이 내재되어 있고 고도의 중앙 집중화된 정부의 행정은 토지 사용을 규제 할 수 있기 때문에 부동산의 실제 개발의 상당 부분은 법률의 범위 밖에서 이루어진다. 따라서 개발도상국에서는 전통에 따라 법을 무시하고 또한 공직자의 부패는 도시가 성장하는 방식에 많은 영향을 미친다 (Cohen 2004; Brown 2010).

3. 도시화의 원인과 과정

(1) 도시화의 원인

1) 산업화

산업화는 구 농업 경제에서 새로운 비농업 경제로의 전환을 나타내는 추세이며 현대사회를 창출했다. 산업혁명을 통해 고용기회 개선으로 인해 시골에서 도시로 이동하는 사람들이 더 많아졌다. 따라서 산업화는 사람들에게 경제 발전을 불러일으키는 데 도움이 되는 직업을 창출하여 산업부문에서 일할 수 있는 기회를 제공함으로써 고용 기회를 증가시켰다.

2) 상업화

상업과 무역은 도시화에서 중요한 역할을 한다. 현대시대의 상품과 서비스 및 상업 거래의 분배는 도시의 성장을 엄청나게 가져왔다. 또한 현대 마케팅 기관과 교환 방법을 개발하여 중개무역 및 물류의 집합지로 도시화를 촉진했다. 상업과 무역은 도시가 시골 지역에 비해 더 나은 상업적 기회와 수익을 제공한다는 일반적인 인식이 사람들을 도시로 이동시켰다.

3) 사회적 이익

사람들은 시골보다 도시의 삶으로 인한 많은 사회적 혜택이 있음을 인식하고 있다. 예를 들어 더 나은 교육 시설, 더 나은 생활수준, 더 나은 위생 및 주거, 더 나은 건강관리, 더 나은 레크리에이션 시설 및 더 나은 사회생활 등이 있다. 이로 인해 점점 더 많은 사람들이 도시로 이주하여 시골 지역에서는 이용할 수 없는 다양한 사회적 혜택과 서비스를 얻으려 한다.

4) 고용기회

도시는 더 나은 생계를 추구하기 위해 지속적으로 시골 지역에서 사람들을 끌어 들이는 충분한 고용기회가 있다. 따라서 도시 지역은 공중 보건, 교육, 교통, 스포츠 및 레크리에이션, 산업 및 비즈니스 기업과 같은 모든 산업 부문에서 셀 수 없이 많은 고용기회를 가지므로 대부분의 사람들은 도시지역으로 이주하여 임금이 높은 일자리에 접근한다. 서비스 산업은 부가가치가 높은 일자리를 창출하고 증가시키며 이는 더 많은 고용기회로 이어진다.

5) 생활방식의 현대화

현대화는 도시화 과정에서 매우 중요한 역할을 한다. 도시지역이 고도로 정교한 커뮤니케이션, 인프라, 의료 시설, 현대식 생활방식, 자유화 및 기타 사회적 편의 시설 가용성과 함께 기술에 정통해짐에 따라 사람들은 도시에서 행복한 삶을 살 수 있다고 생각한다. 도시 지역에서 사람들은 또한 생활 습관, 즉 주거 습관,

태도, 의복, 음식 및 신념의 변화를 수용한다.

6) 시골의 도시변화

시골지역이 광물발견, 자원개발 또는 대량적 농업 활동으로 인해 더 유익하고 번영함에 따라 새로운 도시로 떠오르기 시작한다. 생산성의 증가는 경제성장과 고부가가치 고용기회로 이어진다. 이를 통해 더 나은 인프라, 더 나은 교육 기관, 더 나은 건강 시설, 더 나은 교통 네트워크, 은행기관 설립, 더 나은 행정서비스 및 더 나은 주택이 개발된다. 이런 일이 발생함에 따라 시골 지역 사회는 도시 문화를 채택하기 시작하고 궁극적으로 더 나은 삶을 찾아 더 많은 사람들이 그러한 장소로 이동함에 따라 계속 성장하는 도시 센터가 된다.

(2) 베르그와 클라센(Berg & Klaassen, 1987)의 도시화 4단계

1) 도시화(Urbanization)

도시화는 시골 지역에서 도시 지역으로의 인구 이동, 시골 지역에 사는 사람들의 비율 감소 및 도시의 급격한 인구증가와 같은 현상을 나타내는 지역의 변화과정을 말한다. 지역에서 더 많은 사람들이 생활하고 일하기 시작하면서 도시가 형성되고 커지는 과정이다.

- 집적의 이익(agglomeration economy)을 향유하기 위하여 좁은 도심에 많은 인구가 집중
- 도시문제 발생 및 도심 주변에 불량주거지가 형성
- 인구의 증가속도가 매우 빠른 시점
- 뉴욕, 런던, 파리, 도쿄, 서울, 울산 등 제조업의 집중이 도시 발전의 시초

2) 교외화(Suburbanization)

교외화는 도시 지역이 확장되고 변화하는 현상이다. 도시 인구가 증가하고 소득이 증가하며 교통기술이 개선되고 일자리가 분산되면서 교외화로 인한 교외지역이 발생한다. 교외지역은 자본을 분산하여 민간부문 개발업자에 의해 형성되며, 일반적으로 도시 규정에 의해 제약을 받고 때로는 정부에 의해 촉진되기도 한다. 교외화는 다양한 저밀도 물리적 형태가 필요하며 대부분의 사람들이 도시 외곽으로 이주한다. 특히 자녀를 둔 가정에서 선호하기 때문에 삶의 질에 관련되어 있다.

- 인구와 산업이 도시 수용 규모를 넘어서 인구 및 산업이 분산되는 과정
- 교통 및 정보통신 기술의 발달로 외부불경제(주택가격 상승, 도심 혼잡, 공공시설 부족, 환경오염 등을 피하여 도시외곽의 신도시로 이주함)
- 높은 지가 및 각종 기능의 혼재로 인하여 주거환경 악화
- 직주분리 현상, 도심부의 공동화 현상 등의 문제점 발생
- 대도시권 전체로 보면 인구 증가가 지속되며 각종 난개발이 대두되는 시기임

3) 역도시화(Desurbanization or Counter urbanization)

역도시화는 사람들이 도시 지역에서 시골 지역으로 이동하는 인구학적 및 사회적 과정이다. 그것은 교외화와 마찬가지로 도시화와 반비례한다. 처음에는 도심 쇠퇴에 대한 반응으로 일어난다. 보다 최근의 연구에 따르면, 대도시화의 사회적, 정치적 동인과 그 도시가 현재 대량 도시화 과정을 겪고 있는 중국과 같은 개발도상국에 나타날 수 있으며, 도시 축소로 이어질 수 있는 원인 중 하나이다. 워털루 대학교 지리학과의 교수 인 미첼(Mitchell)은 유럽에서 도시화에 대한 교외화는 대도시 분산을 넘어 한 지역에서 다른 지역으로의 탈 집단으로 이어지는 유형의 이주를 포함한다고 주장한다. 미첼은 대도시를 소외 도시화와 난민 도시화 등으로 분류한다.

- 인구분산화 및 산업의 분산화가 계속 진행되어 도시 광역권의 인구가 전체적으로 감소하는 시기
- 도심부 및 부도심 지역의 슬럼화: 인구 고령화, 저소득층 밀집, 범죄 및 실업률 상승, 슬럼 및 게토(ghetto) 발생
- 도시재생수단이 강구되는 시기: 재개발, 고용

4) 재도시화(re-urbanization)

재도시화는 이전에 버려진 지역으로 사람들을 다시 이동시키는 것을 말한다. 재도시화는 대개 도시의 쇠퇴 문제를 해결하기 위한 정부의 정책이다. 도시 내 쇠퇴는 대개 오염, 인구 과잉, 부적절한 주택 등의 문제가 발생할 때 발생한다.

- 고소득층을 중심으로 도심부근에 고급 주택지, 상가, 음식점 등이 다시 재집중되는 현상을 말함

제3절 | 도시문제

1. 주택문제

도시화는 사람들을 도시로 끌어 들여 높은 인구 증가로 이어진다. 도시 중심에 사는 사람들의 수가 증가함에 따라 주택의 부족은 계속되고 있다. 건축 자재의 가격 상승에 의해 주택신축이 어렵고 도심의 확장공간이 충분하지 않아 부유한 소수만 집을 사거나 소유할 수 있기 때문에 도시의 빈곤과 실업을 겪고 있는 가난한 주민들은 주택을 구하기가 어렵다. 유엔에 따르면 실제로 2000년에서 2014년 사이에 인구 계층의 비율을 보았을 때 새로운 주택 건설은 도시 인구 증가율과 인구수 보다 훨씬 뒤떨어졌다. 최근 유엔 통계에 따르면 세계 주민의 70% 가까이가 한 세기 중반까지 도시에 살게 될 것이며 전문가들은 폭발적인 인구가 일부 지역에서 주택 위기를 악화시킬 것이라고 경고했다. 2050년까지 전 세계 도시 인구는 25억 명이 성장하여 주택 및 기타 도시 문제에 대한 조치의 필요성이 강조될 것으로 예측하고 있다. 로스앤젤레스(Los Angeles)의 빈민층은 주택 시장에서 밀려 일부 도심 빈민지역의 거리에서 텐트를 치고 야영을 하며, 거의 2천만 명의 도시인 뭄바이(Mumbai)의 빈민가 주민들도 주택문제에 어려움을 겪고 있다.

2. 도시과밀과 교통체증

인구 밀집 현상은 수많은 사람들이 작은 공간에 사는 상황이다. 도시 지역에서의 이러한 혼잡 형태는 인구 과잉으로 인해 일관되며 이주자 혹은 이민자들이 더 나은 삶을 찾아 도시로 이사함에 따라 매일 증가하는 양상이다. 시골이나 개발되지 않은 지역의 대부분의 사람들은 항상 도시로 이주하려는 충동을 가지고 있으며, 이들의 이주는 일반적으로 도시지역의 인구를 증가시켜 사람들의 혼잡을 초래한다. 더 많은 사람들이 도시로 이주 할 때 제기되는 주요 과제 중 하나는 운송시스템이다. 더 많은 사람들은 차를 소유하고 차량을 이용하므로 교통 혼잡 및 대기오염으로 이어진다. 도시 지역의 많은 사람들이 출퇴근을 하는데 특히 혼잡한 러시아워에는 심각한 교통 문제를 일으킨다. 또한 도시의 규모가 커짐에 따라 사람들은 쇼핑을 위해 차량으로 이동하여 교통 혼잡과 막힘을 유발하기도 한다.

3. 실 업

실업 문제는 도시 지역의 사회문제 중 하나이며 심지어 교육을 받은 사람들 사이에서 훨씬 더 높은 실업률이 나타난다. 전 세계 실업자의 절반 이상이 대도시에 살고 있는 것으로 추정된다. 경제 발전에 따라 사람들은 산업화를 이용하기 위해 시골에서 도시로 이주하는 것을 볼 수 있다. 이 이주는 일자리와 더 나은 생활 조건을 찾아 시골 지역에서 많은 사람들을 끌어 들인 도시 지역의 산업 및 개발의 급속한 변화로 인한 것이다. 즉, 더 많은 도시화는 더 많은 일자리를 만들고 있기 때문이다. 하지만 도시화에 따른 시골 지역에서 도시 지역으로 사람들의 이주가 증가하지만 적절한 직장을 얻지 못하기 때문에 도시 실업의 주요 원인이다.

4. 빈민가 확장

도시 지역의 생활비는 매우 높다. 이것이 실업과 더불어 임의의 예상치 못한 도시성장과 결합될 때 빈민가와 스쿼터로 대표되는 불법 거주자 정착이 확산된다. 도시 지역의 빈민가와 스쿼터의 성장은 급변하는 산업화, 도시 빈민 주거지의 부족, 더 나은 삶을 찾아 도시로 이주하는 시골 이민자들의 대량 유입에 의해 이루어진다.

5. 상 · 하수도 문제

대부분의 도시는 도시화에 따른 대량적 인구유입에 의해 하수 시설이 부적절하다. 개발도상국의 도시정부들은 하수시설관리에 대한 심각한 위기에 직면해 있다. 오염된 하수가 마구잡이로 흘러 하천, 강, 호수 또는 바다로 배출된다. 결국 장티푸스, 이질, 설사와 같은 전염병이 매우 빠르게 퍼져 주민들에게 고통을 주며, 심지어는 사망에 이르게 된다. 또한 인구과잉은 상수도 공급 부족으로 물 부족에 크게 기여하고 있다.

6. 건강과 질병의 확산

혼잡한 도시 지역의 사회, 경제 및 생활 조건은 공중 보건 서비스 이용에 영향을 미친다. 특히 빈민가 지역은 위생 상태가 좋지 않고 물 공급이 충분하지 않아 빈민가 주민이 전염병에 걸리기 쉽다. 도시 오염과 같은 환경 문제는 또한 많은 건강 문제, 즉 알레르기, 천식, 불임, 식중독, 암 및 조기 사망 등을 유발한다.

7. 범 죄

자원부족, 인구밀집, 실업, 빈곤, 사회복지 및 교육 부족 문제는 습관적으로 폭력, 약물남용 및 범죄를 포함한 많은 사회적 문제로 이어진다. 살인, 납치, 폭동, 폭행, 도난, 강도와 같은 대부분의 범죄는 도시 주변에서 더 두드러진 것으로 보고되고 있다. 게다가 빈곤과 관련된 범죄는 빠르게 성장하는 도시지역에서 가장 높다. 이러한 도시범죄 행위는 도시화의 부작용으로서 일반적으로 도시의 평화와 평온을 해친다.

제2장

도시행정의 범위 및 특성

제2장

도시행정의 범위 및 특성

제1절 | 도시행정의 배경 및 학문적 성격

1. 도시행정의 배경

(1) 산업화에 따른 도시문제 대두

도시문제는 도시인구의 증가에 따른 정치, 경제, 사회, 문화 등 모든 영역 안에서 일어나는 전반적이고 복합적인 문제이다. 도시문제는 18세기 말 산업 혁명 이전인 고대에도 대두되었다. 로마에는 서기 100년까지 약 100만명 이상이 살고 있어서 상·하수도와 같은 물에 대한 사회적 문제에 직면했었다. 그래서 로마는 물 부족 문제를 해결하기 위해 수로를 통해 상당한 거리로부터 들어온 물을 공급받아 분배해야 했으며, 또한 인구증가에 따른 하수 및 오염처리와 같은 도시문제도 직면했다. 14세기의 런던은 인구의 증가로 지역의 연료부족 문제를 해결하기 위해 270마일 떨어진 강 유역의 탄광에서 연료를 운반하기 위해 특수한 규정을 신설하기도 했다. 도시정부는 이러한 문제 때문에 런던을 더 효율적으로 운영하기 위한 수많은 규제를 만들어 냈다. 즉, 산업화 이전에도 도시의 인구증가는 도시문제를 야기했다.

산업 혁명 이후 처음에는 산업화가 도시성장에 큰 영향을 미치지 않았다. 1700년~1780년 사이 산업화 초기의 영국에서 개발된 섬유 또는 제철 분야의 새로운 발명은 도시에서 시골로 산업을 분산시켰다. 19세기 초까지 제철분야는 기본적으로 여전히 시골지역에 걸쳐 작은 산업 지역으로 구성되어 있었다. 그러나 상황을 바꾼 것은 석탄이었다. 영국은 다른 국가보다 일찍 산업화되었기 때문에 산업 위치 패턴에 특별한 제약이 있었다. 초기 기계는 비효율적이었기 때문에 많은 양의 석탄을 소비했으며 철도가 없고 운하만 있었기 때문에 석탄을 운송하는데 비용이 많이 들었다. 항구도시나 탄광이 아닌 도시들은 산업적으로 정체되었다. 도시가 탄광에 충분히 가까웠거나 항해가 가능한 강이나 바다와 접해 있으면 수송을 위해 철도가 연결되었기 때문에 새로운 산업의 도시가 될 수 있었다(Herson & Bolland, 1998).

그 결과로 나타나는 도시성장 패턴의 일부는 20세기 개발도상국의 도시에서 성장을 설명할 수 있다. 19세기 초 영국의 산업도시와 항구도시로 이주한 사람들은 대부분 시골에서 압도적으로 유입되었다. 그들은 시골의 빈곤층 인구였으며, 그들은 새로운 산업에 필요한 기술이나 도시생활의 사회적 및 기술적 필요성에 대해 거의 또는 전혀 알지 못했었다. 도시의 산업은 비숙련 노동력을 위한 경제적 기회를 많이 제공했지만 도시의 많은 인구 증가는 상하수도 및 폐기물 처리와 같은 기본 공공 서비스 또는 보건 및 위생에 대한 요구를 충족시킬 수 없었다. 정체되거나 느리게 성장하는 도시 또는 비교적 작은 도시에서는 도시의 기본 공공서비스 제공 및 새로운 주택은 혼잡하지 않고 기존 도시 한도 밖에서 아주 쉽게 건설할 수 있었다. 그러나 산업화에 의해 빠르게 성장하는 도시에서는 이를 해결할 방법이 없었기 때문에 많은 주택부족, 공중위생, 교통 혼잡, 교육문제, 삶의 질의 문제 등 많은 사회문제를 야기했다. 특히 대중교통 시스템의 부재는 노동자가 공장이나 창고에서 도보로 이동할 수 있는 거리 내에 있어야 하기 때문에 도심주변에 빈민가가 형성되었으며, 인프라의 부족으로 교통의 혼잡을 야기했으며, 산업화에 의한 공장폐수의 무단방류에 따른 강, 호수, 바다를 오염시키는 등 많은 도시문제가 대두되었다.

(2) 도시인구의 증가

산업 혁명까지 전 세계 사람들은 주로 시골에서 살았다. 1800년에는 전 세계 인구의 3%만이 도시에 거주하였다. 1900년에는 12개 도시에만 백만 명이 넘는 사람들이 있었다. 오늘날 전 세계 인구의 약 절반이 도시 지역에 살고 있다. 백만 명이 넘는 400개 이상의 도시가 있으며, 선진국에서는 최대 70% 이상이 대도시에 거주하는 반면 빈국에서는 이 비율이 40% 미만이다. 19세기와 20세기 초에 도시는 새로운 산업이 창출되고 사람들이 많은 일자리를 찾아 도시로 대량적으로 유입되었기 때문에 특히 유럽과 북미에서 빠르게 성장했다. 뉴욕과 런던은 1800년대와 1900년대 초에 매우 빠르게 성장했지만 그 이후 성장은 둔화되었다. 자카르타, 호치민, 봄베이 또는 캘커타와 같은 아프리카 및 아시아의 개발도상국의 도시들은 빠르게 성장하고 있으며 이는 앞으로 수년간 계속될 것이다.

도시인구의 폭발적 증가는 기존의 도시인구의 자연적인 증가와 산업화에 따른 다른 지역의 사람들의 대량 유입에 의해서 비롯된다. 유럽과 북아메리카, 그리고 최근 몇 십 년 동안 개발도상국에서 폭발적인 도시의 인구성장은 대부분 이러한 측면에 기인한다. 농업관련 소득에 의존했던 사람들은 일자리를 찾아 도시로 이동한다. 비록 도시는 시골에 비해 복잡한 환경이지만 그들에게 의료에 대한 접근성 향상, 교육 및 직업기회를 제공하기 때문에 도시로의 이주를 선호한다. 도시로 매우 빠른 인구의 대량 유입을 겪고 있는 국가들의 공통점은 사람들이 시골은 힘들고 어려운 생활이며 도시는 시골보다 현저히 더 나은 생활의 수준을 영위할 수 있다고 믿기 때문이다. 개발도상국의 많은 시골 거주자들은 시골의 인구 감소와 사회 환경적 한계로 인해 심각한 빈곤을 겪고 있다. 이러한 도시로의 인구유입 문제는 정부가 교육 및 기타 필요한 시골지역 기반시설과 같은 적절한 공공 서비스를 제공하는 것을 소홀히 함으로써 더욱 악화된다(Hall, 1988).

도시의 복잡함과 다양함은 이주자들에게 새로운 삶을 찾기 위한 많은 직업의 기회를 제공한다. 아무리 힘들어도 적은 임금을 받고 열심히 일하고 붐비는 비위생적인 생활환경을 견뎌내는 저임금 노동자들이 도시마다 필요하다. 도시 전역에서 물건을 운반하고 판매하기 위해서는 노동자가 필요하고, 노동자들은 또한 늘어나는 인구를 수용하기 위해 도로를 건설하고 유지하며 위로 올라가는 새로운 건물들을 건설해야 한다(Harding & Blokland, 2014). 더 나아가, 자신과 미래의 세대들이 더 나은 삶을 살 것이라는 장기적인 전망이 많은 시골 사람들을 도시로 이주시킨다. 학교, 현대식 병원, 깨끗한 물과 전기, 대중교통, 그리고 많은 다른 공공 서비스에 대한 접근은 시골에서 온 이주자들이 도착하자마자 이용할 수 있는 더 확실한 혜택이다. 번창하는 상업 및 오락부문과 더 개방적인 사회 환경을 경험할 수 있는 잠재력은 이주민들에게 더 많은 매력을 제공한다. 하지만 이러한 도시의 혜택은 인구의 증가를 불러와 도시는 공공서비스의 제공에 어려움을 겪는다. 그래서 인구의 빠른 증가는 도시행정 서비스 제공에 부담으로 작용한다.

(3) 도시 쇠퇴

도시 쇠퇴는 이전에 기능하던 도시의 일부 기능이 제공되지 않는 사회·경제적 과정이다. 도시 쇠퇴 현상은 탈산업화, 인구감소, 또는 도시 근절, 경제 구조조정, 버려진 건물 및 인프라, 높은 지역실업률, 빈곤증가, 낮은 전반적인 생활수준 및 삶의 질, 정치적 소외, 범죄, 높은 오염 수준 및 황폐한 도시가 특징이다. 1970년대와 1980년대 이후 도시 쇠퇴는 특히 북미와 유럽의 일부(대부분 영국과 프랑스)와 관련이 있다. 그 이후로, 세계 경제 위기, 교통 및 정부 정책의 주요 구조적 변화는 지역의 경제와 사회에 영향을 미치어 도시 쇠퇴를 초래했다. 종종 교외 베드타운 혹은 위성도시로의 인구유출로 인한 인구감소는 공터, 빈 건물 및 빈 집들을 만들어 주민들에게 시각적, 심리적, 물리적 영향을 미친다. 도시 쇠퇴는 단일 원인으로 구성되지 않는다. 그것은 잘못된 도시계획 결정, 높은 임대료, 지역주민의 빈곤, 고속도로 및 해당 지역을 우회하거나 통과하는 철도 노선을 포함하여 상호 관련된 사회·경제적 조건의 조합에서 비롯된다. 따라서 오늘날의 도시행정은 도시생산성을 위해 인구를 유인하고 유출을 억제하는 지역경제 활성화 및 개발에 중점을 두고 있다.

2. 학문적 성격

도시를 연구하는 것은 매우 복잡한 경험에서 상상할 수 있는 사회, 경제, 문화, 행정적인 모든 측면을 다룬다. 도시 안에서 한 분야의 접근방식은 상대적으로 일관성은 있지만, 대부분은 다양하고 복합적 문제를 갖고 있기 때문에 서로의 보완이 필요한 연구 분야이다. 지구 인류 역사상 처음으로 지구 인구의 절반 이상이 도시지역에 살고 있는 시대에 도시의 모든 것을 도시행정으로, 다른 한쪽에 있는 모든 것을 다른 것으로 지정할 수 있는 학문적 경계를 쉽게 정의할 수 없다 (Campbell & Fainstein, 2003).

도시행정은 단일학문 규율의 속성은 아니다. 도시사회학, 도시정치학, 도시지리학, 도시경제학, 도시계획학 등을 포함하는 종합적 학문의 성격을 지니고 있다. 도시지리와 인간지리, 또는 도시사회학을 좀 더 일반적인 사회이론과 구별하는 것은 어렵다. 그리고 도시건축, 보존, 디자인, 생태학, 경제발전, 환경, 경관, 관리, 형태학, 행정 및 정책 등 어느 표준 학문들이 종종 문헌에서 표면화되는 좀 더 구체적인 주제들을 독점할 수 없다. 따라서 도시학문은 다양하다. 그들은 광범위한 주제 영역에서 지식, 이해, 접근법을 취합하고 구축한다. 도시사회학을 경험한 것, 즉 도시에서 이런 일이 일어난다면, 문학 어딘가에서 논의된 것을 발견할 수 있을 것이다. 도시연구는 여전히 더 다양해지고 복잡하다. 도시 경험의 느낌, 장소들이 독특한 정체성을 획득하는 방법, 도시 생활에서 개인의 성별, 계급, 민족 집단에 의해 어떻게 영향을 받는지 또는 그가 살고 있는 다양한 도시환경이 사회관계와 유대감에 미치는 영향, 도시화의 역사, 도시의 공간구조, 도시문제의 성격과 해결책, 그리고 정치적 참여와 지역 거버넌스에 미치는 영향 등 많은 연구 분야와 관련되어 있다.

예를 들면, 도시행정은 도시개발, 도시경제, 도시 간 관계, 도시 변화에서 관료적 및 정치적 리더십의 역할, 도시 정부의 자율성, 시민권, 도시 사회 운동, 도시의 성별 및 인종 관계, 도시 거버넌스 기관의 운영, 교통, 인프라, 복지 등과 같은 사회전반적인 영역에 묶여 있다. 또한 도시경제는 도시화 과정, 위치 분석에 대한 대안 접근법, 도시 시장(주택, 교통, 시설)의 특성, 도시 노동 시장, 도시정부의 경제정책, 도시정부의 행동과 공공경제, 그리고 도시 생활의 질 등 많은 부문이 공통적으로 관련이 있다. 이러하듯이 도시연구는 복잡하고 단일한 학문의 영역이 아닌 절충주의로 인식되며, 연구를 수행함에 있어서 다른 학문과 연결되어 다양하고 복합적인 결과를 만들어낸다.

따라서 도시행정의 필수적이고 공통된 아이디어의 핵심은 경제, 사회, 환경, 문화 또는 정치적 변화가 바람직한 도시경제를 뒷받침하는 역할과 함께 도시주민이 행복한 삶을 영위하게 하는 목적에 있다. 지난 40년 동안 도시 행정의 성격, 지위,

관련성 및 유용성에 관하여 산발적이지만 치열한 논쟁이 있었다. 특히 경제 위기와 사회적, 정치적 격변의 다음 시기에는 도시 행정 연구가 위기라는 주장도 제기되어 왔다. 하지만 도시행정은 도시문제를 해결하기 위해 도시화의 원인, 도시계층, 도시규범, 도시 내 토지이용, 도시 거주패턴, 도시계획, 도시 교통, 주택 및 주거지역, 사회적 양극화, 도시고령화, 도시사회계급, 성별, 민족성, 성적 정체성의 역할, 지역개발, 도심공동화, 교외화, 도시이미지, 시민복지 등을 연구하는 종합적이고 응용적인 학문이다(박종화 · 윤대식 · 이종열, 2007).

제2절 | 도시행정의 연구범위

도시행정은 정치, 경제, 경영, 사회, 복지 및 법률과 같은 다양한 학문 분야를 기반으로 한다. 도시행정은 다른 전문 분야를 효과적으로 통합하는 통합 연구 분야이다. 그러나 도시행정은 다른 분야의 학문을 공공 및 비영리 부문에 적용하기 때문에 고유한 역량과 전문 분야를 가지고 있다. 도시행정은 경제 및 사회 개발 안에서 도시의 역할에 대한 이해를 반영할 뿐만 아니라 이러한 이해를 창출하는 데 도움이 된다. 도시행정의 정의는 그 용어 자체가 설명이 필요하기 때문에 부분적으로 애매모호하다. 도시행정은 도시에 사는 사람들을 돕기 위한 정책의 총합 이상이다. 왜냐하면 대부분의 사람들이 현재 도시 지역에 살고 있기 때문에 거의 모든 공공행정이 도시행정으로 간주될 수 있다. 따라서 도시행정은 도시를 더 살기 좋은 곳으로 만들기 위해 도시경제개발, 도시정부조직 및 리더십, 도시공공정책, 도시생태학 및 정책분석, 도시계획, 지역사회개발, 도시환경정책 등 다양한 연구 분야를 갖고 있다.

도시행정은 여전히 정치, 경제, 사회, 복지 등 다양한 정책의 이름으로 사용된다. 도시의 급진적 변화로 인하여 많은 도시문제를 민간이 아닌 도시정부가 떠안아야 하는 상황이 대부분 발생하고 있기 때문에 도시행정 안에서 다양한 정책들이 집행되고 있다. 현재의 도시들은 지역을 물리적 및 상업기반으로 재생산하여 도시를 매력적으로 만들 수 있도록 지역사회 자본 또는 지역사회 역량강화를 위해 새로운 형태의 복잡한 도시행정이 요구되고 있다. 비록 도시 전체의 복잡성을 포착하고 반영할 수 있는 도시행정을 정의하는 수단을 찾기는 어렵지만, 실제로 도시행정은 넓고, 다양하고, 복합적이고, 유기적인 도시현상을 분석하여 도시문제를 정책적으로 해결한다. 도시행정은 도시경제 및 개발, 도시환경문제, 지역사회 조직관리와 같은 분야에서 도시시스템을 분석하여 창의적이고 효과적인 전략을 개발하는 학문이다. 현대의 도시문제 해결에 필요로 하는 광범위한 지식을 적절히 다루는 단일 분야는 없다. 따라서 현재의 도시행정에서는 효과적인 도시문제 정의 및 문제 해결에 유용한 이론적 관점과 응용방법을 정책적으로 연구한다.

제3장

주요국가의 도시 발달

제 3 장

주요국가의 도시 발달

제1절 | 영국 도시의 발달

1. 근대산업도시의 등장

영국 도시의 성장도 다른 유럽 국가들과 마찬가지로 상공업의 발달과 맥을 같이한다. 최초의 도시 역사는 11세기 후반 정복왕 윌리엄으로부터 헌장(charter)을 받아 나름대로 자치를 하던 런던시(City of London)와 13세기 초 왕으로부터 헌장을 받은 리버풀(Liverpool)시까지 거슬러 올라갈 수 있다(김병준, 2015). 그러나 근대도시의 출현은 1880년대부터라고 할 수 있다(Hall, 2002). 산업혁명(1760~1840)에 의해 촉발된 근대도시의 등장은 제3차 울타리 치기 운동(Enclosure Movement: 1760~1800)에 의해 농지에서 분리된 농민들을 흡수하면서 가속화되었다. 산업화에 따른 근대도시의 성장은 공업생산기술의 혁명뿐만 아니라 시민사회의 성립과 자본주의 경제체제를 발전시켰으나, 도시의 슬럼화와 환경·보건위생 등 많은 도시문제를 발생시켰다. 이러한 사회변화에 대응할만한 도시계획이나 도시정책이 마련되어 있지 않아 도시환경은 급속히 악화되었고, 주택 · 교통 · 위생시설 등이 턱없이 부족하여 도시는 과밀화 · 슬림화되기 시작하였다.

산업화시대의 영국 도시는 교통과 통신의 발달과 기계문명의 위력을 앞세워 공업생산의 중심지로서 지방의 인구를 대거 끌어들이고 지속적인 금융자본의 집중과 노동창출에 힘입어 급격한 팽창일로를 걸어왔다. 하지만 생산능력의 양적 팽창과는 별도로 도시의 슬럼화와 보건위생, 도시환경, 지가 상승 등의 문제점들을 발생시켰다. 이러한 근대도시가 안고 있는 문제점들을 해결하기 위해 전원도시운동이 일어났다(Hall, 2002).

사잇글 3-1 근대도시는 국가라는 몸체에 붙어사는 기생충?

오늘날 사람들이 도시로 모여드는 이유는 도시가 주는 편익성 때문이다. 유엔 경제사회국(DESA)이 2018년 5월에 발간한 「2018 세계도시화 전망」 보고서에 의하면, 현재 도시인구비율은 55%로, 2050년 지구촌의 도시화율을 68%까지 전망하고 있다. 그러나 19세기 후반부터 20세기 초까지 서구인들은 거대도시를 다양한 사회적 해악, 일어날 수 있는 생물학적 퇴보, 그리고 잠재적인 정치적 반란의 원천이라고 여겼다. 1880년대 영국의 주요도시 런던, 리버풀, 맨체스터의 상황은 죽음의 도시 혹은 참혹한 암흑의 도시(the city of dreadful night)라고 표현할 수 있다. 이 표현은 19세기 서구도시들이 공통적으로 겪고 있는 슬럼도시의 공포를 제대로 표현하고 있다. 당시 도시슬럼의 공포는 영국사회가 반드시 풀어야 할 가장 큰 문제로 인식되고 있었다. 1887년 당시 세계에서 제일 큰 도시인 런던시 동부의 빈민 수는 약 31만 4,000명으로 당시 런던인구의 35%를 상회하는 것이다. 대다수의 빈민들은 마구간보다 못한 집에 살고 있었다. 문제의 핵심은 바로 주택이었다. 이러한 주택문제로 제1차 세계대전 이전까지 미국을 비롯한 서구 사회에서 도시는 혐오와 두려움의 대상이었다. 도시의 빈곤과 슬럼 등 당시 도시를 둘러싸고 있는 환경적 요인 때문에, 맨체스터의 경우 1880년 남아프리카에 거주하고 있는 네덜란드계 보어족과의 전쟁(Boer War)을 위한 징집에서 1만 1,000명의 젊은 남자 중 8,000명이 자격 미달이었고 겨우 1,000명만 적합 판정을 받았다. 이것은 1차 대전 중 독일 베를린도 예외가 아니었다. 당시 사람들은 도시인구가 무언가 생물학적으로 적합하지 못하다는 두려움을 가지고 있었다. 1890년대 미국인들은 도시를(특히, New York) 국가라는 몸체에 붙어사는 기생충으로 인식하고 있었다.

출처: Hall(2002).

2. 전원도시

산업혁명 시대의 영국 도시는 공업과 금융자본의 중심지로서 농촌지역의 인구를 대거 흡수함으로써 새로운 노동창출에 힘입어 급속한 팽창의 길을 걸어왔다. 하지만 도시의 양적 팽창과는 별도로 열악한 주거환경과 보건·위생환경, 지가 상승 등 많은 도시문제들을 발생시켰다. 이러한 도시문제 해결을 위한(특히, 주거환경 개선을 통한 쾌적한 주거환경 확보) 노력의 하나가 하워드(Ebenezer Howard)의 전원도시(garden city)운동이다. 속기사 출신인 하워드는 런던 동부 인구의 8% 이상을 차지하고 있는 도시빈민의 굴레에서 벗어날 수 있는 차상위 계층들에게 쾌적한 주거환경을 제공하기 위한 전원도시 개발을 제안했다. 하워드는 급진적인 혼란의 시대(1880년대~1890년대) 런던에서 그의 사상을 발전시켰다. 그의 전원도시운동은 농촌회귀운동(Back to the Land Movement)의 영향을 받았다. 1880년에서 1914년에 이르는 동안 지식인들 사이에서 유행했던, 농촌회귀운동은 도시의 비정상적인 성장과 도시의 비참함, 농업의 침체, 농촌에 대한 향수, 종교적 이유, 당시(빅토리아 여왕시대) 횡행했던 천민자본주의에 대한 반발에서 시작되었다.

하워드는 중세 런던의 약 1.5배인 1,000에이커의 토지에 32,000명의 사람들이 거주할 수 있으며, 약 5,000에이커의 영구적인 그린벨트로 둘러싸여 있는 도시의 편익성과 자연의 아름다움이 깃든 이상적인 성격의 전원도시를 제안했다. 전원도시는 도시와 농촌의 장점을 따서 자연의 미, 사회적인 기회, 공원의 접근성, 저렴한 주택비·저물가·고임금을 보장하는 이상적인 도시를 만들자는 것이다. 이 전원도시에는 농장뿐만 아니라 소년원 및 요양원처럼 도시지역보다 농촌지역에 입지하는 것이 더 효율적인 모든 도시시설물들이 포함된다. 전원도시가 주는 쾌적함과 편리성으로 많은 사람들이 외곽으로 이주함으로써 처음에 계획되었던 전원도시는 포화상태에 이를 것이고 이럴 경우 또 다른 전원도시가 가까운 위치에 건설될 것이라는 것이다. 이러한 전원도시는 점차 시간이 경과함에 따라 무제한적으로 확장되어 궁극적으로 계획된 넓은 광역 집적체계로 발전하고, 개개의 전원도시들은 도시철도로 연결된다. 또한 개개의 전원도시들은 다양한 일자리와 서비스, 모든 경제·사회적 기회를 제공하는 동시에 모든 시민들이 그들의 토지를 영구히 소유한다는 것이다. 하워드는 이 다핵도시의 비전을 또 다른 이름으로 사회도시(Social

City)라고 불렀다.

이러한 전원도시 운영의 핵심은 자치경영이라고 할 수 있다. 전원도시의 서비스는 원칙적으로 지방정부에 의해 제공되나, 민간부문에서 제공하는 것이 보다 효율적이라는 것이 입증될 경우 민간(계약자)부문에 의해 제공된다는 것이다. 또한 하워드는 자치를 향한 실험으로 지역주민 스스로 조합(건축조합, 공제조합, 협동조합, 노동조합 등)과 사회적 기업들을 결성하여 자본을 형성하고, 그들 스스로 자신들의 집을 짓게 하는 등 지역주민이 도시운영의 핵심 주체라는 것이다. 이러한 전원도시의 기본조건으로 하워드는 양호한 철도 연결노선과 충분한 생활용수공급, 그리고 잘 정비된 배수로를 갖추고 있는 4,000~6,000에이커의 부지를 제시했다(Hall, 2002).[1]

3. 교외화

빅토리아 여왕시대에 형성된 슬럼도시의 해악은 제2차 세계대전, 심지어는 1960년대까지 영국 대도시가 갖고 있는 현실이었다. 대도시들이 안고 있는 이러한 해악은 중앙정부와 지방개혁가들의 노력, 그리고 시장(market)의 힘으로 변화하고 있었다. 20세기 들어와 영국의 도시들은 분산되고 탈 중심화되었다. 새로운 주택과 공장이 도시의 교외 주변부에 건설되었다. 영국 대도시의 교외화(suburbanization) 과정은 시장에 의해 주도되었다. 특히 대중교통의 발달, 저렴한 장기 주택저당대출, 민간개발과 대규모 공공개발 등이 교외화를 가능하게 한 것이다. 또한 1920년 후반과 1930년대 초반에 걸쳐 값싼 노동력과 값싼 원자재들은 신규주택의 실질적인 비용을 낮추었으며, 그로 인해 다양한 계층의 사람들의 주거수준이 엄청나게 개선되었다. 즉 교외화가 이러한 변화의 중요 계기가 된 것이다.

런던, 버밍엄, 리버풀, 멘체스터 등 대도시에서의 대규모 교외화 현상은 대중교통의 발달로 제1차 세계대전 이후 본격적으로 시작되었다. 영국의 교외화는 미국과 달리 제1·2차 세계대전에 참전한 참전용사와 노동자 계층을 위해 지방정부가 주도적으로 공공주택을 교외지역에 마련하면서 시작되었다. 두 차례의 세계대전 사이에 100만 호 이상의 주택이 지방정부에 의해 공급되어졌고, 이들 대부분은 도시주변부의 위성도시 형태로 개발되었으며, 주로 정원이 있는 소규모 단독주택이

1) 1903년 런던 외곽의 하트퍼드셔주 레치워스(Letchworth)가 최초의 전원도시로 건설된다.

었다. 또한 화이트 칼라의 등장과 농업부문의 지속적인 침체로 지가가 하락되면서 중산층들이 토지를 구매할 수 있는 경제적 여력도 교외화를 가속화시킨 또 다른 요인이었다(Hall, 2002).

4. 신도시 건설

제2차 세계대전 이후 영국의 도시정책은 국가주도의 신도시 건설이었다. 애틀리(Attlee)노동당 정부는 신도시개발정책을 복지국가 운영의 핵심적 요소로 인식하고, 1945년 10월 라이스위원회(Reith Committee)의 권고안에 따라 인구규모 2만~6만 명 범위의 신도시 건설에 착수하였다. 노동당 정부는 신도시 건설을 위해 「신도시법(New Towns Act)」을 1946년 8월 1일 국왕의 재가를 받아 공포했다. 1945년 11월 11일 영국 최초의 신도시로 스티브니지(Stevenage)가 지정되었다. 1950년까지 노동당 정부는 총13곳(런던권 8, 스코틀랜드 2, 북동 잉글랜드 2, 웨일스 1, 그리고 내륙지방 1)의 신도시를 지정했다. 이러한 신도시 지정 숫자는 1890년대 빅토리아 여왕시대 때처럼, 1940년대의 영국 도시문제의 핵심은 여전히 런던에 있다는 것을 보여주는 것이다. 신도시 건설은 1951년 보수당 정부가 들어서면서 멈춰 섰다. 영국의 저명한 도시계획학자인 피터 홀(Peter Hall)은 비록 이러한 신도시들이 런던광역시의 극히 일부인 40만 명 규모의 인구를 흡수하는데 그쳤지만, 신도시는 주변의 농촌지역과 조화를 이루며, 일하고 생활하기에 좋은 장소였다고 긍정적인 평가를 하고 있다. 신도시 건설은 노동당 정부가 추구하는 이념의 중요한 부분으로, 이 개념은 하워드의 전원도시 사상에서 유래하였다(Hall, 2002).

5. 산업장려지구

1980년대 영국의 도시계획운동(city-planning movement)에서 중요한 변화가 일기 시작한다. 도시의 성장을 규제하는 일에서 가능한 모든 방법을 동원하여 도시의 성장을 장려하는 일로 바뀌었다. 즉 도시를 부의 창출 수단(기계)으로 인식하기 시작했다. 이러한 인식의 변화는 1970년대와 1980년대의 극심한 불경기에서 비롯되었다. 당시 영국 경제는 심각한 구조적 취약성으로 흔들렸으며, 제조업 기반의 대부분이 사라졌다. 1971년과 1981년 사이에만 약 200만개의 공장 일자리가 사라졌으며, 전통적인 제조업 도시인 글래스고나 리버풀뿐만 아니라 한때 잘 나가던 런던이나 버밍엄과 같은 제조업 중심의 도시들도 급격한 쇠퇴를 맞이한다. 특히 도심의 쇠퇴가 중요한 사회적 이슈가 되었다. 많은 도시에서 도시성장에 대한 규제와 지침은 더 이상 필요 없어졌으며, 모든 수단을 동원해 도시성장을 지속적으로 촉진시키는 활동들이 필요해졌다. 이러한 성장정책으로 정책적 관심을 이끈 모델 중 하나가 산업장려지구(엔터프라이즈 존)이다.

피터 홀(Peter Hall)은 1977년 체스터(Chester)에서 개최된 왕립도시계획학회(Royal Town Planning Institute)에서, 당시 중요한 사회적 문제로 대두되고 있는 도시쇠퇴 문제의 해결책으로 자유무역항 해법(Freeport Solution)을 제안했다. 홀(Hall)은 도심의 일정한 지역을 홍콩과 같은 자유무역항 지역으로 선정하고, 그 지역 안에서는 최소한의 규제만을 남긴 채 모든 종류의 기업에 개방하자는 것이다. 1950년대와 1960년대의 홍콩을 리버풀이나 글래스고의 도심지역 내에 재창조하는 것을 목표로 삼자는 것이다. 홀(Hall)은 각 지역은 사업가와 자본의 유입에 완전히 개방되어야 하며, 아주 작은 범위의 지역에서만 시도될 수 있다고 결론을 내렸다. 이러한 엔터프라이즈 존(Enterprise Zone)은 1979년 신자유주의를 국정이념으로 채택하고 출발한 보수당 정부에 의해 1980년 「지방정부와 계획 및 토지법(The Local Government, Planning and Land Act of 1980)」을 제정하면서 도입되었다. 1980～1981년 사이 15곳의 엔터프라이즈 존[2]이 지정되었다. 엔터프라이즈 존으로 이주하는 기업들은 100%의 자본 공제(capital allowances)를 받으며, 산업용이나 상업용 건물들에 대한 감세와 토지개발세와 일상적인 도시계획의 규제로부터 면제받게 되었다(Hall, 2002).

---

2) 엔터프라이즈 존은 영국보다는 미국 레이건 행정부에서 열렬히 지지를 받았다. 미국에서는 흥미롭게도 자유주의적 좌파 정치가들도 이를 지지하는 경향을 보였다. 비록 연방정부 차원에서 엔터프라이즈 존을 법제화하는데 실패했지만, 26개 주 정부가 이를 채택했다. 그 결과 680개의 지방정부에서 1,400개 이상의 지방 엔터프라이즈 존이 만들어졌다. 1986년 미국 주택・도시개발부(Department of Housing and Urban Development)가 조사한 10개의 표본지역에서 263개의 기업이 1억4,700만 달러 이상을 투자함으로써 7,000개가 넘는 일자리를 창출하거나 유지했다(Hall, 2002).

제2절 | 미국 도시의 발달

1. 근대산업도시의 등장

미국사회의 다양성, 즉 지역공동체의 형성과 구성, 도시정부 형태의 다양성 등으로 인해 도시의 발달과정을 일반화하여 설명하기는 어렵다. 영국의 도시들이 국왕으로부터 자치헌장(charter)을 받아 도시자치를 시작했듯이 식민지 초기 미국의 일부 도시들도 이러한 헌장을 받아 도시정부를 수립했다. 1776년 독립 당시 미국 전체 인구는 역 250만 명 정도로, 95% 이상의 인구가 농촌지역에 거주하고 있었다. 미국 역사에서 급속한 도시화는 네 차례에 걸쳐 일어났다고 할 수 있다. 첫 번째는 남북전쟁이 끝난 직후이다. 두 번째 도시화는 1890년대 서부개척이 사실상 종결된 후 이민자들이 대거 도시로 몰리면서 시작되었다. 세 번째는 1910년에서 1920년 사이 농촌적인 남부 주에서 북부 산업도시로 대규모의 인구이동이 일어났다. 1920년 인구센서스에서 미국 역사상 처음으로 도시거주자가 농촌거주자를 추월하였다. 남북전쟁 직후인 1870년 1천만 명에 불과했던 도시 전체 인구는 1920년 5천4백만 명이 되었다. 네 번째는 제2차 세계대전 전쟁시기로 농촌에서 도시로 대규모 인구이동이 있었다(Hall, 2002; Babbie, 2014; 김병준, 2015).

미국의 산업혁명은 19세기 중엽에 끝나고 남북전쟁 직후 국내자원의 개발과 교통기관의 발달에 힘입어 오대호 주변을 중심으로 디트로이트, 시카고, 클리블랜드, 영스타운, 피츠버그, 미니애폴리스 등 철강과 석유·정유 산업 중심의 전통적인 근대산업도시들이 본격적으로 등장하게 된다. 1890년대 미국 도시는 인종적·문화적 이질성 증대와 확산되는 무질서의 위협에 직면해 있었다. 당시 미국인들은 도시를 질병, 도덕적 타락, 불만, 사회주의의 온상으로 인식하고 있었다. 따라서 많은 도시계획가의 목표는 이러한 도시문제들을 근절시키는 것이었다. 이러한 운동이 미국 초기 도시계획에 큰 영향을 준 도시미화운동(City Beautiful Movement)이다. 도시미화운동의 중심사상은 근린주구의 회복을 통해 도시의 삶의 질을 회복하고 이와 같은 공간적 해방으로 도시가 시민들의 애정을 불러오고, 또한 조화로운 도덕적 질서가 보장되어 도시의 물리적 형태가 도시의 도덕적 순수성을 상징할 것이라는 견해이다. 이러한 도시미화운동은 향후 조닝(zoning)이 핵심인 도시기능주의(the City Functional)에 의해 대체된다(Hall, 2002).

1925년 이후 미국식 도시계획의 원칙은 파커(Barry Parker)에 의해 정립된 세 가지 기본 원칙에 근거하고 있다. 첫 번째는 근린주구원칙(近隣主區, neighborhood unit principle)이다. 파크(Robert E. Park)는 지역근린(local neighborhood)을 도시에서 '가장 단순하고 가장 기초적인 공동체'라고 정의했다. 두 번째는 래드번 설계원칙(Redburn layout principle)이다. 이 원칙은 차량 통행과 보행이 분리된 순환체계를 의미한다. 1928년에 같은 이름을 딴 래드번 전원도시를 위해 개발된 것이다. 세 번째는 파크웨이 원칙(parkway principle)인데, 파크웨이란 개인승용차 통행만을 위해 설계된 고속도로를 말한다(Hall, 2002).

2. 조닝과 교외지역 개발

독일에서 시작된 조닝(용도지역지구제; Zoning)은 미국의 교외지역 개발에 큰 영향을 주었는데, 조닝운동의 목적과 영향은 사회적 측면에서 배타적이었다. 캘리포니아 주의 모데스토(Modesto)시에서 처음 도입된 조닝은 1880년대 중국인들이 운영하고 있는 세탁소 확산을 규제하려는 목적으로 샌프란시스코(San Francisco)시에서 실시하면서 관심을 끌기 시작했다. 이후 로스앤젤레스(LA)시는 1909년부터 종합적인 토지이용 조닝을 발전시켰다. 조닝운동이 급속히 확산된 계기는 토지이용과 건물높이[3]에 대한 조닝이 결합된 독일식 모델을 조례로 제정한(1916년) 뉴욕시의 결정 때문이었다. 이 조례는 미국 도시계획의 초기 역사에서 가장 의미 있는 것이었다. 여기서 조닝은 상업 지역으로 건물용적과 크기가 중요했다. 이 조례의 제정은 뉴욕시내 중심가에 위치한 부유한 백인들 소유의 고급상점가의 부동산 가치를 의류 상가를 운영하고 있는 유태인들로부터 보호하기 위해 도입되었다. 이로 인해 조닝운동은 1920년대 미국 전역으로 급속히 확산되었으며, 1927년에 많은 주에서 채택이 되었다. 조닝의 유효성은 1926년 미국대법원의 오하이오주 유클리드시와 앰블러 부동산회사(Village of Euclid, Ohio, et al. v. Ambler Realty Company)간의 소송[4]에서 일반적인 경찰력(general police power)의 정당한 표현으로 인정받

3) 뉴욕의 고층빌딩은 높은 지가 때문에 건설되었다(Hall, 2002).

4) 이 사건의 개요는 유클리드시가 조례로 포괄적인 지역제를 제정하여, 6종의 용도지구, 3종의 고

게 되면서 입증되었다. 당시 미국의 대다수 도시에서 조닝의 개념이 적극적으로 도입된 근본적인 이유는 이기주의 때문이었다. 뉴욕에서처럼 조닝은 기본적으로 특정 근린지역의 자산 가치를 보존하는 가장 강력한 방안 중 하나였다(Hall, 2002; 조재성, 2004).

미국의 신규 교외지역 개발은 저소득층의 이주를 배제하기 위해 치밀하게 설계된 1920년대의 도시계획과 조닝체계 때문에 가능했다. 또 다른 여러 중요원인 중 하나는 1913년 포드(G. Ford)사의 자동차 대량생산이 가능해지면서이다. 1920년대에는 처음으로 도심보다 교외지역이 더 빨리 성장했다. 그러나 미국 전 지역에서 본격적인 교외건설 붐은 제2차 세계대전 이후부터이다. 이러한 교외화 현상을 이끈 대표적인 도시가 로스앤젤레스[5]와 디트로이트이다. 도시외곽지역의 토지개발을 가능하도록 한 신규도로건설, 주거지역의 안정된 자산 가치를 보장해주는 토지이용 조닝, 장기저리의 정부보증 주택 저당제도, 주택수요를 급증시킨 베이비붐 등이 미국사회의 교외 붐을 촉발시킨 강력한 중요원인들이라고 할 수 있다. 또한 1934년부터 교외주택 건설에 대한 강력한 규제가 풀린 것도 주요원인으로 작용했다. 1950년에 교외는 중심도시의 10배에 해당하는 비율로 성장했다. 미국 역사상 1950년대는 교외지역이 최대로 성장한 시기였다. 그리고 일부 대도시 지역에서는 처음으로 실질적인 인구가 감소하는 시기이기도 했다.

교외화에 대한 긍정적인 평가로는 새로운 수백만의 주택과 수백 곳의 쇼핑지구를 조성해 경제성장에 많은 보탬이 되었으며, 또한 보다 나은 주택과 양질의 쾌적한 근린지구를 만들어냈다는 것이다. 그러나 주택가격을 쓸데없이 높이고, 많은 토지들을 황폐화시키고 불필요하게 낭비시켰다는 부정적인 평가가 더 많다.[6] 미국사회의 교외화는 백인들의 이기심(White Flight) 때문이라는 비판이 더 많은 것이

도지구, 4종의 대지면적지구를 지정했다. 그러자 일부 토지소유자들이 토지를 공업용으로밖에 사용할 수 없게 되자 토지가격이 1/4로 하락했다고 주장했다. 1924년 연방지방법원은 동 조례를 위헌이라고 판시했으나, 연방대법원은 법정의견을 통하여 시정부가 주거지구로부터 공장을 배제하려는 결정이기 때문에 명백히 자의적이거나 불합리하지 않는 한 법원은 그 결정을 존중해야 한다고 판결했다(조재성, 2004).

5) Hall(2002)은 이러한 사유로 LA를 20세기 후반 도시의 미래에 대한 연습장이자 실험실이었다고 평가하고 있다.

6) 교외화로 가장 큰 이득을 본 집단은 부동산 업자들이다. 디트로이트의 경우 부동산 업자들이 흑인들이 몰려온다고 백인 중산층들을 위협하여 도심의 주택을 저렴한 가격으로 구입하는 한편, 교외지역에 대규모 주택단지를 조성하여 백인 중산층들에게 팔았고, 도심에 사들인 주택은 새로 전입한 흑인 노동자들에게 비싼 값으로 재판매했다(강인호 외, 2015).

사실이다. 교외지역의 주택과 그 부대시설들의 일괄구입 비용이 인구의 절반에 해당하는 사람들에게는 너무 비쌌다. 또한 교외화로 미국의 도시인구는 인종, 소득, 직업에 따라 점점 더 계층화되었다(Hall, 2002; 강인호 외, 2005).

3. 도시재개발과 모델 도시 프로그램

미국의 도시재개발 계획은 1949년의「주택법(Housing Act)」제정과 1954년 동법의 개정과 함께 시작되었다. 이 법은 적용대상이 비록 주거지역에 한정되었지만 도시의 쇠퇴지역을 개선하기 위해 연방정부가 재정을 투입할 수 있는 근거가 되었다. 도시재개발의 원래 목적은 모든 가정에 격조 높은 주택과 적절한 생활환경을 마련하는 것이었지만, 상업적 재개발을 장려하는데 더 많은 관심을 두면서 저소득층들을 위한 저렴한 공공임대주택사업을 최소화함으로써 저소득층들은 대상에서 소외되었다. 이러한 도시재개발 사업은 주로 젊은 사업가, 은행가, 개발업자, 건설회사, 부동산 중개업자, 소매상 등으로 구성된 '성장연합(growth coalitions)'에 의해 주도되었다. 그러나 1950년대를 거쳐, 특히 1960년대 이러한 성장연합은 재개발로부터 지역의 근린성을 보존하고 지키려는 지역주민들과 철거 위협을 받는 영세 상인들이 주체가 되어 형성된 반재개발연합과 빈번하게 충돌하면서, 도시재개발은 심한 비판에 직면하게 된다. 이러한 현상은 미국 전역의 모든 도시에서 발생했다. 1965년 말까지 도시재개발로 인해 아주 낮은 임대료를 지불하던 약 100만 명의 임차인들이 쫓겨났고, 비록 쫓겨난 사람들의 4분의 3이 재정착을 했지만 그들 중 열의 아홉은 더 높은 임대료를 내면서도 수준 이하의 주택에서 살게 되었다. 1961년 3월까지 도시재개발로 인해 지금까지 지어진 것보다 4배나 더 많은 주택들이 파괴되었으며, 사업이 완료되기까지 평균 12년이 소요되었고 철거된 토지는 그동안 방치되어 도시의 흉물로 전락했다. 신축건물의 40%는 주거용이 아니었고, 그나마 새로 지어진 주택의 대부분은 민간건설업자가 지은 임대료가 비싼 고층아파트였다. 결론적으로 도시재개발의 결과는 영국처럼 부유한 자들을 더욱 부유하게 하고 가난한 자들을 더욱 가난하게 한 것이라고 학자들은 평가했다(Hall, 2002).

이러한 도시재개발 사업은 미국사회에서 많은 비판에 직면하게 된다. 제이콥스(Jane Jacobs)는 그녀의 저서「미국 대도시의 죽음과 삶(The Death and Life of Great American Cities)」을 통해 도시재개발의 병폐를 통렬하게 비판했다. 제이콥스의 요지는 한 건물에 사람들이 너무나 많아 불편함과 혼잡을 초래하지 않는 이상 도시의 높은 인구밀도 자체는 잘못된 것이 아니라는 것이다. 도시 내의 전통적 근린주거지역들은 비록 인구밀도가 높았지만 모두 살기 좋은 곳이라는 것이다. 바람직한 근린주구로 제이콥스는 에이커[7]당 200～300명의 인구밀도가 필요하다고 주장했다. 결론적으로 제이콥스의 처방은 도시 내부의 근린주구들을 계획가들이 손대기 이전의 상태 그대로 유지하자는 것이다.

도시재개발에 대한 비판은 1964년도 들어 엄청나게 일기 시작했다. 존슨 행정부 도시정책의 핵심이었던 '모델 도시 프로그램(Model Cities Programme)'은 이러한 비판을 잠재우기 위해 고안된 것이었다. 이 정책은 고질적인 도시 슬럼 문제를 해결하기 위한 것으로 저소득층(주로 흑인 및 유색인종)들을 위한 저렴한 주택공급을 증가시키고, 모든 사업들을 전체 근린주구의 개량을 통해서 달성하려 했다. 이 사업은 지역사회주민들이 주체가 되도록 시민의 참여와 지역공동체가 주도권을 가지도록 했다. 이러한 변화를 통해 도시재개발사업도 불도저를 이용한 전면철거방식(total clearance)에서 지구수복방식(rehabilitation)[8] 혹은 소규모 부분 철거방식(spot clearance)으로 전환되기 시작했다. 이러한 역사적 반성 속에서 도시재생에 대한 새로운 전략과 패러다임이 등장하게 되었다(Hall, 2002; 강인호 · 김선명, 2015).

4. 도시재생

1980년대 영국의 도시계획운동에서 중요한 변화가 일어났던 것처럼 미국에서도 새로운 변화가 일기 시작한다. 즉 도시의 성장을 규제하는 일에서 가능한 모든 방법을 동원하여 도시의 성장을 장려하는 일로 바뀌었다. 도시는 부를 창출하기 위한 수단(기계)이라는 인식이 확산되기 시작한 것이다. 이 시기 전통적인 공업지역인 뉴잉글랜드지역과 중 · 서부지역 즉 소위 프로스트벨트(Frostbelt)라고 불리는 공업중심의 지역에서 대규모 실직사태가 벌어졌다. 이 지역들이 이윤하락과 구조

---

7) 1에이커(acre) = 1,224평 = 4,047㎡ = 축구장 절반 넓이 = 32평 아파트를 38채 붙여 놓은 크기이다.
8) 어느 지역이 생산 활동이나 생활환경적 측면에서 점차 악화될 가능성을 잠재하고 있거나 지역 자체의 기능이 저하될 때 기존의 골격은 그대로 유지하면서 필요한 부분을 수리하고 개조하는 사업방식이다. 지구수복방식의 대상지약은 구조적으로는 여전히 견딜 수 있는데도 불구하고 유지 및 관리가 제대로 행해지지 않아 노후화될 가능성이 많은 건축물들이 있는 지역이다(박종화 외, 2014).

조정이라는 바이러스에 공격을 당한 것이다. 1969년에서 1976년 사이 일자리를 잃은 3,800만 명 중 반 이상이 프로스트벨트지역에서 발생했다.

1978년 「도심지역법(Inner Urban Areas Act)」 제정을 계기로 도심지역정책의 주안점이 도심경제회생으로 크게 전환된 것이다. 도심지역(downtown area)은 새로운 산업개발에 대한 우선권을 지니며, 연방정부는 신도시 개발에 투입될 재원들을 도심활성화(urban revitalization)를 위해 전환시켰다. 또한 1980년대 새롭게 등장한 도시에 거주하는 젊은 전문가들인 여피족(Yuppies: Young Urban Professionals)들은 도심에 있던 낡고 황폐한 빅토리아 시대 양식의 주거지역을 고급화시키며, 그들의 돈이 부티크, 술집, 식당 등에 유입되면서 도심은 다시 활기를 띄기 시작했다.9) 재활성화(재생)된 도심은 도시에 새로운 경제기반을 제공하는 동시에 시민들과 관광객들에게 중요한 매력 포인트가 된 것이다. 교외거주자들은 쇼핑몰에서는 찾을 수 없는 삶의 질을 재생된 도심에서 찾기 위해 도심지로 몰려오기 시작한 것이다. 이러한 도심활성화(도시재생)정책이, 대표적으로 콜로라도 덴버, 오하이오 클리블랜드, 매사추세츠 보스턴 주변지역을 회복시켰으며, 메릴랜드 볼티모어 도심의 항만지역을 변화시켰다. 보스턴과 볼티모어, 클리블랜드는 개조된 창고와 시장건물, 부티크, 술집, 식당, 호텔 등의 새로운 복합단지와 오래된 주거지역의 복구를 통해 버려진 도심 항만지역의 대규모 수변공간 재개발(waterfront redevelopment)을 접목시켰다.10) 이러한 도시재생정책에서 연방정부의 보조금 지원을 포함한 공공부문(public sector)의 역할과 공공부문과 민간부문 기업가들의 협력(public-private partnership)이 성공의 비결이었다(Hall, 2002; 강인호 외, 2005).

---

9) 이러한 대표적인 지역 중 하나가 콜로라도 덴버(Denver)이다. 덴버는 미국 「Forbes」지가 2014년 선정한 유망한(hot) 다운타운 지역이 있는 15개 도시 중 하나다. LoDo라고 불리는 다운타운 지역은 100개 이상의 빅토리안 양식의 고풍적인 건물들이 재건되어 있으며, 갤러리, 부티크, 레스토랑과 나이트클럽 등 젊은층들이 열광하는 다운타운의 모습을 고스란히 간직하고 있다. 덴버는 2001년 다운타운지역의 역세권 재개발사업(Union Station Project, 2000-2014)을 통해 다운타운의 인구는 142% 증가했고, 사업체들이 다시 도심으로 돌아오고 있다(강인호 · 김선명, 2015).

10) 클리블랜드는 1980년대와 1990년대 다운타운 지역의 Gateway Complex사업과 North Cost Harbor 사업으로 대표되는 대규모 도시재생사업을 통해 도심에 방치된 역사건축물들을 복원하고 또한 개 · 보수를 통해 다운타운 지역을 생활과 일하는 공간으로 재창출했다. 이로 인해 도심지역은 밤에도 많은 시민들과 관광객들이 모여드는 명소(hot place)가 되었으며, 이러한 도시재생사업을 통해 1999년 '떠오른 글로벌 시티(Emerging Global City)'로 불려지게 되었다. 볼티모어 또한 도시재생사업의 성공으로 매년 700만 명의 관광객을 포함하여 2,200만 명의 방문객을 끌어들이고 있는데, 이는 디즈니랜드(Disneyland)와 견줄 만한 것이다(Hall, 2002; 강인호 외, 2005).

제3절 | 일본 도시의 발달

1. 대도시 제도의 확립

근대 일본의 도시는 에도(현재의 도쿄), 오사카, 교토를 중심으로 발전하였다. 에도는 막부의 통치자인 쇼군이 거주하는 곳으로 18세기 전반 인구 100만명 규모의 일본 최대의 소비도시로 발전하였다. 오사카는 인구 35만명 규모로 전국의 물류가 모이는 상업중심지로 번성하였으며 교토는 천황과 귀족들이 거주하는 도시로서 유서 깊은 신사와 사찰이 위치하는 곳으로 섬유관련 산업이 발달하였다.

제2차 세계대전 패전 이후 6대 도시권(도쿄, 요코하마, 오사카, 교토, 나고야, 고베)의 시가지 확장과 인구증가가 이루어지면서 대도시 제도의 정비를 요구하는 목소리가 높아졌다. 그러나 광역자치단체인 부・현의 반대로 인해 6대 도시를 대상으로 하는 일률적인 제도도입은 이루어지지 못하였다. 도쿄는 구청장을 직선으로 선출하는 특별구를 설치하는 도쿄도(東京都)로 격상되었으나 나머지 시들은 인구 50만명 이상의 도시를 대상으로 하는 정령지정도시(政令指定都市)로써 행정구 설치와 일부 특례를 인정받는 데 그쳤다. 1956년 제도도입과 동시에 5대 도시가 지정시로 승격한 것을 시작으로 현재까지 총 20개 지정시가 탄생하였다.[11] 인구 20만명 이상의 도시에 대해서는 중핵시(中核市)로 지정할 수 있는데 정령지정시에 비해 제한적인 특례가 부여된다.

일본에서는 일반적으로 도시화율을 산출하는 기준으로 '인구집중지구(Densely Inhabited District)' 개념을 적용한다. '인구집중지구'는 기초지자체 단위보다 세분화된 국세조사의 조사구역을 기본단위로 한다는 점에서 지자체 단위보다 정밀하다는 장점이 있다.[12] '인구집중지구' 기준에 의한 일본의 도시화율은 1960년대 40% 초반에서 1970년대 50% 후반까지 지속적으로 상승하였다. 이후 1980년대 들어 상승속도가 크게 둔화하였고 1990년대 후반부터 65% 수준에서 안정된 추이를 보이고 있다. 다만, '인구집중지구' 기준이 아니라 시거주 인구기준을 적용하면 도시

---

11) 제도도입 당시 인구기준은 100만명 이상이었다.
12) 밀도기준(4천명/㎢ 이상)과 규모기준(5천명 이상) 모두를 충족해야 한다.

화율은 약 20% 상승한 85% 수준이다.

2. 혁신지자체와 도시정책의 본격화

제2차 세계대전 이후 일본의 도시행정 및 정책의 발전에 중요한 전기를 마련한 것은 1960년대 말부터 1970년대 말까지의 혁신자치단체들이라고 할 수 있다. 자민당 보수 장기집권 체제하에서 도쿄, 나고야, 오사카 등 대도시 지역을 중심으로 다수의 진보정당 출신의 단체장이 당선되어 시정을 운영하였는데 이러한 지자체가 혁신자치단체이다. 1960년대 급속한 공업화 및 도시화로 인해 주요 도시들은 심각한 공해발생 등 각종 도시문제로 몸살을 앓고 있었다. 그러나 중앙정부는 경제성장에 필요한 교통, 통신 인프라에만 치중하여 주민생활과 관련된 이슈에 대한 관심은 부족하였다. 주민들의 생활환경 개선에 대한 요구에 적극적으로 대응한 것은 혁신지자체들이었다.

혁신지자체들의 적극 행정을 뒷받침한 것은 시빌 미니멈(civil minimum)이라는 개념이다. 시빌 미니멈이란 중앙정부가 국민으로서의 최소한의 생활수준을 정하는 내셔널 미니멈(national minimum)과 대비되는 개념으로 도시가 당연히 갖추어야 할 최저한의 조건, 이를테면 안전하고 쾌적한 도시생활을 영위하는데 필요한 최저한도의 상태를 나타낸다(松下, 1971). 최저한의 도시환경과 복지 그리고 인권 등에 대한 도시정부 차원의 권리보장을 의미하는 것으로 도시의 공공복지정책에서부터 교통과 도로정책에 이르기까지 다양한 분야로 파급되어 도시공간의 질적 향상을 이끌어 내었다. 1968년 도쿄도 중기계획에 최초로 등장하였는데 도쿄도는 시 조직에 공해국을 설치하는 등 중앙정부 앞서서 공해대책에 나섰다. 또한, 도로를 만드는 공식이 '도로－차도＝보도'였다면 이를 바꾸어 '도로－보도＝차도'의 원칙하에 자동차 교통과 도로정책을 보행자 중심으로 바꾸었다. 혁신지자체장들은 주민의 시정참여 확대와 함께 법 위반 논란에도 노인 무상 의료서비스, 아동수당 제도 도입 등 복지를 확충하였다.

그림 3-1 일본 17개 대도시권 인구 순위(2015년 현재)

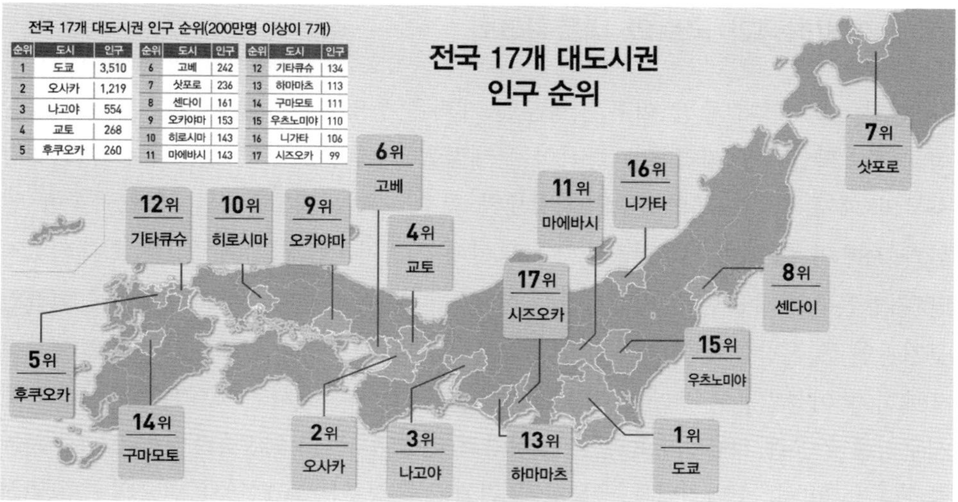

출처: https://diamond.jp/articles/-/90187.

도시화추이는 안정기에 접어들었지만 3대 도시권으로 불리는 도쿄권, 나고야권, 오사카권의 인구비중은 1955년 37.2%에서 2015년 51.8%로 계속 증가하고 있으며 특히 수도권(도쿄도, 가나가와현, 사이타마현, 치바현)으로의 인구집중이 가속화되고 있다. 일본 전체 인구가 감소하는 가운데 비수도권으로부터의 인구유입으로 수도권에는 2015년 현재 일본 전체 인구의 33%에 해당하는 약 3,500만명이 거주하고 있다([그림 3-1] 참조). 도쿄도 인구가 전체 인구에서 차지하는 비율도 1990년대 9.4% 수준에서 2018년 10.8% 수준으로 상승하였다.

이러한 수도권집중에 대해서는 도쿄를 대상으로 도시개발을 촉진하여 세계적 경쟁력을 갖춘 도시를 지향하는 흐름과 지방분권 및 지역재생을 통해 지방의 활력을 지향하는 상반된 흐름이 동시에 나타나고 있다. '세계도시 도쿄'를 위한 구체적인 방안은 수도권규제 완화를 통한 낙후된 도심의 재개발이다. 2002년 도시재생특별촉진법 및 2013년 국가전략 특구법제정으로 각종 건축규제가 폐지 · 완화되었을 뿐만 아니라 민간주도의 도시개발이 용이해졌다. 이를 계기로 도쿄도심과 주요 역세권 지역을 중심으로 주거, 업무, 상업 등 다양한 기능을 갖춘 대규모 복합도시시설개발이 활성화되고 있다.

3. 지방창생과 국토의 네트워크화

한편, 1990년대 중반 이후 지방분권 개혁은 중앙집권체제에 의한 지방의 자율성 부족, 획일적인 지역개발 방식의 문제점을 극복하기 위한 것이었다. 기관위임사무의 폐지, 필치규제의 완화, 지방세원 확충, 지방분권일괄법의 제정을 통한 권한과 사무의 이양이 이루어졌다. 이로 인해 지방자치단체의 자율성은 확대되었지만 지방인구의 유출현상을 막기에는 한계를 나타내고 있다. 2014년 5월에 민간연구기관인 '일본창성회의' 분과회는 보고서(増田レポート)를 공표하였는데 20대부터 30대까지 여성인구수 추계를 바탕으로 현 추세가 유지된다면 2040년까지 1,727개 시구정촌 가운데 896개가 소멸할 것이라고 전망했다(日本創成会議・人口減少問題検討分科会, 2014). 소멸위기를 극복하기 위해 일본정부는 2014년말 인구의 수도권집중 방지, 지방인구의 감소방지, 살기좋은 지역만들기 추진 지원을 내용으로 하는 '지방창생법(まち・ひと・しごと創生法)'을 제정하였다. 동법률에 따라 총리를 위원장으로 하는 마을・사람・일자리창생본부가 설치되었으며 국가차원의 창생종합전략이 수립되었다. 이와 함께 지방창생관련 교부금이 신설되었고 지방창생을 위한 인재 및 정보지원이 이루어지고 있다. 도도부현 및 시정촌 차원에서도 국가의 창생종합전략을 반영한 지방창생 종합전략을 수립・추진하도록 하고 있다.

그리고 2015년 '국토형성계획법'에 근거하여 국토의 콤팩트화와 네트워크화를 새로운 국토형성계획 원칙으로 채택하였다. 이를 위한 구체적인 정책수단으로 연계중추도시권 형성을 추진하고 있다. 연계중추도시권은 지방권에서 정령지정도시와 중핵시를 중심으로 거점형성을 유도하여 인구유출을 막고 각 지역 특성에 걸맞는 이노베이션을 창출하여 궁극적으로 3대 도시권의 집중해소와 지방도시 활성화 촉진에 그 목적이 있다. 연계중추도시권은 행정구역을 뛰어넘어 주변 시정촌과의 협약체결을 통한 권역 네트워크 형성으로 첫째, 권역전체의 경제성장 견인(산업, 관광 등), 둘째, 고차 도시기능의 집적 및 강화(의료, 공공교통망), 셋째, 권역전체의 생활관련 서비스 향상(복지, 교육, 재해대책, 인재육성 등)을 도모하려는 것이다.

2015년 유엔개발정상회의에서 '지속가능발전을 위한 2030 의제'가 채택되면서 국가 및 지방정부차원에서 지속가능발전목표(Sustainable Development Goals: SDGs) 달성을 위한 노력이 적극적으로 추진되고 있다. 즉, 지속가능한 개발목표

추진본부를 내각에 설치하였으며 내각총리대신(수상)이 본부장을 맡고 있다. 2016년 비전, 실시원칙, 후속조치, 그리고 우선과제를 포함한 SDGs 실시지침을 수립하였고 2018년에는 구체적인 행동계획을 공표하였다. 비전으로는 "누구도 소외되지 않으면서 경제, 사회 및 환경의 통합적 개선이 지속가능하며 탄력적인 방식으로 달성되는 사회 만들기"를 설정하였으며 우선 과제로는 모든 사람의 활약추진, 성장시장의 창출과 지역활성화, 재생에너지 확대 및 기후변화 대책강구, 안전 및 안심사회 구축, 건강장수의 달성, 재해에 강한 국토구축, 생물다양성 등 환경보전, 그리고 실시 추진체계와 수단의 정비를 선정하였다. 일본 정부는 매년 우수한 성과를 거둔 도시 및 선진사업을 대상으로 'SDGs 미래도시' 및 '지자체 SDGs 모델사업'을 선정하고 있다. 2019년 현재 'SDGs 미래도시'에 31개 도시가 '지자체 SDGs 모델사업'에는 10개 사업이 선정되었다. SDGs는 경제성장, 사회발전, 환경지속성이라는 포괄적 목적을 가지고 있는데 도시정부가 수립하는 각종 계획의 지표와 SDGs 지표를 연계하거나 통합하여 관리하는 곳이 늘고 있다.

그림 3-2 **UN 지속가능한 발전목표**

출처: UN news(https://news.un.org/).

제4절 | 북한 도시의 발달[13)]

1. 사회주의 도시의 특징

일반적으로 도시구조는 사회체제의 영향을 받는 것으로 이해되고 있다. 이러한 사유로 사회주의체제의 도시와 자본주의체제의 도시 간 차이가 있는가에 대해 오랜 논쟁이 있다. 여기에 대한 논쟁으로 생태학파(Ecological School)의 견해와 역사주의 학파(Historical School)의 견해가 대립하고 있다. 생태학파는 도시의 발전은 근대화와 산업화에 의해 결정되기 때문에 자본주의이든 사회주의든 모든 도시는 근본적으로 동일하다는 것이다. 만약 차이가 있다면 개별적이거나 혹은 시차의 문제라는 것이다. 반대로 역사주의 학파는 정치경제와 생산양식이 도시발달의 핵심적 역할을 수행하기 때문에 국가가 토지를 독점하는 사회주의체제에서 도시의 발달은 근본적으로 자본주의체제와 다를 수밖에 없다는 견해이다.

사회주의 도시계획의 이념은 마르크스와 엥겔스가 산업혁명 이후 급속하게 팽창하는 도시와 이로 인해 필연적으로 발생하는 노동자계급의 열악한 생활환경을 개선하기 위해 정립되었다. 고전적 마르크스주의는 도시성장을 자본주의 사회의 근본적 모순으로 간주하고, 도시와 농촌의 격차를 사회계급 간 투쟁의 측면으로 이해했다. 또한 도시화로 인해 발생하는 문제해결을 위해 철저한 도시계획의 필요성을 강조했고, 이를 위해 국가가 자본과 토지를 소유하고 개발해 관리해야 한다고 주장했다. 마르크스와 엥겔스는 이러한 사고를 기반으로 대도시화 억제, 도시재개발 반대, 도시와 농촌의 융합, 체계적인 도시계획, 정부의 절대적인 역할 등 사회주의 도시계획에 대한 다섯 가지 기본 개념을 정립했다. 이 개념은 1935년 소비에트 연방의 모스크바를 계획할 당시 수립된 종합계획(master plan)에 반영되었던 하워드(E. Howard)의 전원도시(Garden City)개념으로 계승된다.

그러나 사회주의체제에서 현실적으로 이러한 이념은 도시건설에 그대로 실현되지 못했다. 실제로 사회주의 국가의 도시건설에서 역사·문화적 특징이 다양하

13) 북한도시의 발달은 강인호·이계만, (2019), 통일이후 북한의 축소도시에 관한 시론적 연구, 「한국정책과학학회보」, 23(1): 27-52에서 내용을 발췌·요약 재정리하였다.

게 반영되면서 '사회주의 도시(socialist city)'의 일반적인 특징을 파악하기가 어렵게 되었다. '사회주의 도시'라는 개념적 정의가 가능한가의 문제가 여기서 제기된다. 사회주의 이념에서는 도시화로 발생하는 문제해결을 위해 철저한 도시계획을 바탕으로 도시문제들을 해결해 나가는 것이 당면과제였다. 그래서 사회주의 도시계획론에 대한 논의는 사회주의 운동가들 사이에서도 많은 시도와 토론이 있었다. 결국 하나로 정리된 이론보다는 사회주의 혁명의 중심지였던 소비에트연방의 수도 모스크바 건설을 위한 마스터 플랜이 제정되면서, 그것이 이후 사회주의 도시계획 이론을 설명하는 근거가 되었다.

대다수 사회주의체제 국가의 도시계획은 이미 언급한 것처럼 모스크바를 계획할 당시 수립된 종합계획에 근거하고 있다. 1935년 작성된 모스크바 도시설계의 종합계획은 기본적으로 하워드의 전원도시에 근거를 두고 있다. 전원도시의 기본 개념은 하나의 도시가 비대해지는 것을 막는 것이다. 하워드는 도시화의 문제점은 늘어나는 도시의 인구를 도시환경이 적절하게 수용하지 못하고 있는데 있다고 보았다. 그래서 하워드는 도시성장을 도심의 확장이 아니라 일정 규모의 여러 도시가 하나의 도시 네트워크를 구성하는 방식으로 계획했다. 이 지점에서 사회주의 이념이 강조하는 도시와 농촌의 구분을 없애자고 하는 개념과 접점이 생기는 것이다. 즉 사회주의 시각에서 산업화가 발달한 도시는 농촌의 노동력을 착취하는 수탈자일 뿐이다. 사회주의자들은 결국 도시와 농촌의 차별로 인해 도시내부의 부르주아와 프롤레타리아 계급 간의 갈등이 발생한다고 보았다. 그래서 사회주의에서는 도시의 존재는 인정하되 도시와 농촌의 격차를 최소화하는 것을 중요과제로 삼았다. 이런 측면에서 하워드의 전원도시는 그 해결책을 제시하고 있었다. 즉 도시규모가 일정한 규모로 제한되면 그만큼 농촌과의 격차를 최소화할 수 있다는 것이다.

사회주의자들이 전원도시의 개념을 채택한 또 다른 이유는 '전원'이라는 개념이다. 전원도시는 다른 도시에 비해 구조적으로 녹지공간을 많이 확보할 수밖에 없다. 이러한 대규모 녹지공간이 노동자들에게 쾌적하고 이상적인 생활환경을 제공해 줄 수 있다는 것이다. 당시만 하더라도, 도시의 녹지공간과 공원은 소수의 특권계층을 위한 전유물이었다. 결국 사회주의자들에게는 모든 노동자들을 위한 휴식공간으로 녹지와 도심공원이 필요했다. 이런 관점에서 전원도시는 사회주의자들이 채택하기에 가장 적합한 도시개념이었다.

표 3-1 사회주의 도시의 특징

주요 학자	사회주의 도시의 특징
Sheppard (2000)	• 낮은 수준의 도시화 • 도시경제부의 근대적인 고층빌딩과 대규모 공공공간 • 공간적·사회적 불평등의 최소화
Szelenyi (1996)	• 집약성(compactness): 도심지의 고층 주택건설 등으로 고밀 도시 조성 • 대규모의 공공프로젝트: 모더니스트적 상징물, 대규모 주택 • 공업용지의 과도한 공급과 상업용지의 과소공급 • 자본주의 도시에서 보이는 특징적 토지이용의 부재(부유한 교외지역, 무허가 정착지 등) • 경관의 단조로움: 토지이용의 다양성이 없고, 가로활동도 단조로움
Hirt (2006)	• 콤팩트한 도시: 자본주의 도시가 광범위하게 확산된 교외지역을 가지고 있다면 사회주의 도시는 농촌지역과 명확하게 구분되는 고밀의 사회주의 주거단지를 가짐 • 대규모의 공공공간: 국가가 토지를 소유하고 있기 때문에 행사, 전시를 위한 대규모의 상징적 공공공간 존재 • 도시 서비스시설의 부재: 사회주의 체제는 중화학공업을 우선시하며 소비재의 생산과 유통을 억제하기 때문에 소매 및 기타 서비스 공간 미발달 • 근대주의(modernist)적 건축양식: 반복적이고 회색톤의 건축물이 도시 전체에 지배적

출처: 박세훈(2016: 19)에서 재인용.

2. 북한 도시의 특징

2015년 현재 북한의 행정구역은 9도(평안북도, 평안남도, 자강도, 량강도, 함경북도, 함경남도, 황해북도, 황해남도, 강원도), 1직할시(평양), 2특별시(남포, 라선), 24개 일반시, 145개 군 및 3개 지구(신의주 특별행정지구, 개성공업지구, 금강산관광지구)로 이루어졌다. 북한의 도시는 도시의 기본구성 인구수와 전망 인구수, 도시의 정치적·행정적·경제적 및 문화·교양적 사명, 도시경제의 축을 이루는 주 산업시설의 생산능력, 도시의 자연 지리적 조건과 자연부원 및 역사적 특징 등 네 가지 기준으로 분류할 수 있다. 북한의 도시는 다른 나라 도시들과 비교해 볼 때 크게 두 가지 특징이 있다. 첫째는 도시의 규모가 상대적으로 작을 뿐만 아니라 성장 속도가 별로 빠르지 않다는 것이다. 북한에서 가장 규모가 큰 도시인 평양의 인구는 약 325만 5천명(2008년 인구센서스)이다. 평양은 북한에서 유일하게 인구가 백만

명이 넘는 도시이다. 2위와 3위인 함경남도 함흥과 함경북도 청진의 인구는 각각 76만 9천명과 66만 8천명의 인구를 지니고 있다. 인구 50만 명 이상인 도시가 2곳, 인구 10만 명 이상인 도시는 18곳에 불과하다.

북한의 도시가 상대적으로 규모가 작은 것은 사회주의 도시계획의 영향 때문이다. 즉 사회주의 국가에서는 도시화를 지양하고 있기 때문이다. 소수의 대도시에 인구를 집중시키기 보다는 강제적으로 인구이동을 제한해, 전 국토에 인구를 골고루 분산시켜 국토를 균형 있게 발전하도록 하는 것이다. 두 번째는 도시가 하나의 자생구조(자력갱생)로 구성되어 있다. 두 번째 특징이 북한의 도시구조를 설명하는 가장 기본적인 개념이다. 즉 경제적 차원에서 독립적 기능을 수행할 수 있도록 하나의 도시가 다른 도시에 의존하지 않고 자력갱생할 수 있는 독립적인 세포 구조를 갖추도록 하는 것이다. 따라서 도시 내에 소비시설 뿐만 아니라 생산시설을 갖추게 하는 것이 중요하다. 즉 북한도시는 단순히 도시민들의 생활권이나 소비시설만 갖추고 있는 것이 아니라 생산영역도 함께 존재하는 하나의 자생단위이다. 생산영역이란 제조업 등 공업지역만을 의미하는 것이 아니라 농업생산도 함께 포함하는 개념이다. 북한에서는 생활권과 공업지역을 도시영역으로 규정하고 농업생산지역을 농촌영역으로 보고 있다. 그래서 북한의 도시들은 도시영역과 농촌영역이 공존하는 것이 특징이다. 그리고 농촌영역 내에서도 다른 규모의 도시영역이 존재하고 있다. 결국, 어떠한 규모의 도시영역이든 농촌영역이든 간에 도시영역은 농촌기능을 포함하고, 농촌영역은 도시기능을 포함하고 있다. 이러한 개념 역시 사회주의 도시계획이론을 반영한 것이다. 도시와 농촌의 구분을 없애고 결국 도시의 행정구역 내에 농촌의 영역을 포함시킴으로서 도시와 농촌 사이의 격차를 해소하는 것이다. 도시와 농촌 사이의 격차를 해소하고 도시와 농촌 간의 균형적인 성장을 추진하기 위한 도·농 간의 인구이동 억제정책은 1932년 구소련에서 최초로 도입되었다. 당시 동유럽 대부분의 국가들이 이러한 전략을 모방하였다. 이러한 전략은 사회주의 개발도상국인 중국, 쿠바, 북한 등에서 그대로 받아들여졌다. 그 결과 사회주의 개발도상국의 도시들은 자본주의 개발도상국의 도시들과는 전혀 다른 모습으로 발전되었다. 자본주의 개발도상국가의 도시들이 도시의 외연적 확산, 종주도시화, 가도시화, 급속한 불균형 성장 등을 경험한 반면, 사회주의 개발도상국의 도시들은 상대적으로 느리고 완만한 도시성장을 경험했다.

북한 도시의 두 가지 특징은 전원도시개념과 일맥상통한다. 이는 도시와 농촌

간의 구분을 최대한 없애려고 했던 사회주의 도시계획이론을 근거로 했기 때문에 가능했던 것이다. 농촌은 도시가 잠식해 나아가야 할 대상이 아니라 함께 공존해야 할 대상이며 또한 단순한 농산물 생산지가 아니라 무분별한 도시화를 억제하는 완충지인 것이다. 이러한 개념은 북한 국토의 비효율적 이용을 가져왔다. 그러나 국토의 효율적·생산적 활용보다는 국토 전반에 걸친 '공간의 평등'을 시도하고자 한 북한사회의 이념이 더 크게 작용한 것으로 보인다.

북한의 도시들은 전통적인 대도시, 북부 내륙 도시, 평양 주변의 위성도시, 서해안 지역의 내륙 도시 등 크게 4개 그룹으로 나눌 수 있다. 첫 번째 그룹의 도시들로는 평양, 함흥, 청진, 원산, 사리원, 신의주, 해주 등이다. 이 그룹에 속하는 도시들은 일본 식민지 시대부터 꾸준히 성장해 온 전통적인 대도시들이다. 이들 도시의 인구는 도시규모의 확대와 더불어 꾸준히 증가해 왔다. 두 번째 그룹의 도시[14]들은 만포, 강계, 희천 및 혜산 등을 들 수 있다. 세 번째 그룹의 도시들은 남포, 순천, 평성, 송림 등이다. 평양 주변에 위치한 이 도시들은 평양과 밀접한 관계를 유지하면서 지속적인 인구증가를 경험했다. 평성에 위치한 평성시장의 경우 평양과 가까운 지리적 이점과 신의주와 평양을 연결하는 교통의 요충지로서 북한에서 가장 큰 도매시장 역할을 해왔다. 네 번째 그룹의 도시들은 평야지대에 위치해 공업과 농업이 함께 발달한 도시들이다. 정주평야에 위치한 평안북도 정주, 안주평야에 위치한 평안남도 안주, 재령평야에 위치한 황해북도의 사리원, 연백평야에 위치한 황해남도 해주 등이다.

이러한 네 그룹의 도시인구증가형태를 살펴보면, 첫 번째 그룹의 경우 청진을 제외하고는 1940년 이후 전반적으로 인구증가율이 떨어지고 있다. 이 그룹의 인구감소 원인으로 이들 도시들이 전통적인 대도시들이고, 도시들의 신규역할 제한, 기존산업구조의 유지 및 북한 당국의 균형발전에 의한 도시규모 억제 등을 꼽을 수 있다. 두 번째 그룹의 인구증가율 추이를 살펴보면, 혜산을 제외하고 전반적으로 감소하다가 1972~1987년 사이 인구가 다시 증가세로 돌아간 것으로 보인다.

---

14) 북한도시의 성장유형을 해방 전과 해방 후로 나누어 살펴보면, 해방 전에는 일본과 접근 용이성이 뛰어나고, 만주지역으로 이동이 편한 동해안 연안의 도시들이 발달했다. 이들 도시들은 일본의 대륙진출기지 역할을 담당하면서 급속한 성장을 이루었다. 해방 후 북한정권 수립 이후에는 자립경제건설을 목표로 내세우면서 대내지향적인 발전전략을 채택했고, 이를 바탕으로 내륙도시들을 개발하는데 주력했다. 두 번째 그룹의 도시들은 북한의 이러한 정책으로 육성된 도시들이다.

이러한 원인은 이 기간 동안의 북한 정부의 내륙지역 개발정책 때문으로 보고 있다. 세 번째 그룹과 네 번째 그룹의 인구증가율 변화를 살펴보면, 남포를 제외하고는 비슷한 양상을 보이고 있다. 즉 이들 도시들은 1967~1972년 사이 인구가 증가하다가 정체되거나 조금씩 감소하고 있다. 이들 그룹의 도시들은 평양 인근의 도시들이거나 서부 평야지역의 도시들로 1967~1972년 동안 비교적 큰 인구증가율을 경험한 후 최근까지 안정적인 인구증가율을 유지하고 있다.

제5절 | 한국 도시의 발달

1. 근대 도시의 성장

조선시대 대표적인 도시는 수도인 한성(漢城)으로 17세기 이후 전란으로 황폐화된 궁궐의 중건이 이루어지고 육의전 등 관인상점 외에 칠패, 이현, 서소문 등 상업중심지와 함께 마포, 서강 등의 해상교통 중심지가 번성하면서 인구가 크게 늘었다. 조선건국 후 개경에서 수도를 옮긴 직후 인구 10만명에 불과하였으나 18세기 중반 한성의 인구는 약 20만명~30만명 규모로 증가하였다. 조선의 도시는 주, 부, 군, 현으로 구성되었는데 규모와 통치관리의 품계가 차별화되었다. 전주·대구·공주·해주·원주·함흥 등 감영(監營) 소재지 및 이에 준하는 충주·청주·상주·광주[15]·나주·제주·진주·안주 등 대읍들이 도시의 면모를 갖추고 있었다고 평가할 수 있는데 인구규모는 약 5천명~2만명으로 추산되고 있다. 이들 도시는 행정중심지로써 뿐만 아니라 대외무역 및 유통, 교역의 중심지로써의 역할을 담당하는 등 경제도시로서의 면모도 갖추었다.

일제 강점기에는 식민지 정책에 의한 도시화가 진행되었다. 상주, 충주, 의주 등의 내륙도시의 인구가 감소하고 목포, 해주, 청진 등 개항에 의한 해안도시의 발전과 대전 등 신설 철도 연변 도시가 급속히 성장하였다. 일제는 인구 2만명 이상의 도시를 부로 승격시켰는데 경성, 마산, 대구, 군산, 진남포, 인천, 평양, 목포, 원산, 신의주, 청진, 부산의 12개 부가 설치되었으며 이후 함흥, 성진 등이 추가되

15) 경기도 광주로 고려 때 12목 중 한곳이었다.

었다.

2. 급속한 도시화와 수도권 집중

광복직후 서울의 인구는 약 90만명 정도였는데 해외 동포들의 귀국으로 170만명의 대도시로 성장하였다. 1949년 지방자치법 개정에 따라 서울시는 서울특별시로 승격되었고 부는 시로 개편되었다. 전체 인구 중 도시에 거주하고 있는 인구비율을 백분율로 나타낸 것이 도시화율인데 당시 도시인구는 약 350만명으로 도시화율은 16% 수준이었다. 도시화율은 용도지역상 도시인구를 기준으로 하는 경우와 행정구역상 읍 이상의 거주인구를 기준으로 하는 경우로 구분해 볼 수 있는데 국토교통부에서는 전국인구 가운데 용도지역상 주거, 상업, 공업, 녹지 지역에 거주하는 인구의 백분율로 도시화율을 산출하고 있다.[16]

표 3-2 도시지역 인구와 비도시지역 인구추이 (단위: 천명)

구분		1997	2002	2007	2012	2017
도시지역 기준	도시지역인구	40,839	43,256	44,610	46,381	47,542
	비도시지역인구	5,974	5,162	4,658	4,566	4,235
행정구역 기준	도시인구	40,216	42,828	44,058	45,949	46,985
	농촌인구	6,597	5,589	5,210	4,998	4,793
도시지역 인구비율 (%)	도시지역기준 도시지역인구비율	87.2	89.3	90.5	91.0	91.8
	행정구역기준 도시지역인구비율	85.9	88.5	89.4	90.2	90.7

출처: 국가통계포털.

16) 용도지역상 비도시지역은 관리, 농림, 자연환경보전구역인데 2018년 현재 국토의 계획 및 이용에 관한 법률(국토계획법)에 따라 용도지역으로 지정된 우리나라 국토 면적은 10만6,286㎢이며 그중 도시지역이 1만7,789㎢로 전체 면적의 약 16.7%이다.

그림 3-3 도시화율 추이

(단위: %)

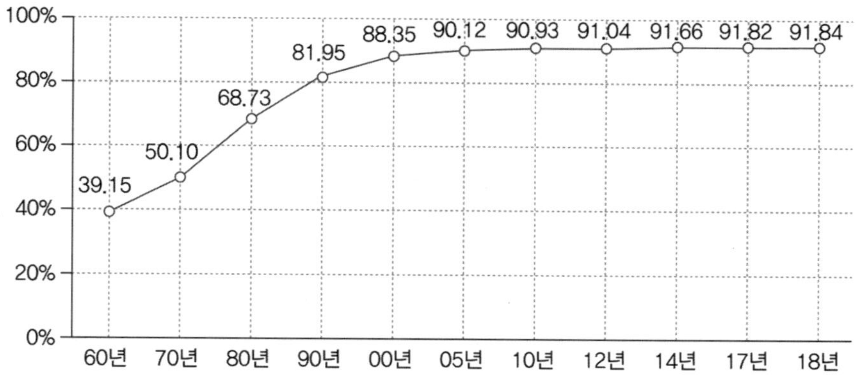

출처: 국토교통부 · 한국토지주택공사(2019). p. 4.

1960년대 이후의 급속한 산업화로 인해 노동력과 자본이 도시에 흡수되며 도시화율도 함께 증가하였다. 즉, 2 · 3차 산업이 차지하는 비율은 1970년대 53%에서 2005년 92.1%로 상승하였는데 같은 기간 도시화율도 50.1%에서 90.1%로 증가했다([그림 3-3] 참조). 연평균 도시인구의 증가추세는 1960년대 64만명, 1970년대 95만명, 1980년대 95만명, 1990년대 45만명, 2000년대 35만명으로 점차 줄어들고 있으며 그에 따라 도시화율 증가 속도도 크게 둔화되었다. 2010년도 기준 OECD 국가들의 평균 도시화율은 68%인데 반해 한국은 88%로 20% 이상 높은데 영국(74%), 일본(78%), 미국(69%) 보다도 도시거주 인구 비율이 높아 세계적 차원에서 고도로 도시화된 국가라고 할 수 있다.

그런데 도시화율은 정체수준에 머무르고 있으나 수도권으로의 인구집중은 계속되고 있다. 2019년말 현재 서울특별시, 경기도, 인천광역시의 인구가 비수도권 인구를 넘어서게 되었다. 세분화해서 살펴보면 서울의 인구는 감소하고 있는 반면 경기와 인천의 인구가 증가하고 있기 때문인데 서울에서 유출된 인구 대부분이 수도권에 머무르고 있다. 1위 도시로의 집중도를 알아보는 방법으로 수위도와 종주화지수를 사용하기도 한다. 수위도란 1위 도시인구를 2위 도시인구로 나눈 값이며, 종주화지수란 1위 도시인구를 2위, 3위, 4위 도시 인구를 모두 합친 값으로 나눈 값이다. 한 국가 내의 이상적인 도시체계는 제1위 도시인구를 1로 할 때, 제2위 도시의 인구는 1/2, 제3위 도시의 인구는 1/3, 제4위 도시의 인구는 1/4을 나타내는데, 이때의 종주화지수는 1÷(1/2+1/3+1/4)=0.92가 된다. 대개 개발도상국일수록 급속한 도시화로 인해 1위 도시(수도)와 그 외 도시군간의 인구, 경제 격차가 크게 나타난다. 우리나라의 종주화지수는 1970년 1.53으로 가장 높았다가 2010년 1.17로 낮아졌고 2018년 1.10으로 더 낮아졌으나 여전히 이상적인 종주화지수인 0.92보다는 높은 수준이다.[17)]

수위도시 또는 소수의 도시로의 지나친 집중은 해당 도시와 국토 전체의 불균형을 초래하여 주택난, 교통난, 급수난, 공해, 공원·녹지부족 등 생활환경상의 문제, 실업, 빈곤 등 사회병리문제, 지역간 격차문제 등을 유발할 우려가 크다. 과거 정부도 산업화 초기단계인 1960년대 초부터 수도권 및 대도시의 인구집중 문제를 주요 정책과제로 인식하고 국토종합개발계획 등에서 수도기능의 지방분산 및 대도시 성장 억제에 관심을 가져왔다. 1982년에는 '수도권정비계획법'을 제정하여 과밀부담금 부과, 공장총량제, 대학정원제 등 입지규제를 강화하였으나 수도권으로의 인구 및 경제력의 집중경향은 이후로도 계속되고 있다. 국가균형발전을 국정의 주요 과제로 추진하였던 노무현정부에서는 2004년 '국가균형발전특별법'을 제정하여 공공기관과 정부출연기관의 지방이전을 적극적으로 추진하였다. 총 154개 기관을 전국 10개 혁신도시를 조성하여 분산배치 하였는데 산·학·연 연계에 의한 지역혁신 체계의 강화, 지방대학 졸업자의 취업기회 증가 등 긍정적인 성과가 나타나고 있으나 수도권 인구분산 효과는 기대에 미치지 못하고 있다.[18)]

출산율의 감소와 인구의 고령화가 심화하는 가운데 수도권 집중현상이 계속되면서 한국의 도시들은 복합적인 문제에 직면하고 있다. 즉 수도권을 중심으로 인구과밀로 인한 교통난, 주택난 등의 전통적인 도시문제가 해결되지 않고 있는 가운데 다수의 도시는 인구감소와 노령인구의 증가, 산업침체, 생활환경의 악화와 같은 도시쇠퇴 현상이 나타나고 있다. 수도권의 인구과밀로 인한 집값 폭등 문제에 대처하기 위해 서울 주변지역을 대상으로 한 주기적인 신도시 건설이 이루어지고 있다. 1980년대 분당, 일산, 평촌 등 1기 신도시에 이어 2000년대 들어 김포, 검단, 동탄 등 2기 신도시가 건설되었고 2019년말에는 3기 신도시 계획이 발표되었다. 신도시 건설은 주택가격 안정에 이바지하였다고 할 수 있지만 자족기능을

17) 서울인구/부산인구+인천인구+대구인구.

18) 2018년 기준 전국 지역내총생산(GRDP)에서 차지하는 수도권의 비중은 51.8%로, 2011년 이후 비중이 계속 높아지는 추세이다.

갖추지 못해 서울의 베드타운 역할에 그쳤다는 한계도 지적되고 있다.

3. 도시쇠퇴 현상과 극복노력

도시쇠퇴 문제에 대처하기 위한 방안으로 2013년 '도시재생 활성화 및 지원에 관한 특별법'이 제정되어 국가 및 지방자치단체가 도시재생사업을 위한 계획을 수립하고 필요한 지원을 체계적으로 강구할 수 있게 되었다. 그리고 도시재생사업의 시행주체는 지자체뿐만 아니라 공공기관, 지역내 토지 소유자, 사회적 기업 등 주민단체도 가능하다. 문재인 정부는 도시재생과 관련하여 5년간 50조원 규모의 재정을 투입하는 '도시재생뉴딜' 정책을 추진하고 있다. 도시재생뉴딜 정책은 지자체 등 지역주도와 동네 단위 생활밀착형 사업을 중심으로 이루어진다는 것이 특징이다. 대규모 철거와 재개발 방식의 뉴타운 사업이 부동산 가격폭등, 주민공동체 해체, 철거를 둘러싼 갈등 등의 문제점을 보였기 때문에 이러한 문제점을 최소화하려는 것이다. 인구가 감소하는 지방 도시들에서는 인구대책에 대한 정책적 관심이 증가하고 있다. 출산장려금의 지급, 귀농·귀촌인구 지원, 여성과 청년 친화형 정책 시행 등 출산율 제고와 유입인구 증가를 위한 각종 정책을 앞다투어 도입하고 있다. 그런데 전반적으로 인구가 감소하는 상황에서 인구유치를 통한 도시성장전략 패러다임에서 벗어나 지나치게 외곽으로 분산된 주거지역이나 도시기능을 주요 거점으로 모으는 '압축도시'화를 추진하는 도시들도 늘고 있다. 인구가 집약되면 도시기능 유지에 드는 비용을 절감할 수 있으며 상권도 활성화될 수 있기 때문이다.

최근 정보통신 및 빅데이터 관련 신기술 발전을 이용하여 신산업 창출과 각종 도시문제를 해결하려고 하는 '스마트시티(지능형 도시)'에 대한 관심도 늘고 있다. 도시의 교통·에너지·환경 등에 인공지능(AI) 기술을 접목하려는 것으로 정부는 2018년 세계 스마트시티 선도모델로 국가시범단위 2곳(세종, 부산)을 선정하였다. 과거 유비쿼터스도시(U-City)가 지나치게 기술개발 중심, 정부중심으로 추진되어 한계를 드러냈는데 '스마트시티'가 성과를 거두기 위해서는 성장과 주민의 삶의 질 향상 간의 조화와 함께 실질적인 민관협력 활성화가 필요하다.

사잇글 3-2 늙어가는 대한민국 도시, '이대로 둬선 안 된다'

유엔 인구 전망 보고서를 보면 한국의 출산율 가구당 1.2명으로 세계 최저 수준이다. 세계 평균(2.6명)은 물론 일본(1.3명)보다도 낮다. 반면 전체 인구에서 65세 이상 고령자가 차지하는 비율은 2018년 14%를 넘겨 4년 뒤부터는 고령사회에 본격 진입할 것으로 전망된다. 이런 노후세대가 2010년 425만 6,000가구에서 20년 후인 2030년에는 860만 8,000가구로 두 배 이상으로 늘게 된다. 이 때문에 전문가들은 인구의 노령화는 향후 도시 인프라 정책 방향의 궤도수정이 불가피하다고 지적한다. (중략)

성장을 위해 건립된 국내 도시는 인구의 고령화로 인해 더 이상 성장할 명분이 없어진 것으로 보인다. 산업화는 이룰 때로 이뤘고, 연령층은 높아졌고, 도시 형성의 가장 기본적인 이유라 할 수 있는 제조업은 쇠퇴했다. 특히 서울, 부산 등 산업화가 일찍 시작된 대도시 일수록 제조업은 꺼리는 직종 중 하나로 여긴다. 전국의 제조업 종사자수는 2000년 42.6%에서 2010년 32.6%로 감소하고 있는 실정이다. 2000~2010년간 대도시 제조업 일자리는 연평균 2.1% 감소했으며, 특히 서울은 연평균 6.2%로 감소해 전형적 탈산업화 양상을 보이고 있다. (중략)

죽어가는 도시를 살리기 위해선 국가의 지원을 강화해야 한다는 목소리가 높다. 국토연구원 김태환 본부장은 '도시외곽 택지와 산업단지 개발을 축소하고 기성시가지 중심으로 새로운 기능과 산업에 집중해야 한다'며 '국가지원으로부터 소외된 도시 내 쇠퇴지역에 국가지원을 확대해야 경쟁력을 확보할 수 있다'고 말했다. 또한 도시의 일자리 확보와 신 성장산업을 위한 산업입지 지원체제로 재편해야 한다고 목소리를 높였다.

출처: 한국경제, 2014. 12. 8.

▷▷▶ 토론핵심

1. 도시의 고령인구 증가로 인한 문제점은 무엇인가?
   - 생산인구 감소, 복지비용 증가
2. 고령인구 증가에 따라 도시는 어떠한 정책이 필요한가?
   - 인프라 개선(무장애 도시, 이동성, 보행), 재택 의료 확충, 세대간 교류

제4장

도시에 대한 주요 접근방법

제4장

도시에 대한 주요 접근방법

제1절 | 전통적 접근방법

1. 시카고학파와 도시 생태학

시카고 대학의 시카고학파는 도시이론의 진화에 많은 영향을 끼쳤으며, 시카고학파의 도시 생태학은 도시사회학의 주요 접근법으로 간주된다. 파크·버제스·멕켄지(Park, Burgess, McKenzie, 1925)는 허버트 스펜서(Herbert Spencer 1820~1903), 오귀스트 콩트(August Comte, 1798~1857) 등의 초기 유럽 사회학자들이 그랬던 것처럼 생물과학에서 이론을 빌려서 도시를 설명하였다(Mazlish, 1989). 자연생명과학에서 온 원칙들을 이용하여 사회적 현상을 설명하는데 효과가 있다고 생각하여 도시학자들은 사회적 다윈주의나 사회 진화적 사고로 발전시켰다. 그들의 기본사상은 찰스 다윈(Charles Darwin, 1809~1882)의 주장인 자연의 생명유지 특징에 접근하기 위해 종들 간에 일어나는 경쟁과 스펜서(Herbert Spencer, 1864)의 주장인 가장 적합한 것의 생존으로 해석되는 자연 선택의 과정을 기반으로 하고 있다. 도시 생태학자들은 도시 생활의 두 가지 중심적인 측면을 설명하기 위해 경쟁, 선택, 침략, 정복, 지배라는 생물학적 개념을 사용한다. 첫째, 도시 인구가 도시 환경에 적응하면서 그 안에 있는 지역사회와 이익집단 사이의 경쟁에 의해 형성되는 방법과 둘째, 적응 과정이 어떻게 도시 생존에 영향을 미치는가이다. 파크(Park)의 주장에 의하면 도시가 가지고 있는 물리적 형태는 각 집단이 동등관계 사이에서 그들의 이익을 위해 선택과 경쟁과정을 겪고 생존을 쟁취하는 사회세계의 모자이크로 묘사했는데, 이는 다양한 집단이 근접하게 살고 있지만 그들만의 환경으로 분리되어 있다는 것을 의미한다.

도시 생태학의 이러한 특징들 중 가장 논란이 되는 점은, 시카고학파의 구성원들은 그들이 관찰한 도시의 사회과정이 유기적이고 자연스럽다는 것이다. 그들은 맹목적인 생물학적 산물이 아니라, 집단적 의지의 행위에 의해 문화를 변화시킬 수 있는 인간 선택의 산물이라는 것을 인정하지 않는다는 것이다. 게다가, 그들은 불평등한 권력 위치와 도시가 사회적으로 조직되는 방식의 정치적 역할에 관심을 기울이지 못했다. 그러므로 도시 생태학자들은 도시의 불평등과 사회적 분리가 불가피하다고 보는 현상에 대한 옹호자로 보이기 쉽다. 그러한 비판들은 사회학의 또 다른 준 생물학적 설명방식인 사회학의 구조적 기능주의의 발달을 가져왔다(Parsons, 1951). 구조적 기능주의자들은 무질서와 불안정으로 이어지지 않는다면 어떤 것이든지 주어진 사회 시스템의 존속이 가능하다고 주장하는 경향이 있기 때문에 보수적이다. 사회는 항상 자연스러운 평형을 추구할 것이라고 그들은 주장한다. 갈등은 왜곡과 범죄로 보는데, 도시 중심부의 이주민 집중과 빈곤은 청소년 범죄를 증가시켰다고 설명했다. 특히 파크 · 루이스 워스(Park, Louis Wirth)는 생물학적 유사성이 사회과학적 설명에 중요한 역할을 한다고 믿었고, 사람이 만든 도시 문제를 바로잡기 위해 그들이 연구한 많은 과정에 공공부문의 개입을 흔쾌히 지지했다. 실제로, 시카고학파의 목표 중 하나는 도시를 연구함에 있어서 도시 분석과 정책결정 사이의 생산적인 연관성을 제공하는 것이었다. 지리적으로는 이해되지만 민족과 계급에 의해 정의되는 지역사회에 대한 그들의 강한 집중과 접근방식, 특히 도시정책에 문제가 있다는 생태학적 결정론은 도시이론의 발전에 중요한 단초를 제공하고 있다.

시카고학파는 많은 한계에도 불구하고 후세대의 도시이론에 대한 많은 영향을 남겼다. 도시 이론과 연구 안에서 실증주의적이고 유익한 전통을 확립하였고, 도시의 지리적 정의는 사회적 행태에 적합하지 않음을 설명하며, 도시 지역의 일부 핵심적 특성 및 문화에 기초한 도시 형태학, 사회분리, 도시 내 지역사회, 문화, 민족성에 대한 연구를 위한 더 적절한 것이 있음을 시사했다.

2. 버제스의 동심원 모델

버제스(Burgess, 1925)는 시카고 시를 기반으로 특정 물리적 형태와 이동과 분류의 준 생물학적 과정 사이의 개념적 연계를 동심원(Concentric Zone Model)을 사용하여 모형으로 만들었다. 동심원 모델은 중심 상업 지구와 그 주변을 둘러싸고 있는 도심으로 전환 중인 구역에서 멀리 떠나면서 연속적으로 더 높은 지위의 주택의 고리가 발견되는 도시의 형태학에 대한 간단한 그림을 보여준다.

그림 4-1 버제스의 동심원 모델

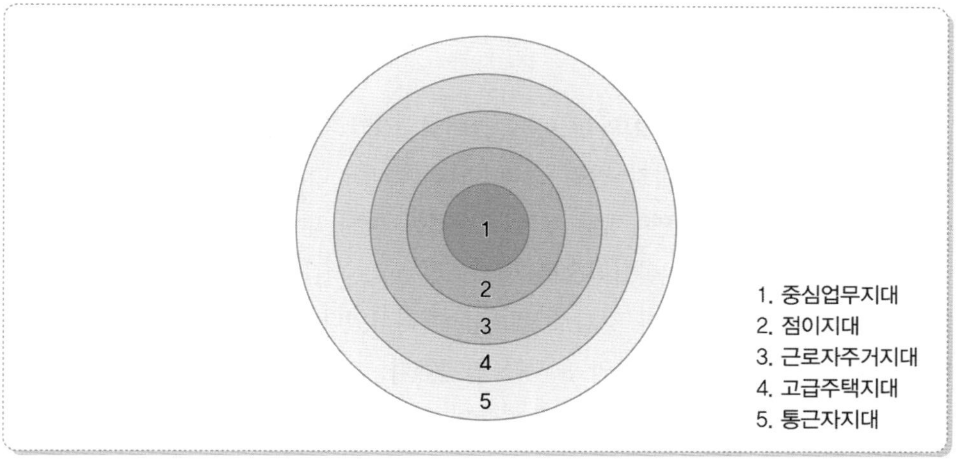

이 모형은 인구 팽창과 경제 성장에서 비롯되는 사회적 계급의 주거장소 재편 과정을 통해 설명된다. 즉 가난한 이민자나 주민들이 끊임없이 도심으로 유입된다. 따라서 중심 상업 지역은 확장되고, 중심 상업 지역의 상대적으로 높은 임대료는 낮은 가치의 상업, 산업, 주거 용도의 지대를 변화시키는 요인이 된다. 이러한 요인들은 도시인구의 점진적인 이동을 촉진하는데, 각 도시 고리는 그 안에 있는 직업 및 소득에 따라 도시주민들에 의해 점유되는 반면, 가장 부유한 거주자들은 새로운 외부 고리를 만들어 외부로 이동하게 된다. 각 지역 내에서 문화적 동질성이 발생하면서 동시에 이 지역들은 그들 자신의 행태와 문화를 창조하는 것으로 보인다. 버제스의 도시연구는 대부분의 시카고학파 동료들의 것과 마찬가지로 고전적이고 실증적인 사회과학이다. 도시형태학에 대한 도시생태계의 관심은 참여자들을 위한 그들의 의미나 그것들의 원인보다는 그 자체를 정량적 측정과 인간의 행동의 결과, 즉 이주패턴, 사회적 분리, 토지이용 등에 대처하는 도시이론의 형태이다.

3. 중심지이론

중심지이론(Central Place Theory: CPT)은 서비스 중심지로서 도시의 역할을 이해하기 위한 개념적 구조를 제공한다. 보완적인 지역이나 배후지의 초점으로 볼 때, 도시는 주변 시골에 상품과 서비스를 제공하는 공급 업체가 된다. 그것은 제안된 재화와 서비스의 보완을 지원하기 위해 배후 인구 유입에 의해 생성된 현금 흐름에 달려 있다. 따라서 도시와 그 주변 보완 지역은 상호의존적인 시스템을 구성한다.

중심지이론은 [그림 4-2]와 같이 공간배열, 크기 및 합의 횟수를 보여주고 있다. 1933년 독일인 지리학자 발터 크리스탈러(Walter Christaller, 1893~1969)는 독일 남부의 정착 패턴을 연구했다. 크리스탈러는 박사 학위 논문의 일환으로 독일 남부에서 이론적 개념을 실험적으로 테스트했는데, 처음부터 독특한 도시의 역사를 추적하고 물리적 특성의 결과로 위치를 처리하였다. 독일 남부의 평평한 풍경에서 크리스탈러는 특정 크기의 도시를 발견했다. 그 도시는 대략 등거리였다. 정착의 기능을 조사하고 정의함으로써 배후의 구조와 크기는 기하학적 모양을 사용하였다. 중심지이론은 도시의 크기, 간격, 위치 및 기능적 내용에 대한 설명을 제공하는 경제 이론이다.

크리스탈러는 경제력 이외의 중심지 위치를 통제하기 위해 농촌을 평평하고 균질한 평원으로 간주하여 이동에 장벽이 없으므로 모든 방향으로 제한되지 않은 이동을 허용한다. 또한 이 균일한 영토에 분산된 농촌 농장 인구와 이상적인 거주지 간격을 가정했다. 각 점이 정삼각형의 정점에 있을 때 점(개별, 농가, 중앙 장소) 사이의 가장 큰 분산이 달성된다는 것을 수학적으로 나타낼 수 있었다. 중심지이론에는 인간 행동에 대한 두 가지 가정이 있다. 첫 번째는 소비자가 항상 특정 상품을 제공하는 중심지에서 구매할 것이라고 명시하고 있으며, 두 번째는 재화에 대한 임계 구매력이 중앙에서 확보될 때마다 기업가가 재화를 제공한다는 것이다. 재화에 대한 수요가 임계값 아래로 떨어질 때마다 재화가 더 이상 제공되지 않는다. 이러한 가정은 행위자가 경제적으로 그들의 행동이 합리적이며 모든 쇼핑 대안에 대한 완벽한 지식을 가지고 있음을 의미한다. 소비자는 항상 구매 장소 거리를 최소화하고 기업가는 비즈니스 환경에 대한 지식을 갖추고 있어 구매력의 변화를 신속하게 조정할 수 있다.

그림 4-2 **크리스탈러의 중심지이론**

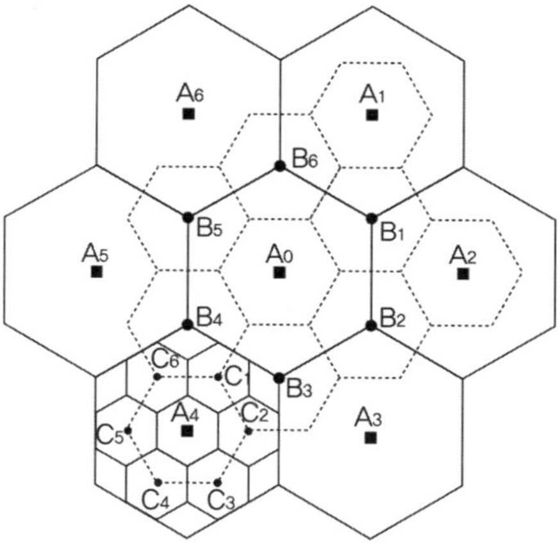

출처: Christaller's model of central localities, https://regi.tankonyvtar.hu/hu/tartalom.

4. 성장 극 이론

도시의 성장을 강조하는 이론은 성장 극 이론(Growth Pole Theory)이다. 성장 극 이론은 포괄적인 이론보다는 발전과 관련된 일련의 개념들을 포괄한다. 도시성장에 대한 경제기반 접근법과 비교하면 성장 극 이론은 훨씬 더 열악하다. 하지만 성장 극 이론의 계획적 함의는 많은 환경에서 가치가 입증되었고 정부 개발정책에 중요한 변화를 가져왔고, 동적이며 개발 과정의 많은 단계에 적용된다. 프랑수아 페로(Francois Perroux, 1924~2019)는 1950년대 중반 경제발전을 촉진하는 도시의 역할을 지적한 논문에서 성장 극 철학을 처음 도입했다(Monsted, 2006). 당시 프랑스 기획자들과 지역 경제학자들은 프랑스의 발전 경험에 맞지 않은 전통적인 성장 이론에 반대했다. 성장 극 접근은 더 현실적이고 자원 배분에 대한 우선순위 측면에서 몇 가지 행동적 요소를 가지고 있었다.

그림 4-3 페로의 성장 극 이론

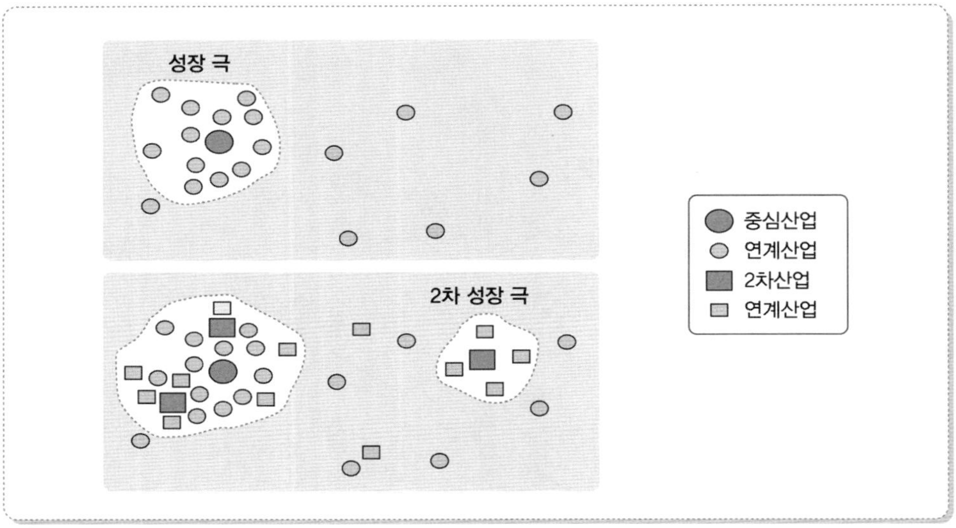

출처: Geography, https://geography.name/growth-pole/.

개별 기업의 규모에서, 가장 중요한 요소적인 형태로 개발 장소의 효과 및 영향을 관찰할 수 있다. 이러한 성장 극 형태는, 더 크고 빠르게 성장할수록 효과는 더 커지고, 또한 다른 회사들과의 높은 수준의 강한 상호작용은 성장을 촉진시킨다. 이 과정은 순환되고 누적된 인과관계로 분류된다. 예를 들어, 기업이나 산업의 외연 확장은 증가하는 재료구매와 더 큰 고용수준이 경제를 통하여 재화가 흐를 때 추가적인 일자리를 창출하기 때문에 더 많은 효과를 창출할 것이다. 이러한 일자리 증가는 제조업, 운송업, 소매업 및 기타 서비스업과 같은 여러 분야에서 발생할 수 있다. 이러한 확장은 결국 인구 유입 및 증가로 이어질 수 있으며, 일자리와 인구증가 외의 또 다른 성장을 유도할 수 있는 지역혁신의 가능성을 높일 것이다. 따라서 성장 극 이론에서 도시 활동의 집중을 장려하는데 서비스의 가용성과 기반 시설이 중요한 요소들이다.

성장 극 이론의 중심 아이디어는 경제발전 또는 성장이 전체 지역에 걸쳐 균일하지 않고 대신 특정 극(또는 클러스터) 주위에서 발생한다는 것이다. 이 성장 극은 핵심 산업의 직접 및 간접 효과를 통해 연결 산업이 발전하는 것이 특징이다. 핵심 산업에는 자동차, 항공, 농업, 전자, 철강, 석유화학 등 다양한 분야가 포함될 수 있다. 직접적인 영향은 핵심 산업이 공급 업체로부터 제품 및 서비스를 구매할 수 있다. 간접 효과는 소매업과 같은 경제활동의 개발 및 확장을 지원하는 핵심 및 연계 산업에 종사하는 사람들이 상품 및 서비스에 대한 수요를 포함 할 수 있다. 핵심 산업의 확장은 생산, 고용, 관련투자, 새로운 기술 및 새로운 산업 부문의 확장을 의미한다. 성장 극 근처의 규모와 집적 경제로 인해 지역개발은 불균형하다. 특히 운송 터미널은 이러한 프로세스에서 중요한 역할을 할 수 있다. 교통에 대한 의존도가 높을수록 활동이 많을수록 이 관계는 더욱 강력해진다. 후기 단계에서, 2차 산업 부문이 자체 연계 산업으로 출현하여 지역 경제 다양성에 기여하는 경우 2차 성장 극의 출현이 도시의 성장을 이끌 가능성이 있다.

5. 경제기반이론(Economic Base Theory)

제1차 세계대전 후 도시화가 가속화되어 도시계획의 중요성이 대두됨에 따라 도시 성장을 예측하고 이러한 확장을 촉진하는 구조를 설명하는데 관심이 커졌다. 이러한 성장은 도시 경제의 산업부문 및 서비스수준과 관련하여 일반적으로 측정되었다. 경제 기반 접근법에 따르면, 도시에 대한 자원의 토대는 지역사회 밖의 상품이나 서비스의 판매에서 비롯된다. 이러한 판매는 수출이라고 불렀다. 시나리오에 따르면, 그러한 판매가 창출한 수익은 서비스 활동을 지원하기 위해 재화를 제공함으로써 지역 확장을 도왔다.

규모의 경제는 생산 공정의 전문화, 더 큰 구매와 관련된 재료의 더 나은 가격, 그리고 시장을 위한 제품의 더 경쟁력 있는 가격 책정을 가능하게 한다. 이것은 더 큰 운영을 하는 기업에게 규모의 경제로서 경험할 수 있는 효율성을 말한다. 기업이 성장함에 따라 전통적인 위치 이론은 규모의 경제가 그들의 투자에 대한 더 많은 수익을 제공할 것이라고 제안한다. 대도시는 규모의 경제성을 강화하는 기업에 이점을 제공한다. 이러한 기회들은 도시화 경제와 지역화 경제로 분류되어 왔다. 대도시는 대규모 노동시장, 금융자원에 대한 접근성 확대, 광범위한 기반지원, 그리고 우리가 집합적으로 도시화 경제라고 부르는 다른 장점들을 회사에 제공할 수 있다. 종종 신생 기업들은 더 큰 지역에 위치함으로써 이점을 얻지만, 더 큰 도시에서 비용이 더 많이 드는 것도 사실이다. 종종 기업들은 비용을 최소화하기 위해 그러한 센터로부터 분산된다.

그러나 도시화 경제가 아닌 현지화 경제가 산업을 끌어들인다는 증거도 있어 성장 유인에서 도시화는 경제의 활성화 역할에 지나치게 과장될 수 있다. 이와 같은 산업의 집중이 도시에 자주 발생하는 이유가 도시의 규모가 커서가 아니라 숙련된 노동 시장을 이용하고, 혁신의 근간과 같이 긴밀한 협력을 촉진하며, 보다 높은 수준의 전문화를 위한 기회를 이용한다는 것을 의미한다. 실제로, 대부분의 산업들은 지역 경제가 작동한다는 개념을 지지하면서 기업들의 군집화를 보여준다. 예를 들어, 항공우주, 철강, 자동차, 기계 산업에서 발생하는 클러스터링을 예로 들 수 있는데 몇몇 도시에서는 이들 산업부문의 고용시장에서 대부분 파악된다.

1940년대와 1950년대에 지리학자들과 경제학자들은 도시 성장의 비밀을 푸는 열쇠로서 경제 기반 이론을 예측했다. 1차, 외부, 기초, 도시 건설이라는 용어는 기본적인 부문인 일자리를 설명하기 위해 상호 교환적으로 사용되기 시작했다. 동시에, 2차, 보조적인, 그리고 서비스는 기본일자리가 아닌 직업에 적용되었다. 산업 일자리 및 서비스 일자리 비율을 연결하는 특정 기본/비기본 비율을 결정하는 것은 미래의 도시성장에 영향을 미칠 것으로 추측했다. 도시가 점점 더 커지고 다양해짐에 따라 비기본적인 부문의 중요성이 증가하고 있다. 도시의 서비스 요소는 항상 제자리에 있지만 산업은 경제순환에 영향을 많이 받는다. 따라서 서비스의 임의성이 도시 경제의 영구적인 기구가 된다는 사실은 중요하다. 서비스는 일반적으로 경기 순환 변동에 덜 취약하고 더 낮은 급여를 지급할 수 있지만, 지난 수십 년 동안 이 분야에서 서비스 고용은 엄청나게 증가했다. 그러므로 그것이 전문화된 서비스든 제조된 상품이든 어떤 수출활동이든 자금흐름을 창출하고 도시의 성장 속도에 영향을 미친다는 것이다.

제2절 | 최근의 접근방법

1. 공간분석 이론

도시의 형태학에 대한 관심은 주로 인간의 행동과 관련된 도시 공간 패턴에 주도되었다. 도시 형태학은 진화생명과학에 기초한 접근방식에 입각한 것이 아니라, 신 고전경제학에 대한 집중적인 접근방식에 의한 것이고, 보다 적은 범위에서 인간행태를 관찰하려고 노력했다. 사실 진화생명과학과 신고전주의 경제학 사이에는 강한 개념적 유사성이 있다. 두 접근방식은 경쟁을 그들이 연구하는 주요 요소로서 보지만, 동시에 경제와 인구는 자연적 평형을 지향하는 경향이 있다고 주장한다. 신고전주의 경제학자들에게 있어서 경쟁은 이익을 위한 것이며 서로 다른 경제 생산자들 사이에서 일어난다. 평형은 경제 내에서 자원의 가장 효율적인 사용을 의미한다. 진화생물학에 영향을 미치는 접근방식의 경우, 경쟁은 생명을 가장 잘 유지하고 종 간 또는 종 내(자연과학자의 경우) 또는 다른 사회 집단 간(사회과학자의 경우)에 일어나는 공간영역을 위한 것이다.

도시학자들은 신고전주의 경제학의 영향으로 도시 지역 내에서 인간 활동에 의해 만들어진 공간 패턴에 대한 시카고학파의 관심에서 도시 학문의 초점을 도시 지역에 의해 만들어진 패턴에 대한 관심으로 확대할 수 있었다. 도시 내에서의 패턴에 대한 초점은 도시 토지 이용의 경제학, 사회영역 분석(Shevky and Bell, 1955) 및 요인 생태학에서 지속되었는데, 이 연구에서는 요인분석 기법이 사용되면서, 주택과 사회·경제적 특성과 관련된 요소들이 도출되어 도시를 여러 특색 있고 작은 영역으로 나누는 데 사용되었다. 중심지 이론에서 발전한 도시지역에 의한 패턴을 도시제도의 개발에 초점을 맞추었고, 더 큰 영토 내의 도시 중심지의 수, 규모, 분포를 결정하는 것을 설명하려고 시도했다. 기하학은 중심 극 이론이 중요한 부분을 형성하여 더 넓은 공간분석이나 공간과학 운동에서 그랬던 것처럼 도시 시스템의 분석에 상당한 역할을 했다(Haggett, 1971). 다른 공간분석 분야들은 위치 이론의 다양한 측면에 전문화되었다. 예를 들어 도시 시스템 공간 분석은 산업 플랜트와 소매의 특정 유형의 분포 및 이동을 돕고 지역을 활성화하기 위해

법규에도 영향을 미쳤다. 공간분석 내의 다양한 접근방식은 1970년대 전후 도시학을 지배했고 여기에 요약할 수 없는 방대한 문헌을 만들어냈다.

여기에는 몇 가지 공통적인 특징들이 공유된다. 첫째, 공간분석은 도시 연구에서 다른 개념적 접근법보다 기술적으로 더 추진되었다. 그것은 1950년대와 1960년대 동안 데이터 수집 능력과 데이터 조작 기술에 있어 엄청난 기술적 진보에 의해 가능해진 도시학의 양적 혁명에서 중심적인 역할을 하였다. 둘째, 도시 연구 내에서 실증주의적 접근방식의 높은 물적 표시를 나타낸 것이다. 데이터 저장 및 취급의 개선으로 연구 및 이론 구축에 훨씬 더 많은 양의 정보를 사용하는 것이 가능해졌다. 이것은 정량적 방법과 특히 귀납적 접근법을 많이 이용하였다. 셋째, 공간분석은 도시 및 지역계획의 발전과 밀접하게 연계되었다. 현재를 모델링하고 미래를 예측할 수 있다는 주장과 함께하는 공간분석은 수년 동안 도시 계획자들의 개념적 안건을 지배하고 있다(Hall, 1988).

2. 도시 성장관리 이론

지난 세기의 도시 성장관리 이론은 지속 가능한 도시의 형태로 진화되었다. 도시의 성장관리 이론은 개발도상국에 미치는 영향과 국제 도시 성장 관리정책에 의미 있는 해결책을 제공하는 하나의 이론이다. 지방정부가 개발을 줄이거나 개발 장소를 다른 곳으로 옮기기 위해 사용하는 다양한 정책적 도구 또는 기술이다. 주요 수단은 서비스 제공 비용을 줄이기 위해 구역화를 적용하는 것이다. 구역화는 도시화의 영향을 받는 지역을 줄이는 데 사용될 수 있으며, 같은 수의 사람들이 더 작은 지역에서 거주하고 일할 수 있게 하여 정부 서비스를 보다 효율적으로 제공할 수 있다. 예를 들어, 화재 예방 및 응급 의료 대응 서비스는 인구가 더 분산된 지역보다 소형지역에 제공하기 때문에 비용이 저렴하다. 이로 인해 동일한 서비스 수준에 대한 지출이 줄어들어 납세자 비용이 절감된다. 이러한 비용의 절감에 따른 효율성은 또한 민간 부문에 이익을 줄 수 있다. 예를 들어 식료품점과 피자 배달사업은 제한된 지역에만 서비스를 제공할 수 있다. 더 많은 고객이 서비스 제공 영역 내에 있으면 서비스 제공 비용이 줄어든다.

도시 성장관리는 정부가 인구가 증가함에 따라 수요를 충족시킬 수 있는 서비스가 있음을 보장하기 위해 사용하는 일련의 정책수단이다. 도시 성장관리는 영향을 받는 개발의 특성과 사용된 정부권력의 범위에서 전통적인 토지이용 계획, 구역설정 및 세분통제를 뛰어 넘는다. 자연 공간 보호, 충분하고 저렴한 주택, 유틸리티 제공, 건물 및 역사적 가치 보존 장소 및 사업수행을 위한 충분한 장소와 같은 다른 요구 사항도 고려된다. 도시지역 주변의 미개발 토지는 미래의 사용이 아직 결정되지 않았기 때문에 종종 성장관리 노력의 목표이다. 이 토지는 농업용 또는 저밀도 주거개발을 목표로 할 수 있다. 교외 밀도가 넓은 지역에 영향을 미치는 것을 방지하는 것은 개방된 공간을 제공하여 시골 환경에서 살고 싶은 사람들이 도시화로 인해 생활양식을 위협받지 않도록 할 수 있다.

3. 스마트 성장(Smart Growth)

과거에는 제대로 계획되지 않은 성장으로 인해 저렴하지 않는 주택, 복잡한 교통, 녹지대의 상실 및 산업화에 의한 난개발로 도시오염을 일으켰다. 그렇다면 스마트 성장이란 무엇인가. 더 나은 방법으로 토지를 사용하기 위한 스마트한 성장은 계획된 경제 및 지역 사회 개발로 무분별한 개발을 억제하여 환경조건을 개선하며 지역성장을 유지하는 이론이다. 스마트 성장은 지역 사회의 경제적, 환경적, 사회적 요구를 보다 잘 충족시키는 것을 목표로 한다.

스마트 성장은 도시 계획이론으로 얻을 수 있는 소형 도시 중심의 성장에 집중한다. 또한 가까운 학교, 안전한 거리, 다양한 주택 선택과 혼합사용 개발을 포함하여 대중교통 중심이며 걷기 쉽고 자전거 친화적인 토지사용을 옹호한다. 스마트 성장이라는 용어는 북미와 유럽, 특히 영국에서 소형 도시 또는 콤팩트 시티라는 용어로 사용되며, 종종 영국, 네덜란드 및 기타 여러 유럽 국가의 정부 도시계획정책에 영향을 미치고 있다. 스마트 성장은 도시발전이 지속적으로 일어날 것이라는 것을 받아들이고 의도적으로 포괄적인 방식으로 그 성장을 이끌어가는 것을 의미한다. 스마트 성장은 도시 계획가, 건축가, 개발자, 지역 사회 운동가 및 역사 보존 전문가가 주로 지지하고 있다.

스마트 성장 지지자들은 교통 혼잡 및 환경 악화와 함께하는 도시화에 의한 도시성장에는 반대한다. 스마트 성장 원칙은 더 넓은 범위의 운송 및 주택 선택을 제공하고 그린 필드농지 또는 자연 토지의 개발보다는 기존 지역 사회의 충전 및 재개발을 우선시하는 지속가능한 지역사회 개발에 초점을 두고 있다. 주민과 지역

사회의 이익을 위한 기본 목표 중 일부는 가족의 소득과 부를 늘리고, 학교에 안전한 도보 경로를 제공하고, 살기 좋고, 안전하고 건강한 곳을 조성하고, 경제활동을 자극하고, 개발, 보존 및 천연 자원에 대한 투자를 선호한다. 미국계획협회(American Planning Association: APA)에서 명시적인 규제 프레임 워크로 스마트 성장을 이루기 위한 초기 노력 중 하나를 발표했다. 1997년 APA는 Growing Smart라는 프로젝트를 도입하고 성장하는 스마트 입법 안내서에서 계획 및 변경 관리를 위한 모델 법령을 발표했으며, 미국 환경 보호국은 스마트 성장을 건강과 자연환경을 보호하고 지역사회를 더 매력적이고 경제적으로 강건하며 사회적으로 다양하게 만드는 다양한 개발 및 보존 전략으로 정의한다.

4. 콤팩트 시티(Compact City)

현재 콤팩트 시티 형태를 달성한다는 개념은 가장 지속가능한 도시 형태에 대한 논쟁에서 인기를 얻고 있다. 도시의 지속가능한 개발을 향한 진전은 필수적이며 광범위한 합의가 필요하다. 인간 활동은 현재 속도로 자원을 계속 사용한다면 미래 세대를 위한 기회를 위태롭게 할 수 있다. 도시는 인간 활동의 주요 영역이

그림 4-4 콤팩트 시티의 사례: 세종특별자치시 5-1 생활권 스마트 시티

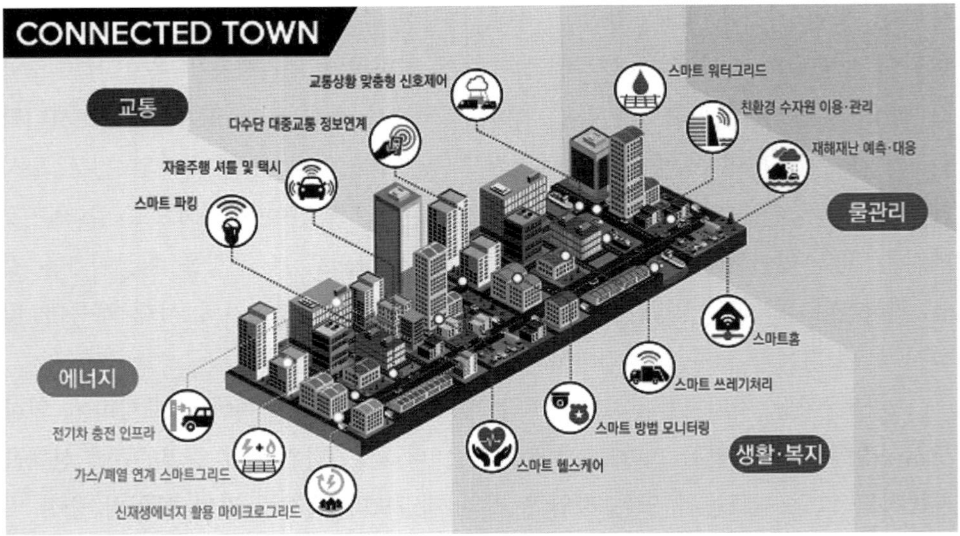

출처: 국토교통과학기술진흥원.

지만 자원의 최대 소비지이기도하다. 그러므로 도시의 지속가능성은 환경과 자원 문제뿐만 아니라 도시 형태에도 많은 관심이 집중되어 왔다. 즉, 도시의 형태 안에서 밀도는 미래의 도시에 많은 영향을 미칠 수 있음을 시사했다.

최근 도시 계획가, 개발자 및 정책입안자들은 보다 지속가능한 도시 형태를 달성하기 위해 보다 압축한 도시를 설계하는 쪽으로 점점 더 많은 관심을 기울이고 있다. 콤팩트 시티정책은 도시 재생촉진, 타운센터 활성화, 시골지역 개발억제, 고밀도, 혼합개발, 대중교통 촉진 및 대중교통 노드를 중심으로 개발 등을 포함한다. 도시 확산에 비해 콤팩트 시티의 이점은 자동차 의존도 감소, 배출량 감소, 에너지 소비감소, 대중교통 서비스 개선, 전반적인 접근성 향상, 인프라 및 이전에 개발 된 토지의 재사용, 기존 도시지역 활력, 삶의 질 향상, 녹지보존 및 비즈니스 및 거래 활동 강화를 위한 환경 조성이다. 따라서 지속가능한 콤팩트 시티는 경제, 사회 및 환경 요소의 조합에 의존한다.

콤팩트 시티는 다음과 같은 주요 특성을 가진 고밀도 도시이다.

- 중앙지역 활성화
- 고밀도 개발
- 혼합 개발
- 서비스 및 시설: 병원, 공원, 학교, 여가 및 재미
- 지역 사회가 번성하고 이동성이 증가하는 도시
- 자동차가 공동생활을 훼손하지 않고 개인 이동성 확보
- 보행자와 지역 사회에 유익하고 깨끗한 교통 시스템
- 에너지자원 효율적 사용

현대의 콤팩트 시티를 만들려면 단일기능과 자동차에 의해 지배되는 도시지역 개발을 배제해야 한다. 콤팩트 시티는 대중교통 노드에 위치한 사회 및 상업 활동의 중심에서 성장하기 때문에 이러한 문제를 해결한다. 콤팩트 시티는 지역의 네트워크로, 각각 고유의 공원과 공공공간이 있으며 다양한 개인 및 공공 활동이 중첩되어 있다. 런던의 사례로 보면 역사적인 도시, 마을, 광장 및 공원 구조는 다각적 개발 패턴의 전형이다. 가장 중요한 것은, 이러한 이웃은 지역 사회의 편리한 범위 내에서 일과 시설을 가져 오며, 이 근접성은 일상적인 요구에 대한 자동차의 사용이 필요하지 않다는 것이다. 이것은 교통량을 통해 발생하는 트래픽의 양과

영향을 감소시킨다. 지역 열차, 경전철 시스템 및 전기 버스가 더욱 효과적으로 운영되고 자전거 타기와 걷기가 더욱 즐거워진다. 거리의 혼잡과 오염이 크게 줄어들고 공공장소의 안전감과 생생한 느낌이 증가한다.

근접성, 좋은 공공장소 제공, 자연 경관의 존재 및 새로운 도시기술의 이용은 콤팩트 시티의 대기와 삶의 질을 근본적으로 향상시킬 수 있다. 콤팩트 시티의 또 다른 이점은 시골 자체가 도시개발의 침범으로부터 보호된다는 것이다. 유사한 활동을 그룹화하는 대신 다양한 활동을 집중하면 에너지를 보다 효율적으로 사용할 수 있다. 콤팩트 시티는 시골과 같이 아름다운 환경을 제공할 수 있다. 도로가 적지만 조경된 공공장소가 있는 형태에는 다른 중요한 환경적 이점이 있다. 공원, 정원, 나무 및 기타 조경은 여름에 거리, 안뜰 및 건물을 가리고 식히는 초목을 제공한다. 콤팩트 시티는 일반적으로 배후보다 더 따뜻하다. 풍부한 도시 조경의 전반적인 효과는 도시의 열을 줄이고 에어컨의 필요성을 상당히 줄인다. 공장은 소음 수준을 낮추고 오염을 걸러 내고 이산화탄소를 흡수하며 산소를 생성한다. 추가 요소는 냉난방된 도시 지역에서 건물에 냉각된 신선한 공기를 공급하기 위한 에어컨의 필요성을 줄여준다. 도시경관은 비를 흡수하여 도시 강우 및 빗물 배출을 줄인다. 조경은 도시에서 중요한 심리적 역할을 하며 다양한 도시 야생 생물을 유지할 수 있다.

콤팩트 시티는 에너지 낭비를 줄인다. 전력을 생성하면 부산물로 온수가 생성되었는데 기존의 발전소에서는 단순히 낭비했다. 열병합발전(Local Combined Heat and Power Plant: CHP)은 전기를 분배하고 도시의 근접성으로 인해 온수를 도시건물에 직접 파이프로 제공할 수 있다. 이는 기존 도시전력 분배의 효율성을 두 배 이상 높일 수 있다. 또한 다양한 활동을 결합한 콤팩트 시티에서는 폐열을 한 활동에서 다른 활동으로 쉽게 전달할 수 있다. 예를 들어, 사무실에서 발생하는 과도한 열은 일반적으로 환경으로 방출되지만 병원, 가정, 호텔 또는 학교에서 합리적으로 가까운 경우 재사용 할 수 있다. 영양분이 풍부한 인간 음식 폐기물은 현재 환경에 독이 될 정도로 높은 농도로 배출하는데, 대신 메탄 연료 및 비료를 생산하기 위해 재활용할 수 있다.

5. 현대 도시접근의 과제

도시 삶의 현실과 도시 사회문제들을 인지하는 것은 약간의 괴리를 갖고 있다. 이러한 상황이 나타나는 것은 해석학에서 영감을 얻은 관련 접근법을 현실적으로 받아들일 때 우리가 인식하고 이해하는 데 사용하는 이론과 개념에 따라 다르다는 걸 의미한다. 도시 접근법과 사회과학 이론이 최근 수십 년 동안 발전해 온 방식이 실질적인 변화에 의해 주도되거나 이론가들이 세계도시를 인식하는 방식의 변화의 결과이다. 상대적으로 논쟁의 여지가 없는 주장은 실질적인 변화의 관점에서 최근의 전 세계 도시주의에 대해 이루어졌다.

과거의 산업화는 유럽, 북미 지역의 인구 이동에 영향을 끼쳤고, 현재는 산업혁명과 관련된 속도를 훨씬 웃도는 전례 없는 규모의 인구이동과 증가를 전 세계 도시에 촉발함에 따라 분명히 더 도시화되었다. 폭발적인 도시화로 기인한 개발도상국 이주민의 도시정착과 도시생활에 많은 영향을 미쳤다. 도시의 패턴은 이러한 실질적인 변화와 다양한 장소에 대한 암시적인 다양성에 대해 이론가들은 다른 방식으로 세상을 바라 볼 것을 요구한다. 세계는 더 도시화되었고 도시지역은 더욱 상호 연관되고 차별화되었다. 산업화에 의해 도시지역 공간개발의 거대한 변화를 겪고 있는 개발도상국과 지식기반산업으로 전환해서 이익을 얻고 있는 선진국의 도시를 어떻게 해석할 것인가.

다양한 종류의 도시에서 경험한 성장 패턴의 차이에 대해 해석도 필요하다. 도시 안에서 행동하는 의사 결정자들이 도시개발 경로에 영향을 끼치는 요소를 설명하기 위한 이론의 적용을 생각해야 하며, 또한 다양한 도시에서 경제, 문화, 사회적 불평등 및 차별화를 해석할 수 있는 도시 접근법의 연구가 필요해 보인다.

제 5 장

도시정부의 구성과 정부 간 관계론

제 5 장

도시정부의 구성과 정부 간 관계론

제1절 | 도시정부의 구성 다양화에 관한 논의

1. 도시정부의 정의

도시정부는 국가 또는 광역지방정부 관할지역 내의 지리적 범위 내에서 활동하고 정책행위자들은 지역주민들의 선거(직접 혹은 간접)에 의해 선출되어야 하며 과세권을 포함한 자치수단을 갖는다. 즉 도시정부는 통치권이 미치는 관할구역과 선출직 공무원(elected public officials)들에 의해 정책이 결정되고 운영되어야 하며, 과세권을 포함한 자치권을 가지고 있어야 한다(Stiglitz, 1988). 도시정부를 선호하는 이유는 민주정치의 기본단위로서 지역주민들과 가장 근접한 곳에서 지역주민들이 필요로 하는 대부분의 행정서비스를 제공하고 있을 뿐만 아니라 지역사회의 조건과 필요를 더 잘 이해하고 관리할 수 있기 때문일 것이다.

2. 도시정부구성의 다양화 필요성

1991년 지방자치가 부활한 이후 우리가 다시 생각해야 할 근본적인 문제 중 하나가 효율적이고 민주적인 도시정부(지방정부)구조를 어떻게 만들어야 할 것인가에 대한 고민일 것이다. 새로운 자치 환경과 분권화에 부응하는 바람직한 도시정부의 구성형태를 어떻게 설정해야 하는지에 대한 논의가 필요한 시점이 되었다. 지방분권의 최종적 결론은 지역의 특성과 실정에 부합되는 지방(도시)정부구성형태의 선택권을 지역주민이 갖는 것이라고 할 수 있다. 현재 한국의 모든 지방자치단체는 각 자치단체가 처해 있는 행·재정적 여건을 불문하고 천편일률적으로 기관분리형(기관대립형)을 채택하고 있다. 이는 지방의 특수한 여건, 행정수요, 재정자립도, 자치역량 등을 고려하지 않은 중앙집권체제의 행정 편의적 발상이라고 할 수 있다. 인구 1만 명 미만의 자치단체나 인구 1백만 명이 넘어가는 자치단체에 똑같은 지방정부구성형태를 강요하는 것은 지방분권이나 자치정신에 위배되는 것이라고 할 수 있다. 저출산·고령화, 4차 산업혁명시대 등 미래사회에는 다양성이 에너지의 원천이고 문제해결의 열쇠이다. 지역의 자율성·다양성·창의성이 발휘될 수 있는 포용의 공간을 마련하고, 새로운 국가발전 전략으로 자치분권체제의 확립이 절실히 필요한 시기이다. 지방자치의 큰 틀이라고 할 수 있는 도시(지방정부)정부의 구성형태를 지역특성과 주민의사와 관계없이 일률적으로 정하는 것이 지방이나 국가의 발전에 바람직한 것인지 자문해 볼 필요가 있다. 이제 지방자치의 본질을 실현하고, 성공적인 분권과 자치를 위해 각 지역의 경제·사회·문화적 배경을 고려한 다양한 도시정부구성형태의 도입이 필요하다.

일반적으로 도시정부구성형태는 각 국가의 역사적 전통과 지역의 특수성에 따라 다양하게 채택·운영되고 있다. 최근 서구에서는 지역의 전략적 발전과 책임성(accountability) 확보를 위해 도시정부구성형태의 다양화를 시도하고 있다.[1] 이러

---

1) 이러한 대표적 사례가 영국이다. 토니 블레어 노동당 정부(1997.05.02.~2007.06.27)는 지역정책을 여러 측면에서 수정하였는데 그 중 가장 중요한 제도적 변화가 지방정부구성형태의 다양화를 제도화시킨 것이다. 영국은 1999년 「정부현대화백서」를 발표하고, 지방정부의 새로운 개혁을 도모하였다. 그 결과 2000년 5월 영국 역사상 처음으로 런던시장을 주민들이 직접선거로 선출하였다. 런던광역시가 지방정부구성형태 자체를 개편한 이유는 런던의 전략적 발전과 책임성 확보를 위해서이다(이종수, 2002). 캐나다 토론토 역시 시장을 직선제로 선출하는 등 지방정부구성형태의 다양화를 시도하고 있다(임승빈, 2019).

한 시도는 기본적으로 분권화와 정비례 관계에 있는 것으로 추정할 수 있다(이종수, 2002). 이렇게 도시정부구성형태의 다양화를 시도하는 이유는 도시정부운영에 있어서 획일적인 구조만을 허용하는 경우 다양한 정책대안과 운영이 사장되어버리고 하나의 대안만이 선택될 가능성이 커지기 때문이다. 이는 지방자치가 추구하는 본질적인 가치와는 거리가 먼 것이다. 이러한 도시정부구성형태의 다양화를 시도하는 국가는 분권화가 내재화된 사회이다(강인호・백형배, 2015).

3. 문재인 정부의 자치단체 기관구성 다양화 시도

지방정부형태의 다양화라는 시대적 소명에 부응하기 위해 문재인 정부는 2018년 9월 '자치분권종합계획'을 발표하면서 자치단체 기관구성 다양화를 33개 과제 중 하나로 채택했다. 인구규모, 재정상황 등 지역별 여건에 따라 자치단체 기관구성 형태를 다양하게 운영하려는 수요가 증가하고 있고, 지역주민의 지방정부구성과 관련한 선택권 보장을 통하여 풀뿌리 민주주의 가치 실현을 위해 자치단체 기관구성 형태의 다양화를 추진하기로 한 것이다. 추진방안의 기본방향은 주민투표 등 주민의사에 따라 자치단체 기관구성 형태를 선택하는 제도를 마련하고, 유형별 운영모델 등 도입방안 및 우선실시 방안 마련 등을 설정하는 것이다. 이를 위해 인구, 재정 등 다양한 자치단체 유형을 고려하여 기관구성 표준모델(안)을 마련했다. '자치분권종합계획'에서 제시하고 있는 기관구성 형태 다양화 모델은 단체장-의회형, 의회-행정관리자형, 위원회형 등 세 가지 안이다. 단체장-의회형은 감사・인사위원회 등 독립적 행정위원회를 설치하고, 직선 단체장이 지방의회의 동의를 받아 부단체장과 행정위원장을 임명하는 형태이다. 의회-행정관리자형은 미국의 과반수이상의 지방정부에서 채택되고 있는 Council Manager Form으로써 지방의회 의장이 단체장을 겸임하고, 지방의회에서 인사권과 예산권을 지닌 행정관리자(미국 도시방정부의 City Manager)를 선임하여 지방정부를 운영・관리하는 형태이다. 마지막으로 위원회형은 주민이 직선한 위원회가 집행기관과 의결기관의 역할을 동시에 수행하는 지방정부구조이다. 향후 「지방자치법」에 근거 규정을 마련하고, 개별법과 자치법규 등 법제화 방안을 마련하여 2022년 지방선거 때부터 도입할 예정이다.

제2절 | 도시정부의 구성 형태

지방자치의 역사가 오래된 미국과 영국은 해당 지방의 역사와 전통에 따라 지방정부의 구성형태가 다르다. 특히 미국의 경우 지방정부는 다양한 형태로 구성되어있다. 이러한 이유는 주정부에 지방정부의 운영형태를 맡긴 헌법 원리에 부합한다. 주정부가 주민들에게 지방정부에 대한 폭넓은 선택권을 부여하기 때문이다. 지방정부에 대한 선택권의 범위를 넓히는 것이 공공복리의 증진에 가장 효과적이라는 인식이 넓게 퍼져 있기 때문이다. 공공선택론(public choice)의 입장에서 보면, 다양한 지방정부의 유형 중 가장 효용적인 지방정부형태를 선택하는 것이 주민을 위한 진정한 지방자치라고 볼 수 있기 때문이다(임승빈, 2019). 모든 나라의 도시정부 구성형태를 살펴보는 것도 나름대로 의미가 있지만 시간적 · 효율성의 측면에서 이 책의 목적에 부합되지 않는다. 따라서 다양한 도시정부의 구성형태 중 여기서는 '자치분권종합계획'에서 제시하고 있는 단체장-의회형(미국의 Mayor-Council Form), 의회-행정관리자형(미국의 Council-Manager Form), 위원회형(Commission Form) 등 세 가지 모델을 많은 연구자들이 도시정부의 기관구성 형태를 연구를 할 때 가장 많이 인용하는 미국사례[2] 중심으로 살펴보고자 한다.

---

2) 미국 지방정부는 일반목적(혹은 다목적)지방정부(general-purpose government or multi-purpose government)와 특별(혹은 단일목적)지방정부(special government or single-purpose government)로 구분된다. 2002년 12월 현재 미국 지방정부 수는 87,849개이다. 일반목적 지방정부의 수는 County 3,034개, Municipal 19,431개, Town 혹은 Township 16,506개이다. 특별지방정부의 수는 교육구(School district) 13,522개, 특별구(Special district) 36,356개이다(ICMA, 2005). 미국 일반목적 지방정부의 구성형태는 시장-의회 형태(mayor-council form), 의회-시 전문경영인 형태(council-manager form or city manager form), 위원회 형태(commission form), 주민총회 형태(town meeting), 대의적 주민총회 형태(representative town meeting)로 구분된다. 이들 지방정부 중 2005년 현재 39.7%가 시장-의회 형태, 53.3%가 council-manager form, 2.1%가 위원회 형태, 3.8%가 주민총회 형태, 1.1%가 대의적 주민총회 형태를 채택하고 있다. 미국의 지방정부의 구조는 State → County → Town and Township 및 Municipality(Cities, towns, boroughs, or villages), Special District 및 School District 이다. 이러한 미국 지방정부의 각 단계구조는 일반적으로 두 가지 특징이 있다. 첫째, 정치와 행정, 경쟁과 협력을 확보할 수 있는 구조이다. 둘째, 행정의 전문성과 고객의 수요에 집중하는 시스템이라는 것이다. 2002년 현재, 미국에는 인구 10,000명에서 1,000,000명 사이의 지방정부(municipal government)가 6,988개 있다. 1984년부터 2000년까지 이들 도시정부구성형태의 변화 추이를 살펴보면, 시장-의회형태는 3,686개에서 2,988개로 감소하였고, council-manager form은 2,290개에서 3,302개로 증가하였다(강인호 · 백형배, 2015).

1. 시장 – 의회형

(1) 특징

시장 – 의회형 도시정부구성 형태는 기관대립형(기관분리형)으로, 의결기능과 집행기능을 각각 다른 기관에 분담시켜, 각 기관이 상호견제와 균형을 통해 도시정부를 운영하는 유형이다. 기관대립형은 집행기관과 지방의회가 상호견제와 균형을 통해 권력 남용을 방지할 수 있고, 집행기관의 장에게 행정권이 통합적으로 주어짐으로써 부서할거주의(sectionalism)를 막고 행정에 대한 책임을 명확히 할 수 있다. 또한 행정권이 통합적으로 행사됨으로써 행정의 안정성을 확보할 수 있다. 반면에 의결기관과 집행기관이 상호 분리되어 있어 양 기관의 입장이 상호배타적일 때는 행정의 마비와 혼란을 초래하는 등 갈등을 유발시킬 수 있다. 시장 – 의회형은 시장의 권한과 책임의 경중(輕重)에 따라 힘(power)이 미약한 약(弱)시장 – 의회형태(Weak Mayor-Council Form)와 힘이 막강한 강(强)시장 – 의회형태(Strong Mayor-Council Form)로 구분된다.

(2) 종류

1) 약시장–의회형태

약시장 – 시의회 형태는 미국에서 가장 오래된 형태의 도시정부구성 형태의 하나로 7대 대통령을 역임한 앤드류 잭슨(Andrew Jackson)의 직접민주주의 철학의 영향을 받았다. 잭슨 대통령 이전까지는 주지사가 시장을 임명하거나, 의회에서 시장을 선출하는 간접선출제가 주류를 이루었다. 약시장 – 시의회 형태는 주로 소도시 지역에서 많이 채택되어 운영하고 있다. 시장에게 권한이 편중되는 것을 막기 위해 다수의 지방의회 의원(약 5~50명)들로 구성된 의회에서 고위직 공무원에 대한 인사권과 행정운영에 대한 감독권을 갖는다. 시장은 비록 시민들에 의해 직접 선출되지만 극히 제한된 인사권과 행정권한을 행사한다. 시장이외의 많은 공직자(경찰서장, 소방서장, 주요 위원회 위원, 검사 등)들이 선출직 공무원이기 때문에 시장의 권한은 매우 제한적이다. 일반적으로 의회가 예산편성권을 행사하기 때문에 집행부보다 우월한 위치에 있다. 시장과 시의원은 물론이고 주요 시(市) 공무원들도 시민들의 선거에 의해 선출되기 때문에, 선거를 통한 시민들의 정치적 참여의 기회가 상대적으로 많다(박종화 외, 2014; 김병준, 2015; 임재현, 2017; 임승빈, 2019).

2) 강시장-의회형

강시장-시의회 형태는 주로 대도시에서 많이 채택·운영되는 제도로서, 19세기 후반 급속한 도시화로 도시행정수요가 급팽창하면서 도시정부의 능률성과 생산성을 높이기 위한 도시개혁운동(municipal reform)의 일환으로 대두되었다. 명칭 그대로 시장의 권한을 대폭 강화시킨 도시정부구성 형태이다. 시장은 의회의 동의 없이 거의 모든 부서장과 산하 기관장들에 대한 인사권을 갖는 동시에 모든 시 조직에 대한 강력한 지휘·감독·조사권을 행사한다. 또한 예산(안)편성·집행과 제출권, 의회에 대한 거부권을 행사할 수 있어 강력한 정치적 리더십을 행사할 수 있다. 시장의 권한도 물론 의회의 견제를 받지만 시장의 신분과 임기가 법·제도적으로 보장되어 있어 임기동안 강력한 정책들을 추진 할 수 있다. 그러나 의회의 다수당과 당적이 다른 시장이 선출될 경우 의회와 시장 간 갈등이 야기되어 도시 운영에 혼란과 마비를 초래할 우려가 있다.

강시장-시의회 형태의 도입 취지는 행정권을 시장에게 집중시켜 행정의 효율성을 높이고 책임행정을 강화하자는 것이다. 시장의 행정적 권한이 강하기 때문에 책임소재도 명확하고, 정치적 과정에서도 핵심적 역할 수행할 수 있다. 그러나 정책결정기능을 시장과 시의회가 공유하기 때문에 양자 간 마찰이 발생할 수 있고, 행정적 리더십과 동시에 정치적 리더십을 발휘할 수 있는 시장을 찾기가 현실적으로 용이하지 않다는 점이다(박종화 외, 2014; 김병준, 2015; 임재현, 2017; 임승빈, 2019).

2. 의회-행정관리자형(Council-Manager Form)[3)]

(1) 도입배경

과반수 이상의 미국 지방정부가 Council-Manager Form을 채택·운영하고 있

3) Council-Manager Form의 내용들은 강인호·백형배, (2007), 지방정부구성형태의 다양화를 위한 시론적 연구, 「한국행정논집」, 19(1): 83-102에서 발췌·요약 재정리하였다. 또한 Council-Manager Form을 의회-시 지배인(시의회-지배인)형태라고 많이들 소개하고 있으나, 이는 일본어 번역에 근거한 것으로 본 저서에서는 원어 그대로 표기한다.

다. Council-Manager Form은 1908년 Virginia주 스턴톤(Staunton)시에 처음 도입되었고, 그 이후 1912년 South Carolina주의 섬터(Sumter)시, 1914년 Ohio주 데이톤(Dayton)이 채택했다. 특히 데이톤에서 1914년 홍수대책을 수립하면서 Council-Manager Form은 미국 전 지역으로 확대 실시되었다. 이 형태의 도시정부구성 형태는 19세기 말에서 20세기 초까지 진행된 도시개혁운동의 산물이다. 당시 미국의 도시(특히 대도시)들은 특정정당의 정파들에 의해 독점 지배되면서, 그 폐단이 엄청났다. 과도한 권력 견제와 균형으로 인해 행정의 책임소재가 불분명하고, 시 운영이 비효율적이며 부정부패가 만연했다. 그리고 지나치게 많은 부서장(department head)들이 선거로 선출되고 공무원들이 엽관제(spoil system)로 임용되다보니, 실적제(merit system)의 확립이 어려웠다. 이로 인해 정략적인 조직집단(political machine)들이 시정부를 지배하는 악순환을 초래했다. 당시 비효율적이고 부패한 도시정부를 개혁하기 위한 시도로 Council-Manager Form이 도입되었다. 또한 Council-Manager Form은 도시정부운영을 둘러싼 이해 관계자들의 갈등을 최소화시킬 수 있고, 불필요한 견제와 균형을 제거시킬 수 있어 도시정부의 구조와 기능을 단순화 시킬 수 있다는 측면에서 도입이 적극적으로 주장되었다.

Council-Manager Form은 부정부패 제게, 비정당제 선거, 중요 직위만 선거하고 나머지는 임명하는 투표방식(short ballot), 자율헌장제의 확산 등을 목표로 삼았다. 당시 개혁론자들은 위원회 형태의 도시정부가 갖는 비민주적 요소들을 피하고, 실적제와 계층제의 원칙을 준수하면서, 대의민주주의(representative democracy)를 확립할 수 있는 해결방안을 Council-Manager Form에서 찾으려고 했다. 그래서 개혁론자들은 도시정부운영의 핵심주체로 의회를 선정하였고 의회에 City Manager(시 행정관리자 혹은 시 전문경영인) 임용 권한을 부여했다. 또한 개혁론자들은 정책성과(performance)와 정책형성수준 등을 향상시키기 위해 전문직업주의(professionalism)의 확립을 강조하고, 의원들에 의해 자행될 수 있는 행정운영에 대한 부당한 정치적 간섭을 배제함으로서 효율적인 지방정부를 구성하려고 했다.

(2) 특징

Council-Manager Form의 기본 취지는 가능한 한 민간 기업처럼 주주(유권자)가 이사회(의회)를 선출하고 이사회는 최고 경영인(City Manager)을 선임하는 방식을 따르게 하는 것이다. 즉 의회는 정책을 만들어 내고 선임된 City Manager가 정책을 수행하는 것이다. 도시정부를 운영하는 전권과 모든 책임은 의회가 갖는다. Council-Manager Form에서는 입법과 집행기능이 명확히 구분되고, 행정의 책임소재가 명백해진다. 또한 도시정부를 운영하는데 합리성과 능률성을 향상시킬 수 있다. 이러한 형태의 도시정부는 중산층과 화이트칼라층이 주류를 이루고, 외국 이민자가 적으며, 상대적으로 교육수준이 높고, 정당 정치가 미약하거나, 아주 없는 혹은 특정 정당이 독점하고 있는 지역에서 많이 볼 수 있다.

의회가 선임하는 City Manager는 도시정부의 최고 행정책임자로서 의회가 결정한 정책을 책임지고 능률적으로 집행하는 일을 담당하며, 의회의 동의를 받아 행정부서장에 대한 임명·파면 등의 인사권을 갖는다. City Manager의 직위는 의회의 자유재량에 달려있으며, 재임 중 공직에 입후보할 수 없다. City Manager는 전문 직업인으로서의 지위 때문에 의회의 정책결정에 막대한 영향력을 가지며, 그(혹은 그녀)의 충고는 대단한 비중을 지닌다. 오늘날 City Manager는 정책리더와 행정리더(집행부의 책임자)의 역할을 동시에 수행하고 있다. 그들이 행정부서장과 다른 것은 정책역할(policy role)을 수행하면서 최대한의 자율성을 갖는다는 것이다. 또한 City Manager는 성과로 말을 한다. 그들은 도시정부의 행정적인 문제에 있어서 최종적인 권한을 갖는 유일한 존재이며, 정책대안을 제시하는데 있어서 의회와 시민들에게 귀중한 조언자이다.

전형적으로 Council-Manager Form의 도시정부에서, 의회,[4] 시장, City Manager와의 상호관계는 협력적 관계가 기본이다. 이러한 협력체계는 이들 간의 책임 및 역할 배분이 명확하기 때문에 가능하다. 또한 이들 간의 관계가 지역주민들의 지지와 관심을 끌기 위한 기본적 경쟁 구도가 없기 때문에 가능하다.[5]

4) 대다수의 Council-Manager Form에서 지방의회는 대선거구에서 비정당제선거로 선출된 5-7명의 의원으로 구성되며, 의원들 대부분은 무보수 part-time이다(Frederickson and Johnson, 2001: 874).

5) 이러한 협력관계는 자동적으로 이루어지는 것이 아니다. 시장-의회 형태의 지방정부에 비해 상대적으로 협력관계를 유지하기가 쉽다는 것이다. 미국의 정치학자들은 정당참여(정당공천)를 채택하고 있는 시장-의회 형태의 지방정부는 갈등이 많다고 지적하고 있다(Svara, 1997: 361-365). 그러나 Banfield와 Wilson(1963)은 이와 반대되는 의견을 제시하고 있다. Pammer(1999)와 그의 동료들도 Council-Manager Form에서 의회, 시장, City Manager와의 상호관계는 협력보다는 점차 갈등이 증대되고 있다고 주장하고 있다. 그러나 Council-Manager Form은 의회, 시장, City Manager와의 상호관계가 협력적 관계라는 기본적 전제에서 시작되었다. 이들 간의 관계는 협력적·우호적 관계라는 것이 대다수 연구의 공통적인 결론이다(강인호·백형배, 2007).

Council-Manager Form의 도시정부에서 시장(mayor)의 59%가 주민의 직접선거에 의해 선출되며, 나머지는 시의회에서 선출된다. 대다수의 도시정부에서 시장의 역할은 의례적이고 비공식적인(명목적인) 기능만을 수행한다. 시장의 가장 중요한 역할은 대외적인 섭외 활동 등 의전적인 역할이다. 시의회에서 선출되는 경우 시의회의장의 역할도 담당한다. 일반적으로 대다수의 지방정부에서 시장의 행정적인 책임은 거의 없다.[6]

Council-Manager Form은 도시정부운영의 능률성 향상에 기여할 수 있다. 미국에서 Council-Manager Form은 도시정부에 대한 풀뿌리 통제라는 진보적 개혁과제와 전문가에 의해 합리적이고 능률적으로 운영되는 정부라는 두 가지 이념이 결합된 것이다. 이처럼 Council-Manager Form의 정당성[7]과 역사적 뿌리는 능률성에 있다. 또한 부정과 부패방지에 기여한다. Council-Manager Form은 대의민주의의 강화와 부패한 보수중심정치(urban bosses rule)에 대한 대안으로 채택된 제도이기 때문이다. City Manager는 특정집단의 이익추구가 아니라 대다수 시민의 이익을 추구하고, 의회는 의회나 유권자의 이익추구가 아닌 도시정부가 추구하는 목표를 위해 일하게 된다. 그리고 지역주민들에 대한 도시정부의 도의적 책임성(responsibility)이 강조되고, 부패를 제거하기 위해 도시정부운영에 과학적 관리법이 도입되었다. Council-Manager Form은 대의민주주의 하에서 힘의 균형을 통해 지방정부 내의 부당한 정치적 압력을 배제시켜왔다. 이러한 탈정치화(non-political)는 대의민주주의 규범에 적합한 것이다. 이미 앞에서 언급했듯이 Council-Manager Form은 의회와 City Manager와의 상호관계가 협력관계라는 기본 전제에서 시작되기 때문에 도시정부 내 협력체계 구축이 용이하다.

3. 위원회형

위원회 형태는 극소수 도시정부에서 채택되고 있는 기관통합형태의 도시정부 구성형태로, 역시 도시개혁운동의 산물이다. 1901년 Texas주 갤버스톤(Galveston)

---

6) 일부 지방정부(특히 250,000명 이상의 대도시)의 경우, 4%의 시장이 행정부서장을 임명할 권한을 갖고 있으며, 2%의 시장이 정책의제를 준비할 권한이 있고, 1%의 시장이 예산안을 마련할 수 있다(Morgan and Watson, 1992: 441).

7) Council-Manager Form의 정당성은 탈정치화(non-political), 능률성(efficiency), 대응성(responsiveness)에 있다(Nalbandian, 1999: 194).

시[8]에서 처음 실시되었고, 그 다음으로 1905년 Texas 주 휴스톤(Huston)시에서 시행되었다. 주민들에 의해 직선으로 선출된 3~7명의 위원(commissioners, 보통 5명 정도)들로 구성되고, 위원들이 입법기능과 집행기능을 수행하는 동시에 하나 이상의 행정부서(집행부)장직도 수행한다. 위원회(commission or board)는 이사회라고도 불리는데, 합의제 기관으로서 입법기능과 집행기능을 담당하는데, 모든 권한과 책임이 위원회에 집중된다. 시장은 위원들 중에서 선출되며, 행정수장이 아닌 상징적 존재에 불과하고 거부권도 갖지 않는다.

위원회형태의 장점으로는 행정부서들이 상대적으로 많지 않기 때문에 시민들이 시정에 대한 이해가 빨라 시정참여가 쉽고, 도시정부에 대한 시민의 통제가 강하다. 또한 정당의 간섭과 지배를 배제할 수 있고, 입법기능과 행정기능에 대한 모든 책임이 위원회에 있기 때문에 책임성 확보가 쉽고, 기업의 관리방식을 도입함으로써 효율적인 도시정부의 운영이 가능하다. 반면에 위원회형태의 도시정부구조는 도시정부운영과 관리에 대한 책임이 모두 위원회에 부여되기 때문에 위원들 각 개인에 대한 시민통제가 제한되고, 정책결정과 집행기능에 대한 명확한 구분이 없기 때문에 도시운영과 관리 측면에서 통일적이기보다는 복잡해질 수 있다. 또한 시장은 위원들 중에서 선출되고 상징적인 존재이기 때문에 도시전체를 위한 행정 리더십을 발휘하기가 어렵다. 이러한 제도적 한계로 도시개혁운동의 산물인 위원회 형태는 제1차 세계대전 이전까지는 많은 도시정부에서 채택·운영되었으나, 현재 아주 극소수(2005년 현재 2.1%)의 도시정부에서만 채택되어 운영되고 있다(강인호·백형배, 2007; 박종화 외, 2014; 임재현, 2017).

제3절 | 정부 간 관계론

1. 정부 간 관계의 개념

한국도 지방자치와 분권이 어느 정도 뿌리를 내리고 내재화되면서 과거 중앙집권 시대의 획일적이고 수직적인 중앙과 지방정부간의 관계가 수평적 동반자라는

---

8) 초창기 갤버스톤의 경우 모든 위원들이 그 지역의 유력한 사업가들이었다(박종화 외, 2014).

인식이 점진적으로 확산되고 있다. 이러한 관계 변화로 인해 주로 미국에서 논의되어온 '정부 간 관계(Intergovernmental Relations: IGR)'에 학문적 관심이 집중되고 있다. 정부 간 관계는 연방주의(Federal System)국가인 미국에서 처음 사용된 개념이나, 추후 단일국가(Unitary System)체계를 유지하는 국가로까지 확산되었다.

정부 간 관계[9]는 매우 다의적 개념으로, 국가의 형태에 따라 다양하게 존재하지만, 구체적으로 무엇을 의미하는가에 대한 명확한 합의는 없다. 일반적으로 정부 간 관계란 중앙정부와 지방정부 간 그리고 지방정부 상호 간의 관계를 말한다. 한국의 경우 정부 간 관계는 중앙정부와 광역지방자치단체 간, 중앙정부와 기초지방자치단체 간, 광역자치단체 상호 간, 광역자치단체와 기초지방자치단체 간, 기초지방자치단체 상호 간의 관계를 의미한다.

2. 정부 간 관계 모형

정부 간 관계를 설명하는 이론과 모형들은 다양하다. 대표적인 이론과 모형으로는 딜런(Dillon)의 법칙, 라이트(Deil Wright)의 모형, 로즈(Rob. Rhodes)의 권력의존모형, 엘코크(H. Elcock)의 모형,[10] 베네트(R. J. Bennett)의 모형,[11] 아마카와(天川)의 모형[12] 등이 있다(최창호 · 강형기, 2016; 임재현, 2017). 이러한 모형들에

---

9) 정부 간 관계론의 기원은 1930년대 루스벨트 대통령의 뉴딜정책의 시작과 같이하는데, 당시의 진보적이고 개혁적이며 정부의 적극적인 역할수행과 밀접한 관련이 있다. 라이트(D. Wright)에 의하면 정부 간 관계라는 용어는 스나이더(Clyde F. Snider)가 1937년 10월에 발간된 「미국정치학회보」에서 처음 사용하였고, 같은 시대에 앤더슨(William Anderson)도 비슷한 개념을 사용했다고 한다. 그러나 정확히 이 용어가 어디로부터 유래되었는지는 분명하지 않다. 정부 간 관계는 1940년대에 와서는 연방정부와 주정부 간, 주정부와 지방정부 간의 상호작용을 지칭하는 일상적인 용어가 되었다. 1960년대 들어와서는 정부 간 관계는 미국 정부를 이해하는데 가장 필요한 핵심개념이 되었고, 1968년 Intergovernmental Cooperation Act이 제정되면서 공식적이고 보편적 개념이 되었다(임승빈, 2019).

10) 엘코크의 모형은 "대리자 모형(agent model), 동반자 모형(partnership model), 교환 모형(exchange model)으로 구성되는데, 대리자 모형은 지방정부를 중앙정부의 대리자로서 인식하고 중앙정부가 결정한 정책을 지방정부가 효율적으로 집행하는 형태의 모형이다. 동반자 모형은 지방정부를 중앙정부의 동반자로 인식하고, 국민에게 서비스를 공급하는 과정에서 중앙정부가 개략적으로 정책을 결정하면, 지방정부는 그 정책을 해석하고 실현하는데 필요한 자원을 동원하는 역할을 수행하는 모형이다. 교환모형은 중앙정부와 지방정부의 관계를 각자가 갖고 있는 자원의 교환을 통해 권력의 균형을 찾는 관계로 파악하고 있는 모형"이다(임재현, 2017).

11) 베네트(1990)는 자원배분의 방법과 정부권력의 집중 또는 분산 정도를 기준으로 하여 여러 국가의 분권화 정도를 비교할 수 있는 정부 간 관계모형을 제시했다.

12) 아마카와는 집권과 분권이라는 이데올로기에서 벗어나 중앙 · 지방 간 관계를 설명할 수 있는

대해 정일섭(2010)교수는 개별 모형들의 명칭은 다르지만 정부 간의 관계가 독립적인지, 의존적인지 혹은 종속적인지의 차이에 불과하다고 주장한다(임재현, 2017: 49에서 재인용). 따라서 여기에서는 가장 대표적이라고 할 수 있는 라이트의 모형과 로즈의 권력의존모형을 중심으로 살펴보고자 한다.

(1) 라이트의 정부 간 관계 모형(Intergovernmental Relations)

라이트(1983)의 모형은 연방제(federal system)형태의 미국정부체제가 지니는 구조와 기능의 본질, 운영상의 특징을 설명하기 위한 개념 틀이라고 할 수 있다. 라이트는 정부 간 관계의 개념 정의를 위해 먼저 정부 간 관계의 중요 행위자(players)들인 대통령, 주정부 공무원, 지방정부 공무원 및 일반시민들의 정부 간 관계에 대한 견해를 기술한 뒤, 정부 간 관계론의 4가지 구성요소로서 행위자(Who), 장소(Where), 시간(When), 및 과제(What)를 들고 있다. 즉 정부 간 관계란 미국의 연방체제 내 모든 형태와 수준들에서 정부들 간에 일어나는 일체의 중요한 활동과 상호작용들을 연구하는 분야로, 여기에는 모든 형태와 수준의 정부 단위들뿐만 아니라 각급 공무원들과 시민들도 포함되며, 정부 간 관계론의 연구대상이 되는 현상들은 정치·행정체제의 모든 곳(everywhere)에서 발생되는 과거, 현재 및 미래의 활동들이라는 것이다.

라이트는 정부 간 관계론의 주요특징으로 법적 요소(legal element), 인적 요소(human element), 규칙적 상호관계(regular interactions) 및 정책과제(policy questions) 등 4가지 요소를 제시하고 있다. 법적 요소는 각종 형태와 수준의 정부 단위[예: 미국의 경우 연방정부, 주정부, 군정부(counties), 시정부(municipalities), 교육구(school districts), 특별지방정부(special districts)]를 말한다. 인적 요소는 모든 선출직과 임명직 공무원들이 포함되며 이들의 행동과 태도, 나아가 인지행위 등이 연구대상이 된다. 세 번째 요소인 정부 간의 규칙적 상호작용에는 매일 매일의 인적 접촉뿐만 아니라 실질적인 업무관계 및 행위유형의 연속성 등이 연구의 과제이다. 끝으로 정책과제로서는 정책내용면에 있어 분배정책, 규제정책 및 재분배정책과제 등이 다루어지고, 정책과정상의 형성 및 집행의 문제가 연구된다. 아울러 재정상의 세입과 세출과 관련된 여러 쟁점들이 다루어지게 된다.

모형을 제시했는데, 그는 분권화가 중앙과 지방이 상호의존하기 위해 반드시 필요한 것은 아니라는 모형을 제시했다(최창호·강형기, 2016).

라이트는 연방-주-지방 정부 간의 관계를 분석하기 위한 분석틀(analytic framework)로 대등모형(coordinate model: 분리형), 중복모형(overlapping model: 상호의존 모형) 및 내포모형(inclusive model: 종속형) 등 3가지 모형(model)을 제시하고 있다.

1) 대등모형(분리형: Coordinate-Authority model)

대등모형은 연방정부와 주정부 간 명백하고 확실한 경계가 있으나, 지방정부는 주정부 내에 포함되거나 의존하는 것을 전제로 한다. 연방정부와 주정부는 상호 독립적이며, 자율적이다. 연방정부와 주정부는 상호 권한의 영역 안에서만 통치할 뿐 양자의 관계는 그리 긴밀하지 않다. 연방과 주정부 간의 충돌이 발생할 경우 대법원(Supreme Court)이 중재자가 된다. 대등모형에서 주정부와 지방정부 간의 관계는 딜론의 원칙(Dillon's Rules)[13]에 따른다. 대등모형은 전통적인 연방주의론에서의 이원연방제(dual federalism)와 비슷하다.

2) 중첩모형(상호의존 모형: Overlapping-Authority model)

중첩모형의 전제는 상대적으로 많은 규모의 정부활동과 기능들은 연방정부, 주정부, 지방정부에 동시에 포함되며, 각각의 정부가 지니는 자치영역 혹은 재량권은 상대적으로 협소하다. 각각의 정부가 행사할 수 있는 권한 혹은 영향력은 매우 제한적이기 때문에 이들 정부들 간에는 협상(bargaining)이 이루어진다는 것이다. 협상은 교환(exchange)과 합의(agreement)에 의해 행해지는데, 각각의 정부들 간에는 교환을 통해 자원과 권한이 이전됨으로써 상호관계의 변동이 가능해진다. 이들 정부들이 가지는 권한은 넓게 분산되어 있으며, 상호 간에 배타적이고 경쟁적이며 협동관계를 전제로 하지 않는다. 중첩모형은 단지 이들 정부 간의 관계 유형이 협력적인지 아니면 갈등적인지를 경험적 조사의 대상으로 두고 있다. 중첩모형에서 각각의 정부들의 고유한 영역은 그리 크지 않으며 많은 부문에서 서로 중복하고 있어 상호의존성(interdependence)이 중첩모형의 주요한 특징이다. 중첩모형의 특징은 제한적이고 분산된 권한, 불확실하며 크지 않은 자치영역, 상당히 높은

---

13) 딜론의 원칙은 아이오주 대법관이었던 딜론이 1865년 'Clark v. City of Des Monies'의 소송에서 지방정부의 궁극적인 권한은 주 의회에 있으며, 지방정부는 주 의회가 명시적으로 부여한 권한과 그 권한을 수행하기 위해 필요한 최소한의 부수적인 권한만을 수행할 수 있다고 판결했다 딜론은 또한 지방정부는 주 정부의 피조물이기 때문에 주 의회는 지방정부를 만들 수도 있고 폐지할 수도 있다고 했다(김병준, 2015).

수준의 실제적(또는 잠재적) 상호의존성, 경쟁과 협동관계 및 동의에 도달하기 위한 전략으로 협상 등을 들 수 있다.

3) 내포모형(종속형: Inclusive-Authority model)

내포모형은 중첩모형처럼 3가지 사항을 전제로 하고 있다. 첫째 주정부와 지방정부는 연방정부나 강력한 경제 집단에 의해 수립된 전국적 범위의 결정에 완전히 의존하며, 둘째 주지사나 주의원, 시장 등 지역단위의 정치지도자들의 역할은 대단히 미미하고, 셋째 과거 이들이 수행하던 기능들은 집권적이고 계층적인 정부체제 안으로 흡수된다. 내포모형은 본질적으로 상·하 형태의 계층적 권한관계이며, 연방－주－지방 정부 간의 의존관계는 대등모형의 주－지방과의 관계와 유사하다. 내포모형에서 주정부와 지방정부는 단순한 명목상의 통치 주체이고 연방정부가 혼자 통치한다. 연방정부와 주정부, 지방정부 간의 관계는 주종관계라고 할 수 있다.

(2) 로즈의 권력의존모형(Power Dependence Theory)

로즈의 권력의존모형은 영국과 같은 단원제(unitary system)국가의 중앙정부와 지방정부 사이의 관계를 설명하는 모형이라고 할 수 있다. 권력의존 모형은 다수의 학자들에 의해 비판을 받고 있지만 중앙정부와 지방정부 간의 관계를 설명해주는 분석틀로서 다른 어떤 모형보다도 정교하며 설득력이 강하다는 평가를 받고 있다. 특히 한국과 같이 단원제 국가형태를 취하고 있는 경우 라이트의 정부 간 관계론보다 적합성이 훨씬 크다고 할 수 있다. 로즈(1986)는 중앙정부와 지방정부의 관계는 각각의 정부들이 필요로 하거나 소유하고 있는 또는 동원 가능한 자원을 중심으로 파악해야 한다고 주장하고 있다. 로즈는 정부 간 관계론을 보다 광의의 개념으로, 중앙－지방정부 관계론은 정부 간 관계론의 한 측면으로 이해했다.

권력의존모형의 구체적 내용은 미시적 분석(micro-level analysis)과 거시적 분석(macro-level analysis)으로 구분된다. 미시적 분석은 중앙과 지방정부간 관계의 양상(patterns)을 5가지로 일반 명제화하고 있으며, 거시적 분석은 중앙과 지방정부간 관계의 맥락(context)으로서 권력과 가치의 배분문제를 다루고 있다.

1) 미시적 분석

로즈는 중앙정부와 지방정부 간의 상호작용이 지방재량권(local discretion)에 미치는 효과를 미시적으로 분석한 후 5가지의 일반명제들을 제시하고 있다. 5가지 일반명제들은 첫째, 어떠한 정부(조직)든 자원(resources) 획득을 위해 다른 정부에 의존적이다. 둘째, 각 정부들은 목표달성을 위해 자원을 교환(exchange)해야 한다. 셋째, 각 정부의 의사결정권한은 다른 정부에 의해 제한받으나, 지배적 연합세력(dominant coalition)은 어느 정도의 재량권을 가질 수 있다. 넷째, 지배적인 연합세력은 자원의 교환과정(process of exchange)을 조절하기 위해 경기의 규칙(rules of game)이라고 알려진 전략(strategies)을 구사한다. 다섯째, 재량권의 차이는 상호관계를 맺는 정부들의 목표 및 상대적 잠재권한(power potential)과 함수관계이다.

권력의존(power-dependence)이란 정부 간 권력관계의 상호성(reciprocity)을 강조하는 의미이다. 이 개념에 따르면 지방정부가 필요로 하는 자원을 중앙정부가 통제함으로써 지방정부는 다른 곳에서는 획득할 수 없기 때문에 중앙정부에 의존한다는 것이다. 또한 중앙정부 역시 지방정부에 대한 권한이 아무리 커도 지방정부에 어느 정도는 의존할 수밖에 없다는 것이다. 즉 중앙정부와 지방정부는 다른 상황에서(indifferent circumstances), 다른 정도만큼(to different degrees) 상호의존적이라는 것이다.

정부 간 상호의존적 권력관계의 토대(bases)는 자원(resources)이다. 여기서 자원은 잠재적 권력(power potential)으로 정부가 원하는 모든 것을 공급해 줄 수 있는 수단(means)이다. 로즈는 중앙정부와 지방정부의 관계를 설명하기 위한 자원으로 헌법과 법률적(constitutional-legal), 행정계층(hierarchical), 재정(financial), 정치적(political)자원 그리고 정보(informational)자원 등 5가지의 자원을 제시하였다. 이 밖에도 기술적(technological)자원과 물리적(physical)자원 등이 추가될 수 있고, 자원의 범위는 제한적이지 않다. 로즈는 중앙정부와 지방정부 간의 상호작용방식은 권력의존관계에 따르기 때문에 상대적 잠재권력인 자원들은 종류가 아주 많을 수 있다는 것이다. 이럴 때 지방재량권(local discretion)은 다차원적(multi-dimensional)개념으로 파악되고, 한 가지 자원에서 의존적인 지방정부는 반드시 다른 자원에서는 의존적이지 않을 수도 있다는 것이다. 뿐만 아니라 이러한 자원들 간에는 대체성(substitutability)이 있어 한 가지 자원이 결핍될 경우 다른 자원으로 대체할 수도 있다. 권력의존모형에서 미시적 분석의 주요 내용은 각각의 정부들이 갖는 재량권은 각자의 목표와 상대적 잠재권한에 달려 있으며, 상대적 잠재권한은 자원의 게임규칙 및 교환과정과 함수관계에 있고, 교환과정은 참여자들의 자원 및 전력에 의해 영향을 받는다는 것이다.

2) 거시적 분석

로즈는 중앙정부와 지방정부간의 상호작용(interactions)분석에 초점을 두고 있는 미시적 분석으로는 정부 간 상호작용의 패턴의 변화(change)가 설명되지 않기 때문에 중앙－지방정부 관계의 토대에 관한 거시적 분석을 미시적 분석과 연계시키는 것이 필요하다고 주장했다. 로즈는 권력의존모형의 거시적 분석을 위해 조합주의(corporatism)이론상의 몇 가지 기본 가정들을 채택하고 있다. 그 기본가정들은 첫째, 어떤 수준의 정부이든 한 네트워크(network)의 구성원으로서 그 행태는 자신의 특성과 네트워크의 특성 양자의 산출물(product)이다. 둘째, 네트워크는 정책공동체들(policy communities)로 이루어진다. 셋째, 상호작용은 분열된 행태로서가 아니라 정책공동체에 토대를 두고 구조화(structured)되어 있다. 넷째, 정책공동체는 폐쇄적(closed)이며, 그 지도자와 구성원간의 접촉은 제한되어 있다. 다섯째, 정책공동체는 매개자(intermediary)로서 중앙정부와 지방정부 사이에 위치하며 그 자체의 이해관계(interests)를 가지고 있다. 여섯째, 정책공동체의 국지적(sectional) 이해보다 광범위한 공익(publi interests)에 우선한다.

결론적으로 로즈에 의하면 모든 정부(조직)는 부족한 자원이 있고, 각각의 활동목적을 달성하기 위해 각각의 정부들은 자원 교환과정을 통해 상호의존적인 관계가 된다. 또한 지방정부는 중앙정부에 완전히 예속되는 것도 아니고 그렇다고 완전한 동등관계도 아닌 상호의존관계이며, 그리고 그 의존의 정도는 다양하다는 것이다.

3. 한국의 정부 간 관계의 변화

1995년 민선지방자치 이전에는 중앙정부와 자치단체 간 관계는 상・하 수직관계로 지방자치단체는 단지 중앙정부의 일선기관에 불과했다. 따라서 과거 한국의 정부 간 관계는 라이트의 내포모형(종속형) 혹은 엘코크의 대리자 모형으로 분류할 수 있다. 민선지방자치 이후 라이트의 중첩모형(상호의존 모형) 혹은 엘코크의 동반자 모형으로 전환되었다고 할 수 있다. 정부 간 관계의 발전과정을 내포관계(중앙집권)에서 분리·독립관계(지방분권)를 거쳐 협력관계로 전환되는 것으로 파악할 때, 현재 문재인 정부의 정부 간 관계는 라이트의 대등모형(분리형)을 지향한다고 할 수 있다.

제 6 장

도시공공서비스

제 6 장

도시공공서비스

제1절 | 공공서비스의 의의

1. 공공서비스의 의의

공공서비스는 사회공동체의 편익을 위하여 제공되는 유·무형의 재화와 용역으로 공공의 이용을 전제로 한 서비스를 일컫는다. 공공서비스는 비배제성과 비경합성이라는 공공재의 특성을 띤다. 비배제성(non-exclusiveness)이란 정당한 대가를 지불하지 않더라도 소비에서 배제할 수 없음을 의미하며 비경합성(non-rivalness)은 집합적 소비가 가능하고 한 사람의 소비가 다른 사람의 소비에 영향을 미치지 않는다는 것을 의미한다. 버스 운영, 가로등 관리, 청소 등과 같은 시민의 일상생활과 관련되어 주로 도시정부가 담당하는 업무는 물론 국방, 공적 연금 등과 같이 포괄적인 성격을 띠며 주로 중앙정부가 담당하는 업무도 포함한다. 공공서비스 제공은 정부가 시민들에게 직접적으로 서비스를 제공하는 경우와 민간에 의한 서비스 제공이 모두 가능한데 비경합성과 비배제성이 강한 순수공공재의 경우 무임승차 문제 발생과 함께 시장에서 가격형성이 어렵기 때문에 민간에 전적으로 맡겨놓으면 충분한 수준으로 공급되기 어렵다. 그런데 어떤 재화나 용역이 순수공공재에 해당하는지는 그 경계선이 명확하지 않은 면이 있다. 또한 사적재의 성격을 강하다고 인식되던 재화라고 하더라도 사회적 환경변화, 경제적 발전 정도에 따라 공공서비스 제공의 대상에 포함되기도 한다. 예를 들어 육아 및 노인돌봄의 문제는 과거에 가족의 일로 치부되었지만, 현재는 공동체가 담당하여야 할 주요한 공공서비스로 인식되고 있다.

한편, 어떤 공공서비스가 어떤 정부수준에서 이루어져야 하는가에 대해서 국가마다 차이가 있다. 연방제 국가의 지방정부가 단방제 국가의 지방정부에 비해 공공서비스제공 범위가 넓은 편이다. 우리나라는 단방제 국가에 속하지만 비교적 지방정부의 서비스공급 범위가 넓은 편에 속한다. 우리나라 지방자치법은 중앙정부의 사무와 지방정부의 사무를 포괄적으로 예시하고 있다. 지방정부가 수행하는 사무로 ① 지방자치단체의 구역, 조직 및 행정관리 등에 관한 사무, ② 주민의 복지증진에 관한 사무, ③ 농림·상공업 등 산업증진에 관한 사무, ④ 지역개발 및 주민의 생활 환경시설의 설치·관리에 관한 사무, ⑤ 교육·체육·문화·예술의 증진에 관한 사무, ⑥ 지역민방위 및 소방에 관한 사무 등을 열거하고 있다. 그런데 법령상 사무비율은 국가사무 67.7%, 지방사무 32.3%로 국가사무의 비중이 높다. 열거된 지방정부 사무분야의 대부분에 대해 중앙정부도 중복적으로 수행하거나 상위계획을 수립하는 등 공공서비스 공급과정에서 중앙정부 관여정도가 크다고 할 수 있다.

2. 공공서비스 공급의 효율화·다양화

도시정부의 재정이 중앙정부에 크게 의존하고 있는 가운데 저성장·고령화 시대를 맞아 도시정부는 효율적인 정부운영이 과제로 부상하고 있다. 2000년 9.1%였던 실질성장률은 2010년 6.8%, 2018년 2.7%로 점차 낮아지고 있다. 고령인구의 비중은 2019년 현재 14.9%인데 2045년에는 37.0%를 상회할 것으로 전망되고 있다.[1] 성장률의 하락과 노령인구의 증가는 세수감소와 사회복지비용의 증가로 이어

1) 통계청 보도자료, 2019 고령자 통계.

져 중앙 및 지방정부 재정의 압박요인으로 작용할 가능성이 크다.

이에 따라 공공서비스의 생산 및 공급이 정부에 의해 독점적으로 이루어지는 전통적인 통치방식에서 벗어나 거버넌스(governance)로 표현되는 새로운 통치방식으로 전환할 필요성이 높아지고 있다. 거버넌스의 개념에 대해서는 여러 학자들의 논의가 있어 왔지만 공통적인 요소는 공공문제 해결에 있어서 국가의 기능과 역할을 최소화·효율화하면서 시장과 시민사회 등 사회의 다양한 주체의 역할을 강화하면서 각 주체 간의 네트워크를 통한 파트너십을 형성해 공공서비스 공급을 모색해 나가는 점이다

정부 이외의 다양한 주체들과의 협력을 통한 도시공공서비스 공급을 모색하는데 있어서 거버넌스 구성 주체 가운데 어떤 요소를 보다 강조하는가에 따라 신공공관리, 민관 파트너십(Partnership), 주민 커뮤니티 유형으로 구분해 볼 수 있다(中邨, 2004). 첫째, 신공공관리(New Public Management)적 방식을 통한 도시공공서비스 공급방식의 도입이다. 저성장 시대의 도시정부는 조직의 감축, 성과평가제도의 도입과 업무의 민간위탁, 민영화, 민간투자사업 유치 등을 통해 저비용 고효율의 공공서비스 공급을 지향할 필요성이 크다. 우리나라에서는 1990년대말 외환위기 이후부터 NPM방식의 행정개혁이 본격적으로 등장하였다고 할 수 있다. 그 가운데 도시정부의 재정부담 완화 차원에서 적극적으로 추진하고 있는 것이 민간위탁과 민간투자사업이다. 민간위탁은 지방정부 사무의 일부를 민간에게 맡기되 최종 책임은 유지하는 방식으로 사회복지 및 환경분야에서 적극적으로 활용되고 있다. 민간투자사업은 도로, 건물등 인프라확충과 관련하여 민간업자에게 일정 수익을 보장하는 대신 시설투자를 유도하는 방식으로 수익형 민자사업(Bulid-Transfer-Operate)과 임대형 민자사업(Bulid-Transfer-lease)이 대표적이다.

둘째, 민관 파트너십의 활용인데 지역 내 기업 및 비영리단체(NPO)의 역할 확대를 의미한다. 파트너십은 서로 다른 주체 사이의 대등한 협력 내지는 상호의존관계를 전제로 한다. 나아가 공공문제 해결에서 행정은 공급자, 민간은 소비자라는 기존 관념에서 벗어나 기업이나 비영리단체에게도 공급자로서의 역할을 분담하도록 하는 것이다. 우리나라에서도 2007년 '사회적기업 육성법'이 제정된 것을 계기로 사회적 기업, 커뮤니티 비즈니스, 협동조합 등과 같이 지역사회에 기반을 둔 사회적경제조직들이 늘어나고 있다. 이들 조직은 영리활동을 수행하고 있으나 일반기업과는 달리 이윤의 지역사회에 기여를 조직의 주요 목적으로 삼고 있다. 따

라서 사회적경제조직의 활성화는 지역사회 공공 문제해결은 물론 지역발전의 새로운 동력을 구축한다는 의미도 있다. 이에 따라 행정자치부는 마을공동체 단위의 소규모 단체를 마을 기업으로 선정하여 예산 등을 지원하고 있다.[2)]

셋째, 주민 커뮤니티의 활성화는 지방분권과 밀접한 관련을 맺고 있다. 지방분권의 본래 취지도 단순히 지방정부로의 권한이양에 그치는 것이 아니라 그 권한을 다시 주민에게 이양(empowerment)하는 데 있다. 지방분권은 행정에의 주민 참여와 함께 주민의 자율적인 통치로 연결되어야 하며, 여기서 주민 커뮤니티의 구축과 활성화가 주요 과제로 등장한다. 최근 주민생활과 보다 밀착된 자치를 실현하고 협력적 공공서비스의 생산을 위해 근린[3)](동네) 자치의 활성화가 중요한 과제로 부상하고 있다. 읍・면・동사무소의 주민자치센터로의 기능전환이 이루어져 주민들의 문화・복지 향상에 이바지하고 있지만 주민자치위원회에 대해서는 행정의 과도한 주도성, 대표성의 부족, 문화프로그램 위주의 운영, 지역특색 부족 등이 한계가 지적되고 있다. 이러한 문제점을 개선하고 근린자치를 활성화하려는 목적에서 2010년 제정된 '지방분권 및 지방행정체제 개편에 관한 특별법'은 풀뿌리 자치의 활성화를 위해 읍・면・동장과 대등한 지위로 격상된 주민자치회 제도를 도입하였다. 주민자치회는 마을계획의 수립 등 주민자치 업무뿐만 아니라 지방자치단체 사무 중 일부를 수탁처리 할 수 있는데 향후 근린(동네)수준에서 주민생활과 밀접한 공공서비스 제공을 담당하는 역할이 기대되고 있다.

제2절 | 도시정부의 재정구조와 공공서비스

도시정부의 공공서비스제공 활동은 재정적 뒷받침 없이는 불가능하다. 도시정부의 재정활동은 세입과 세출을 중심으로 이루어지는데 우리나라 지방정부는 세입과 세출면의 자율성이 낮다. 지방정부의 일반회계세입에서 지방세와 세외수입을 합계한 자체수입 비율인 재정자립도는 2017년 기준으로 특별시・광역시・특별자치시 67.0%, 도 38.3%, 시 39.2%, 군 18.8%, 자치구 30.8% 수준으로 대도시를 제

2) 2018년 말 현재 1,592개의 마을기업이 존재하는 것으로 조사되었다(행정안전부 홈페이지).

3) 근린(neighborhood)이란 비공식적이고 대면적인 상호작용이 가능하며 공동체적 일체감이 유지될 수 있는 일정한 구역의 규모를 의미한다.

외하고는 재정자립도가 낮다.

또한 세출규모면에서 중앙정부를 앞서는 반면 세입측면에서는 중앙정부에 비해 매우 낮은데[4] 세입과 세출의 간극을 메우기 위해 중앙정부로부터 지방정부로의 재원이전이 상당한 규모로 이루어지고 있다. 이러한 낮은 재정자립도와 중앙의존적인 재정구조는 도시정부 공공서비스 공급의 효율화와 다양화를 촉진하는 요인으로 작용하고 있다.

1. 세입구조

지방정부의 자체세입은 지방세와 세외수입으로 구성되어 있다. 먼저 지방세는 취득세, 등록세, 주민세, 재산세, 자동차세, 레저세, 담배소비세, 지방소득세 등으로 다양한데 지방정부의 유형(특별시 · 광역시, 도, 시 · 군, 자치구)에 따라 세목이 상이하다. 세외수입에는 사용료와 수수료, 분담금과 부담금, 그리고 재산수입 등이 있다. 지방정부는 재정수입의 부족분을 메우기 위해 지방채를 발행할 수 있다.

지방정부의 재원에는 자체세입 및 지방채와 같이 지방정부가 스스로 조달하는 자주 재원외에 중앙정부로부터 이전되어 오는 지방교부세, 국고보조금 등의 의존재원도 포함된다. 지방교부세 제도는 지방재정조정제도의 핵심으로서 지방정부간 경제력 및 재정력 격차를 축소해 국민으로서 누려야 할 최소한의 행정서비스 수준을 보장하도록 하는 역할을 담당한다. 자치구에 대해서는 보통교부세외에 특별 · 광역시 본청이 관할 자치구간 재정격차를 해소하기 위해 조정교부금을 지급하고 있다.

지방교부세의 대부분을 차지하는 보통교부세의 배분액은 각 지방자치단체의 기준재정수요액이 기준재정수입액을 초과하는 재정부족액을 기준으로 산정한다.[5] 따라서 재정여건이 열악한 지방정부일수록 더 많은 지원을 받게 되는데 지방정부 스스로 지출감소 및 수입확대에 노력할 유인을 약화할 우려도 있다.

---

4) 우리나라 세입에서 차지하는 국세와 지방세 규모는 대략 8:2의 비율을 나타내고 있지만 세출규모면에서는 중앙정부와 지방정부를 비교하면 4:6 수준으로 역전된다.

5) 기준재정수요액은 각 지방자치단체가 표준적인 수준의 행정서비스를 제공하는 데 필요한 금액으로 인구, 면적 등이 반영되며 지방정부가 독자적 정책으로 지출하는 경비는 제외된다.

표 6-1 지방정부의 세입규모와 비율(재원별)*

(단위: 억원)

	2017년		2018년	
	금액	비율(%)	금액	비율(%)
계	3,044,724	100.0	2,843,958	100.0
지방세수입	760,186	25.0	789,907	27.8
세외수입	265,186	8.7	240,534	8.5
지방교부세	433,792	14.2	378,699	13.3
조정교부금**등	115,698	3.8	98,418	3.5
보조금	968,650	31.8	976,639	34.3
지방채	24,176	0.8	19,905	0.7
보전수입등 내부거래	476,234	15.6	339,865	12.0

주: * 총계예산으로 2017은 최종예산액, 2018은 당초예산액 기준

** 조정교부금은 광역지방정부가 관할지역의 기초지방정부간 재정력격차를 완화하기 위해 자체세입의 일부를 배분하는 제도임

출처: 행정안전부 2018년도 지방자치단체 통합재정 개요(상).

국고보조금은 중앙정부가 지방정부에 대하여 국가의 주요 시책사업을 수행하는 데 필요로 하는 경비의 재원을 충당할 수 있도록 사용 용도를 지정해서 교부하는 지출금을 의미한다. 지방교부세에는 별다른 사용의 제약이 없는 것에 비해 보조금은 교부조건은 물론 사후검사에 이르기까지 중앙정부의 엄격한 통제를 받는다.

2018년 지방정부의 세입구조는 〈표 6-1〉과 같은데 지방세가 27.8%, 지방교부세 13.3%, 보조금 34.3%, 세외수입 8.5%, 보전수입 등 12.0%, 지방채가 0.7%로 나타났다. 의존재원인 지방교부세와 보조금 등이 전체의 51%를 차지하고 있으며 자주재원의 핵심인 지방세의 비중이 상대적으로 낮은 것을 알 수 있다. 지방정부의 재정적 취약성을 보완하기 위해 2010년 부가가치세의 일부를 지방소비세로 충당하도록 하는 지방소비세제가 도입되었으며 소득할 주민세를 지방소득세로 전환하도록 하였다. 하지만 여전히 조세법률주의에 의하여 각 도시정부의 지역특성을 반영한 신세원 발굴이 제약되어 있다는 한계가 있다.

사잇글 6-1 서울시 빗물세 부과추진

서울시가 '빗물세' 부과를 위한 공론화 작업에 나서자 시민단체와 전문가들이 우려의 목소리를 내고 있다. 시는 집중호우 때 빗물 처리에 한계가 있는 만큼 세금을 통해 수방시설과 대책 등을 마련해야 한다는 입장이지만 시민단체와 전문가들은 시가 과거 도심개발 정책의 책임을 시민에게 전가하려는 것이라며 반발하고 있다. 서울시는 빗물이 땅으로 흡수되지 못해 저지대가 침수되는 피해를 줄이려고 '독일식 빗물세'를 도입하는 방안을 본격적으로 논의한다고 지난 4일 밝혔다. 독일식 빗물세는 지표면으로 비가 흡수되지 않는 불투수 면적에 비례해 요금을 부과하는 것을 말한다. 빗물 투수 면적이 많으면 그만큼 하수도로 흘러드는 우수에 대한 요금을 덜 매기는 방식이다. 현재 서울의 하수도 요금은 공공하수도에 배출하는 오수의 양에 따라서만 부과된다.

서울은 최근 50년간 도시화로 1962년 7.8%에 불과하던 불투수 면적이 2010년 47.7%로 급증했다. 시는 지난 5일 서울시역사박물관 강당에서 시민, 전문가, 공무원 등 300명이 참석한 가운데 빗물을 하수도로 내려 보내지 않고 지하로 투수시키거나 재활용할 수 있도록 유도하는 '독일식 빗물세' 도입 방안을 주제로 정책토론회를 열었다.(중략)

시 관계자는 "빗물세 도입에 대한 찬성 의견이 많으면 중앙부처에 관련 법 개정을 건의할 계획"이라며 "환경부에서도 빗물세 도입을 추진할 계획이 있는 것으로 안다"고 설명했다.

그러나 새로운 세금을 도입하는 것에 대한 우려의 목소리가 크다. 시민단체와 전문가들은 시가 지난 수십년간 불투수 면적이 늘어나도록 도심 개발을 추진해놓고서 이제와서 침수피해에 따른 부담을 시민에게 고스란히 전가하려한다며 반발하고 있다

출처: 대한전문건설신문, 2012. 9. 5.

▷▷▶ 토론핵심

1. 빗물세 도입의 장애요인은 무엇인가?
   - 조례의 한계, 법령의 제약, 요금제와의 차이점, 시민의 의식전환
2. 빗물에 대한 관리가 도시에서 중요한 이유는 무엇인가?

2. 세출구조

세출이란 특정 회계연도에서 국가 또는 지방정부가 그 목적을 수행하기 위한 모든 지출을 뜻한다. 지방정부의 일반·특별회계 순계규모를 기준으로 한 총세출은 2008년 120조원에서 2018년 1.8배 수준으로 늘어난 210조원 규모를 기록하였다. 지방정부 세출을 기능별로 살펴보면 〈표 6-2〉와 같다. 가장 큰 비중을 차지하

고 있는 것은 기초연금, 영유아 보육 등의 사회복지 관련 지출로 2018년 기준으로 전체의 27.1% 수준을 차지하고 있는 것으로 나타났다. 다음으로 인력운영비 13.3%, 환경보호 9.9%, 수송 및 교통 8.7%의 순이었다.

지방정부의 사회복지분야 지출증가는 중앙정부의 복지프로그램 확대와 맞물려 있다. 중앙정부가 추진하는 대부분의 사회복지분야 국고보조사업은 매칭보조금 형태로 운영되기 때문에 국고보조사업이 증가할수록 지방정부의 재정부담도 증가할 수밖에 없는 구조이다. 그 결과 가용예산은 줄어들어 세출자율성이 약화하는 문제점이 지적되고 있다. 이러한 문제는 자치구에서 더욱 심각한데 2018년 기준 사회복지비의 전체 예산대비 비중은 50.2%로 나타나 다른 사업에 투입할 예산이 크게 부족한 실정이다.6)

표 6-2 지방정부의 세출규모와 비율(기능별)

(단위: 억원)

분야	2018년		분야	2018년	
	금액	비율(%)		금액	비율(%)
총액	2,106,784	100.0	농림해양수산	132,074	6.3
일반공공행정	126,003	6.0	산업 · 중소기업	45,237	2.1
공공질서 · 안전	37,318	1.8	수송 및 교통	182,878	8.7
교육	129,396	6.1	국토 · 지역개발	141,816	6.7
문화 및 관광	102,866	4.9	과학기술	4,685	0.2
환경보호	208,324	9.9	예비비	50,801	2.4
사회복지	571,293	27.1	인력운영비	279,434	13.3
보건	25,217	1.7	기본경비등	59,441	2.8

주: 순계예산 기준
출처: 행정안전부 2018년도 지방자치단체 통합재정 개요(상).

6) 자치구의 세목은 등록면허세와 재산세뿐으로 세입구조가 시군과 비교해 취약하다.

제3절 | 도시공공서비스의 아웃소싱

1. 도시공공서비스 공급유형

각종 공공서비스를 지자체가 직접 제공하지 않고 어떤 형태로든 민간의 관여를 통해 제공・전달하는 방식을 아웃소싱(outsourcing)이라고 한다. 아웃소싱은 조직이 필요로 하는 특정 재화나 서비스를 내부에서 직접 생산하여 충당하지 않고 이를 수요자 관점에서 외부로부터 구매하는 방식으로 대체하는 것을 의미하는 것으로 아웃소싱의 방식은 논자에 따라 다양하게 제시되고 있다.

Savas(1987)는 공공서비스의 생산과 제공이라는 기준에서 ① 정부의 직접 서비스 전달, ② 같은 서비스를 소비자가 정부 혹은 민간 가운데 선택하게 하는 정부판매를 통한 방식, ③ 지방정부들이 광역적 수요의 처리를 위해 공동으로 서비스를 제공하는 정부간 위탁・협력 방식, ④ 좁은 의미의 민간위탁으로 기업 간의 경쟁입찰을 통해 서비스 생산주체를 결정하여 정부 재정부담을 낮추는 계약방식(contracting out), ⑤ 민간조직에 일정 구역내에서 서비스 제공 권리를 인정하는 프랜차이즈 방식(franchise), ⑥ 민간의 서비스 제공활동에 대해 재정 또는 현물을 지원하는 보조금 방식(subsides), ⑦ 시민들이 구입증서를 활용하여 어느 조직으로부터 서비스를 제공받을 것인가를 스스로 선택하게 하는 구매증서방식(vouchers), ⑧ 서비스의 생산과 관련하여 직접적인 보수를 받지 않는 자원봉사자 방식(volunteers), ⑨ 시장(market)에 의한 서비스 전달방식으로 구분하고 있다.

Sclar(2000)는 위탁자와 수탁자간의 관계, 서비스 특성을 기준으로 하여 민간위탁 계약의 성격을 고전적 혹은 완전계약(classical or complete contract), 불완전 계약(incomplete contract), 관계계약(rational contracting)으로 유형화하고 있다. 완전계약은 행태적 불확실성이 낮고 계약 당사자 간 상세한 권리 및 의무를 포함하며, 구체화한 산출물에 대해 가격을 책정하는 유형으로 낮은 거래비용을 특징으로 한다. 이에 대해 자산의 특정성(asset specificity)으로 인해 지속적 거래가 기대되고 높은 불확실성으로 인해 계약내용을 사전에 확정하기 어려운 상황이 있을 수 있다.[7] 이때 불완전 계약은 계약기간을 축소하고 경쟁 기회를 늘리는 관리된 경쟁을 통해 문제를 해결하는 방식이다. 관계계약은 계약당사자간의 상호의존성에 주목하여 분쟁해결의 비공식 절차활용, 산출물보다는 투입물에 의한 비용산정, 유인체계보다는 당사자간 신뢰향상을 대안으로 제시하는데 Sclar는 불확실성이 높은 경우 관계계약을 보다 바람직한 대안이라고 보았다.

이마이(今井, 2006)는 지방자치단체가 제공하는 공공서비스에 대한 민간관여 정도를 기준으로 ① 업무의 폐지, ② 민영화, ③ 법인화[8], ④ 포괄적 위탁, ⑤ 단순 업무위탁, ⑥ 직영의 6가지 유형으로 분류하고 있다. 일본의 경우 1990년대 거품경제 붕괴 이후 장기불황이라는 경제상황 속에서 지정관리자 제도의 도입(2003년), 시장화테스트와 공공서비스 개혁법의 제정(2006년) 등의 제도개혁을 통해 지방정부의 공공서비스 아웃소싱이 크게 진전되고 있다.

공공서비스 생산방식을 담당주체가 공공인가 민간인가, 그리고 생산수단이 권력적 방식인가 시장적 방식인가에 따른 유형화 방식도 있다(이종수·윤영진 외, 2012: 557-559). 공공주체·권력방식은 도시정부가 직접 서비스를 공급하는 것으로 공익성이 우선시되며 민간의 참여가 배제된다. 공공주체·시장방식은 서비스 소비에 배제성이 있기 때문에 민간에서 생산이 가능하지만 서비스 내용의 사회적 중요성을 고려하여 정부내(책임운영기관) 혹은 산하에 단일 서비스 생산을 담당하는 독립조직(공기업 등)으로 하여금 시장방식을 활용하도록 하는 것이다. 민간주체·권력적 방식은 서비스 공급책임은 정부에 귀속되나 생산은 민간영역에 위탁(민간위탁)하여 이루어지는 방식이다. 민간주체·시장적 방식은 민간부문에 해당서비스 공급 역량이 있고 해당 서비스의 사회적 중요성이 낮을 때 활용된다. 시장에서 필요한 수준의 서비스 공급을 유도하기 위해 정부가 보조금 및 세제 혜택을 민간업체에 부여하기도 한다.

그리고 공공서비스는 편익의 귀속대상과 시민생활과의 관련성을 기준으로 한 유형화도 가능하다. 즉, 편익의 귀속대상이 시민전체(공익적)인가 개인인가(사익적), 그리고 시민생활에 필수적인가(필수적) 아닌가(선택적) 여부를 기준으로 4가지 유형으로 구분해 볼 수 있다(문신용 외, 2008: 15-16). 첫째, 공익적·필수적 서비스는 시민생활을 영위하는데 기초적인 서비스이며 서비스공급에 대한 사회적 관심과

7) 자산 전속성이라고도 하며 특정성이 높을수록 타 조직이나 거래로의 이전이 곤란하다.
8) 행정과 별도의 조직을 설립하여 거기에 사무·사업의 일부를 외주화하는 것을 지칭한다. 일본에서는 독립행정법인과 PFI(Private Finance Initiative)가, 영국에서는 agency가 여기에 해당한다.

중요성이 높기에 행정이 직영하는 경우가 일반적이다. 서비스 공급에 있어서 정부의 책임성이 높은 유형이다. 둘째, 사익적·필수적 서비스는 시민생활에 기초가 되는 서비스이나 개인을 대상으로 하기에 공급은 공공부문에 한정되지 않고 다양한 주체의 참여가 가능하다. 셋째, 공익적·선택적 서비스는 공익성은 높은나 시민생활상 필요성은 상대적으로 낮은 서비스이다. 노인정, 시민회관 등이 대표적인 예이며 특정지역에 국한되어 편익이 귀속된다. 사익적·필수적, 공익적·선택적 서비스는 민간위탁의 대상이 될 수 있다. 넷째, 사익적·선택적 서비스는 공익성과 필수성이 낮은 서비스로 민간부문이 공급하고 개인이 그에 대한 비용을 부담하는 경우가 일반적인데 민영화 가능성이 큰 서비스 유형이다([그림 6-1] 참조). 이하에서는 우리나라 도시정부에서 많이 활용되고 있는 아웃소싱 방식인 민간위탁과 민자투자방식에 대한 현황을 살펴보기로 한다.

그림 6-1 도시정부 공공서비스 공급유형

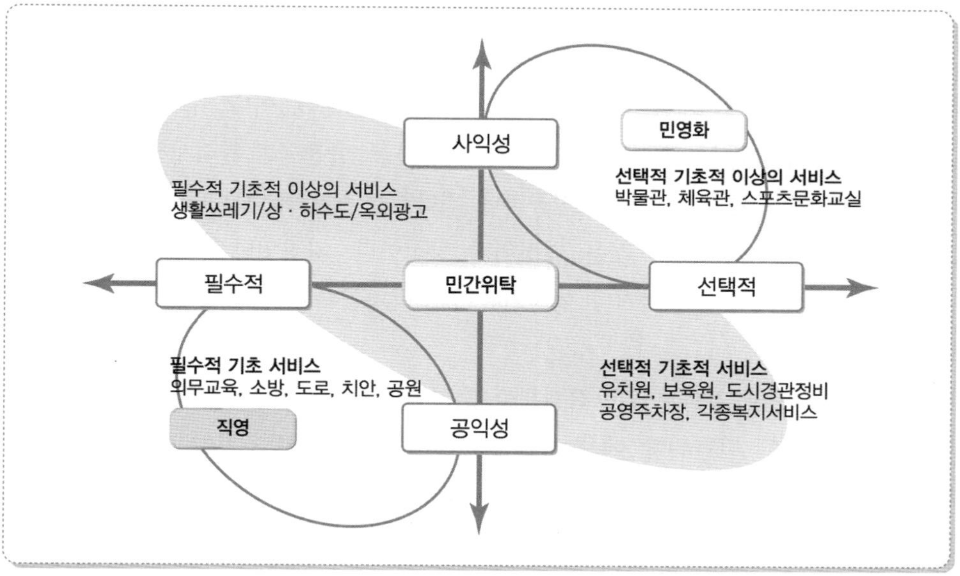

출처: 한국지방행정연구원(2014), 지방자치단체 행정재산 민간위탁의 효율적 관리방안, p. 12, 한국민간위탁경영연구소 홈페이지(http://www.kcomi.re.kr/ab-sphere01_004).

2. 민간위탁

우리나라는 민간위탁과 관련하여 폐기물관리법, 사회복지사업법, 체육시설의 설치 · 이용에 관한 법률 등 다양한 개별법률 차원에서의 근거조항 두고 있다. 그리고 지방자치법에서 주민의 권리 · 의무와 직접적으로 관련되지 않는 사무에 대한 민간위탁을 가능하도록 허용하고 있다. 즉, 지방자치법 제104조는 "지방자치단체의 장은 조례나 규칙으로 정하는 바에 따라 그 권한에 속하는 사무 중 조사 · 검사 · 검정 · 관리업무 등 사무를 …(중략)… 법인 · 단체 또는 그 기관이나 개인에게 위탁할 수 있다(제104조)"라고 규정하고 있다. 일반적으로 공권력의 작용과 관계되는 사무는 민간위탁 대상에서 제외된다.

민간위탁의 대상이 되는 공공서비스 기능은 비권력적 시설로 민간참여를 통해 전문성을 높일 수 있는 기능(쓰레기 소각장, 분뇨처리장 등), 민간이 보다 우수한 전문기술을 갖춘 시험 · 연구 · 조사 기능(건설안전시험, 공사감리 등), 민간에 의한 운영으로 활성화가 가능한 기능(문화예술회관, 체육시설 등), 비영리사회단체를 통한 운영관리가 효율적인 기능(사회복지시설, 도서관, 박물관 등)이다. 위탁 방식은 법정위탁과 계약위탁방식으로 구별된다. 액화석유가스 안전 및 관리사업법 시행령에 따라 안전검사업무를 한국가스안전공사에 위탁하는 예와 같이 위탁되는 사무와 수탁자를 법령으로 지정하는 것은 법정위탁 방식이다. 지정위탁은 행정기관과 수탁자가 위탁계약 체결을 통하거나 행정기관이 수탁자를 지정함으로써 성립하는 방식이다.

2016년도 전국 지자체 일반회계세출예산은 약 151조 7,748억원인데 이 가운데 7조 2,960억원인 민간위탁 예산이다. 2014년도 기준 지방자치단체 일반회계세출예산에서 민간위탁 관련예산 구성비를 분석해 보면 사회복지 분야 41.5%, 환경보호 30.6%, 문화 및 관광 7.71%, 보건 4.86%, 농림해양수산 4.36%, 일반공공행정 3.16%의 순으로 조사되었다. 사회복지와 환경보호 분야 합계 비율이 72.13%로 나타났으며, 두 분야에서 민간위탁관련예산이 가장 많이 지출되고 있는 것으로 분석되었다([그림 6-2] 참조).[9]

9) 민간위탁관련 예산은 민간위탁비와 민간대행사업비를 합계한 금액을 기준으로 하였다.

그림 6-2 세출예산 중 민간위탁 관련 예산 구성비

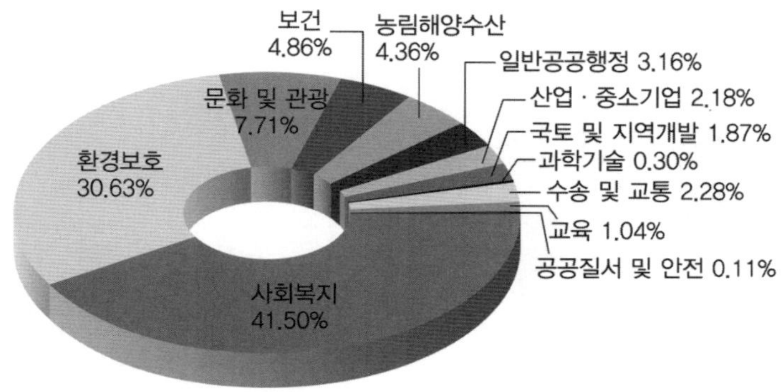

출처: 한국민간위탁경영연구소(2016), 민간위탁 운영현황 분석 I, p. 31.

행정계층별 민간위탁 사업건수는 총 9,652개인데 사업수행 근거는 법적 기준이 4,063건(43.1%)으로 가장 많았고 지자체 민간위탁 조례 2,712건(28.7%), 사업특별조례 1,197건(12.5%)으로 나타났다. 민간위탁 사업예산은 시단위가 1조 6,569억원으로 가장 많았으며 특별시 · 광역시 단위가 2,180억원으로 가장 적었다. 사업별 평균예산액은 도단위가 15억 4,500만원으로 가장 많았다.

기초자치단체 수준에서 사업건수를 살펴보면 시가 3,161건으로 가장 많았고 자치구가 3,044건, 군이 2,442건으로 나타났다. 즉, 인구가 많고 주민들의 요구가 다양한 시와 자치구와 같은 도시지역이 군과 같은 농촌지역 자치단체보다 민간위탁이 활성화되어 있음을 알 수 있다([그림 6-3] 참조).

민간위탁 사업의 위탁업체 선정방법은 적격심사가 3,148건으로 가장 많았고 수의계약 2,439건, 협상에 의한 계약은 528건으로 조사되었다. 도시정부의 민간위탁에 대해서는 수탁기관 선정의 부적절성, 관리 · 감독의 부실, 독점적 위탁으로 인한 서비스 저하 등의 문제점이 지적되고 있으며 이에 대해 수탁기관 선정의 투명성제고, 신규참여 촉진, 관리강화, 성과평가의 강화 등이 추진되고 있다.

그림 6-3 전국 민간위탁 사업수 (단위: 건)

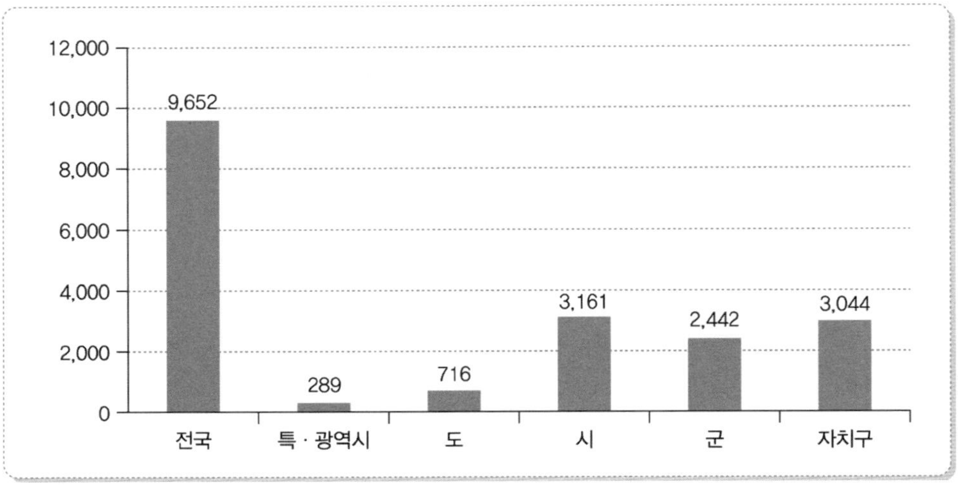

출처: 한국민간위탁경영연구소(2016), 민간위탁 운영현황 분석 I, p. 40.

3. 민간투자 사업

정부의 재정적 여력이 높지 않은 가운데 사회간접자본 시설에 대한 민간투자를 활성화할 목적으로 도입된 것이 민간투자사업이다. 도로, 항만 상하수도 같은 사회기반시설의 적기 공급과 함께 재정부담의 완화, 공공사업 선택 가능성 확보, 민간의 창의와 효율성 도입 등의 효과를 도모하고자 하는 것이다. 1994년 '사회간접자본시설에 대한 민간자본유치촉진법(현행 사회기반시설에 대한 민간투자법)'이 마련되었고 1999년 민간제안방식과 최소운영수입보장제(Minimum Revenue Guarantee)가, 2005년에는 임대형 방식이 도입되었다.

민간투자 사업의 법적 근거로는 민간투자법, 공유재산법, 유료도로법 등이 있다. 민자사업의 추진방식은 〈표 6-3〉에서 보듯이 소유권과 사업시행자의 권리설정에 따라 BTO, BTL, BOT, BOO 방식으로 구분된다. BTO 방식은 '수익형 민간투자사업'으로 불리는데 준공후 시설관리 운영기간동안 민간투자자가 직접 사용자로부터 이용료를 징수하여 투자금을 회수하는 방식이다. 2015년 정부는 민간과 시설투자비 및 운영비를 분담하는 BTO-rs(Build · Transfer · Operate-risk sharing)와 정부가 시설 투자비 · 운영비 일부를 보전해 사업위험과 이용요금을 낮추는 BTO-a (Build · Transfer · Operate-adjusted)를 도입하였다. BTL은 준공과 함께 시설 소유권이 국가나 지자체에 귀속되며 사업시행자는 협약에서 정한 기간동안 임차하여 임대료를 통해 투자비를 회수하는 방식으로 '임대형 민간투자사업'으로 불린다. BOT방식은 준공후 일정기간 사업시행자에게 시설소유권이 인정되며 기간 만료시 시설소유권을 국가 및 지자체에 귀속시키는 방식이다. 외채 등으로 자금조달이 어려운 개발도상국에서 주로 활용되는 방식이다. BOO방식은 민간이 건설한 후 소유권을 가지며 직접 운영하여 투자비를 회수하는 방식이다. 준공과 동시에 사업시행자에게 소유권이 인정되는 방식으로 민간참여를 통한 경영 효율성 향상, 투자위험 분산 목적에서 활용된다.

표 6-3 민자사업 추진방식의 비교

구분	소유권		사업시행자 권리설정	주요대상시설
	준공시	운영기간종료후		
BTO (Build – Transfer – Operate)	주무관청	주무관청	관리운영권	도로, 철도, 항만
BTL (Build – Transfer – Lease)	주무관청	주무관청	관리운영권	학교, 군인아파트
BOT (Build – Own – Transfer)	사업시행자	주무관청	소유권	복합화물터미널
BOO (Build – Own – Operate)	사업시행자	사업시행자	소유권	복합화물터미널

출처: 한국민간위탁경영연구소(2015), 지방자치단체 민간투자사업 운영 매뉴얼, p. 12.

2014년까지 국가 전체적으로 보면 BTO방식에 의한 민간투자 유치실적이 약 71.7조원, BTL방식 유치실적이 약 27.7조원으로 나타났다. 국가관리 사업수는 173개, 국가보조 지자체관리 138개, 지방자치단체관리 사업수는 321개였으며 총투자비는 중앙정부 관리가 약 60.5조원, 국가보조 지자체관리 약 23.9조원, 지방자치단체관리가 약 15조원으로 나타났다. 지자체의 사업수 비중은 전체의 45%로 국가관리 사업비중 26.1% 및 국가보조 지자체관리 사업비중 25.4%보다 높지만 총투자비는 가장 적다(총투자비의 15.1%).

도시정부의 민간투자사업 추진절차는 [그림 6-4]와 같다. 사업추진은 ① 사업계획의 수립 및 사업화, ② 공고안 작성 및 사업고시, ③ 사업평가와 협상, ④ 실

그림 6-4 서울시 민간투자법에 따른 민간투자 사업 추진단계별 업무

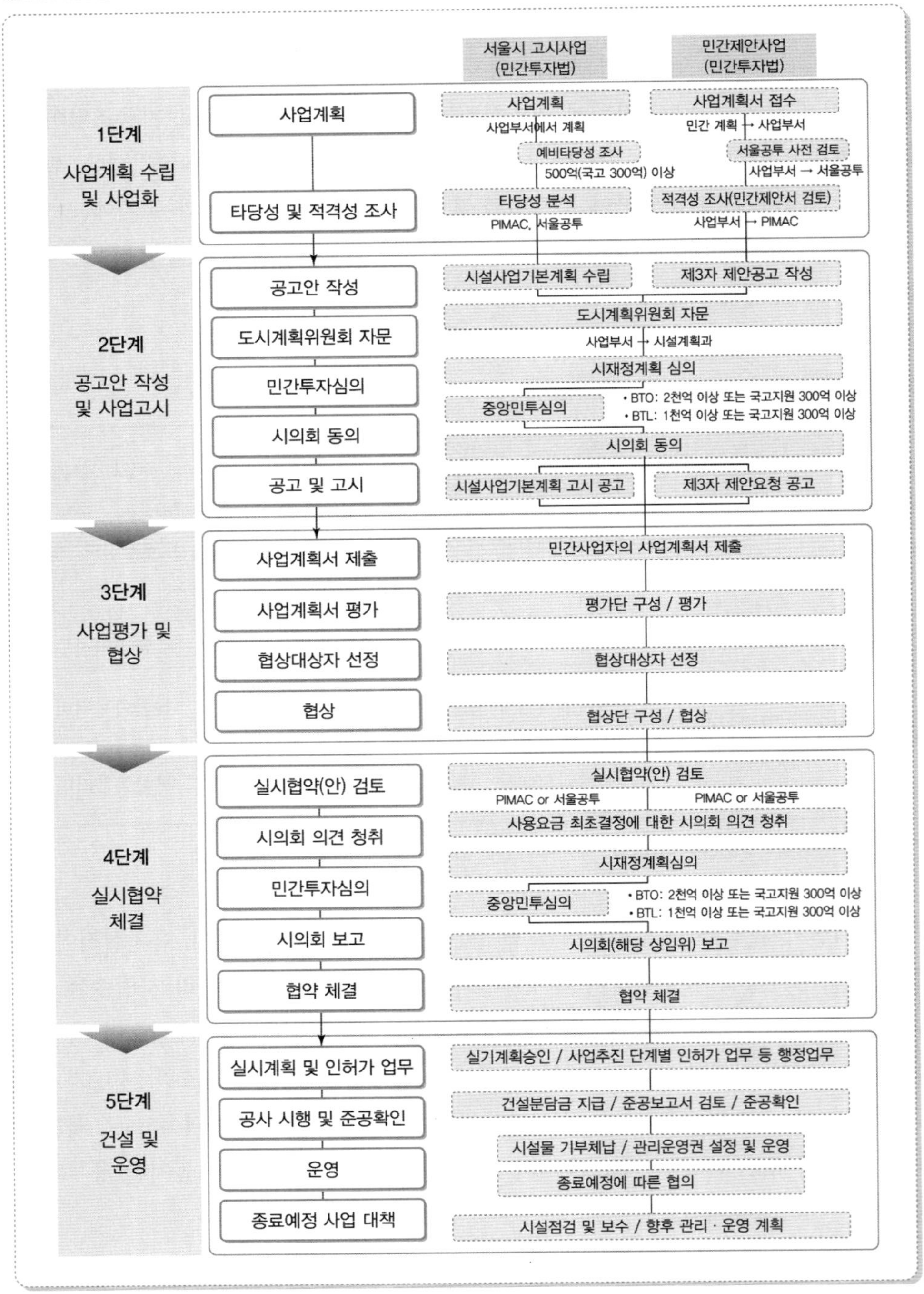

출처: 서울공공투자관리센터(2013), 서울시 민간투자사업 추진을 위한 단계적 관리방안 연구, p. 14.

시협약 체결, ⑤ 건설 및 운영의 5단계로 진행된다. 사업계획 수립 및 사업화 단계에서는 사업의 타당성 검토가 중요하다. 타당성 검토는 법적·정책적 타당성과 함께 경제성, 사업관리 용이성, 수익성 등이 주요 검토항목이 된다. 공고안 작성 및 사업고시 단계에서는 도시계획위원회의 사전자문, 민간투자 심의, 시의회 동의 과정을 거쳐야 한다. 사업평가와 협상단계에서는 사업신청자가 제출한 사업계획서를 제출받고 평가를 실시한다. 실시협약 체결단계에서는 사용요금 최초 결정에 대한 시의회 의견청취가 이루어지고 민간투자 심의, 시의회 보고와 함께 실시협약 체결이 이루어진다. 건설 및 운영단계에서는 준공확인 및 향후 관리·운영을 위한 계획 수립이 포함되어야 한다.

도시정부는 주로 BTO, BTL 방식을 활용하여 다양한 민간투자 사업을 추진하였으나 적지 않은 문제점을 노정하고 있다. 수익성이 높은 시설을 민간에서 건설하고 사업의 손실과 이윤을 민간사업자가 책임지는 방식으로 운영되는 것이 BTO인데 도시철도, 경전철, 외곽순환도로, 터널 등의 건설에 적용되었다. 그렇지만 적지 않은 도시에서 당초 예상했던 수요에 크게 못 미치는 사태가 발생하였고 협약에 따라 손실 발생액의 상당부분에 대해 도시정부가 세금으로 보전해 주는 사태가 발생하였다.

민간투자 사업 수요예측의 실패와 관리·감독의 전문성 부족 등으로 최소운영수입 보전액이 크게 늘어나면서 제도개선의 목소리가 커지게 되었다.[10] 이에 따라 높은 예상수익으로 계약을 체결하여 세금부담을 가중시키는 최소운영수입보장제가 폐지되고 최소운영비용보전(Minimum Cost Support)제도가 도입되었다. 최소운영비용보전제는 실제 운영수입이 최소사업운영비(표준운영비)에 미치지 못하면 부족분을 정부나 지자체가 지원하는 방식으로 사업자의 수익률을 낮춰 비용보전액을 경감시킬 수 있다.

10) 지자체의 2,000억원 이상(임대형 1,000억원 이상)의 사업과 국고지원 300억 이상 사업에 대해서는 민간투자사업심의위원회의 심의를 거쳐야 한다.

사잇글 6-2 세금먹는 하마 김해·용인 경전철은 일단 한숨 돌려

파산한 의정부 경전철뿐 아니라 운행 중인 부산~김해 경전철과 용인 경전철도 '세금먹는 하마'로 전락한 지 오래다. 국토교통부는 지난 3월 부산 · 김해시와 부산~김해 경전철 사업구조를 바꾸는 데 합의했다. 이 경전철은 민간자본 8,320억원, 정부와 지방자치단체 예산 1,974억원 등 1조3,236억원을 들여 2011년 9월 개통했다.

이 경전철은 국토부와 부산 · 김해시 합의에 따라 사업구조가 지난달부터 '비용보전 방식'으로 바뀌었다. 비용보전 방식은 총비용(투자 원금 · 이자 · 운영비용 등)을 정해놓고 운행 수입이 여기에 미치지 못하면 차액만 지원한다. 국토부에 따르면 사업구조 변경에 따라 부산~김해 경전철 운영기간인 2041년까지 총 3,000억여 원의 지방재정 부담을 덜게 됐다. (중략)

용인 경전철(에버라인)도 우여곡절이 많다. 이 경전철 건설에는 민간자본 6,354억원, 정부와 지자체 예산 1,304억원 등 총 1조32억원이 들어갔다. 그런데 2010년 10월 공사를 마치고도 2년6개월 뒤인 2013년 4월에야 개통했다. 당초 MRG 방식으로 진행하면 적자가 불 보듯 뻔할 것을 예상한 용인시가 사업구조를 비용보전 방식으로 바꾸기 위해 협상을 벌였기 때문이다. 사업구조 변경에도 불구하고 용인 경전철은 '텅 빈 경전철'이라는 오명을 벗지 못하고 있다. 지난해 하루 수송인원은 예측치의 15%에 불과한 2만 5,872명에 그쳤다. 용인시는 2013년부터 작년까지 총 1,068억원을 이 사업 적자를 메우는 데 쏟아부었다.

출처: 한국경제, 2017. 5. 26.

▷▷▶ 토론핵심

1. 민간투자사업의 문제점은 무엇인가?
   - 수요 부풀리기, 공무원의 전문성 부족, 이용료 부담
2. 거주 지역의 민간투자사업을 찾아보시오.

제4절 | 공공서비스 공급과 최적 도시규모

공공서비스 공급비용 최소화의 관점에서 어느 정도의 도시규모가 적정규모인지에 대해서는 논자에 따라 다양한 주장이 제기되었다.[11] 도시적정규모에 대한 연구는 외부효과가 존재하지 않는 폐쇄적인 도시공간을 전제로 1인당 공공서비스 비용(행정비용)을 최소화하는 인구규모를 최적 도시규모로 보는 최소비용 접근법과 도시 내 총생산과 총소비에 따른 1인당 순편익이 극대화되는 인구규모를 최적 도시 규모로 보는 비용-편익 접근법으로 구분해 볼 수 있다. 비용-편익 접근법의 편익에는 공공서비스공급의 규모의 경제, 풍부한 소비기회, 커뮤니케이션의 용이성, 도시의 생산성을 반영하는 총소득액이 포함되며 비용에는 높은 생활비용, 혼잡비용, 소음 등 심리적 요인, 지자체의 총세출액(세금)이 포함된다.

그런데 인구규모와 공공재 편익간의 관계를 실증적으로 파악하기는 데는 어려움이 있기 때문에 인구와 도시 공공서비스의 비용간에 U자형 비용곡선을 이용하여 1인당 재정지출이 최소화되는 인구규모를 도출하는 최소비용 접근법이 보다 많이 활용된다. 최소비용 접근법에 의한 최적 도시규모를 제시한 연구를 살펴보면, Clark(1945)는 미국, 캐나다, 오스트레일리아 도시의 경우 20만명~50만명이 1인당 공공서비스 비용이 최소화되는 규모라고 주장하였다. P. Hauser 등은 인구 10만명에서 30만명, R. Baker는 10만명 내지 25만명, Schumant & Stephens는 10만명 내지 30만명을 최적 인구규모로 제시하고 있다(한국지방행정연구원, 2005: 10).

일본의 경우 요시무라(吉村, 1999)는 1인당 세출총액을 최소화하는 인구규모로는 20만명, 행정서비스 수준과 1인당 세출액(주민 1인에게 쓰여지는 예산액)수준을 고려하면 24만명이 최적이라고 보았고 내각부(2010)의 지자체 세출항목별 1인당 비용분석결과는 총액기준으로 약 29만명을 최적규모로 도출하고 있다([그림 6-5] 참조). 우리나라의 시군을 대상으로 한 연구를 살펴보면 최영출(2005)은 일인당 지출을 최소화하는 인구규모로 55만~60만명을 제시하였으며, 정경숙(2009)은 54.9만명을 제시하였다.

---

11) 도시규모 및 구역 설정과 관련하여 효율성 이외에 민주성, 역사성, 주민일체성 등의 기준을 제시할 수 있다.

그림 6-5 세출항목별 최소비용 인구규모

각 항목별로 비용이 최소화되는 인구규모가 상이함

(1) 일인당 비용과 인구규모(2005년)

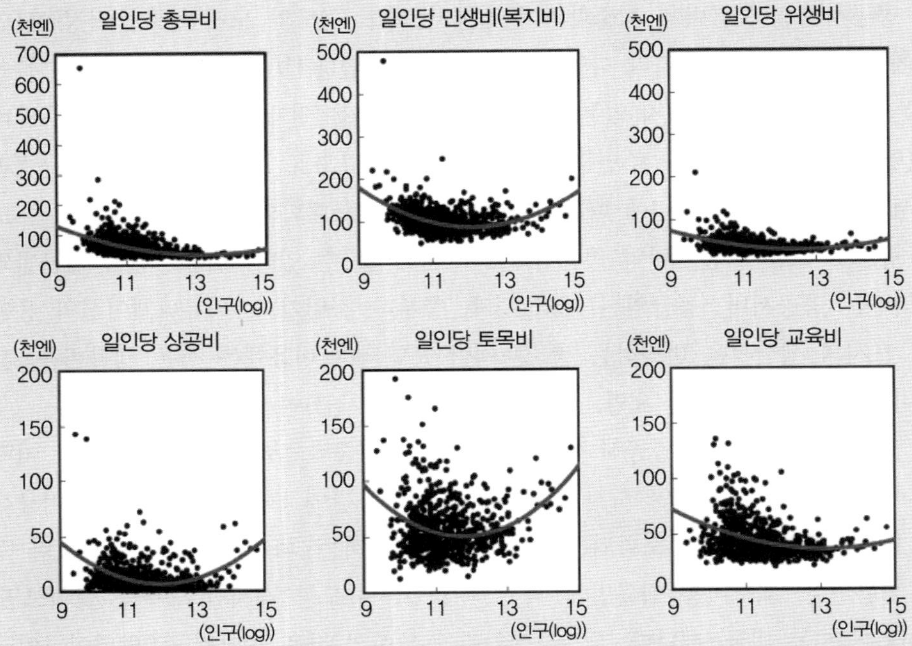

(2) 비용 최소화 인구규모(추계치)

(단위: 천명)

총무비	민생비	위생비	상공비	토목비	교육비	총액
1,612	66	588	211	229	856	289

출처: 内閣府(2010). 經濟財政白書 2010.

이처럼 최소비용 접근법에 따른 주요 선행연구들은 기초지자체 최적 인구규모를 최소 10만명에서 최대 60만명까지로 제시하고 있다. 그런데 최소비용 접근법은 조직개혁과 기술진보 등 생산성 향상 측면을 고려하지 못한다는 한계가 있다. 최적도시 규모추정시 폐쇄적인 도시를 전제로 하고 있지만 실제로는 자치단체조합 등 주변 도시정부와 협력을 통해 공공서비스를 제공하는 일도 가능하다. 또한, 도시정부는 다양한 공공서비스 기능을 제공하고 있는데 서비스의 종류에 따라 최적규모가 다를 수 있다. 예를 들어 소방서 운영의 최적규모, 상하수도 시설운영의 최적규모가 상이하다. 앞서 살펴본 바와 같이 공공서비스의 아웃소싱 경향으로 공공서비스의 공급을 민간위탁을 통해 처리하는 예도 증가하고 있다. 이러한 점을 고려하면 인구규모와 공공서비스 제공의 효율성간에 일정한 상관관계는 존재하지만 모든 공공서비스 기능에 맞는 최적크기(one-size-fit-all)의 도시 인구규모를 찾기는 곤란하다고 할 수 있다.

공공서비스 효율화 관점에서 최적 도시규모를 논의할 때 과학기술의 발전에 주목할 필요가 있다. 향후 정보통신의 급속한 발달에 의한 사이버 도시와 스마트 도시의 구축은 공공서비스 생산과 공급방식에 적지 않은 영향을 미칠 것이다. 정보통신을 활용한 도시관리 기술수준의 향상은 공공서비스 공급비용을 낮추는데 기여하여 도시규모 확대와 친화적이라고 할 수 있다. 그렇지만 공공서비스 효율화라는 단일 관점에서만 최적 도시규모를 결정할 수는 없다는 데 유의하여야 한다. 도시를 구성하는 시민들의 참여와 소통이 제대로 이루어지지 않는 최적 도시규모는 수단의 효율화만을 위한 도시로 인간다운 삶이 영위 가능한 도시규모가 아닐 수 있기 때문이다.

제 7 장

도시정책과 정책과정

제 7 장

도시정책과 정책과정

제1절 | 도시정책의 의의와 특징

1. 개념과 의의

도시정책은 도시문제 해결을 목적으로 하는 공공정책이다. 도시는 좁은 면적에 많은 인구가 집중되어 있기에 과밀, 교통체증, 실업, 상하수도 문제, 위생, 범죄 등 다양한 문제가 발생한다. 근대 도시발전은 산업혁명과 더불어 본격화되었는데 도시의 발달과정은 이러한 도시문제의 해결과정이라고도 할 수 있다. 현재 우리나라의 도시들은 전통적인 도시문제와 더불어 대외적으로는 세계화, 대내적으로는 저성장·고령화라는 사회적 변화에 의한 새로운 도시문제에 직면하고 있다. 즉, 급속한 공업화, 도시화가 진전된 '도시화 사회'(Urbanizing Society)를 거쳐 성숙한 '도시 사회'(Urbanized Society)로 변모하여 새로운 도시정책이 요구되고 있다. 도시문제의 고도화, 복잡화에 대응하기 위한 창의적이고 소망스러운 도시정책의 유무는 도시의 지속가능성 여부와도 직결된다.[1] 도시정책의 질을 높이기 위해서는 도시 정책과정에 대한 이해와 더불어 도시가 처한 현실에 대한 정확한 진단 그리고 주민의 협력과 참여가 필요하다.

그런데, 도시정책과 일반적인 공공정책과의 차이점은 무엇일까. 공공정책은 시민 스스로 해결할 수 없는 공공문제를 시민상호간, 혹은 행정과 시민이 협력해서 집단적으로 문제를 해결하는 수단·방법, 행동방침, 구상을 의미한다. 공공정책의 수립 및 집행에서 정부부문 뿐만아니라 시장부문, 비영리 부문도 주체가 될 수 있다. 공공정책은 공(public)과 사(private)를 대비시키면서 개인, 가족 차원의 자조(自助)노력으로 해결할 수 없는 공공문제를 대상으로 하고 있는데 반해 도시정책은 농촌과 도시를 대비시켜 도시에서 발생하는 공적인 문제를 그 대상으로 한다는데 차이가 있다. 도시화는 전지구적 차원에서 진행되고 있으며 이로 인해 각 나라에서 도시에 거주하는 인구비중이 높아지고 있다. 현대 국가의 공공문제 가운데 대부분이 도시에서 발생하고 있거나 도시와 관련된 문제라고 할 수 있다. 따라서, 도시정책은 공공정책에서 핵심적 위치를 차지한다고 할 수 있다.

2. 특징

(1) 종합성

도시문제 해결을 위해서는 문제의 원인을 밝히기 위한 과학적·경험적 접근법이 필요하다. 문제의 분석과 정의, 목표설정, 대안탐색, 대안의 탐색결과 예측, 대안간 비교선택과정에서는 인간의 합리성과 이성이 큰 역할을 담당한다. 한편으로 도시문제 해결에는 쾌적성, 아름다움, 삶의 보람과 같은 인간의 감성적·심미적 관점에서의 접근도 필요하다. 도시정책은 도시민의 인간다운 생활을 확보하기 위한 것이기에 이성적 접근법만으로는 한계가 있고 감성적 측면에 대한 고려가 이루어져야 한다. 그리고 도시기능이 고도화되면 될수록 정책간의 정합성과 연계성이 요구된다. 예를 들어 도시의 주거정책은 인구, 환경, 복지 문제와도 관련된다. 따라서, 도시정책은 타 분야에 미칠 영향을 사전에 파악하고 도시민에 생활에 미칠 영향을 종합적으로 고려하면서 수립되어야 한다.

---

1) 소망성은 목표 선정의 적합성(appropriateness)과 목표달성 수준의 적절성(adequacy)으로 구성된다.

기초 도시정부의 정책은 광역자치단체와 중앙정부 정책과 제도적 연관하에 추진되는 경우도 많다. 도시정책은 중앙정부의 정책과 비교해 예산상의 제약과 함께 법령상의 제약이 더 엄격히 적용된다. 즉, 상위정부의 새로운 법률안 제정, 계획과 지침수립을 통한 규제나 지원이 도시정책 수립에 적지 않은 영향을 미치고 있다. 지구온난화와 같은 전지구적 문제해결에는 국제적 차원의 도시협력이 중요해 지고 있으며 때로는 국제기구 등의 도시정책과 관련한 방향제시도 도시정부의 정책에 다양한 형태로 반영된다. 도시정책은 이와 같이 한 국가내 정부간 연계뿐만 아니라 국제적인 차원의 연계라는 시점에 서서 추진되어야 한다.

(2) 현장성

도시정책은 주민의 일상생활과 밀접한 관련이 있으며 중앙정부 정책과 비교할 때 현장성과 실천성이 강하다. 도시정부는 주민과 가장 가까운 정부라는 점에서 주민들의 요구나 불만이 일차적으로 전달되는 곳이라고 할 수 있다. 또한 문제가 발생하는 현장과 가장 가까운 정부라는 점에서 가장 빠르게 대처할 수 있는 정부이기도 하다. 이러한 점에서 도시정책은 중앙정부의 정책에 비해 신속성과 함께 현장의 요구를 상황에 맞게 반영하는 유연성이 중요하다고 할 것이다.

도시문제는 주민이 일상생활을 영위하는 과정에서 발생하는 경우가 대부분인데 교통문제와 쓰레기문제가 대표적이다. 출퇴근의 편의를 위해 승용차를 운행하는 주민이 많아질수록 교통문제는 심각해지며 대량생산 · 대량소비라는 생활패턴이 쓰레기 문제를 악화시키는 주요인이라고 할 수 있다. 따라서 이러한 도시문제를 해결하기 위해서는 도시정부의 정책적 대응과 함께 도시민의 생활양식 변화가 수반될 필요가 있다. 요컨대, 도시문제 해결을 위한 정책수립 및 집행에는 주민들의 의식수준과 실천여부가 중요한 역할을 담당한다고 할 수 있다.

(3) 지역특성(차별성)

도시정책은 도시라는 특정 공간과 거기에 거주하는 주민을 전제로 하는 정책이다. 그런데 각 도시는 지리적 조건은 물론 인구, 산업구조, 문화 등이 서로 다르다. 도시문제의 성격, 종류, 강도도 도시마다 다르므로 지역별로 차별화된 문제해결 방식을 고려해야 한다.

우리나라는 중앙집권적 국가발전을 추진해온 결과 개성있는 도시를 찾아보기 어려울 정도로 획일적인 도시공간 형성이 이루어져 왔다고 할 수 있다. 도시의 독특성과 개성은 주민들이 자기가 사는 도시에 대해 애착과 정체성을 가지게 하는 원천이 된다. 따라서 도시문제 해결을 위한 정책수립 과정에서 지역의 개성과 특성이 충분히 반영되도록 할 필요가 있다. 2000년대 이후 지방분권화의 흐름 속에서 도시정부에 대한 중앙정부의 통제는 점차 약화하고 있다. 따라서, 도시 정부가 지역의 특성을 반영한 참신한 정책을 수립할 수 있는 여지는 커지고 있다고 할 수 있는데 도시정책을 통해 경관 등 물리적 특성뿐만 아니라 문화·예술 등을 포함한 비물리적 특성 면에서도 다른 지역에 없는 독특한 매력을 만들어낼 필요가 있다.

제2절 | 도시정책과정의 접근법

1. 도시정책과정에 대한 접근법

도시정부의 정책과정 가운데 정책산출을 설명하는 변수로 무엇에 주목하는 가에 따라 정치적 자율주의, 구조적 결정주의, 레짐이론으로 구분해 볼 수 있다.

(1) 정치적 자율주의

정치적 자율주의는 도시정치과정에 참여하는 다양한 행위자들간의 상호작용의 산물이 공공정책이라고 보는데 정치적 결정주의라고도 한다. 도시정치과정을 소수의 지배집단에 의해 이루어진다고 보는 시각을 대표하는 것이 통치엘리트론이다. 도시정부 차원에서 지배집단을 실증적으로 분석하려 했던 사람이 미국의 사회학자인 F. Hunter이다. Hunter(1953)는 미국 남부 애틀랜타시를 대상으로 도시에서 누가 유력자인가를 묻고 거기에 등장한 인물을 대상으로 재차 같은 질문을 던져서 지배자가 누구인지를 파악하려고 하였다. 그 결과 소수의 경제 엘리트(기업 경영자 등)를 중심으로 하는 정책결정집단이 피라미드형 권력구조를 형성하고 시의 정책결정을 좌우하고 있다는 것을 주장하였다.

이에 대해 정치학자인 R. Dahl(1958)은 뉴헤이븐시를 대상으로 공동체가 당면한 주요 쟁점별로 누가 결정과정에 참여하였는지를 설문하였는데 엘리트이론과는 달리 다원주의적 정책과정이 이루어짐을 주장하였다. 모든 정책영역에서 지배적인 권력을 행사하는 단일집단은 존재하지 않으며 분야별로 서로 다른 집단들이 대중의사에 민감하게 반응한다는 것이다.

도시정부의 정책과정에 대한 권력논쟁은 1970년대 무의사 결정론(non-decision making)으로 대변되는 신엘리트주의론으로 이어진다. 신엘리트주의론은 결정을 자신들에게 유리한 방향으로 내리는 권력의 행사방식이외에 특정 이슈가 부각되지 않도록 하는 권력행사 방식에 주목하였다.

(2) 구조적 결정주의

정치적 자율주의가 도시정부의 자율성을 강조하는데 반해 구조적 결정주의는 도시정부가 중앙정부로부터 폭넓은 자율성을 보장받는다고 하더라도 시장경제적 제약 때문에 정책결정과정의 특정한 편향성이 발생한다고 본다.

구조적 결정주의에는 Saunders(1980)의 '이중국가론(dual local state)'과 Peterson (1981)의 '도시한계론(City Limits)'이 대표적이다. 이중국가론은 중앙정부와 지방정부가 수행하는 기능이 상이하며 생산성 향상을 목적으로 하는 사회적 투자기능은 중앙정부가 담당하며 주민에 대한 투자와 서비스 제공을 목적으로 하는 사회적 소비기능은 지방정부가 담당한다는 것이다. 그런데 자본주의 사회에서는 생산성 향상을 우선시하기에 사회적 투자기능이 사회적 소비기능보다 우위에 서게 된다. 중앙과 지방의 정책과정도 상이한데 사회적 투자기능의 지출을 둘러싸고는 노사간 계급갈등에 기반한 조합주의적 과정이 나타나며 사회적 소비기능에 대해서는 다양한 이해관계자가 경쟁하고 참여하는 다원주의적 과정이 나타난다.

도시한계론에 의하면 도시의 경제적 가치를 증진하는 기업유치정책 등 개발정책은 주민들의 지지를 얻기 쉽다. 반면에 재배분 정책의 경우 복지의 수혜자와 부담자간의 불일치가 존재하며 주민들의 지지도 지속하기 어렵다는 것이다. 지방정부가 복지를 적극적으로 추구할수록 저소득층은 유입되지만 고소득층은 다른 도시로 빠져나가는 '복지의 자석(welfare magnet)' 효과가 작동한다. 따라서 Peterson은 복지는 연방정부의 책임이라고 주장한다. 이는 도시정부가 다른 도시정부와 경쟁하며 전국 규모의 시장(노동시장, 자본시장)에 개방되어 있기 때문인데 이로 인해 도시 정책결정은 개발정책에 우호적이나 재분배 정책에는 소극적일 수밖에 없는 구조적 제약하에 놓여 있다는 것이다.[2)]

(3) 도시 레짐이론

도시정부의 정책결정에는 도시정부가 직면한 시장제약과 지방정치(행위자)라는 두 측면이 모두 영향을 미친다고 가정하는 견해가 도시 레짐이론이다. 도시 레짐이론은 구조적 제약과 구조로부터 자유로운 정치적 행위자 간 상호작용의 관점에서 도시정치과정을 파악한다. 도시정부는 선거로 선출되기 때문에 시민의 지지를 확보할 필요성이 있는 동시에 자본주의 시장경제하에서 스스로 자원을 확보해야 하기에 경제성장과 개발을 소홀히 할 수 없다. 두 가지 목표를 동시에 달성하기 위해서는 지방정부를 둘러싼 다양한 이해관계자들, 즉 민간엘리트와 공공엘리트 간의 연합이 이루어질 수밖에 없다는 것이다.

Stone(1993)은 도시레짐을 현상유지레짐, 개발레짐, 중산층 진보레짐, 하층기회확장 레짐으로 유형화한다. 레짐의 성격에 따라 도시정책의 방향이 달라지는데 현상유지레짐은 소규모 지역사회에서 관찰되며 근본적인 변화보다 일상 서비스 전달을 주요 목표로 한다. 개발레짐은 성장을 추구하는 레짐으로 행위 주체간의 갈등이 존재하며 레짐의 지속력은 강한 편이다. 중산층 진보레짐은 환경보호, 차별금지와 같은 비물질적 가치를 중시하며 시민의 참여를 강조한다. 하층기회확장 레짐은 저소득층에 대한 지원과 기회확충을 목표로 하며 재분배 정책에 적극적인데 레짐의 지속력은 약한 편이다. 이러한 도시레짐이론은 피터슨의 도시한계론이 보여주는 구조적 결정의 경직성을 극복하고 정부와 비정부 부문간 관계에 대해 주목하였다는 점에 그 의의가 있다.

2. 한국의 도시정책과정

한국의 도시정책 과정을 이해하기 위해서는 먼저 도시정부의 기관구성과 행위자간의 관계를 살펴볼 필요가 있다. 우리나라의 도시정부는 지방의회와 집행부의 장(단체장)을 각각 주민에 의해 직접 선출하여 통치시스템을 구성하도록 하고 있다. 의결 및 심의기능을 보유한 지방의회와 집행기능을 갖는 단체장이 상호 견제와 균형을 통해 지방정부를 운영하도록 하는 것인데 이러한 방식을 기관대립형이

---

2) 그런데 우리나라의 경우 미국과는 달리 지방교부금제도 등 재정조정제도가 발달하여 있고 중앙과 지방의 기능이 중첩된 부문이 많아 복지의 자석효과는 뚜렷하게 나타나고 있지 않다.

라고 한다.

도시정부의 정책결정과정에는 단체장, 지방의회, 지역 시민사회단체, 주민, 기업등의 다양한 행위자들이 참여한다. 이 가운데 단체장은 강한 공식적 권한 및 사적네트워크를 보유하고 있어 의회에 비해 우월한 영향력을 행사하고 있다. 예산편성을 비롯한 대부분의 정책은 단체장을 중심으로 결정되며 때로는 단체장이 외부 전문가를 활용하여 정책을 주도하기도 한다. 이처럼 과도하게 단체장에게 쏠린 정책결정 권한을 견제하기 위해 지방의회의 기능강화와 전문성 향상노력이 이루어져 왔다. 구체적으로는 지방의원 유급제, 비례대표제, 여성할당제 도입과 함께 정책보좌기능 강화가 이루어졌다.

도시정책의 입안은 조례라는 형식을 갖는데 주민들의 참여를 위한 제도가 강화되고 있다. 주민참여는 지방정부의 정책결정과정에 영향을 미치기 위한 주민의 행위로서 대의민주주의를 보완하며 주민의 선호가 직접적·상시적으로 반영될 수 있다는 데 그 의의가 있다. 도시의 발전은 일관성과 장기적 관점에서 추진될 때 비로소 성과를 거둘 수 있는데 주민참여는 지역사회에서 지속 가능한 합의를 도출하기 위한 전제조건이기도 하다. 구체적인 주민참여 제도를 살펴보면 1995년 지방자치제 실시 이후 조례제정개폐청구제, 주민투표제, 주민감사청구제, 주민소송제, 주민소환제, 주민참여예산제 등이 도입되었다. 주민투표제는 도시정부의 주요 정책사항에 대한 찬반이나 국책사업 유치여부를 결정하기 위해 실시되는데 서울시 무상급식 조례에 대한 투표가 대표적이다. 조례제정개폐청구제는 일정 수 이상의 주민이 단체장에게 조례의 제정, 개정, 폐지를 청구할 수 있도록 하는 것으로 학교교육관련 및 생활관련 청구가 많이 이루어졌다.

주민참여예산제는 예산편성과정에 주민이 직접 참여하는 제도로 지방재정운영의 사전적 통제장치로서의 의의를 지닌다. 2004년 광주광역시 북구가 조례제정을 통해 처음 도입한 이후 2011년부터는 중앙정부에 의해 제도도입이 의무화되었다. 이처럼 중앙정부의 신규 입법, 표준조례 제정, 사업 추진도 도시정부 정책에 직접적인 영향을 미친다. 특히 중앙정부의 재정적 지원은 재정기반이 취약한 도시정부에게는 외면하기 어려운 유인으로 작용한다. 그리고 도시정부의 정책은 국내외 다른 도시의 선진 정책을 참고하거나(benchmarking) 인접 도시로부터 유사한 정책이 확산(policy effusion)하는 방식으로 도입되기도 한다. 행정정보공개조례, 친환경 학교급식 조례 등의 사례가 이에 해당한다.[3)]

문재인 정부에서 추진중인 '지방자치법 전부개정안'은 법의 목적규정에 '주민참여에 기반한 지방자치'를 지향함을 명시하고 주민생활에 영향을 미치는 결정 및 집행과정에 참여할 권리를 신설하였다. 또한 주민자치회 구성·사무 등 기본사항과 국가 및 지방자치단체의 행·재정적 지원 근거를 마련하고 주민이 의회에 직접 조례를 발의토록 하는 '주민조례발안제' 도입도 규정하고 있다. 도시정부 정책과정에서 주민의 목소리를 더 많이 반영하고자 하는 취지인데 이와 관련하여 최근 IT기술의 발전에 따라 디지털 참여에 대한 관심이 증가하고 있다. 지역사회의 정치적, 사회적 문제에 관해 정보를 공유하고 의견표명을 이끌어 내는 도구로써 인터넷과 함께 소셜 네트워크 서비스(Social Network Service: SNS) 내지 소셜미디어(Social Media)를 적극적으로 활용하고자 하는 것으로 청원, 동의, 토론 등의 편의성과 투명성을 높일 수 있을 것으로 기대되고 있다(〈사잇글 7-1〉 참조).

사잇글 7-1 서울시 '응답소'와 '민주주의 서울'

서울시 응답소(http://eungdapso.seoul.go.kr)는 서울시의 민원을 통합 관리하는 민원제안통합관리시스템으로 인터넷, 모바일, SNS, 전화로 신청한 모든 민원을 업무분야에 관계없이 접수하고 처리결과를 회신하는 시스템이다. 기존의 분산되어 있던 각종 민원제안 채널을 하나로 통합하여 신속하고 명확한 응답이 가능하게 되었고 민원처리시간도 단축되었다.

출처: 시민토론 주제(https://democracy.seoul.go.kr/front/discussion/discussion_list.do).

---

3) 지역주민들이 과거보다 자신의 지방정부 및 타 지방정부에 대한 정보를 손쉽게 접할 수 있게 되었다는 점, 새로운 정책도입에서 파생되는 위험(risk)도 최소한으로 억제할 수 있는 이점 때문에 지방정부 정책의 상호참조 및 확산현상은 확대되고 있다.

서울시민이 시정 및 사회적 이슈에 대해 제도개선 및 정책채택 요구를 할 수 있는 온라인 시민 청원창구가 민주주의 서울(http://democracy.seoul.go.kr)이다. 기존의 청원은 국회의원이나 시의원의 소개가 필요하거나 문서 등의 형식요건을 갖추어야 제출이 가능하다는 한계가 있었고 청원사항에 대한 다른 시민들의 의견수렴 과정도 없었다. 온라인 청원은 시민들이 청원사이트에 관련 사항을 신청하면 내부 검토과정을 거쳐 적합여부를 결정해 홈페이지에 청원사항에 표출시킨다. 표출후 50명이상의 시민동의를 획득한 청원은 서울시가 공식적인 답변을 하고, 1,000명 이상이 공론장에 참여하면 시장이 답변하는데 우수 제안에 대해서는 차년도 정책으로 채택하여 예산편성에 반영한다.

▷▷▶ 토론핵심

1. 서울시외에 도시정책과정에 디지털 주민참여 방식을 활용하는 사례를 찾아보자.
2. 디지털 주민참여의 과제는 무엇일까?
   - 연령대, 정치성향의 편중성 극복
   - 디지털 리터러시(Digital Literacy) 능력의 함양
   - 공공애플리케이션의 보급과 활성화

제3절 | 도시의 진단과 분석

최근 공공정책 수립과 관련하여 '증거에 기반한 정책 결정(Evidence-Based Policy Making)'이 중요한 원칙으로 부각되고 있다. 의료행위의 치료효과가 진정으로 있는지 그 효능에 대해서 과학적인 증거가 제시되어야 하고 검증을 마친 신약만이 허가되어야 하는 것처럼 정책도 객관적인 데이터를 활용하여 엄밀한 분석을 거쳐 도입되어야 한다는 주장이다. 그리고 정보통신 기술의 빠른 발전에 따라 다양하고 방대한 양의 디지털 데이터가 축적되고 있다. 도시정책의 수립과 관련해서도 빅데이터의 구축과 활용이 중요한 과제로 떠오르고 있는데 빅데이터 및 각종 통계데이터를 활용한 도시문제 발견 및 현황진단, 집행 모니터링, 미래예측 등이 더욱 적극적으로 이루어질 필요가 있다. 특히 도시라는 3차원 공간을 대상으로 다양한 빅데이터 정보를 적용함으로써 도시계획 및 토지이용의 효율화는 물론 도시문제의 가시화와 그 해결에 이바지할 수 있다.

그림 7-1 도시과제의 발굴과 해결과정

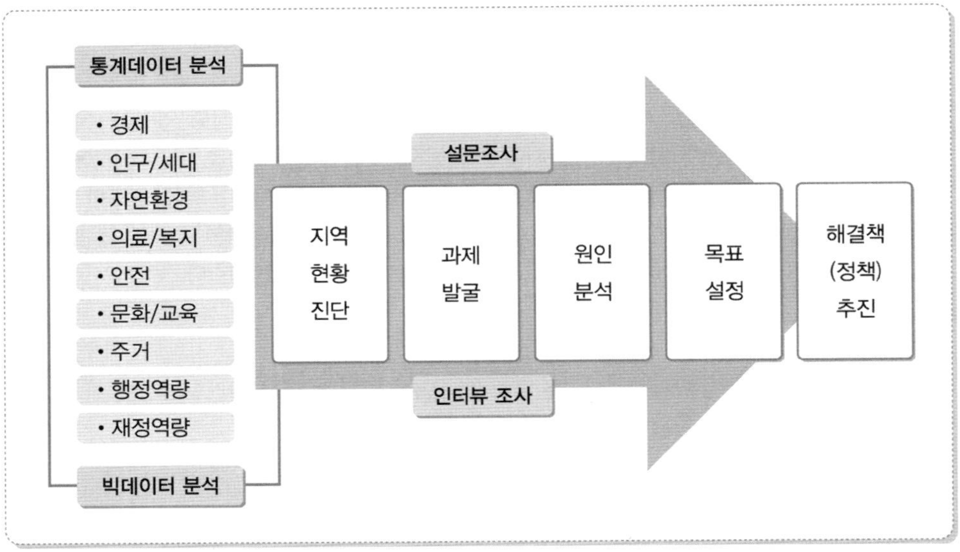

해당 지역의 현황에 대해 정확한 아는 일이 도시정책과정의 첫걸음이라고 할 수 있다. 현실진단에서 출발하여 지역의 과제(문제)가 무엇인지를 발굴해 내고 그 원인을 파악해야 한다. 원인의 파악은 통계적 데이터뿐만 아니라 설문조사, 인터뷰 등의 복합적인 기법을 활용하여 문제의 피상적인 원인이 아니라 진정한 원인을 파악하는 것이 중요하다. 원인 분석이 이루어지면 목표상태를 정의해야 하는데 수치목표 등 구체화된 목표가 추상적인 목표보다 성과측정이 용이하다. 목표설정 후에는 목표를 달성하기 위한 정책을 입안하고 추진해야 한다([그림 7-1] 참조).

그런데 지역에 거주하는 사람이라고 할지라도 반드시 그 지역의 현실을 정확히 파악하고 있다고 보기는 어렵다. 오랫동안 거주하고 있기에 오히려 지역을 객관적으로 바라보는 시각이 무뎌질 수도 있고 타 도시와의 비교라는 시점이 결여되기도 쉽다. 따라서, 도시와 관련된 자연환경, 인구증감, 산업구조, 건강·의료, 주거, 문화·스포츠, 행·재정기반, 자원 현황 등 다방면에 걸친 데이터 수집이 필요하다. 그리고 수집된 데이터를 분석하는 일도 중요하다. 교통통신의 발달과 글로벌화의 진전으로 도시간의 경쟁은 날로 치열해지고 있다. 해당 도시에 대한 분석만으로는 차별화된 정책수립으로 이어지기는 어렵다. 다른 도시들의 현황파악은 물론 해당 도시가 전체 도시들 가운데 차지하는 위치에 대한 비교분석이 이루어질 필요가 있다. 이하에서는 인구, 경제, 공간, 행·재정, 도시재생 측면에 초점을 맞추어 진단 및 분석 방법을 살펴보기로 한다.

1. 인구분석

도시정부의 각종 정책·계획 수립, 사업 추진에 있어서 가장 기초적인 데이터는 인구통계라고 할 수 있다. 우리나라 지자체는 홈페이지상에 통계 코너를 설치하여 기본적인 통계데이터를 공개하고 있고 그 가운데 인구에 대해서는 성별, 나이별, 읍면동별 구분은 물론 전입·전출자수 까지 비교적 상세하게 다루고 있다.

장래 도시계획 수립을 위해서는 반드시 인구추계가 이루어져야 한다. 도시의 인구전망은 도시계획 수립의 전제가 되며 토지개발과도 밀접한 관련이 있다. 국토종합계획 및 시·군 기본계획에서는 장래 인구예측기법으로 모형에 의한 추정방법과 사회적 증가분에 의한 추정방법을 함께 사용한다. 먼저 모형에 의한 추정방법은 연령계층별 생존확률과 출산확률을 적용하는 생잔모형에 의한 조성법과 과거 인구증가율 추세를 연장하는 추세연장법으로 구분된다. 생잔모형에 의한 조성법은 생존확률과 함께 사회적 변동에 의한 인구이동 요인을 함께 적용하여 전체인구를 추계한다. 추세연장법은 인구증가율이 안정적인가 급격한가에 따라 선형성장(등차·등비급수) 모형, 회귀분석(최소자승) 모형, 로지스틱스(지수함수) 모형 등을 적용할 수 있는데 가장 신뢰도가 높은 상위 3개 함수식의 추계치를 산술평균하는 방식이 일반적이다. 사회적 증가분은 택지개발, 산업단지개발, 주택건설사업 승인과 같은 개발사업 요인에 의한 인구증가를 의미하며 과거 사례등을 참고하여 가능유발인구를 추정한다.[4] 인구산정은 모형에 의한 추정방법과 사회적 증가분을 합산하여 산정하되 모형에 의한 추정을 기본으로 하고 사회적 증가분은 보조수단으로 활용한다(〈표 7-1〉 참조).

4) 출생률과 사망률을 고려한 자연적 증가분과 사회적 증가분을 함께 적용하는 방식도 있다.

표 7-1 도시·군 기본계획수립 지침의 인구지표 추정방법

구분	방법	내용
모형에 의한 추정방법(기본)	생잔모형조성법	연령별 성별 인구규모를 바탕으로 출생률, 생존율, 인구이동과 같은 인구변동요인을 적용한 생잔모형
	추세연장법	도시의 인구성장이 과거와 같은 추세로 진행될 것이라는 가정하에 예측하는 방법으로서, 등차·등비급수, 최소자승법, 로지스틱모형, 곰페르츠곡선모형, 수정지수 추계방법 중 가장 신뢰도 높은 상위 3개의 함수에 의한 추계치를 산술평균하여 추계
사회적 증가분에 의한 추정방법(보조)	사회적 증가분	사회적 증가분은 그 지역의 과거 개발사업 사례 또는 유사한 특성을 지니는 인근 지역의 개발 사업 사례에 기초하여 '가능유발인구'를 설정하고, 이에 추계에 의한 자연증가분을 제한 수치를 활용 ※ 사회적 증가분 = (가능유발인구 − 추계에 의한 자연증가분) × 1미만 계수

한편, 통계청의 전국 및 시도 장래인구추계는 인구를 집단별로 나눈 후, 인구변동에 영향을 주는 몇 가지 중요 요소의 변화를 각각의 집단에 적용하는 코호트 요인법(Cohort component method)을 사용한다. 코호트 요인법은 인구생잔 방법과 요인별 인구조성법으로 나뉜다. 인구생잔 방법은 기준연도의 연령계층별, 남녀별 등 인구가 기대기간 동안 살아남을 생존율로 인구를 예측하는 방법이다. 요인별 인구조성법은 출생, 사망, 인구이동 추세가 지속한다는 가정하에 장래 인구 규모를 산출한다. 코호트 요인법은 요인별로 타당성과 신뢰성 높은 자료수집이 어려울 수 있는 반면 집단별로 미래 인구추계가 가능하다는 장점이 있다.

인구동향과 관련하여 인구의 증감과 함께 연령대별 인구추이 분석도 중요하다. 인구집단은 크게 유소년인구(0세-14세), 생산가능인구(15-64세), 고령인구(65세이상)로 나눈다. 생산가능인구는 보다 세분화하여 파악해 볼 필요가 있는데 어떤 연령대가 유입되고 유출되는지에 대해 분석이 필요하다. 주간인구(Daytime population)는 해당지역의 야간인구(상주인구)에서 다른 지역으로부터 유입되는 통근·통학인구(주간유입인구)를 더하고 다른 지역으로 유출되는 통근·통학인구(주간유출인구)를 뺀 것으로 정의된다. 해당 도시의 야간인구에 비해 주간인구가 많다는 것은 인근 지역부터의 유입자(통근·통학자)가 상대적으로 많음을 의미하며 지역의 중심 도시 혹은 지역임을 나타낸다.[5] 〈표 7-2〉는 수도권 주간인구 상・하위 시군구를 나타낸 것인데 서울시 중구의 경우는 주간인구 지수(비중)가 372.8인데 주간인구가 야간인구보다 3배 이상 많다. 반면에 은평구는 주간인구보다 야간인구가 더 많은 곳임을 알 수 있다.

그동안 많은 도시정부들이 성장을 전제로 한 도시계획을 수립해 왔고 관행적으로 목표인구가 늘어나는 방향으로 도시정책을 추진해왔다고 할 수 있다. 도시의 장래인구추계와 관련해서 개발에 따른 외부유입 인구를 부풀리기나 유출인구를 누락하는 경우도 적지 않았다. 이로 인해 인구가 정체 또는 감소하는 가운데 개발가능지를 불필요하게 확대하여 난개발을 조장하여 왔다는 지적이 많았다. 이에 따라 국토부는 목표연도 인구추계치가 통계청 추계치의 105%를 초과하지 못하도록 2017년 '도시・군기본계획수립지침'을 개정하였다.

표 7-2 수도권 주간인구 상・하위 시군구(2015)

(단위: 천명)

	상위				하위			
	시군구	상주인구	주간인구	주간인구 지수	시군구	상주인구	주간인구	주간인구 지수
서울	중구	119	442	372.8	은평구	469	350	74.6
	종로구	148	392	265.7	도봉구	334	259	77.4
인천	중구	109	172	157.6	계양구	320	254	79.3
	동구	70	75	108.1	부평구	531	451	84.9
경기	포천시	149	181	121.1	광명시	329	263	79.9
	화성시	574	680	118.6	남양주시	616	503	81.6

주: 통근・통학지 시군구 미상은 제외.
출처: 서울시(2017.7.13.). 서울통계로 보는 숫자: 서울의 주간인구지수, p. 3.

2. 경제분석

각 지자체는 홈페이지를 통해 인구통계와 함께 경제관련 기초 통계자료를 공개하고 있다. 주택토지 가격동향, 주요 관광지 방문객 현황, 건축허가 현황(건수,

5) 주간인구지수 = [야간(상주)인구 + (주간)유입인구 - (주간)유출인구)]/(야간)상주인구 × 100. 주간인구에는 물건을 사거나, 오락, 기타 일시적인 용무로 유출・입하는 인구는 포함되지 않는다.

면적), 자동차 등록 현황 등이다. 기초 통계이외에 시군구 차원에서 산업중분류별 및 출하액 규모별로 사업체수, 종사자수, 급여액, 출하액, 재고액, 유형자산 증감액 등에 대한 통계정보를 제공하고 있다.6) 산업대분류별로는 읍면동 수준까지 데이터를 공개하고 있다.

표 7-3 여수, 순천, 광양의 산업별 종사자수 비교

<table>
<tr><th rowspan="2">지역별</th><th rowspan="2">산업별</th><th colspan="2">2019년</th><th>2017년</th><th>2019년</th></tr>
<tr><th>전체종사자
(명)</th><th>비중
(%)</th><th>총부가가치액
(백만원)</th><th>인구
(명)</th></tr>
<tr><td rowspan="6">여수</td><td>광공업(제조업)</td><td>20,143</td><td>19.6</td><td rowspan="6">19,966,432</td><td rowspan="6">281,336</td></tr>
<tr><td>건설업</td><td>16,228</td><td>15.8</td></tr>
<tr><td>도소매 · 음식숙박업</td><td>16,766</td><td>16.3</td></tr>
<tr><td>사업 · 개인 · 공공서비스업</td><td>36,686</td><td>35.6</td></tr>
<tr><td>전기 · 운수 · 통신 · 금융업</td><td>13,177</td><td>12.8</td></tr>
<tr><td>합계</td><td>103,000</td><td>100.0</td></tr>
<tr><td rowspan="6">순천</td><td>광공업(제조업)</td><td>6,693</td><td>8.1</td><td rowspan="6">5,615,449</td><td rowspan="6">278,180</td></tr>
<tr><td>건설업</td><td>8,819</td><td>10.7</td></tr>
<tr><td>도소매 · 음식숙박업</td><td>16,884</td><td>20.5</td></tr>
<tr><td>사업 · 개인 · 공공서비스업</td><td>37,860</td><td>46.0</td></tr>
<tr><td>전기 · 운수 · 통신 · 금융업</td><td>11,992</td><td>14.6</td></tr>
<tr><td>합계</td><td>82,248</td><td>100.0</td></tr>
<tr><td rowspan="6">광양</td><td>광공업(제조업)</td><td>17,576</td><td>26.5</td><td rowspan="6">8,605,154</td><td rowspan="6">156,021</td></tr>
<tr><td>건설업</td><td>7,094</td><td>10.7</td></tr>
<tr><td>도소매 · 음식숙박업</td><td>8,016</td><td>12.1</td></tr>
<tr><td>사업 · 개인 · 공공서비스업</td><td>24,424</td><td>36.9</td></tr>
<tr><td>전기 · 운수 · 통신 · 금융업</td><td>9,145</td><td>13.8</td></tr>
<tr><td>합계</td><td>66,255</td><td>100.0</td></tr>
</table>

주: 종사자 1인 이상 사업체 대상 노동력조사(고용노동부) 및 전라남도 지역내 총생산(전라남도) 자료를 반영. 부가가치액은 당해연도 기준. 인구는 주민등록 인구기준.
출처: KOSIS 국가통계포털(http://kosis.kr/index/index.do).

6) 1개월 이상 조업실적이 있고, 종사자수 10인 이상인 광업 · 제조업 사업체 결과이다.

지자체 홈페이지에서 공개되고 있는 경제관련 데이터는 국가통계포털 홈페이지에서도 찾아볼 수 있다. 국가통계포털(KOSIS, Korean Statistical Information Service)은 국내외 주요 통계를 한곳에 모아 이용자가 원하는 통계자료를 한 번에 찾을 수 있도록 통계청이 제공하는 One-Stop 통계 서비스이다. 시도별 산업구조의 비교가 가능한데 〈표 7-3〉은 2019년 기준 여수, 순천, 광양시의 산업별 종사자수를 나타낸 것이다. 3개 시 모두 사업 · 개인 · 공공서비스업의 비중이 가장 높은 것이 공통점이다. 차이점은 여수시와 광양시는 제조업의 비중이 제2위지만 순천시는 도소매 · 음식숙박업의 제2위로 나타났다. 보다 상세한 산업별 지표도 제공하고 있는데 〈표 7-4〉는 2015년도 현재 순천시의 산업소분류별 총괄표이다. 순천시의 경우 사업체수에서는 도매 및 소매업(28.2%)의 비중이 가장 높고, 숙박 및 음식점업(20.6%), 협회 및 단체, 수리 및 기타 개인 서비스업(12.0%)의 순으로 나타났다. 영업이익면에서는 제조업(29.4%)의 비중이 가장 크고 도매 및 소매업(20.0%), 건설업(10.2%), 금융 및 보험업(8.3%), 숙박 및 음식점업(7.7%)의 순으로 조사되었다. 지역내 생산 측면의 부가가치 창출정도를 나타내는 지역내 총부가가치액을 보면 여수시가 약 19조9,664억원으로 가장 높으며 다음으로 광양시 약 8조6,051억원, 순천시 약 5조6,154억원으로 나타났다. 여수에는 국내 유수의 국가산업단지가 입지하고 있으며 광양에는 포스코 광양제철소가 자리 잡고 있다는 점이 지역소득에 큰 영향을 미치고 있음을 알 수 있다.

표 7-4 순천시 산업소분류별 총괄표

산업분류별	2015				
	사업체수	종사자수	매출액	영업비용	영업이익
농업, 임업 및 어업	11	112	46,496	45,400	1,096
광업	3	29	5,426	5,291	135
제조업	1,189	8,256	2,768,620	2,416,066	352,554
전기, 가스, 증기 및 공기조절 공급업	13	250	653,773	612,428	41,345
수도, 하수 및 폐기물처리, 원료재생업	43	613	139,817	128,677	11,140
건설업	862	10,245	1,510,585	1,388,187	122,398

도매 및 소매업	5,940	15,674	3,668,627	3,428,813	239,814
운수 및 창고업	1,944	5,342	441,238	417,969	23,269
숙박 및 음식점업	4,340	11,321	568,481	476,708	91,773
정보통신업	80	973	326,485	308,625	17,860
금융 및 보험업	282	4,558	2,367,530	2,268,275	99,255
부동산업	434	1,903	196,507	195,850	657
전문, 과학 및 기술 서비스업	378	2,117	174,740	156,836	17,904
사업시설 관리, 사업 지원 및 임대 서비스업	352	2,977	189,643	175,249	14,394
공공행정, 국방 및 사회보장 행정	79	3,366	676,955	676,955	0
교육 서비스업	1,168	9,284	674,629	655,145	19,484
보건업 및 사회복지 서비스업	755	10,153	623,279	532,569	90,710
예술, 스포츠 및 여가관련 서비스업	652	2,068	123,775	108,615	15,160
협회 및 단체, 수리 및 기타 개인 서비스업	2,517	5,027	237,072	196,439	40,633
합계	21,042	94,268	15,393,678	14,194,097	1,199,581

주: 산업소분류 기준.
출처: KOSIS 국가통계포털(http://kosis.kr/index/index.do).

국가통계포털 홈페이지는 시군구별 지역내총부가가치액에 대한 정보 뿐만아니라 광역시·도 수준에서 경제활동별로 얼마만큼의 부가가치가 발생하였는가를 나타내는 지역내총생산(GRDP)도 제공하고 있다.7) 우리나라의 경우 국토의 불균형적 성장이 문제점으로 지적되고 있으며 이를 시정하기 위해 국가균형발전정책이 추진됐다. 그런데도 전국 지역총생산에서 차지하는 수도권의 지역내총생산비중은 지속해서 증가하고 있는 것으로 나타나 수도권으로의 경제집중이 완화되지 않고 있음을 알 수 있다(〈표 7-5〉 참조). 국가통계포털은 시군별로 주요 고용지표도 집계하

7) 지역내총생산(Gross Regional Domestic Product: GRDP)은 일정 기간에 일정 지역 내에서 새로이 생산된 재화와 용역의 가치를 시장가격으로 평가한 합계액임.

여 공표하고 있는데 고용률, 실업률, 비경제활동 인구 비중, 연령대별 취업률, 공공부문 일자리 통계 등을 주기적으로 제공하고 있다.

표 7-5 수도권의 GRPD 비중 추이

	2010	2011	2012	2013	2014	2015	2016	2017	2018
수도권 비중(%)	49.3	49.1	49.3	49.4	49.6	50.1	50.4	51.3	51.8

주: 수도권은 서울, 경기, 인천.
출처: e-나라지표(https://www.index.go.kr/main.do).

광역단위의 보다 다양한 경제관련 데이터는 한국은행이 제공하고 있다. 경기, 생산, 소비, 수요, 고용, 물가동향에 대해 한국은행은 '지역경제보고서'를 매 분기별(1년 4회)로 발간하고 있다. '지역경제보고서'는 한국은행 15개 지역본부가 권역 내 업체 및 유관기관 등을 대상으로 실시한 지역경제동향 모니터링 결과를 바탕으로 파악한 전국과 지역의 최근 경제상황을 수록하고 있는데 수도권, 동남권, 충청권, 호남권, 대경권, 강원권, 제주권으로 구분하고 있다.

이와 같이 도시의 경제관련 데이터 조사를 통해 지역의 기반산업이 무엇인지, 지역의 기반산업에 대한 의존도는 어느 정도 인지, 그 밖의 산업비중(사업체수, 종사자수, 부가가치생산액)은 어떠한지에 대해 분석해 볼 수 있다. 특히 중요한 것은 다른 지역과 비교하여 해당 도시의 산업구조의 특징을 분석해 보는 작업이다. 구체적으로는 사업체수 비중, 종사자수 비중, 부가가치액 비중 등을 전국적 수준과 광역적 수준의 평균과 비교해 볼 필요가 있으며 산업관련 지표의 추이변화도 파악해 볼 필요가 있다. 이를 통해 어떤 산업에서 고용과 부가가치가 창출되고 있는지, 타 도시보다 상대적으로 취약한 분야는 어디인지에 대해 분석이 가능하다. 그리고, 종사자수 비중은 높으나 부가가치액 비중이 상대적으로 낮은 산업과 종사자수 비중은 작지만 부가가치액 비중은 상대적으로 높은 산업을 발견해 볼 수도 있다. 향후 지역에서 특화해야 하는 산업은 후자일 가능성이 큰데 적은 수의 고용으로 높은 부가가치를 창출하는 산업이기 때문이다.

3. 공간분석

그림 7-2 건물면적과 전기에너지 사용 관계 분석

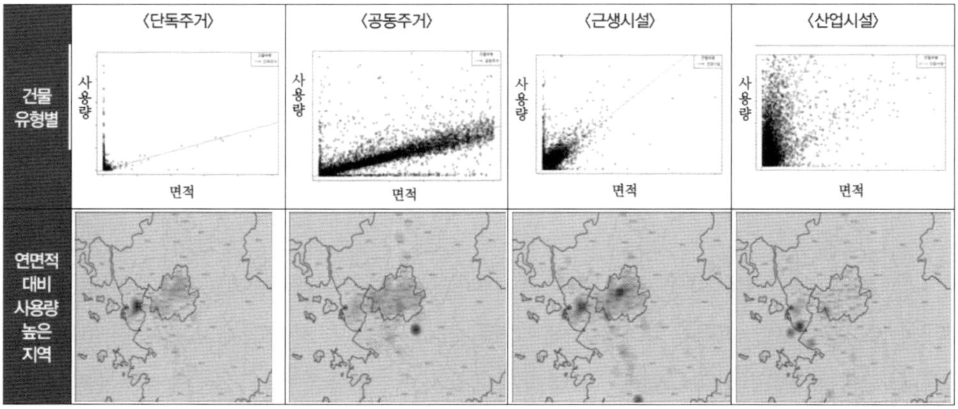

출처: 국토연구원, 국토정책Brief, no. 496(2019), p. 5.

공간 빅데이터는 행위주체의 활동정보와 위치정보가 결합한 빅데이터라고 정의할 수 있다. 유동인구, 토지공간활용, 에너지 사용, 인프라 관리, 교통량 등을 장소측면에서 파악하여 도시문제의 진단과 해결에 활용된다. 국토 및 도시정책에서 활용되는 기존 지표들보다 실시간 파악이 용이하며 행정단위보다 미시적인 공간단위의 움직임을 파악할 수 있다는 이점이 있다. 이렇게 파악된 데이터는 공간상에 그래픽으로 표시할 수 있는데 1990년대 이후 공간정보 데이터베이스 구축과 활용에 있어서 지리정보시스템(Geospatial Information System: GIS)의 활용도가 크게 증가하고 있다. 지리정보시스템은 전자정부 정책과도 밀접한 관련을 갖는데 시민들에게 더 나은 서비스를 제공하고 도시관리의 효율화는 물론 도시의 새로운 성장동력 발굴에도 이바지할 수 있다.

공간 빅데이터를 활용한 사례로는 국토교통부의 '국가 건물에너지 통합관리시스템 구축사업'을 통한 수도권 건축물에 대한 에너지 사용량 데이터 분석이 있다. 건축물 약 130만건에 대해 2013년 매월 전기, 가스, 온수, 난방 사용량에 대한 데이터를 획득하여 분석을 수행하였다. 그 결과 건축물 유형별로 에너지 사용패턴이 상이하였는데 전기에너지 사용총량은 산업시설과 근린생활 시설이 단독주택보다 많으며 단위면적당 사용량은 판매시설과 교육시설이 높았다. 건축물 유형별로 에너지 총사용량 및 사용강도도 분석하였는데 총사용량이 높은 지역은 에너지의 안정적 공급을 우선시하여야 하는 지역이며 사용강도가 높은 지역은 에너지 절감정책 시행 필요성이 높은 지역이라고 할 수 있다([그림 7-2] 참조). 건물에너지 분석결과를 바탕으로 향후 건축물 노후화에 따라 단위면적당 에너지 사용량 증가를 예측할 수 있는 모형을 개발할 수 있게 되었다. 그리고, 에너지 효율성이 저하되는 지역을 사전에 파악할 수 있게 되어 관련 정책수립의 타당성을 높이게 되었다.

그림 7-3 스마트 서울맵 지도 페이지

출처: 스마트 서울맵 홈페이지(https://map.seoul.go.kr/smgis/webs/main/main.do).

서울시는 각 부서에서 구축하고 가공한 공간정보를 행정정보와 연계하여 지도상에서 시민들에게 각종 정보를 제공하고 있다. '스마트 서울맵'은 직관적인 상징을 통해 도시정보를 신속하게 확인할 수 있는데 숙박, 교통, 공연, 문화, 맛집, 화장실, 장애인 편의시설 안내와 함께 불법주정차, 부동산, 인구동향, 사업체현황 등에 관한 정보를 제공하고 있다. 시민참여지도 코너에는 시민이 새로운 테마를 만들고 위치정보를 추가할 수 있으며 다른 시민들과 공유가 가능하다([그림 7-3] 참조).

사잇글 7-2 "中 지방도시 1000곳 사라지고 있다"…인구 감소 · 불황에 신음

경제성장률 둔화와 인구 감소 등으로 중국의 도시들이 빠른 속도로 쇠락하고 있는 것으로 조사됐다. 지난 3년 사이 중국에선 1,000곳에 가까운 도시가 사라질 위기에 처한 것으로 파악됐다. 19일 홍콩 사우스차이나모닝포스트(SCMP)에 따르면 중국 칭화대 연구팀이 위성 사진을 이용해 중국 내 3,300여 개 도시를 모니터링한 결과 2013년부터 2016년까지 조사 대상의 28%인 938곳 도시에서 야간 조명의 조도(照度 · 단위 면적이 단위 시간에 받는 빛의 양)가 약해진 것으로 나타났다. 야간 조명 조도가 약해졌다는 건 밤에 주택, 상점, 유흥업소 등에서 흘러나오는 불빛의 총량이 줄어들었다는 뜻이다. 이는 해당 도시의 인구가 감소하고 경제 규모도 축소됐다는 것을 의미한다. (중략)

연구를 이끈 룽잉 칭화대 도시계획 전문가는 "중국의 경제성장률과 인구 증가율이 갈수록 낮아지는 추세여서 머지않아 상당수 도시가 아예 없어질 수도 있다"며 "더욱 큰 문제는 지방정부들이 팽창 위주의 기존 도시개발 계획을 버리지 못하고 있다는 것"이라고 우려했다.

출처: 한국경제, 2019.3.19.

▷▷▶ 토론핵심

1. 인공위성에서 관측된 불빛을 이용해 국가경제규모, 도시성장여부를 측정하는 이유는 무엇인가?
   – 통계조작의 유혹, 통계 부풀리기 성향
2. 위 사례에서 나타난 중국 지방정부들의 도시정책의 문제점은 무엇인가?

4. 행 · 재정 분석

도시정책과정에서 지방정부는 정책의 수립과 집행에서 핵심적인 역할을 담당한다. 지방정부의 행 · 재정 역량에 의해 도시문제 해결을 위한 정책의 내용과 동원할 수 있는 자원 등에 큰 차이가 생길 수 있다. 따라서 지방정부가 어느 정도의 행 · 재정 역량을 갖추고 있는지 파악해 볼 필요가 있는데 행정적 역량과 관련해서는 총직원 수, 공무원 1인당 주민 수, 조직구조(행정기구 수 현황, 상위직급 비율 등), 청렴도 지수 등이 그리고 재정적 역량과 관련해서는 세입 · 세출 내역, 지방교부세, 지방세, 국고보조금, 지방채 비율, 재정규모대비 공무원인건비 비율 등이 주요한 지표라고 할 수 있다.

행정역량관련 지표는 '내고장 알리미'와 '국가통계포털'을 통해 입수할 수 있다. 2019년 12월 현재 공무원 1인당 주민 수를 살펴보면 인구 50만 이상의 시 가운데는 용인시가 364명으로 최대이며 창원시가 212명으로 최소이다. 인구 50만 미만 일반시의 경우 의정부시가 352명으로 최대이며 태백시가 70명으로 최소이다. 공무원 1인당 주민 수가 많을수록 인구대비 상대적으로 적은 공무원 수로 운영하고 있는 반면 주민 수가 적을수록 주민 수에 비해 공무원 수가 과도할 가능성이 있음을 의미한다.

재정역량 관련 주요 지표는 '지방재정365'에 상세히 수록되어 있다. 지자체 예결산 정보뿐만 아니라 지방공기업, 출자 · 출연기관, 교육청관련 재정정보도 수록하고 있으며 지자체간의 비교도 가능하다. 재정여건의 대표적인 지표는 재정자립도인데 2020년 현재 재정자립도는 서울시(77.9%), 화성시(66.2%), 성남시(60.5%), 세종시(59.3%)가 높게 나타난 반면 상주시(8.4%), 영양군(6.1%)은 전국 최저 수준으로 나타났다. 재정건전성을 알아보기 위한 지표로 채무현황 및 수의계약 비율을 제공하고 있다. 2018년 현재 경기 시흥시는 자산대비 부채비율(24.48%)과 주민 1인당 부채규모(약 4백82만원)가 가장 높은 것으로 나타났다. 그리고 지방채무 비율은 전체예산액에서 채무잔액이 차지하는 비율을 의미하는데 시의 경우 평균 1.81%로 나타났다.[8] 2018년 현재 시 가운데 가장 비율이 높은 곳은 구미시(13.92%)이며 다음으로 태백시(9.9%)로 조사되었다. 광역시도의 경우 인천(19.94%), 부산(19.9%), 대구(19.36%)의 채무비율이 높게 나타났다. 재정운영의 효율성을 알아보기 위한 지표로는 기관운영기본경비, 공무원인건비, 업무추진비, 지방의회경비, 지방의회국외여행여비, 행사 · 축제 경비 비율 등이 있다. 행사 · 축제 경비 비율은 지자체 세출결산액 중 행사 및 축제경비로 지출되는 비율인데 계룡시(3.42%)가 가장 높았고 화천군(3.14%)이 제2위로 나타났다.

5. 도시재생 종합정보체계를 이용한 분석

출생률이 저하하는 가운데 지방 중소도시의 경우 고령화와 인구유출로 도시축소 및 소멸위기에 직면하고 있다. 대도시도 건물 노후화와 상권쇠퇴를 겪고 있는

8) 지방채무란 지방자치단체가 자치단체 권한 중의 하나인 지방세 과세권을 담보로 하여 사업 투자재원을 조달하는 채무임.

곳이 적지 않다. 도시재생은 이러한 도시쇠퇴에 대응하여 사회적 · 경제적 · 물리적 활력을 회복하여 도시의 성장기반을 확충하고 궁극적으로 도시민의 삶의 질을 높이려는 것이다.

그림 7-4 도시재생 종합정보체계

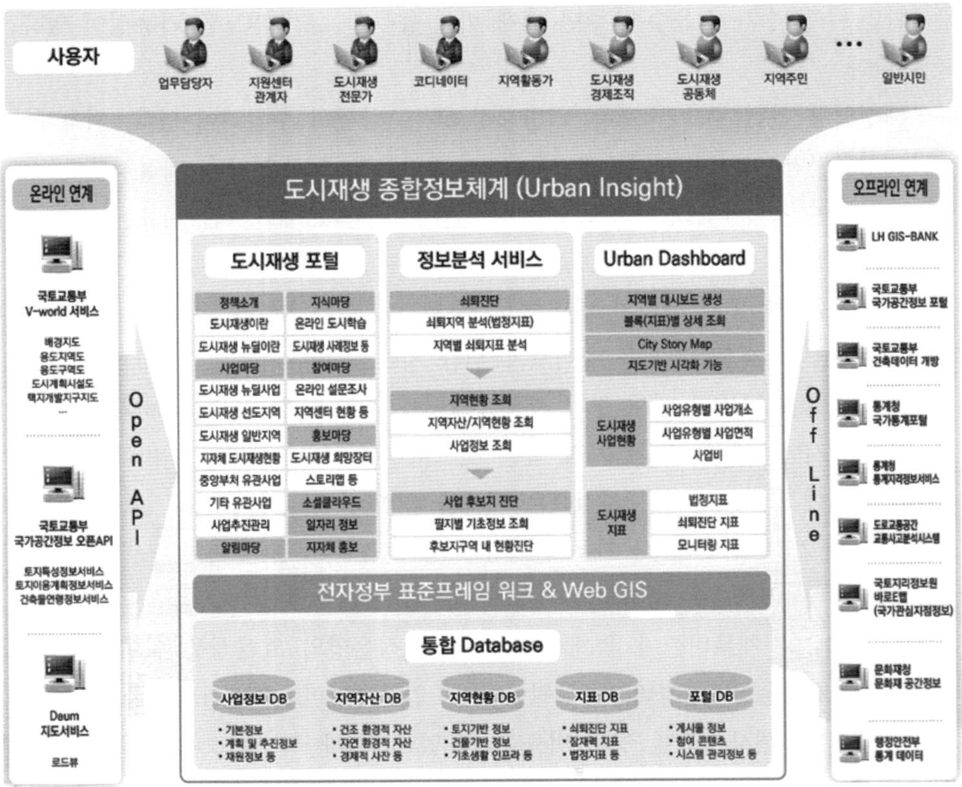

출처: 도시재생종합정보체계 홈페이지(http://www.city.go.kr/index.do).

국토교통부가 구축 · 운영하는 '도시재생 종합정보체계'는 도시재생과 관련한 종합적인 정보를 제공하고 있다([그림 7-4] 참조). 도시재생 사업의 진행현황, 입찰정보, 일자리 정보, 온라인 도시마을만들기 교육과정을 운영하고 있으며 도시재생 관련 계획수립 및 평가의 효율적 수행을 위한 진단지표를 공개하고 있다. 지표는 크게 활성화지표, 쇠퇴지표, 잠재력 지표로 구분된다. 첫째, 활성화 지역 진단지표는 도시재생 활성화 및 지원에 관한 특별법(이하, 도시재생법) 제13조에 의거하여 도시재생 활성화 지역을 지정하기 위해 적용되는 지표로 과거대비 인구변화, 사업체 변화 지표 등이 포함된다. 둘째, 쇠퇴진단 지표는 지역의 쇠퇴 정도를 파악하기 위한 지표로 고령 인구수, 공가율, 노령화 지수, 노후주택 비율 등이 이에 해당한다. 셋째, 잠재력 지표는 도시경쟁력, 지속발전가능성 등 도시 성장발전을 위한 도시 대내외적으로 내재되어 있는 힘으로 인적기반, 경제기반, 생활기반, 사회문화기반 등 도시재생 잠재력 현황을 살펴보기 위한 지표인데 대졸인구비율, 재정자립도, 투표율, 도로밀도, 체육문화시설 충실도 등이 포함된다. 활성화지표와 쇠퇴진단 지표는 읍면동 수준까지 잠재력 지표는 시군구 수준까지 데이터를 제공하고 있다. '도시재생 종합정보체계'는 이 밖에 도지재생사업 현황, 도지재생 지역현황, 도시재생 지역자산, 모니터링 평가지표 등에 대한 자료도 소개하고 있다.

사잇글 7-3 도시진단을 위한 유용한 사이트

- 지역경제보고서(한국은행) https://www.bok.or.kr/
- 통계청 http://kostat.go.kr/portal/korea/index.action
- 국가통계포털 http://kosis.kr
- e-나라지표(국정모니터링 지표) http://www.index.go.kr/main.do?cate=1
- 내고장 알리미(행정안전부) https://www.laiis.go.kr/myMain.do
- 지방재정365 http://lofin.mois.go.kr/portal/main.do#
- 도시재생종합정보(개방데이터)
  http://www.city.go.kr/portal/notice/opensys/contents02/link.do
- 스마트 서울맵 https://map.seoul.go.kr/smgis/webs/main/main.do
- 일본 지역경제분석 시스템 https://resas.go.jp/#/13/13101
- 각 지자체별 홈페이지
- The CityStrength Diagnostic(the world bank)
  https://www.worldbank.org/en/topic/urbandevelopment/brief/citystrength.

▷▷▶ 토론핵심

1. 위 사이트를 이용하여 거주하는 도시의 현황을 진단해 보시오.
2. 도시진단시 추이변화와 타 도시와의 비교가 중요한 이유는 무엇인지 생각해 보시오. 아울러, 어떤 데이터에서 추세 및 비교가 가능한지, 그렇지 못한 데이터는 무엇인지를 알아보시오.

제 8 장

도시경제정책

제 8 장

도시경제정책

제1절 | 도시경제정책의 의의

1. 도시경제정책의 의의

도시는 한 국가의 부를 창출하고 혁신을 견인하는 기반이다. 도시는 지식과 기술의 집합체로서 도시 인구가 늘어나면 해당 국가의 1인당 생산성이 높아진다(Glaese, 2011). 도시가 경제성장에서 중요한 이유는 한정된 장소에 다양한 사람들과 기업이 밀집되어 창조적 상호작용이 가능하기 때문이다.

밀집됨으로써 얻을 수 있는 이익에는 여러 가지가 있지만, 그 가운데 경제적 이익측면에 주목해 볼 필요가 있다.[1)] 도시화로 인해 얻어지는 경제적 이익은 비교우위, 규모의 경제, 집적의 경제로 구분해 볼 수 있다. 비교우위는 생산비용이 지역마다 상이할 경우 상대적으로 경쟁력 있는(특화된) 산업을 집중적으로 육성하여

1) 밀집은 경쟁을 자극하며 익명성, 선택성, 첨단성과 같은 사회 · 심리적 이익을 준다.

타 지역과 교역을 하는 편이 이익이 크다는 것이다. 규모의 경제는 한 기업의 생산규모를 크게 하면 할수록 고정비용은 일정하므로 단위면적당 생산비용이 하락하여 이익을 증가시킬 수 있다는 것이다. 집적의 경제는 다양한 경제주체가 한 공간에 집중됨으로써 발생하는 외부효과를 가리킨다. 집적의 이익은 동일산업의 밀집효과에 주목하는 '지역특화의 경제'와 이질적이고 다양한 산업의 인접효과에 주목하는 '도시화의 경제'로 구성된다. 유사한 산업이 밀집되어 있기에 상황변화에 대비하여 비축해야 할 재고 부담을 줄일 수 있으며 다양한 업체가 인접함으로써 기업활동에 필요한 기술, 정보, 서비스 거래비용을 줄일 수 있다. 이러한 점을 반영하여 도시경제의 발전을 위해 산업단지 유치와 같이 지역내에 다수의 기업과 공장을 입지시키는 일이 가장 우선시 되었다. 그리고 간선도로, 공항, 항만 등 사회간접자본시설의 구축정도가 기업의 입지를 결정하는 데 큰 영향을 미치는 요소로 주목받았다.

그런데 산업혁명 이후 대량생산 대량소비사회를 전제로 한 제조업 위주의 기업유치는 지식・정보사회의 도래와 함께 그 한계를 노정하고 있다. 세계화의 흐름 속에서 제조업의 해외이전 현상이 심화하였을 뿐만아니라 자동화 등의 영향으로 제조업의 일자리 창출효과도 과거보다 약화하였다. 지역사회 고용확보를 위해 제조업을 유치거나 유지하는 일은 여전히 도시정부에 있어서 주요 관심사라고 할 수 있으나 지식기반사회에서는 정보산업과 같은 첨단산업의 육성과 함께 쾌적하고 편리한 생활환경 조성의 중요성이 커지고 있다. 지식기반사회에서는 새로운 것을 창조할 수 있는 사람들이 모일수록 그리고 다양한 인재들의 상호작용이 활발한 곳일수록 지역경제가 발전하는데 유능한 인재들일수록 흥미로운 삶의 방식을 중시하며 지리적 이동(선택)성이 높기 때문이다.

한편, 산업구조의 전환과 인구감소 등으로 인해 지역경제의 쇠퇴를 겪는 도시들이 적지 않다. 도시경제의 쇠퇴는 실업, 빈곤, 범죄의 증가로 이어져 사회경제적 불평등을 심화시키고 종국에는 도시 자체의 쇠퇴를 불러올 수 있다. 도시경제의 쇠퇴를 극복하기 위해서는 경제구조의 전환을 통한 도시재생이 필요한데 첨단산업 유치가 곤란하고 인구가 감소하는 곳에서는 과거의 양적 성장을 지향하였던 방식에서 벗어나 지역주민의 삶의 질 제고와 행복(만족감)을 중시하는 방향으로 변화가 나타나고 있다.

사잇글 8-1 OECD 모두를 위한 도시만들기(Making Cities Work for All)와 포용적 성장

공업사회에서 지식사회로의 변화, 도시빈곤의 심화에 대응하여 도시성장을 추진하는 과정에서 사회통합정책과 성장정책을 통합한 것이 포용적 성장이다. 영국과 미국을 비롯한 서구의 도시정책에서는 사회적 약자를 배려한 포용적 도시정책(Inclusive urban policy)이 1960년대부터 등장하였으며 최근 신자유주의의 세계적 확산에 따른 지역 간 및 도시 내 격차확대를 배경으로 그 필요성이 더욱 커지고 있다.

도시는 생산성과 불평등 간의 인과관계가 가장 두드러지는 곳이다. 그런데 도시 불평등의 증가는 피할 수 있다. 즉 도시가 제도적으로 조직된 방식과 주민의 기대에 부응하는 방식, 인적자본을 육성하고 비즈니스 환경을 조성하는 방식에 따라 포용적 성장의 기회를 제공할 수 있다. 예를 들어 일자리가 증가하면 주택가격이 급등하고 이에 따라 많은 인구가 도시 밖으로 밀려나게 된다. 중앙 및 지방정부 정책입안자는 지능적인 토지사용 규제와 사회적 주택정책, 시장가격에 기반한 주택정책의 결합을 통해 이러한 영향을 완화하고 저소득층이 도시에 남아 지역경제에 계속 참여하도록 도울 수 있다.

사회통합 정책과 성장정책을 별도로 추진하기보다는 포용적 도시성장 정책은 두 정책을 결합하여 보다 지속가능하고 평등에 기반한 경제성장을 추진함으로써 보다 총체적인 도시정책을 통해 더 나은 기회를 창출한다.

출처: https://doi.org/10.1787/9791186043110-ko.

▷▷▶ 토론핵심

1. 왜 도시경제정책에서 포용적 성장정책이 필요한가?
   – 소외, 불안정, 범죄, 지속가능성의 하락
2. 포용적 성장을 위해 OECD는 어떤 방안을 제시하고 있는가?
   – 포용성 비교 및 모니터링 지표의 개발, 행동을 위한 틀 제공(포용적 교육, 포용적 노동시장, 포용적 주택시장, 포용적 공공서비스 및 인프라 제공)

2. 도시경제정책 목표

도시경제정책에서는 경제성장과 고용기회 창출을 최상위 목표로 두는 경우가 일반적이다. 고용의 창출과 확대를 통해 소득 격차를 줄일 수 있고 이는 도시 내 빈곤감소로 이어진다는 것이다. 안정적 고용의 확보를 위해서는 환경변화를 반영한 산업구조의 전환이 필요한데 최근 제조업의 상대적 쇠퇴와 서비스업 비중의 증가, 정보통신기술의 발전, 기업의 국제적 이동성 증가라는 환경변화에 따라 하이

테크놀로지, 의료, 관광, 문화·예술 등의 산업 비중이 커지고 있다. 도시의 산업 경쟁력을 높이기 위해서는 신규산업(자본)의 유치, 시민에 대한 적절한 교육과 훈련의 제공, 산·학·연 네트워크화, 유연하고 효율적인 규제정책 수립 등이 필요하며 좋은 도시 이미지를 구축하는 것도 거시적인 관점에서 도시 소재 기업의 브랜드 인지도를 높이는데 이바지할 수 있다.

이와 함께 지구온난화로 상징되는 환경 위기 그리고 인구감소로 인한 지역소멸의 위기가 가중되는 현실에서 경제성장보다는 지역사회의 지속가능성과 주민의 행복을 보다 중시하는 대안적 도시경제정책에 관한 관심도 증가하고 있다. 물질적인 성장보다는 쾌적성(amenity), 시민간 교류, 지역에 대한 애착과 같은 비물질적 가치를 우선시하는 것으로 개발도상국보다는 도시화율이 높은 선진국에서 그러한 경향이 두드러진다. 이러한 방향에서는 생태경제 도시 구축, 시장과 커뮤니티의 협력 확대, 지역순환 경제체계 구축 등이 주요 과제이며, 지역공동체에 기반한 경제조직인 마을기업, 협동조합 등의 역할이 중요하다.

그림 8-1 도시경제와 도시재정의 순환구조

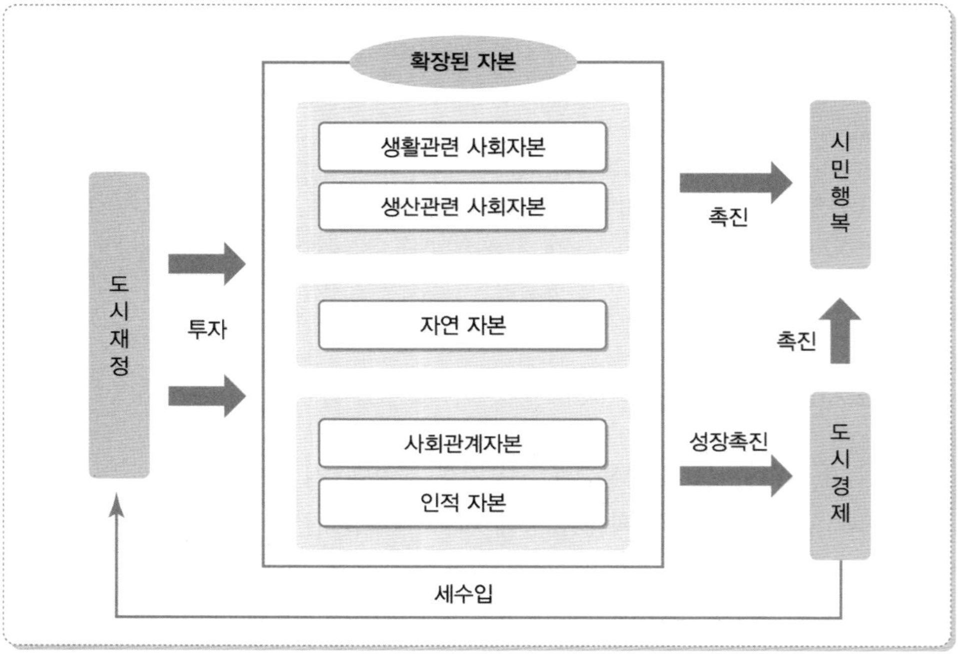

출처: 諸富徹(2018). p. 103.

경제적으로 번영하는 도시나 지속가능한 도시 모두 도시경제의 선순환 구조가 뒷받침될 때 비로소 가능하다. 건강하고 활력있는 도시경제는 지방세수를 통해 도시재정의 원천이 된다([그림 8-1] 참조). 이렇게 확보된 도시재정은 생활 및 생산 관련 인프라의 유지·확충뿐만 아니라 인적 자본 육성, 신뢰·협력과 같은 사회관계 자본(Social Capital) 구축, 도시의 자연환경 회복 등에 투자되는데 이는 다시 도시경제의 활성화로 이어지며 궁극적으로 시민의 행복을 촉진한다.

제2절 | 도시경제정책 수단

도시정부는 기업, 시민, 비영리단체 등 다양한 이해관계자들을 대상으로 경제활동과 관련하여 지원, 금지, 유도, 규제 등의 영향력을 행사한다. 도시정부 경제정책은 기업유치등 안정보다는 성장과 활성화에 역점을 두고 있기에 지원과 유도를 위한 정책수단이 금지, 규제를 위한 정책수단보다 활용 정도가 높다. 따라서 경제활성화를 위한 구체적인 정책수단에 초점을 맞추어 살펴볼 필요가 있는데 다음과 같이 유형화해 볼 수 있다. 첫째, 직접구매 및 보조금 지급이다. 토지사용료 혹은 세금을 감면하여 기업유치를 촉진하거나 환경친화적 제품 등에 보조금을 지급하는 것이다. 둘째, 신산업 육성인데 투자유치와 함께 산업단지 조성 및 제공이 이루어진다. 셋째 인적 자본 육성으로 직업훈련의 실시, 과학기술 인력양성 투자 등이 이에 해당한다. 넷째, 연계협력 네트워크의 구축으로 기업, 대학, 연구소간의 클러스터 형성이다. 다섯째, 마을기업과 협동조합 등 지역내 사회적 기업의 육성 및 지원이다.

1. 직접구매와 보조금 지급

(1) 직접구매

많은 지방자치단체에서 조례제정을 통해 친환경 제품, 지역의 중소기업 제품, 지역 농산물 등을 우선적으로 구매하도록 하고 있다. 관련 상품에 대한 구매계획을 사전에 수립하고 구매 목표율을 공표하는 등 실적을 관리하는 곳이 많으며 본청, 사업소에서 직접 구매하는 물품뿐만 아니라 용역, 유지보수, 건설공사 계약 시 납품하는 상품 등 간접 구매 시에도 구매 의무를 부과하는 경우가 많다.

(2) 보조금 지급 및 세금감면

국가균형발전 특별법은 수도권에서 비수도권 지역으로 이전하는 기업, 신·증설 투자기업, 국내복귀기업 등에 대해 중앙정부가 보조금을 지급할 수 있도록 하고 있다. 광역지방자치단체도 지역내로 이전하는 기업에 대해 예산 범위 내에서 이전 보조금을 지원하거나 도로, 용수, 전기 등 기반시설에 대해 해당 시·군에 보조금을 교부할 수 있도록 조례를 제정하고 있다. 예컨대, '경상남도 기업 및 투자유치등에 관한 조례'에 따르면 도지사는 지역경제에 미치는 영향이 크다고 인정되는 대규모 투자기업(국내외 기업 모두를 포함한다)에 예산의 범위에서 최대 100억원까지 도의회의 동의를 얻어 지원할 수 있다. 또한 지역별 낙후정도에 따라 보조금 지원규모를 2배의 범위내에서 확대 지원할 수 있도록 하고 있다.

그리고 지방세특례제한법의 위임에 따른 조례제정으로 기업도시 및 지역개발사업 구역내 창업기업, 산업단지 입주기업 등에 대해서는 일정 범위내에서 지방세를 감면하는 규정을 두거나 농공단지 입주기업에 대한 취득세 면제, 소상공인 대상 임대료 감면에 비례한 재산세 감면 규정을 두기도 한다.

2. 신산업 육성

(1) 직접투자 및 투자유치

지방자치단체가 일정 비율 이상의 재산을 출자하거나 필요한 예산의 일정 비율을 지속적으로 출연·보조하는 기관이 출자·출연 기관이다. 경제 활성화 목적으로 한 출자·출연 기관은 테크노파크[2], 신용보증재단, 경제진흥원, 중소기업센터 등인데 주로 광역 지방자치단체 수준에서 설치하고 있다. 지방공기업은 지자체가 직접 혹은 법인을 설립하여 운영하는 기관으로 궤도사업(도시철도), 자동차운송사업, 지방도로사업, 주택사업, 토지개발 사업을 담당한다. 도시철도공사, 도시(토

2) 대학, 연구소, 기업, 지자체 등이 공동으로 출연하여 연구개발, 기술이전, 기술기업 발굴 등의 사업을 수행하는 거점기관.

지주택)공사 등이 대표적인데 인프라 시설을 제공하는 역할을 담당한다.

지방자치단체 차원에서 투자유치진흥기금을 설치하고 있는 곳이 많은데 도 및 시군의 출연금, 지방채 발행을 통해 재원을 조성하여 기업에 대한 보조금 지급, 임대산업단지 용지매입, 공장부지 매입비 융자지원 등에 사용하고 있다. 지방자치단체는 외국인 투자유치에도 적극적으로 나서고 있다. 외국인투자진흥관실을 설치하여 투자유치업무의 신속하고 원활한 처리를 도모하고 외국인 투자에 대해 취득세를 감면하거나 국내기업과 같은 금융지원을 보장한다.

(2) 공간제공

산업단지는 기업의 집적을 위해 종합적 계획을 수립하고 이에 따라 개발・관리되는 토지를 의미한다. 산업단지는 국가단지, 지방단지, 농공단지로 구분되는데 이 가운데 지방자치단체가 지정하는 것은 지방단지와 농공단지이며 지방단지는 도시첨단산업단지와 일반지방산업단지로 세분된다.[3] 산업단지 입주기업에 대해서는 국세와 함께 취득세, 재산세 감면 조치가 이루어지며 상수도, 폐수종말처리시설, 통신, 전기 등의 기반시설이 제공된다.

창업지원(보육)센터는 창업자에게 시설장소를 제공하고 경영기술 분야에 대하여 지원하는 것을 주목적으로 하는 시설로 지자체가 직접 또는 위탁하여 운영을 맡고 있다. 입주기업에는 저렴한 임대료로 기본시설과 설비가 제공되며 세무, 회계, 법무, 특허, 디자인, 마케팅 분야에 대한 자문과 개발지원을 받을 수 있다. 기술개발 및 상품화를 위해 시제품 개발비용에 대한 지원이 이루어지기도 한다.

3. 인적 자본 육성

(1) 고용촉진

지방자치단체는 지역의 일자리 창출 및 고용률 제고를 위한 노력을 강화하고 있다. 광역 및 기초 지자체들은 일자리 창출 지원조례 제정을 통해 직업훈련, 인력양성 기관에 대한 육성 및 지원, 중소기업 청년인턴, 전문인력 및 근속장려금

---

3) 국가산업단지는 국토해양부장관이, 지방산업단지는 시도지사, 농공단지는 시장, 군수 또는 구청장이 각각 지정한다.

지원, 중소기업 고용환경개선 지원, 취약계층 일자리 지원, 지역특화 관련 맞춤형 일자리 지원 등을 시행하고 있다. 경제성장률이 둔화하는 가운데 청년층 취업률이 좀처럼 개선되지 않고 있는 현실을 반영하여 2009년 '청년고용촉진 특별법'이 제정된 것을 계기로 청년고용촉진을 위한 조례를 별도로 제정하는 곳도 늘고 있다. 조례에는 청년 미취업자에 대한 취업지원금 지급 및 창업지원 등과 함께 실태조사, 일자리 창출 시행계획 수립 등의 내용이 포함되어 있다.

(2) 교육훈련

광역지자체 수준에서는 일자리센터나 일자리재단을 설치하여 교육, 취업지원, 고용유지, 창업 등의 종합적 업무를 담당하게 하는 곳도 있다.[4] 지자체별로 기능인력 양성, 농업후계자 양성, 장애인 기술교육, 창업교육 등 인력양성을 위한 다양한 프로그램을 시행하고 있다. 그 가운데 전문인력 양성은 후계자가 감소하는 전통산업분야와 신규인력확보가 필요한 첨단산업 분야를 대상으로 하는 경우가 많다. 인력양성 시 대학의 창업 교과과정과 연계가 이루어지거나 대학, 기업, 연구기관의 컨소시엄을 통해 인력양성이 이루어지기도 한다. 기업 및 투자유치 촉진 조례에서도 지역내 거주자를 신규채용하여 상시 고용하는 경우 해당 기업에 대해 고용보조금 지급과 함께 지역 거주민을 고용하기 위해 고육훈련을 실시하는 경우 보조금 지급이 가능하도록 하고 있다.

4. 혁신클러스터 구축

제조업 중심에서 지식기반 중심 경제로 변화하면서 신기술에 기반한 경제성장을 위해 국가 및 지방자치단체 주도로 지역 단위의 혁신체계 구축이 추진되고 있다. 특정 분야에 특화된 새로운 지식의 창출과 확산을 위해 기업, 연구기관, 대학, 공공기관의 상호작용 네트워크가 구축되는 동시에 지리적으로 인접한 경우 혁신클러스터(Innovation Cluster)라고 할 수 있다(국가균형발전위원회 · 산업자원부 · 한국생산성본부, 2007: 34). 혁신클러스터 구축의 기대 효과는 근접한 지역에 관련 산업이 밀집함으로써 교통 · 통신 비용이 절감되고 관련 부품기업과 서비스업체의 입

4) 서울일자리포털 서울일자리센터 및 청년일자리센터(https://job.seoul.go.kr/www/intro.jsp). 경기도일자리재단(https://www.gjf.or.kr/gjf/index.do).

지에 따라 효율적인 분업이 가능해진다는 것이다. 나아가 밀접한 교류 협력으로 기술, 상품, 지식의 신속히 전파되면서 혁신을 촉진하고 신규산업화가 이루어질 수 있다는 점이다(〈표 8-1〉 참조). 다시 말해 혁신클러스터 조성으로 기술개발투자액이 증가하는 등 혁신역량이 제고되며 그 결과 지역총생산이 늘어나는 효과를 기대할 수 있다.

표 8-1 혁신클러스터 구축효과

외부 경제	규모의 경제: 집적에 의한 수송·통신 등 관련 비용 절감 효율적인 분업체제 구축: 산업규모 확대에 따른 연관산업의 입지 인프라 정비: 산업 및 소프트웨어 등 공공인프라 정비
이노베이션	산업과 조직의 연계: 이노베이션의 계기가 되는 기술, 상품, 아이디어 등이 빠르게 확산
생산성 향상	산업구조 선순환: 집적의 가속화와 고도화로 인해 생산성이 향상되고 신규사업화가 촉진
관련 다양성 (related variety)	이종산업간 지식확산(knowledge spillover)과 융합을 통해 클러스터의 지속적인 성장과 발전 도모

출처: 오정렬·이미주·차전영(2014). p. 6.

중앙정부 차원에서는 1990년대 후반부터 다양한 클러스터 형성정책이 추진됐으며 대덕연구개발특구의 정비와 함께 지역별로 테크노파크가 설립되었다. 지자체 차원에서는 경기도가 경기테크노파크 설립 이후 2004년 광교테크노밸리, 판교테크노밸리 조성에 착수하였다. 이후 안산사이언스밸리가 추가되어 3개의 혁신클러스터가 설치되었다. 광교테크노밸리는 정보기술, 생명공학기술, 나노기술 개발, 판교테크노밸리는 IT, 모바일, 게임관련 기술개발, 안산사이언스밸리는 의료기기, 지능형 로봇, 신재생에너지 관련 기술개발에 특화되어 있다. 경기도는 '혁신클러스터 육성 및 지원조례'를 통해 전담관리기관을 지정하여 혁신클러스터 지원 및 활성화를 도모하고 있다.

5. 사회적경제의 육성

도시경제의 발전과 관련하여 중앙정부의 지원이나 기업유치를 통한 외발적 발전양식과 달리 지역내 경제순환구조 형성을 중요시하는 것이 내발적 발전양식이다. 유명브랜드의 대형상업시설을 유치하는 등 외형적 성장에만 치중하거나 대규모 이벤트 개최, 관광객 위주의 경제정책은 소득의 증가로 이어질 수는 있으나 지역민들의 삶의 질을 높이지 못하고 생활상의 다양한 욕구충족으로 이어지지 못한다는 점이 한계로 지적되고 있다. 도시경제 활성화의 본질은 경제적 풍요가 아니라 주민 마음의 풍요이며 지역주민의 욕구와 생활양식 존중, 그리고 주민의 대등한 교류가 전제되지 않는 지역활성화는 반짝 성과에 그칠 수밖에 없고 장기적인 지역발전으로 이어지지 못한다는 것이다(久繁, 2010). 따라서 지역의 자원을 최대한 활용하고 생산과 소비 고용의 지역내 선순환 구조를 구축할 필요가 있다는 것이다.

표 8-2 사회적경제 유형 및 특징

유형	근거 법/조례	인증/지정/인가	조직형태	사회적 목적
사회적 기업	사회적기업 육성법 (2007년)	고용노동부 장관 인증	법인 필수	취약계층에 일자리, 사회서비스 제공, 지역사회 공헌
예비 사회적 기업	광주시 사회적기업 육성에 관한 조례(2009년)	광역시장 지정	법인 필수	
마을기업	마을기업육성지침 (행정자치부)	마을기업심사 위원회 선정	마을회, NPO 등 지역단위 소규모 공동체 법인이나 공동 사업자 조직	지역사회 공헌(지역사회 문제 해결, 지역공동체 활성화)
(사회적) 협동조합	협동조합기본법 (기획재정부)	시도 신고 (영리) 기획재정부 인가(비영리)	조합원 5인 이상	조합원의 소비생활 향상과 국민의 복지 및 생활문화 향상
자활기업	국민기초생활보장법 (2008년) 광주시 자활사업지원에 관한 조례(2011년)	구청장 지정 (복지정책과)	2인 이상 공동사업자 또는 조합형태 필수	수급자 등 저소득 계층의 탈빈곤 (취약계층 일자리 제공형)

출처: 광주광역시 북구청 홈페이지(https://bukgu.gwangju.kr/menu.Es? mid=b50102000000).

이러한 관점에서 사회적 기업, 마을기업, 협동조합, 자활기업 같은 지역공동체에 기반을 둔 사회적경제조직의 활성화가 필요하다. 사회적경제는 지역사회 구성원 간의 협력에 기반하여 사회적 가치를 추구하면서 재화와 용역의 생산 판매를 담당하는 경제활동으로 정의된다. 즉, 사회적경제는 주민이 주체가 되어 고용과 소득 기회를 창출하면서 지역공동체의 상생과 주민의 삶의 질 향상을 도모하는 활동이라고 할 수 있다. 먹거리, 주거, 육아, 지역화폐, 의료, 도시재생 등 다양한 분야에서 대안적 서비스 제공하고 있으며 지역경제 활성화에 성과를 거두고 있는 곳도 나타나고 있다.

사회적경제 활동 촉진을 위해서 중앙정부 차원에서는 2007년 '사회적기업 육성법' 제정, 2010년 행정안전부 마을기업 육성사업 추진, 2011년 '협동조합기본법' 제정이 이루어졌다. 사회적경제의 유형은 〈표 8-2〉와 같이 근거 법령, 주관부처, 조직형태, 추구 목적에 따라 구분된다. 사회적경제기업은 꾸준히 증가하고 있으나 2015년 기준으로 고용비중은 1.4%에 불과하여 유럽연합(EU)의 6.5%에 비해서는 낮은 편이다(일자리위원회 관계부처 합동, 2017: 2).

지방자치단체 차원에서도 조례제정을 통해 사회적경제육성위원회의 구성, 사회적경제 육성계획의 수립 및 시행, 사회적경제지원센터의 설치, 사회적경제조직의 발굴·육성을 추진하고 있다. 그리고 사회적기업에 대해 부지구입비, 시설비에 대한 융자 및 지원과 함께 지방세 감면, 우선구매 지원 등이 이루어지고 있다.

제3절 | 도시경제정책 사례

도시경제정책 국내사례로써 성장과 형평의 조화를 꾀하고 있는 서울시 경제정책 사례를 소개한다. 해외사례로써는 다양한 혁신기업 배출을 통해 성장하고 있는 미국 시애틀시 사례와 환경과 경제를 공존을 추구하는 독일 프라이부르크 사례를 소개하기로 한다.

1. 서울시 경제정책 사례

서울시 민선 7기 '서울시정 4개년 계획(2019-2022)'은 '내 삶이 행복한 서울, 시민이 주인인 서울'이라는 비전을 수립하였다. 현장, 혁신, 형평의 3개 정책 기조를 설정하여 혁신과 성장을 강조하면서도 형평성을 중시한다는 점에서 '포용적 성장'의 경제정책을 추구하고 있다고 할 수 있다. 경제정책 관련 핵심조직은 경제정책실이다. 경제정책실은 산하에 경제일자리기획관과 거점성장추진단을 두고 있다. 경제일자리기획관 소관에는 경제정책과, 일자리정책과, 투자창업과, 도시농업과, 지역상생경제과, 캠퍼스타운활성화과가 있으며 거점성장추진단 산하에는 산업거점활성화반, 산업거점조성반, 도시제조업거점반을 두고 있다. 이하에서는 서울시가 추진하고 있는 주요 경제정책인 창업지원, 일자리 제공, 기업 및 소상공인 지원, 사회적경제 활성화에 대해 살펴보기로 한다.

(1) 창업지원

서울시는 경제살리기의 핵심전략으로 '글로벌 창업도시'를 설정하고 기술인재 1만명 육성, 기술창업공간 1천개 확충, 창업기업 3천개 성장단계별 자금지원, 민간주도-공공지원 성장촉진 플랫폼 구축, 아이디어의 신속한 제품화, 혁신기술제품의 실증 및 판로개척, 유망창업기업 해외진출 지원사업을 펼치고 있다.

기존의 서울창업허브를 통한 창업보육 및 창업교육의 실시 외에 새로이 홍릉(바이오), 마포(핀테크, 블록체인), 개포·양재(AI, 빅데이터 등) 등 6대 신산업거점을 중심으로 4차 산업혁명 기술 특화인재 양성에 착수하였다. 또한, 기술창업을 희망하는 외국인 핵심인재에 대해서는 비자발급 절차를 간소화하고 외국인 창업자의 주거 편의를 위해 임대료를 지원하고 있다. 창업단계별 자금지원을 위해 혁신성장펀드를 조성하였는데 2019년말 현재 총 7,115억원이 조성되었다. 공공이 주도해온 창업보육을 민간 투자자와 액셀러레이터가 스타트업 선발, 보육, 투자유치, 글로벌 진출까지 지원할 수 있도록 개방하는 운영방식으로 변경하였다.

2017년부터 시작된 캠퍼스타운 사업은 청년 혁신창업 촉진, 청년일자리 창출, 대학가 활력 제고를 위한 사업으로 2019년말 현재 49개 대학 500여개 창업팀이 선정되었다. 대학과 자치구가 공동으로 신청하는데 종합형은 청년창업을 중심으로 주거・문화・상권・지역협력의 종합적인 활력 증진을 위한 것이고, 단위형은 대학별 특성・역량을 바탕으로 창업 등 청년활동 증진을 위한 프로그램이다.

(2) 맞춤형 일자리 제공

서울시는 일자리정책과 산하에 서울일자리센터를 두고 있는데 2009년 개소한 서울일자리센터는 취업상담, 수준별 직업훈련, 취업알선, 사후관리 등의 종합서비스를 제공하고 있다. 공공일자리도 제공하고 있는데 청년들의 선호도가 높은 문화, 환경, 교육분야에서 최대 23개월간 근무와 취업교육이 이루어지는 '서울형 뉴딜일자리'사업이 대표적이다.

중소기업의 인력난과 청년실업 문제를 해소하기 위해 '일 생활 균형 서울형 강소기업'을 선정하고 있다. 청년이 일하고 싶은 중소기업 만들기를 위해 선정된 강소기업을 대상으로 근무환경 개선, 재직자 사내 복지 개선, 유연근무 확대, 육아휴직자 대체 청년인턴 채용 등을 지원하고 있다. 면접용 정장을 무료로 대여해 주는 '취업날개' 사업과 취업상담, 직무멘토링, 스터디룸 제공이 가능한 '일자리카페'도 운영중이다.

(3) 중소기업 및 소상공인 지원

중소기업 육성기금을 기반으로 시중은행 협력자금과 연계하여 지역소재 중소기업을 대상으로 시설자금, 창업자금, 긴급영업자금을 지원하고 있다. 그리고 저소득층, 다문화가정, 북한이탈주민들을 대상으로는 창업 및 경영개선 자금을 융자하는 마이크로 크레딧 지원사업을 시행하고 있다.

도시제조업 분야의 후계자 양성을 위해 가업승계사업을 지원하고 있는데 인쇄, 주얼리, 기계금속 분야를 대상으로 업체를 선정하여 숙련기술의 전승, 신상품 개발, 후계자간 네트워크 구축을 도모하는 내용이다. 2018년부터는 소상공인의 카드결제 수수료 부담을 낮추기 위해 모바일 결제시스템인 '제로페이'를 도입하였다.[5] 골목상권 내 소비진작과 지역경제 활성화를 유도하려는 노력의 일환인데 전통시장 육성도 그 궤를 같이한다. 전통시장 육성방안은 현대화 및 시장별 특성화, 청년상인 육성, 간편 카드결제 지원, 야시장 운영, 이벤트(축제) 개최, 주차 및 화장실 환

5) 소상공인의 결제 수수료는 0%이며 소비자에게는 30%의 소득공제가 가능하다.

경개선, 공동배송 서비스 운영 등이다.

(4) 사회적경제 활성화

사회적경제 활성화를 위해서 사회투자기금을 운용하고 있다. 우수 사회적경제 기업, 사회투자 프로젝트, 사회주택 사업자를 대상으로 공모를 거쳐 지원이 이루어지고 있다. 2016년부터 도입된 사회성과보상사업(Social Impact Bond)제도는 계약을 통해 민간(사회적 투자자)이 취약계층에 대한 복지, 교육 등 공공사업을 수행하고 사업종료 후 미리 설정한 성과목표 달성에 비례해 투자자에게 시가 보상을 하는 제도인데 아동복지시설의 아동교육에 대한 보상이 이루어졌다.[6] 사회성과보상사업은 일반 민간투자사업과 달리 매출액과 상관없이 공익적 활동에 의한 사회문제 해결 성과가 높을수록 수익이 증가하는 구조라는 점이 특징이다.

사회적경제 조직의 발굴 및 육성, 역량 강화, 홍보, 조사연구 등의 기능을 수행하기 위해 사회적경제지원센터와 협동조합지원센터를 설치·운영하고 있다. 지원센터는 경영 및 창업 자문·지원을 수행하며 관련 인력양성 및 지원 네트워크 구축·운영 업무를 담당하고 있다. 사회적경제 사업모델을 통해 지역문제 해결을 추진하는 사회적경제 예비 특구제도를 운영중인데 2017년 현재 11곳이 선정되었다. 사회적경제 제품의 판로 확대를 위해서 장터, 박람회를 정기적으로 개최하고 있으며 온라인 쇼핑몰(함께누리몰)을 운영하고 있다.

도시와 농촌의 상생을 위해 서울시 자치구와 농촌 지자체가 한 지역씩 결연을 맺어 공공급식시설에 직거래로 식재료를 제공하고 있다. 일반 식재료와 친환경 식재료의 단가 차액은 서울시가 급식지원금으로 교부하여 지원한다. 지역상생교류사업단이 주축이 되어 지역에서 생산된 농산물의 유통과 판로를 지원하는 상생상회 매장운영, 지역상생교류 온라인 플랫폼 운영, 지역상생공동체 네트워크 구축사업을 벌이고 있다.

2. 시애틀 혁신기업 육성사례

시애틀은 미 서북부에 위치한 워싱턴주 최대의 도시이다. 세계 2차 대전 이후

---

6) 교육을 받은 아동의 인지기능과 사회부적응행동 지표의 개선이 인정되어 사업비의 130%(사업비+인센티브)를 보상하였다.

보잉이 도시 근처에 대규모 공장을 지으면서 항공기 제조업이 도시의 주요 산업으로 자리잡게 되었다. 이후 새로운 소프트웨어 산업, 생명공학, 인터넷 회사 등 혁신 기술의 중심지로 떠오르며 1990년대 이후 꾸준히 인구가 증가하고 있다. 시애틀은 미국 국내 인구 규모로는 18위이지만 2010년부터 2017년 사이 평균 인구증가율이 18.7%로 미국 내에서 가장 높은 도시로 부상하였다([그림 8-2] 참조). 2019년 현재 인구 약 75만명의 시애틀과 그 주변 지역에서 보잉을 비롯해 마이크로소프트, 아마존, 스타벅스, 코스트코, 노드스트롬 등 미국을 대표하는 기업들이 설립되었으며 포천 500대 기업 중 31개 본사가 자리 잡고 있다.

그림 8-2 2010-2017 미국 주요 도시 인구증가율

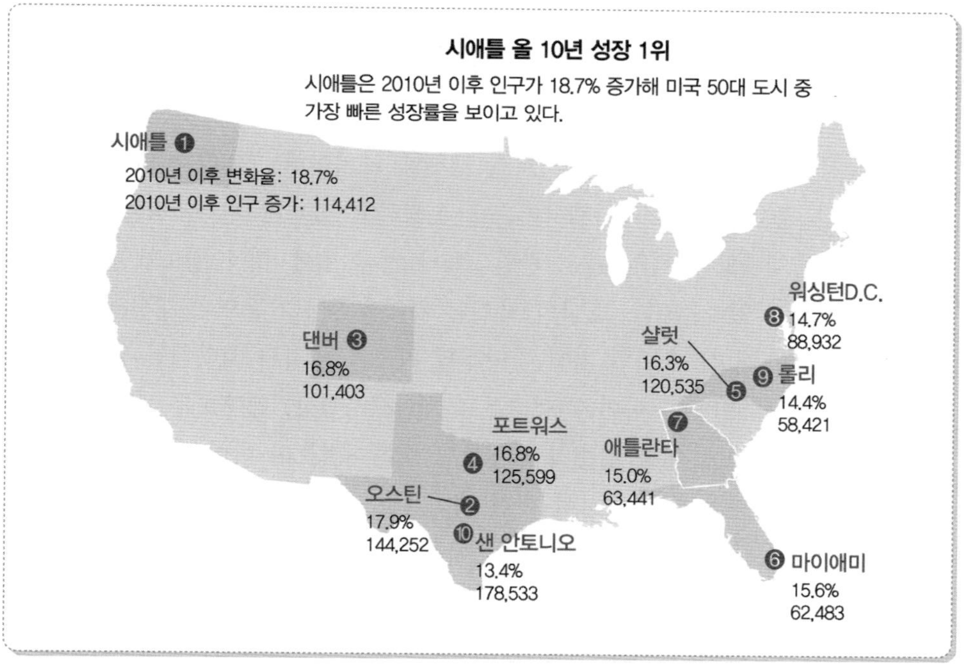

출처: The Seattle Times(2018.5.24.).

2018년 미 경제분석국 통계에 의하면 시애틀 대도시권의 총생산액은 230억달러로 전년도보다 6.9%나 성장한 것으로 나타났고 이 같은 성장률 수치는 미국 도시권 평균 성장률보다 2.3배나 높은 수치로 주요 대도시권 가운데 가장 높았다.7)

7) http://seattlebusinessmag.com/economy/scores-are-and-greater-seattle-officially-fastest

시애틀에서 혁신기업들이 연달아 탄생하고 있는 배경에는 먼저 지리적 여건을 들 수 있다. 캐나다 주요 도시인 밴쿠버와 인접하여 경제교류가 활발한 점과 함께 항만을 보유하고 있어 해양교역의 중심지 역할을 담당하고 있다. 그리고 벤처자본이 몰려있는 실리콘밸리와도 멀지 않아 자금조달 협의가 용이할 뿐만 아니라 실리콘밸리의 창업자들과 엔지니어들이 이주하기 쉬운 곳이라는 이점이 있다.

둘째, 워싱턴 대학(University of Washington), 시애틀 대학 등을 비롯한 연구시설이 충실히 갖추어져 있어 산학공동 연구, 스타트업 육성이 활발하다는 점과 함께 풍부한 첨단기술 인력이 존재한다는 점이다. 시애틀은 과학·기술·공학·수학(STEM) 분야 전문가들이 일하기 좋은 도시로 평가받고 있는데 일자리 수, 삶의 질, 평균 연봉 등에서 상위권을 차지하고 있으며 실제로 전체 노동인구에서 STEM 분야 전문가 수의 비율이 미국 내 3위로 나타났다. 마이크로소프트, 아마존 등 첨단 IT 기업의 개발인력이 풍부하여서 다른 IT 기업들도 이러한 인력확보를 위해 시애틀에 진출한다는 것이다.

셋째, 시애틀시의 적극적인 스타트업 생태계 조성이다. 전담부서의 설치와 함께 스타트업 정보를 제공하는 웹사이트를 운영하고 있으며 지역조직들과 협력을 통해 고교생들에게도 지역의 기술 관련 스타트업 기업에 대한 정보제공 및 연계 활동을 시행하고 있다. 또한, 도심의 낙후된 지역을 혁신거점으로 재생하는 데 성공하였다. 사우스레이크유니언 지역은 낙후된 창고가 밀집된 지역이었는데 2012년 말 고밀도 업무용 빌딩인 아마존 캠퍼스로 재탄생하였다. 대중교통, 자전거, 보행 등 친환경 교통시설에 대한 집중적인 투자가 이루어졌으며 아마존 이외의 중소규모 혁신기업들이 자리 잡도록 하여 혁신 생태계를 조성하고 쾌적한 업무환경을 제공하게 되었다. 그 결과 구글, 페이스북, 애플, 트위터, 드롭박스, 일렉트로닉아츠, 알리바바 등의 기술본부가 입지하게 되었고 주변 상업시설의 수요가 증가하면서 인접 지역 개발로 이어졌다. 개발은 민간부동산 회사가 주도하여 이루어졌으나 시애틀시가 도시재생을 위해 용적률과 높이 제한을 완화해 줌으로써 사업성이 확보될 수 있었다.

넷째, 포용적인 도시문화이다. 혁신은 인재(Talents)와 기술(Technology), 그리고 관용(Tolerance)이 공존할 때 활발하게 일어나는데(Florida, 2002) 시애틀은 인

-growing-major-metro-nation.

재가 풍부하고 기술에 대한 투자가 활발한 것은 물론 포용적 성향이 높은 도시이다. 시애틀은 성 소수자(LGBT)에게 우호적인 도시 중 하나이며 동성 부부 가정비율이 가장 높은 도시이다. 성 소수자 출신 시장이 배출되는 등 개방적이고 진보적인 도시 분위기가 조성되어 있기에 기술 이민자들을 비롯한 다른 지역 인재들이 정착하기 쉬우며 직장 내에서도 평등하고 개방적인 조직문화로 이어져 직원의 정착률도 높다는 것이다.

이처럼 시애틀시는 혁신기업 경제 생태계를 성공적으로 구축함으로써 인구증가와 경제성장을 달성하였다. 그러나 실리콘밸리와 마찬가지로 경기과열에 따른 주택가격 상승과 교통난이 나타나고 있는데 이는 시애틀의 강점인 양호한 정주여건을 위협하는 요인이 되고 있다.[8)]

3. 독일 프라이부르크시 환경경제 사례

프라이부르크시는 독일 남서부 바덴-뷔르템베르크주에 위치하며 정식명칭은 프라이부르크 임 브라이스가우(Freiburg im Breisgau)이다. 2018년 현재 인구는 약 23만명이며 독일 유수의 산림지대 입구에 위치하며 프라이부르크 대학, 프라이부르크 음악대학 등이 소재한 학원도시이기도 하다.

프라이부르크시는 1992년 독일의 환경수도로 그리고 2010년 기후보호 수도로도 선정되었으며 영국 가디언지에 의해 '유럽제일의 지속발전 가능 도시'로 평가되었다. 그뿐만 아니라 2005년 독일의 경제주간지 Wirtschaftwoche(주간경제)와 사회단체 Initiative Neue Soziale Marktwirtschaft(새 사회적시장경제 연구단)가 독일 50대 도시를 대상으로 실시한 경제적으로 가장 성공적인 도시 순위에서 종합 9위를 차지하고 향후의 발전 가능성을 평가하는 역동성 평가에서는 1위를 차지하였다.[9)] 이처럼 프라이부르크시는 상반될 수도 있는 환경과 도시경제 발전의 양립에 성공한 사례이며 단순히 환경보호에 그치는 것이 아니라 친환경 에너지와 관련 기술을 적극적으로 개발·활용하고 그 과정에서 시민들의 적극적 참여가 이루어지고 있다는 점에서 주목할 필요가 있다.

---

8) 이에 대해 시애틀시는 버스, 지하철 등 대중교통을 강화하고 있다. 또한 Amazon 등 시내 소재 대기업에 대한 추가적인 세금부과(JumpStart Seattle)를 통해 노숙자 문제 해결 및 주택난 완화를 추진하고 있다.

9) 세계도시정보(https://ubin.krihs.re.kr/bin/mobile/index.php).

프라이부르크시는 1972년 프라이부르크 인근 빌(Wyhl)의 원자력 발전소 건립 계획에 따른 대규모 반핵시위를 계기로 자연에너지에 대한 연구회 및 집회가 빈번히 개최되게 되었고, 재생에너지 및 에너지절감 관련 시민단체도 설립되었다. 이는 태양광 등 대체에너지에 대한 관심으로 이어졌는데 1980년대부터 프라이브르크시에 솔라시스템 설계 · 개발과 관련된 연구소 및 기업이 집적되기 시작하였다. 1990년대에는 생태주거단지(Vauban)를 신도시로 개발하였는데 친환경 교통수단 구축과 함께 태양광 에너지원을 사용하여 탄소제로 마을로 조성하였다.

프라이부르크시의 생태경제 기반으로 중요한 것은 친환경 에너지 관련 연구시설의 집적과 그 파생효과이다. 시에는 유럽 최대의 과학기술 응용연구기관인 프라운호퍼사의 물리계측기술연구소(IPM)와 태양에너지시스템연구소(ISE)가 입지하고 있다. 태양에너지시스템연구소(ISE)는 1,200명의 종업원이 소속되어 있으며 태양에너지, 에너지변환, 에너지 효율, 에너지 배분 및 저장관련 응용기술의 최첨단 연구를 수행하고 있다. 그리고 프라운호퍼연구소에서 독립한 기술자들이 에너지 관련 컨설팅회사, 에너지 문제관련 시민단체를 설립하는 경우가 적지 않은데 에너지 효율화 전문회사인 에콘젭트(Econzept Energieplanung GmbH), 재생가능에너지 정보제공 및 계몽 시민단체인 훼이자(Fesa), 지속가능사회시스템에 관한 조사연구전문기관인 에코연구소가 대표적인 예이다. 이러한 풍부한 연구기반과 솔라건축물 도시라는 장점을 살려 솔라 테크놀러지 박람회(Intersolar)와 태양에너지 정상회의(Solar Summit Freiburg)를 개최하여 국제적인 태양광기술 허브로서의 지위를 구축하고 있으며 친환경 투어로 관광객을 끌어 들이고 있다.

재생에너지에 대한 시민들의 높은 관심을 배경으로 시민출자에 의한 태양광 및 풍력발전소 건설이 이루어지고 있다. 단순히 설치자금을 얻기 위해 출자를 모집하는 것이 아니라 전기판매로 얻은 수익을 지역에 환원한다는 경제효과와 함께 지역민의 재생에너지에 대한 의식향상을 목적으로 한 점이 특징이다. 시민공동발전소 설립을 지원하는 민간기업이 외코스트롬 프라이부르크(Ökostrom Erzeugung Freiburg GmbH)이다. 외코스트롬은 프라이부르크와 인근지역에 주로 풍력발전 및 태양광발전 설비의 운영 및 관리를 맡고 있는데, 새로운 설비를 설치할 때 주변지역 주민으로부터 출자금을 받아서 시설을 설치한다. 외코스트롬은 시의 에너지공사인 바데노바(Badenova Freiburg)와 협력을 통해 대부분의 프로젝트를 진행하며 신규 설치시마다 자회사를 설립하고 있는데 2019년 현재 자회사수는 30개 이르고 있다([그림 8-3] 참조).

프라이부르크 제3섹터는 경제와 환경의 양립을 추구하고 있는데 그린에너지를 판매하여 지역경제와 고용증진을 추구하는 대표적인 제3섹터가 바데노바(Badenova)이다. 바데노바는 프라이부르크에 본사를 두고 있으며 바덴-베르텐베르크주 남서부 지역 지자체들을 대상으로 에너지, 가스, 수도를 제공한다. 소유구조는 가스회사인 Thüga AG가 44.6%, 프라이부르크시가 32.8%, 그 밖의 90개 이상의 지자체가 나머지 지분을 소유하고 있다. 단순히 에너지공급 및 인프라정비를 수행하는 것만이 아니라 이산화탄소 삭감, 재생에너지원 확대, 기후변화 의식제고 등 공익적 목적도 수행하는데 공급하는 전력의 약 84%가 재생가능에너지로 독일 평균 28%를 크게 상회하고 있다.

그림 8-3 외코스트롬에 의한 시민공동발전소 건립 및 운영방식

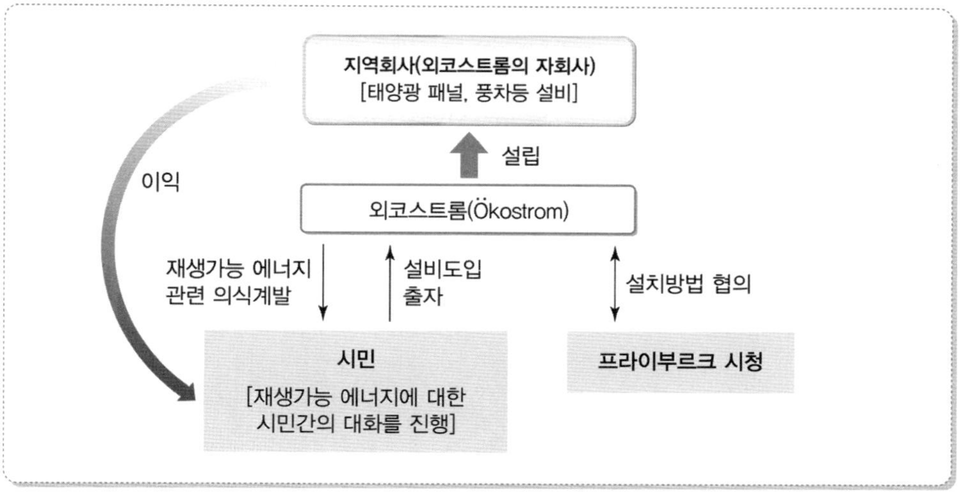

출처: 中口毅博・熊崎実佳(2019). p. 87.

주요 사업은 그린전력(지역전력), 시민공동발전소, 이노베이션 펀드, 열병합(고효율) 발전 등이다. 그린전력제도는 고객이 전기요금 1kWh 당 1센트를 추가로 지불할 수 있는 제도로 태양광, 소규모 수력발전(3년간 자금원조 가능), 바이오가스 발전 등에 출자금으로 사용된다.10) 시민공동발전소는 시민이 태양광발전, 풍력발

10) 가스 및 전기공급 대상 고객은 32만 명인데 이들 가운데 약 1만 명이 그린 전력을 선택하고 있다.

전, 태양광+풍력발전의 3가지 형태 중 선택이 가능한데 전체 자금가운데 20%가량을 시민출자로 충당하고 있다. 최첨단 프로젝트를 지원하는 이노베이션펀드는 기술혁신을 추진하는 프로젝트에 대해 자금을 지원하는 것으로 이익의 3%를 출자한다. 매립지로부터 발생하는 메탄가스를 모아 열병합설비로 발전과 열공급이 함께 이루어지는 것이 열병합 방식이다. 대형 열병합설비는 총 25기 도입되어 있는데 1년간 약 22만MWh의 열과 약 9만 MWh의 전기를 공급하고 있다. 바데노바는 친환경 에너지시스템 구축과 함께 장기실업자를 에너지절약 진단원으로 채용하여 고용창출에도 기여하고 있다. 또한 수익을 제3섹터인 VGA(교통공사)의 적자보전에 사용하는 등 프라이부르크시 지역경제의 버팀목 역할을 수행한다.

이처럼 프라이브루크시는 직접된 재생에너지관련 연구소, 관련기관 등을 바탕으로 관련기술 개발과 응용을 선도하고 있다. 또한 지역의 에너지공급에 대해 지자체가 민간기업과 공동으로 참여하여 사회적 가치를 적극적으로 실현할 뿐만아니라 시민출자를 통해 재생에너지원 확대를 가능하도록 하고 있다. 이는 고용창출 및 경제활성화로 이어지고 있는데 지구환경 위기해소에 기여하면서 지역경제 활성화가 가능함을 보여주는 사례라고 할 수 있다.

제 9 장

도시주택 및 토지정책

제1절 도시주택정책
제2절 도시토지정책

제9장

도시주택 및 토지정책

제1절 | 도시주택정책

1. 주택정책

(1) 주택정책 의의

주택은 인간의 가장 기본적인 요구 중 하나이다. 주택은 일반적으로 거주하는 공간으로 사람들을 보호하기 위해 집 또는 건물의 공동 사용을 의미한다. 또한 주택은 지역사회의 경제적, 사회적 지속 가능성 및 중요한 성장 요소를 형성하는 주요한 물적 요인이다. 안전하고 저렴하며 적절한 주거 시설은 지역 사회의 복지에 대한 모든 구성원에게 많은 측면에서 영향을 미친다. 저소득층과 중산층의 요구를 포함한 다양한 주택 선택을 가진 커뮤니티는 일반적으로 더 살기 쉽고 경제적으로 경쟁적이며 탄력적이다. 많은 연구결과에 따르면 양질의 저렴한 주택에 대한 접근은 저소득 및 중간소득 가구에 대한 경제적 경쟁력을 높일 뿐만 아니라 지역보건,

교육 및 지역사회 복지와 관련하여 지역 사회 전반에 긍정적인 혜택을 제공한다.

정부 및 공공기관의 일반적인 주택정책은 자원의 가용성과 주택수요 및 경제성에 대한 인식을 바탕으로 주택 프로그램을 지원하고 개발한다. 미래 수혜자의 요구사항과 경제성에 근거하고 계획을 공식화할 때 사람들의 특정한 요구와 경제성을 고려하여 주택정책이 목표로 하는 그룹에 효과적인 범위 안에서 집행되어진다. 따라서 주택정책은 주택공급 및 이용가능성, 주택 표준 및 도시계획에 직간접적으로 영향을 미치는 입법 및 프로그램 제공을 포함한 정부의 조치를 말한다. 법률을 통해 자원, 세금정책 및 주택의 할당은 주택가격뿐만 아니라 적절한 주택 공급의 가용성에 영향을 줄 수 있다. 과거에는 정부주도의 주택정책이 주를 이루었지만 현재는 공공기관이 주택 프로세스의 촉진자 역할을 점차 확대하고 있으며 필요한 주택공급환경을 조성하고 있다(Downs, 2004).

주택정책은 국가 재분배 정책으로 대표할 수 있다. 재분배 정책으로서 부의 양도를 통해 개인에게 주택재산의 기회가 제공된다. 초기 공영주택은 빈곤층에게만 제공되었지만 현재의 주택정책은 사회 전반적 주택안정화를 위하여 모든 소득그룹에 혜택을 주는 방향으로 바뀌었다. 예를 들면 부유한 중산층은 저금리 대출과 세금공제와 함께하는 주택저당으로 저렴한 이자 혜택을 받는다. 가난한 저소득층은 정부로부터 보조금 및 바우처로 혜택을 받는다. 따라서 주택에 대한 투자 및 대안적 유형의 임대 주택지원(예: 협동조합) 또는 민간부문이 더 많은 임대주택을 건설하고 운영하도록 장려하는 이 재분배 정책을 사용할 수 있다. 즉 공공 주택 가격과 임대료 단위는 정부의 재분정책의 기준에 의해서 발생하는 주택정책이다(Downs, 2004). 안전하고 저렴한 주택의 가용성은 가난한 저소득층 사람들이 주택을 확보하고 유지하는데 중요하고 일반인들에게 직접적인 영향을 미치기 때문에 대부분의 선진국에는 정부가 지원하는 강력한 주택정책이 유지되고 있다.

(2) 주택정책의 목표

주택시장의 정상적인 기능의 틀 안에서 도시 안에 수용된 주택정책 목표를 추구하는 것은 복잡하다. 다수의 주택문제를 동시에 해결하려는 시도로 많은 어려움이 발생한다. 재정적 낭비를 최소화하고 희소한 공공자원의 효과적인 사용을 극대화하기 위해서는 주택정책의 목표 우선순위를 설정해야 한다는 것은 분명하다. 왜냐하면 이것은 주택 요소의 가장 중요한 부분인 모든 주민들에게 알맞은 집과 만족스러운 생활환경을 보장하려는 정부의 주택정책을 결정하기 때문이다. 따라서 주택정책은 지역 사회의 목표에 따라 주택을 유지, 개선 및 개발할 프로그램을 시행해야 한다. 전반적 주택정책의 목표는 주택 서비스 공급의 확대와, 주민의 주택 구입능력 강화 및 주거수준의 향상이다. 이러한 주택정책의 기본 목표는 다음과 같다.

표 9-1 정부유형에 따른 주택정책의 기본 목표

주택정책의 기본 목표	
중앙정부	지방정부
· 사람들의 삶의 질에 대한 지속가능성을 향상시키기 위해 적절하고 편안하며 질이 좋고 저렴한 주택을 제공 · 종합적인 시설과 유익한 환경을 갖춘 적절하고 질 높은 주택 제공 · 주택 부문의 지속가능성을 보장하기 위한 미래 방향 설정 · 주택을 소유하거나 임대 할 수 있는 사람들의 능력과 접근성 향상	· 주택정책 비전 수립 및 우선순위 결정에 지역사회 참여 유도 · 무주택자를 줄이기 위한 저소득층을 위한 지역주택 개발 및 시행 · 저소득층을 위한 주택서비스 및 개발된 주택용 토지공급을 위한 자금 조정 및 관리 · 지역 주택정책 진행 상황에 대한 모니터링 및 보고 · 취약한 집단의 지역주택 상황을 개선하기 위한 고용 및 지원 · 안전하며 경제적인 지속가능한 주택공급

2. 주택정책의 수단

지난 수십 년 동안 주택비용은 많은 도시지역에서 소득보다 빠르게 상승했다. 그 결과, 점점 더 많은 가구가 주택 담보 대출과 임대료를 지불하는 데 어려움에 직면 해 있다. 이러한 과제를 해결하기 위하여 정부는 주택문제의 최전선에 서 있으며 이를 해결하는 데 중요한 역할을 한다(Downs, 2004). 정부는 많은 주택 프로그램을 구현하는 것 외에도 토지사용 규정, 건축 및 주택 코드, 허가 절차를 포함하여 다른 수준의 정부에서는 지역주택을 활성화하기 위한 많은 정책적 도구를 보유하고 있다. 또한 지역의 주택정책의 수단은 현지 요구와 시장 조건에 대한 깊은 이해가 필요하다. 따라서 지방 정부는 다양한 자금 제공과 규제를 통하여 지역주택 문제를 전략으로 해결할 수 있다. 주택정책의 수단은 지역주택 목표를 달성하기 위해 취하고자 하는 접근 방식이 포괄적이다. 지방정부는 주택정책의 수단은 지역조례, 건축법, 허가절차, 재산세 경감, 지방 주택 보조금을 포함하여 지방 정부가 처분할 수 있는 모든 수단을 활용한다. 또한 지방정부는 민간 및 비영리 부문을 주택건설을 위하여 주요 파트너로 참여시킨다.

(1) 조세제도

대부분의 국가에서는 세계적 금융위기 및 비상시기에 주택가격의 하락을 많이 겪는다. 이러한 기간 동안 하락했던 주택가격 회복을 위한 경기부양 정책으로 세금 및 금융제도를 사용한다. 많은 선진국들의 부동산 조세는 거래단계별로 취득세, 등록세, 재산세, 종합부동산세, 부동산세, 양도소득세, 자본이득세를 부과한다. 일반적으로 주택취득단계에서 부과되는 취득세 및 등록세와 보유단계에서 부과되는 재산세, 부동산세, 주민세 등은 지방세에 해당하며, 지방자치단체가 세율을 결정한다. 국가 및 지방자치단체별 도입배경과 목적에 따라 각 부동산조세 세목의 과세표준, 세율, 세 부담 수준 등은 각 환경의 변화에 다른 양상을 보이므로 많은 검토가 필요하다.

부동산 조세는 오랜 기간 동안 각국의 사회 및 경제적 환경을 반영하므로 부동산 과세표준, 세율기준, 세 부담수준 등을 국가 및 지방자치단체별로 단순 비교하는 것은 부적절하다. 많은 선진국들은 주택시장 안정을 위해 부동산 조세제도를 많이 활용하고 있다. 한국, 영국, 싱가포르 등 국가에서 주택가격안정을 위한 주택조세정책수단으로 부동산 조세제도를 활용한다. 주택가격 상승을 억제하기 위하여 취득세 및 양도소득세를 높여서 거래를 억제시킨다. 하지만 미국의 경우는 부동산 조세정책을 적극 활용하지는 않지만 엄격히 임대소득세를 부과하여 주택가격의 안정화를 유도하고 있다. 주택투기 억제를 위한 정책으로서 명확히 부동산 조세정책의 기본방향을 제시하여 장기적 관점에서 추진할 필요가 있다.

(2) 금융제도

주택금융제도의 주요정책은 주택담보대출이다. 주택담보대출은 은행이나 제2금융권에서 주택을 담보로 자체자금을 대출하여 소비자가 주택을 구입할 수 있게 해준다. 한국의 경우 제2금융회사인 상호금융회사, 새마을금고, 보험사 등이 주택 구입자금을 소비자에게 대출을 하였는데 IMF 외환위기 이후 제1금융권인 시중 은행이 주택담보대출을 주도하고 있다. 또한 무주택 서민층을 위한 장기 및 저리의 대출로서 국민주택기금이 존재한다. 무주택 서민층의 내집 마련을 위한 저리의 주택자금을 제공하여 이자부담을 완화하고 임대주택의 분양전환 정책을 사용한다. 한국의 국민주택기금대출은 지원 대상에 따라 근로자 서민 주택(전세)자금대출, 청약저축, 저소득 전세자금대출 등의 프로그램을 사용하고 있다.

미국의 주택금융정책은 장기고정금리형 주택담보대출이 주로 사용되고 있다(Downs, 2004). 주택담보대출은 2007년 이전에는 주로 모기지 회사에서 주택담보대출을 하였다. 미국은 자가 보유율을 높이기 위하여 주택담보대출의 활성화를 위하여 공적자금을 사용할 수 있는 공공기관을 설립하여 기관의 활동을 장려했다. 연방 주택청(Federal Home Loan Banks), Fanni Mae, Ginnie Mae은 미국의 시중은행, 저축은행 등 금융회사가 가지고 있는 주택 모기지를 담보로 자금을 융자를 실시하여 유동성을 제공하고 있다. 캐나다는 정부보증프로그램 및 정부지원 모기지 보험 프로그램을 사용하고 있다. 일본은 주택금융지원기구(Japan housing Finance Agency)는 시중은행의 주택자금 대출을 지원하기 위하여 설치되었다.

(3) 주택분양제도

한국의 「주택법」에 주택분양과 관련한 제반 과정을 규정하고 있다. 주택건설과 관련한 사업계획의 승인(제15조), 주택의 공급(제54조), 수분양자의 자격을 정하는 입주자 저축(제56조), 분양가 상한제와 분양가 내역공시에 대해 규정한 주택의 분양가격 제한(제57조), 모델하우스(M/H) 시공 · 설치에 대한 견본주택의 건축 기준(제60조)을 제시하고 있다. 「공공주택 특별법」에 따르면 "공공분양"이란 공공주택 사업자가 국가 또는 지방자치단체의 재정이나 주택도시기금의 지원을 받아 분양을 목적으로 국민주택규모 이하의 주택을 공급하는 것이다. 또한 국민주택은 규제 「주택법」 제2조 제5호에 의해 다음 중 어느 하나에 해당하는 주택으로서 국민주택규모 이하인 주택을 의미한다. 국가 · 지방자치단체, 한국토지주택공사 또는 주택사업을 목적으로 설립된 지방공사가 건설하는 주택 및 국가 · 지방자치단체의 재정 또는 주택도시기금으로부터 자금을 지원받아 건설되거나 개량되는 주택을 말한다. “민간분양”은 「공공주택 특별법」 제35조 제1항 및 제2항에 의해 민간기업인 주택건설사업자가 주택지구 내에서 건설되는 공공주택 외의 주택을 분양을 목적으로 공급하는 것을 말한다. 공공분양과 민간분양의 공급의 방법에는 일반공급, 우선공급, 특별공급의 방법은 「주택공급에 관한 규칙」 제25조 제1항에서 규정하고 있다. 일반공급은 우선공급 대상자 및 특별공급 대상자에 속하지 않는 사람들을 대상으로 주택을 분양하는 방법이다. 우선공급은 행정구역의 통합으로 주택건설지역이 변동되어 주택을 우선 공급받을 필요가 있는 기존 거주자나 임대사업자 등을 대상으로 주택을 분양하는 방법이다. 특별공급은 다자녀가구, 신혼부부, 노부모 부양자, 해제된 개발제한구역의 주택 또는 토지소유자, 외국인, 생애최초 주택구입자, 기관추천자 및 도시개발사업에 따른 철거주택 소유자 등을 대상으로 주택을 분양하는 방법이다.

(4) 주택 거래규제 제도

주택을 투기의 대상으로 삼는 소비자에게 주택매매허가제를 도입하여 투기를 억제하는 제도이다. 주택거래허가제는 주택을 거래할 때 지방자치단체의 허가를 받도록 하는 제도로 주택매매거래허가제이다. 주택도 특정 지역을 허가제를 적용하는 것으로 주택매매계약을 할 때 시·군·구 지방자치단체장들에게 거래허가를 받으라는 것이다. 하지만 한국의 참여정부가 2003년 10·29 대책에서 주택 거래허가제 도입을 검토했으나 재산권의 침해라는 위헌적 요소를 갖고 있고 여론의 반대에 밀려 도입되지 않았다. 하지만 지금은 차선으로 주택거래신고제를 시행하고 있다.

(5) 임대주택정책

무주택 서민들을 위한 주택안정 공급정책이다. 한국의 임대주택정책은 영구임대주택, 국민임대주택, 보금자리주택, 행복주택 등 다양한 명칭으로 입주자격, 임대기간, 임대료 등 임대 조건이 모두 다르게 구성되어 있다. 공공임대는 무주택 서민들에게 중앙·지방자치단체가 낮은 가격으로 임대하는 주택이다. 한국의 임대주택 정책은 언제나 정권과 운명을 함께 했고, 이전 정권의 임대정책은 축소되거나 혹은 폐기한 후 새로운 이름의 임대정책으로 나왔다.

3. 도시주택정책의 사례

(1) 최근 한국의 주택정책

문재인 정부는 하나의 국정과제로서 '서민이 안심하고 사는 주거 환경 조성'(국정과제 46)과 '청년과 신혼부부 주거 부담 경감'(국정과제 47)을 정책으로 추진하겠다고 말했다. 이에 대한 세부 부동산 정책은 공공임대주택의 공급과 운영 · 관리 개선, 임대주택 등록 활성화, 신혼부부 주거비용 지원, 청년 임대주택 공급 등이다. 문재인 정부는 주택은 투자가 아닌 주거의 공간으로서 서민 주거 안정과 실수요자를 보호하는 방향으로 정책을 수립하였다. 투기수요 근절, 맞춤형 대책, 실수요자 보호의 3대 원칙 하에서 주택시장 과열에 대한 대응정책을 마련했다.

2017년 8월 2일 주택시장 안정대책은 '실수요 보호와 단기 투기수요 억제를 통한 주택시장 안정화'에 중점을 둔 주택시장 안정정책이다. 투기과열지역에 투기

표 9-2 투기과열지구 및 투기지역 지정

구분	투기과열지구 ('17.8.3)	투기지역 ('17.8.3)	조정대상지역 ('16.1.3, '17.6.19대책)
서울	전 지역 (25개구)	강남, 서초, 송파, 강동, 용산, 성동, 노원, 마포, 양천, 영등포, 강서(11개구)	전 지역 (25개구)
경기	과천시		경기 7개시 (과천, 성남, 하남, 고양, 광명, 남양주, 동탄2)
기타	세종시	세종시	부산 7개구, 세종시

표 9-3 실수요 중심의 수요관리와 투기수요 조사 강화(양도소득세, 조정대상지역 내)

다주택자 양도세율		
구분	2주택자	3주택자 이상
현행	양도차익에 따라 기본세율(6~40%) 적용	
개정	기본세율 + 10%p	기본세율 + 20%p

수요의 유입을 차단하고, 실수요 중심으로 수요관리와 청약제도를 정비했다. 서민의 주거안정을 위해 주택공급을 확대하는 대책도 담겼다.

문재인 정부는 2017년 8월 부동산 정책을 시작하였다. 서울과 일부 수도권을 중심으로 짧은 기간에 주택시장이 과열되어 2018년 9월 13일 서민주거와 주택시장 안정에 집중하기 위한 대책을 발표하였고, 2019년 8월 민간택지 분양가상한제를 순차적으로 발표했다. 이러한 구체적인 주택정책은 주택시장을 안정시킬 목적을 갖고 있으며, 실수요자들에게 구체적으로 주택을 제공하기 위한 중심정책사례이다.

(2) 미국의 주택정책

주택정책의 경제 분석은 민간시장에 대한 대중의 선택 관점과 주택 가치에 대한 개인의 선택에 근거한다(Case and Mayer, 1996). 미국의 경우에는 중심도시에서 부유한 중산층의 좋은 주택환경을 선호하여 교외로 이동하기 시작하면서 중심도시는 더 쇠퇴하였고, 주택 소유율과 주택 단위의 감소, 주택 부족으로 인한 임대료 인상을 일으켰다(Nelson, Sanchez, & Dawkins, 2004). 즉 사람들은 좋은 주택을 제공하는 더 나은 공동체를 찾기 위해 떠나고, 주택가격이 높아서 이주할 여력이 없는 빈곤층은 남게 되는 경우도 발생했다(Lauria, & Baxter, 1999).

Dreier, Mollenkopf, & Swanstrom(2004)가 실시한 연구에 따르면 백인은 더 나은 학교 및 더 많은 지역 사회시설과 지역사회 서비스를 비교하여 자신들이 살 곳의 주택을 선택한다. 흑인 설문 조사 응답자는 직업과 안전에 대한 장소를 기반으로 주택을 선택했다. 흑인들 또한 흑인지역에 사는 것보다 혼합 및 통합 지역에 더 자주 사는 것을 선호한다(Nelson, Sanchez, & Dawkins, 2004). 흑인은 모든 인종 집단과 가장 분리된 상태를 유지하며 주택 소유율과 주택 단위의 감소, 주택 부족으로 인한 임대료 인상으로 인해 빈곤한 흑인이 가장 낮은 서민층으로 추락하고 있다(Nelson, Sanchez, & Dawkins, 2004). Massey(1990)는 경제적 수단을 가진 사람들은 중심 도시를 떠나고 가난한 흑인들은 탈출할 수 없어 그 지역은 슬럼화로 남는다.

빈곤층에게 주택을 제공하기 위해 연방 정부는 공공주택을 생활환경 조건이 좋지 않은 지역에 세워서 지역을 새롭게 다시 정비하는 정책을 추진하고 있다. 빈곤층은 범죄율이 높고 학교가 부족하며 직업 기회가 거의 없는 중심도시에 공공주택을 제공한다(Lichter, 2013). 빈곤이 집중된 도심의 슬럼가의 서민들에게 낮은 임대료와 함께하는 주거안정정책으로 공공주택을 제공한다(Fischer, 2003). 따라서 하나의 사례로 미국의 달라스의 Frazier Courts 공공주택정책을 소개한다.

Frazier Courts 지역의 이름은 지역 초등학교에서 유래한 것으로, Julia Caldwell Frazier를 기리기 위해 이름 지었다. 1910년대 Dallas에서 고등학교 교장으로 봉사한 최초의 아프리카계 미국인 여성이었다. 대부분의 Frazier Courts 주택은 1920년대와 1930년대 사이에 지어졌다. 그 시점에서 백인들은 Frazier Courts 지역을 점령했었다. 그러나 1940년대 이후 아프리카 계 미국인 재향 군인 가족들이 이 지역으로 이사하기 시작했을 때, Frazier Courts 지역은 1970년대까지 대부분의 주민이 아프리카계 미국인이었다. 1970년대에 Frazier Courts 지역을 포함한 사우스 달라스의 인구는 빈곤, 범죄, 부패, 약물남용, 실업, 공립학교의 질 및 기타 지역 서비스가 점차 악화되었다. 이러한 상황으로 인해 Frazier Courts 지역은 달라스에서 가장 우려되는 지역 중 하나가 되었다.

2003년 달라스주택국(Dallas Housing Authority)은 우범지역이고 오래된 공공주택 커뮤니티인 Frazier Courts의 재개발을 위한 해체작업을 위하여 미국 주택도시개발부(U.S. Department of Housing and Urban Development, HUD)로부터 HOPE

그림 9-1 Frazier Courts 프로젝트 전과 후

출처: Dallas Area Habitat for Humanity, A Report of Frazier Courtyard Homes 2013.

VI 자금으로 2천만 달러를 지원 받았다. 극심한 우범지역인 Frazier Courts의 기존의 주택을 마침내 제거하였다. 그리고 주변 및 관리 개선, 주민 요구를 해결하기 위한 사회 및 지역 사회 서비스를 제공하기 위하여 주민자치 위원회와 정부가 소통을 시작했다.

달라스주택국은 저렴한 임대 주택을 갖춘 55에이커의 Frazier Courts 공공주택 단지를 만들기 위하여 약 6천만 달러 규모의 프로젝트를 발주하였다. Frazier Courts 재개발은 저렴한 공공주택을 제공할 뿐만 아니라 2005년 이후 사우스달라스 지역의 커뮤니티 안정화 프로그램에 따라 Frazier 지역은 살기 좋은 지역으로 변모했다. 지역사회 지도자 및 조직, 경찰서, 지역학교, 비영리 개발 법인 및 지역 교회와 협력하여 정보를 공유하고 모든 수준에서 협력하고 조정함으로서 Frazier Courts는 사회적 평등 및 환경 개선이 이루어졌다. Frazier Court의 양질의 저렴한 공공주택제공은 주민참여, 저소득층 자녀 교육기회제공, 방과 후 프로그램, 공중보건, 사회보장, 규제 및 법률 관리, 범죄예방 프로그램을 활성화시켜 지역사회를 변화시켰다.

제2절 | 도시토지정책

1. 토지정책

(1) 토지의 개념

토지는 토지 자체와 개선된 토지로 경제적 부(富)의 가치이다. 이것은 자본 및 노동과 함께하는 생산의 요소 중 하나이다. 또한 국가와 개인의 재산을 상징하는 부로서 경제적 가치를 반영한다. 토지는 인간의 생활이 필요한 정주공간을 제공하며 공장이나 건물을 지을 수 있는 생산 활동의 장이다. 토지는 일반적으로 지구 표면을 의미한다. 그러나 경제학에서의 토지는 자연이 인간에게 주는 선물로 무료로 제공되는 모든 것이 포함한다. 토지는 생산에서 사람이 사용하는 모든 자연, 생활 및 무생물을 나타낸다. 토지는 수동적 요소이며 자체 생산 능력이 없지만 생산의 중요한 대리인이다. 현대 경제학자들은 토지를 특정 생산 요소로 생각하는

데, 이는 특정 목적뿐만 아니라 다른 여러 용도에 적용될 수 있다.

토지는 다른 생산의 요소와는 다른 특성을 지닌다. 토지는 파괴할 수 없는 생산 요소이다. 사람은 토지를 특정 위치의 모양과 요소의 구성만 변경할 수 있지만 파괴할 수 없다. 그것은 정원이나 숲 또는 인공 호수로 변환될 수 있고 자연적인 요인으로 인해 토지의 일부가 침식되지만 토지의 전반적인 가용성은 변하지 않는다. 이러한 영구적 특성과 함께 부동적 성격을 지닌다. 즉, 다른 요소와 달리 토지는 물리적으로 움직일 수 없다. 한 장소에서 다른 장소로 이동할 수 없기 때문에 생산의 부동 요인이다. 지리적 이동성이 부족하다. 그러나 일부 경제학자들은 토지를 여러 용도로 사용할 수 있다는 주장에 대한 이동 요인으로 설명하기도 한다. 하지만 이러한 특성에 따라서 토지는 경쟁시장에서 완전히 자유롭지 못하다.

토지의 양은 한정적이다. 왜냐하면 토지 공급량은 고정되어 있다. 이는 다른 생산 요소와 같이 토지 공급을 늘리거나 줄일 수 없음을 의미한다. 개인의 경우 토지 공급이 유연할 수 있지만 거시적 수준에서는 전체 토지 공급이 고정되어 있다. 그러나 토지를 집중적으로 사용함으로써 효과적인 사용을 추구할 수 있다. 토지는 용도에 있어서 대체불가하다. 왜냐하면 모든 토지는 비옥하지 않기 때문이다. 일부 지역은 매우 비옥하고 농업 생산성이 매우 좋은 반면, 일부 지역은 완전히 불모지이며 재배할 수 있는 곳이 없다. 마찬가지로, 지하자원은 지역마다 다르므로 경제적인 관점에서 토지를 더 유용하게 또는 덜 유용하게 만들 수 있다.

토지는 자체적으로 아무것도 생산할 수 없기 때문에 수동적인 생산 요소이다. 인적 요소와 자본 투입량은 토지로부터의 수확량을 얻기 위해 적절한 방식으로 토지와 결합된다. 토지는 생산의 고정된 요인이기 때문에 수익률의 법칙이 더 효과적으로 적용된다. 즉, 토지는 경작, 낙농장 양육, 건물 등의 대체 목적으로 사용된다. 특정 목적을 위한 토지 사용은 특정 용도에 따라 달라진다. 따라서 개인이나 국가가 소유한 토지를 효율적으로 사용하기 위하여 지금의 수익성이 낮은 토지를 수익성이 높게 원활히 용도를 변경하는 것은 쉽지 않기 때문이다. 또한 토지를 개발하는 데는 막대한 비용과 시간이 필요하므로 용도의 전환이 쉽지 않은데 이러한 특성은 토지의 효율적 사용이 어렵고 불안전 경쟁적 특성을 지니고 있다.

(2) 토지정책 의의

토지정책은 보다 효율적인 자원 사용뿐만 아니라 보다 바람직한 사회적 및 환경적 결과를 촉진하기 위한 노력으로 토지이용을 규제하는 과정이다. 토지정책의 목표에는 환경 보전, 도시 확산 방지, 운송비용 최소화, 토지 이용 충돌 방지 및 오염 물질 노출 감소가 포함된다. 일반적으로 토지정책은 특정 지역에서 발생하는 다양한 사회 경제적 활동, 생산하는 인간 행동 패턴 및 환경에 영향을 미친다(Alonso, 1964).

토지정책은 효율적이고 윤리적인 방식으로 토지이용을 주문하고 규제함으로써 토지사용 충돌을 방지한다. 정부는 토지 사용 계획을 사용하여 관할 지역 내에서 토지 개발을 관리한다. 그렇게 함으로써, 정부부서는 천연 자원을 보호와 함께 지역 사회의 요구를 계획할 수 있다. 이를 위해 최적의 토지 이용 옵션을 선택하고 채택하기 위한 토지 및 토지 이용 대안, 경제 및 사회 조건에 대한 체계적인 평가가 이루어진다. 토지정책의 한 요소인 토지 사용 계획은 종종 커뮤니티, 도시 또는 정의된 계획 영역에서의 향후 개발 가능성에 대한 비전을 제공한다.

미국에서 토지정책을 토지사용계획, 지역계획, 도시계획 및 도시설계라는 용어로 종종 서로 바꿔서 사용되며 해당 주, 카운티 및 또는 프로젝트에 따라 다르게 적용하고 있다. 혼동되는 명명법에도 불구하고 토지정책의 필수 기능은 적용되는 용어와 동일하게 유지된다. 미국 계획 협회(American Planning Association)는 토지정책의 목표는 현재와 미래 세대를 위한 편리하고 공평하며 건강하고 효율적이며 매력적인 환경을 조성함으로써 사람들과 지역 사회의 복지를 증진시키는 것이라고 정의했다.

개인 및 집단의 복지에 영향을 미치며 환경 지속 가능성, 경제 성장 및 사회 통합의 주요 목표를 달성하는데 토지정책은 중요한 요소이다. 토지정책은 주로 공간 및 토지 사용 계획과 환경 및 건축법 규정을 이용하여 토지 사용에 영향을 준다. 비록 정부의 토지정책은 토지 사용방법을 제한하지만 개인과 기업의 사유재산권이나 토지 사용을 원하는 방식에는 영향을 줄 수 없다. 또한 토지사용 규제를 정교화 하는데 오랜 시간이 걸리고 변경사항을 적용하는데도 더 오랜 시간이 걸릴 수 있다. 따라서 토지정책은 지속 가능한 인간 정착을 보장하기 위해 환경적으로 건전한 방법으로 토지의 합리적이고 질서 있는 개발을 보장하기 위해 경쟁적이며 때로는 상충되는 용도 사이에 토지가 할당되는 과정을 말한다.

토지정책은 단독으로 존재하지 않는다. 왜냐하면 토지정책은 기술적 및 공간적 틀 안에서 지역사회 요구를 수용해야 한다. 관광, 제조업 또는 농업 개발에 중점을 두는 지역주민의 사회적, 경제적 요구에 따라서 토지정책이 변경된다. 지역 정치가와 도시 계획자에 의해 이러한 요구는 공간적 형태 또는 토지사용이 변환되며 토지이용계획, 정책 및 개발 조치에 반영된다. 그러므로 토지정책은 합리적 방식으로 그리고 기술적인 틀 안에서 지역의 요구를 충족시켜야 할 필요성이 존재한다. 그것은 사회 및 경제 계획을 포함하고 토지이용/공간 구성 요소를 반영하는 지역 토지정책 프로세스의 중요한 부분이다.

(3) 토지정책 장단점

토지정책은 중요한 도시성장 프레임 워크이다. 번영하는 도시지역의 체계적인 개발을 달성하기 위해 토지정책은 토지이용계획 틀을 제공할 수 있다. 좋은 토지정책은 지역, 유역, 해안 및 해양 지역 개발을 통하여 도시 경제발전에 긍정적인 영향을 미치고, 천연자원 및 생물 다양성의 보존, 사용 및 지속 가능한 경제 생태구역 설정은 토지 사용 계획 영역 안에서 기능을 효율적으로 수행할 수 있다(Firey, 1947). 또한 인간 생활 활동에 위협이 되는 자연현상의 존재는 사람의 활동을 제한하고 감소하는 방식으로 인프라 조건을 조정함으로써 자연현상 및 그 징후를 억제 할 수 있도록 제한을 고려한 토지정책을 수립할 수 있다. 이러한 측면을 고려한 토지정책은 자연 현상에 노출 된 지역의 식별, 위치 및 평가를 가능하게 하여 위험 완화를 보장하는 조치를 할 수 있다. 하지만 토지사용계획 비용은 일반적으로 비 투자 및 기술 비 예측으로 인해 일반적으로 높으며, 토지정책은 종종 관료주의와 행정 병목 현상으로 많은 시간이 걸린다.

2. 토지정책의 규제 수단

(1) 토지이용규제

토지이용규제는 토지 개발에 적용되는 규칙에 대한 포괄적인 용어이며 용도지역 · 지구제(Zoning)는 중요한 토지 이용 제한의 수단이다. 용도지역 · 지구제는 사용, 밀도, 디자인 및 역사적인 보존 요구 사항을 통해 토지개발을 통제한다. 따라서 토지이용규제라는 용어는 소유자가 소유권을 가지고 있는 경우 청구인의 토지 사용 또는 개발을 제한하거나 그러한 법률의 적용을 의미한다. 한국의 토지이용규제 기본법 「법률 제15674호」은 토지이용과 관련된 지역 · 지구 등의 지정과 관리에 관한 기본적인 사항을 규정함으로써 토지이용규제의 투명성을 확보하여 국민의 토지이용상의 불편을 줄이고 국민경제의 발전에 기여함을 목적으로 만들었다. 토지이용규제는 불법 행위법을 통한 토지 이용 제한, 합의에 의한 사적 규제, 토지 수용과 용도지역 · 지구제를 사용한다. 이러한 토지이용규제 중 공익의 특정 목적을 위하여 손실 보상을 전제로 공공기관이 사유재산을 강제로 국가의 소유로 취하는 토지수용과 도시 미래의 계획을 위해 토지 이용형태를 미래 제시하여 지역의 사용용도를 규정하는 용도지역 · 지구제가 주를 이루고 있다. 용도지역 · 지구제는 지방자치단체에서 가장 많이 사용하는 규제수단으로 사용하고 있다.

1) 토지수용

토지수용은 국가가 특정의 공공사업에 필요한 토지의 소유권을 법률로서 강제로 받아들이는 행정 처분으로 국가가 특정 사업을 위하여 사유 재산을 토지수용법 제14조 및 25조에 의하여 강제적으로 취득 또는 사용하는 것이다. 토지수용법 「법률 제3534호」는 공익사업에 필요한 토지의 수용과 사용에 관한 사항을 규정하여 공공복리의 증진과 사유재산권과의 조절을 도모함으로써 국토의 합리적인 이용, 개발과 산업의 발전에 기여함을 목적으로 한다.

여기의 공익사업은 (1) 국방, 군사에 관한 사업, (2) 법률 또는 법률의 위임에 의하여 발하는 명령에 의하여 시설하는 철도, 궤도, 도로, 주거장, 삭도, 전용자동차도, 교량, 하천, 제방, 언제, 사방, 방풍, 방화, 방조, 방수, 운하, 관개 및 발전용 수로, 저수지, 선거, 항만, 부두, 상수도, 하수도, 공중변소, 진애 및 오물처리장, 전기, 전기통신, 방송, 가스, 측후, 항공 및 항로표식에 관한 사업, (3) 국가 또는 지방공공단체가 설치하는 청사, 공장, 연구소, 시험소, 보건 또는 문화시설, 공원, 광장, 운동장, 시장, 묘지, 화장장, 도살장 기타 공공용시설에 관한 사업, (4) 법률 또는 법률의 위임에 의하여 발하는 명령에 의하여 시설하는 사회교육이나 학예에 관한 사업, (5) 국가 또는 지방공공단체 기타 국가 또는 지방공공단체가 지정한 자가 임대나 양도의 목적으로 시설하는 주택의 건설 또는 택지의 조성에 관한 사업, (6) 제철, 비료 기타 대통령령의 정하는 중요산업에 관한 사업, (7), 제1호 내지 제6호의1에 게기하는 사업의 시행을 위하여 필요한 통로, 교량, 전선로, 재료적치장 기타 부대시설에 관한 사업, (8) 기타 다른 법률에 의하여 토지를 수용 또는 사용할 수 있는 사업을 의미한다. 하지만 토지를 수용 또는 사용할 수 있는 사업에 이용되고 있는 토지는 특별한 필요가 있는 경우가 아니면 이를 수용 또는 사용을 제한하고 있다. 또한 토지수용은 어떤 사업의 공공필요성 여부에 관한 판단과 토지소유자의 재산권 보호에 관한 사회적 갈등이 존재하고 있다.

2) 용도지역 · 지구제

용도지역 · 지구제는 지방자치단체의 토지를 특정 토지 사용이 허용되거나 금지되는 구역을 주거지역 혹은 산업지역으로 나누는 규정이다. 또한 건물의 크기 및 배치가 규제될 수도 있다. 용도지역 · 지구제는 도시계획을 수행하기 위해 사용하는 가장 일반적인 규제방법이다. 영역 유형에 따라 특정 개발에 대한 계획 권한이 부여되는지 여부가 결정되고, 구역 지정은 토지의 크기와 건물의 형태와 규모를 나타낼 수 있다. 용도지역 · 지구제는 도시의 성장과 발전을 계획하기 위해 마련된 규제라 볼 수 있다.

토지는 적절한 권한에 의해 다양한 용도가 허용되는 영역으로 나뉜다. 따라서 용도지역 · 지구 설정은 대부분의 선진국에서 지방자치단체가 사용하는 도시계획의 도구로서 토지이용 계획의 기법이다. 용도지역 · 지구제는 개발의 사용, 형태, 디자인 및 호환성을 규제하는 구역 영역을 지정하는 관행에서 파생된다. 법적으로 구역설정 계획은 일반적으로 해당 절차와 함께 세칙으로 제정된다. 일부 국가, 캐나다 또는 독일의 구역 지정 계획은 상위(지역, 주, 지방) 계획 및 정책을 준수해야 한다. 용도지역 · 지구제는 다양한 구역 설정 유형이 있으며, 그중 일부는 건물 형태를 규제하고, 형태 기반으로 알려진 혼합 용도로 거리와 건물을 관계에 초점을 맞추고, 용도 기반 또는 토지 사용을 분리하는 다른 구역 지정에 중점을 둔다.

한국의 용도지역 · 지구제는 국토의 계획 및 이용에 관한 법률 「법률 제17091호」에 기초하고 있다. 국토계획법 제6조에 따르면 국토는 토지의 이용실태 및 특성, 장래의 토지 이용 방향, 지역 간 균형발전 등을 고려하여 국토용도구분은 (1) 도시지역: 인구와 산업이 밀집되어 있거나 밀집이 예상되어 그 지역에 대하여 체계적인 개발 · 정비 · 관리 · 보전 등이 필요한 지역, (2) 관리지역: 도시지역의 인구와 산업을 수용하기 위하여 도시지역에 준하여 체계적으로 관리하거나 농림업의 진흥, 자연환경 또는 산림의 보전을 위하여 농림지역 또는 자연환경보전지역에 준하여 관리할 필요가 있는 지역, (3) 농림지역: 도시지역에 속하지 아니하는 「농지법」에 따른 농업진흥지역 또는 「산지관리법」에 따른 보전산지 등으로서 농림업을 진흥시키고 산림을 보전하기 위하여 필요한 지역, (4) 자연환경보전지역: 자연환경 · 수자원 · 해안 · 생태계 · 상수원 및 문화재의 보전과 수산자원의 보호 · 육성 등을 위하여 필요한 지역으로 구분한다.

용도지역지정은 국토계획법 제36조에 의거하여 국토교통부장관, 시 · 도지사 또는 대도시 시장은 다음 각 호의 어느 하나에 해당하는 용도지역의 지정 또는 변경을 도시 · 군관리계획으로 결정한다. 용도지역지정은 (1) 도시지역은 (가) 주거지역: 거주의 안녕과 건전한 생활환경의 보호를 위하여 필요한 지역, (나) 상업지역: 상업이나 그 밖의 업무의 편익을 증진하기 위하여 필요한 지역, (다) 공업지역: 공업의 편익을 증진하기 위하여 필요한 지역, (라) 녹지지역: 자연환경 · 농지 및 산림의 보호, 보건위생, 보안과 도시의 무질서한 확산을 방지하기 위하여 녹지의 보전이 필요한 지역, (2) 관리지역은 (가) 보전관리지역: 자연환경 보호, 산림 보호, 수질오염 방지, 녹지공간 확보 및 생태계 보전 등을 위하여 보전이 필요하나, 주변 용도지역과의 관계 등을 고려할 때 자연환경보전지역으로 지정하여 관리하기가 곤란한 지역, (나) 생산관리지역: 농업 · 임업 · 어업 생산 등을 위하여 관리가 필요하나, 주변 용도지역과의 관계 등을 고려할 때 농림지역으로 지정하여 관리하기가 곤란한 지역, (다) 계획관리지역: 도시지역으로의 편입이 예상되는 지역이나 자연환경을 고려하여 제한적인 이용 · 개발을 하려는 지역으로서 계획적 · 체계적인 관리가 필요한 지역, (3) 농림지역, (4) 자연환경보전지역으로 구분된다.

용도지구지정은 국토계획법 제37조에 기술되어 있다. 용도지구지정은 (1) 경관지구: 경관의 보전 · 관리 및 형성을 위하여 필요한 지구, (2) 고도지구: 쾌적한 환경 조성 및 토지의 효율적 이용을 위하여 건축물 높이의 최고한도를 규제할 필요가 있는 지구, (3) 방화지구: 화재의 위험을 예방하기 위하여 필요한 지구, (4) 방재지구: 풍수해, 산사태, 지반의 붕괴, 그 밖의 재해를 예방하기 위하여 필요한 지구, (5) 보호지구: 문화재, 중요 시설물(항만, 공항 등 대통령령으로 정하는 시설물을 말한다) 및 문화적 · 생태적으로 보존가치가 큰 지역의 보호와 보존을 위하여 필요한 지구, (6) 취락지구: 녹지지역·관리지역·농림지역·자연환경보전지역·개발제한구역 또는 도시자연공원구역의 취락을 정비하기 위한 지구, (7) 개발진흥지구: 주거기능·상업기능·공업기능·유통물류기능·관광기능·휴양기능 등을 집중적으로 개발·정비할 필요가 있는 지구, (8) 특정용도제한지구: 주거 및 교육 환경 보호나 청소년 보호 등의 목적으로 오염물질 배출시설, 청소년 유해시설 등 특정시설의 입지를 제한할 필요가 있는 지구, (9) 복합용도지구: 지역의 토지이용 상황, 개발 수요 및 주변 여건 등을 고려하여 효율적이고 복합적인 토지이용을 도모하기 위하여 특정시설의 입지를 완화할 필요가 있는 지구, (10) 그 밖에 대통령령으로 정하는 지구로 구분된다.

(2) 토지소유규제

한국은 국토면적에 비해 인구의 증가와 경제성장으로 인하여 산업용지, 주택용지 및 공공용지 등의 수요가 증가되었다. 또한 토지가 부유층에 편중되어 토지의 소유에 있어서 형평성에 문제점이 드러났다. 이러한 문제점을 제거하기 위해 정부는 「택지소유 상한에 관한 법률」을 제정하였다. 이 법의 목적은 대한민국의 택지를 소유할 수 있는 면적의 한계를 정하여 국민이 택지를 고르게 소유하도록 유도하고 택지의 공급을 촉진함으로써 국민의 주거생활의 안정을 도모함이다. 하지만 이 법은 1998. 9. 19. 법률 제5571호로 폐지되었을 뿐 아니라 폐지 전 법률도 서울과 6대 광역시에서 200평 이상의 택지소유자에게 부담금을 부과토록 규정은 과도하게 국민의 재산권을 제한하여 헌법에 위반된다고 헌법재판소는 판단하였다.

유휴지는 사용되고 있지 않는 토지를 말한다. 오랫동안 이용하지 않고 방치하거나 적극적인 사용 없이 그저 보유만 계속하여 개발이 저해되고, 실수요자에 의한 토지의 취득이 어려운 상태에 있는 상태로써, 국토이용관리법이 정하는 요건에 해당하는 토지를 말한다. 유휴지는 국토이용관리법에 의거하여 토지 등의 거래계약허가를 받았거나 거래계약신고를 하고 취득하거나 권리를 설정한 토지로서 다음의 요건에 해당하는 경우 토지이용심사위원회의 심의를 거쳐 유휴지임을 결정한 토지이다. 국토이용관리법이 정하는 유휴지에는 크게 두 유형이 있다. 그 하나는 거래규제제도의 시행 후 동법 제21조의10에 의한 유휴지이고, 다른 하나는 동법 부칙 제3조의 경과조치에 의한 유휴지이다. 유휴지로 지정되면 토지소유자는 개발이용계획서나 처분계획서의 제출의무(국토이용관리법 제21조의11 제1항, 제2항, 동법 부칙 제3조 제5항)가 있으며 서울특별시장 · 광역시장 또는 도지사는 토지소유자에게 그 토지의 유효적절한 이용이나 개발촉진을 위한 조언이나 권고를 할 수 있다(국토이용관리법 제21조의11 제3 · 4항, 동법 부칙 제3조 제5항). 그리고 필요에 따라 서울특별시장 · 광역시장 · 도지사는 유휴지를 매수할 수 있다.

(3) 토지거래규제

토지거래규제란 토지소유의 질서를 규율하기 위해여 토지거래행위에 대하여 직접 또는 간접적으로 정부가 법으로 규제하는 것을 의미한다. 땅이 위치한 지역이나 혹은 역사적으로 소유제도가 다르게 나타날 수 있기 때문에 토지거래는 다양한 변화를 겪을 수 있다. 이러한 관점에서는 우리나라의 국토는 협소하고, 인구밀도가 매우 높으며, 토지에 대한 소유욕이 강한 문화적 특성 때문에 토지거래규제가 발생했다. 국토의 보존과 균형발전을 위하여 국민들이 토지를 사용함에 있어서 공익목적을 유도하고 부의 편재를 해결하기 위하여 사용된 법적규제이다. 이러한 관점은 토지에 대한 개인의 소유권은 인정하되 그 이용에 대해서는 공공의 이익을 위해서 일정부분 규제할 수 있다는 생각으로 토지 공개념으로 볼 수 있다.

주택시장이 과열되었던 1980년대 후반 급등하는 집값과 부동산 투기를 막기 위해 처음 논의되기 시작하여 1990년 택지소유상한제, 개발이익환수제, 토지초과이득세법등의 법률이 제정되면서 도입됐다. 하지만 정부는 각 규제들에 대한 실효성을 얻지 못하고 개인의 재산권 침해 논란 등 부작용이 확산되었다. 지난 90년 도입됐던 택지소유상한제 등 일부는 위헌 결정으로 이미 폐지됐고, 개발이익환수제도 1998년 2월에 사실상 폐지되었다.

토지소유권은 제한하지 않고 거래만을 규제하는 방식이 있다. 토지거래규제는 정부의 허가나 인가 혹은 신고 등을 의무화하여 토지에 대한 처분을 제한할 수 있다. 이러한 토지소유권의 처분을 제한하는 것은 부동산투기를 억제하고 국토의 보존을 위하여 행하여지고 있다. 토지거래제한은 직접적인 토지소유권의 본질적 침해를 주지 않기 때문에 국가의 토지보존을 위하여 필요한 조치이다. 조세제도로서 종합소득세, 취득세, 등록세, 양도소득세 등 토지 세제를 통하여 간접적인 규제를 하고 있다. 또한 부동산 중개업제도나 부동산등기의무제, 부동산실명제를 통하여 도 부동산 시장관리를 하고 있다. 현재의 토지거래는 행정관청에 신고를 하고, 신고필증을 받아야만 등기를 할 수 있게 하고, 신고필증을 받은 경우에는 부동산 등기특별법에서 요구하고 있는 검인을 받은 것으로 간주하는데 이러한 면은 토지거래 신고제의 성격을 지니고 있다고 할 수 있다. 이러한 토지거래정보의 확보는 토지거래 당사자에게 심리적인 부담을 줌으로서 토지투기를 진정시키는 등의 효과를 기대할 수 있어 간접적인 규제수단으로 활용되고 있다.

3. 토지정책의 사례

(1) 미국의 도시의 용도지역·지구제 과정(Zoning, Texas, Plano City)

- 용도지역 · 지구제 설정의 지도는 도시 내의 각 토지 구획에 부여된 구역 설정을 보여주는데, 구역 지정 조례에는 허용된 사용, 주차 요구 사항, 높이, 좌절, 조경 및 기타 품목에 관한 특정 규정이 포함된다.
- 용도지역 · 지구제는 누가 요청할 수 있는가?
  - 부동산소유자 혹은 집주인, 도시계획 및 구역 설정위원회, 시의회 3주체 만이 만이 구역 변경을 요구할 수 있다.
- 부동산 소유자가 도시에 지역 변경 요청을 제출하면 몇 가지 조치가 취해진다.
  - 신청자는 요청된 구역 변경을 광고하는 부동산에 서명을 한다.
  - 요청은 종합 계획, 도로 계획, 공원 계획 및 기타 채택된 도시 지침을 준수하는지에 대해 신청자와 함께 검토 및 논의된다.
  - 그런 다음 직원은 이 검토를 기반으로 계획 및 구역 지정위원회에 승인 또는 거부에 대한 권장 사항을 공식화한다.
  - 계획 및 구역 지정위원회 이전에 공청회에 대한 서면 통지는 주법에 따라 필요에 따라 재배치 될 200피트 이내에 있는 모든 부동산 소유자에게 보내지며, 그 외의 사람들은 500피트 내로 보내진다.
  - 주법에 따라 10일 전에 통지해야 하는 경우도 있지만, 우리의 조례에는 20일 전에 통지해야 한다. 또한 1,500피트 이내의 알려진 모든 주택 소유자 협회에도 통지가 발송된다. 통지에는 재산 소유자의 지원 또는 사건에 대한 반대를 등록하는 회신 편지가 포함되어 있다.

– 계획 및 구역 지정위원회는 정기 회의에서 공개 청문회를 개최하며 누구나 사건을 제기하거나 반대할 수 있다. 위원회는 승인, 거부 또는 구역 설정 요청을 추천할 수 있다. 위원회가 승인을 권고하면, 시의회 전에 공청회가 자동으로 진행된다. 위원회가 요청을 거부하면 신청자는 30일 안에 이 결정에 대해 시의회에 항소할 수 있다.
– 시의회 이전의 공청회는 공청회 최소 15일 전에 신문에 게시된다. 서면 통지는 개별 부동산 소유자에게 다시 우송되지 않는다. 시의회는 공청회를 개최하며 신청자의 요청을 승인, 거부 또는 표출할 수 있다.

▪ 구역 설정의 특수 유형
– PD: 계획된 개발(Planned Development) 구역은 신청자의 제안이 기존 구역 규정에 잘 맞지 않을 때 가장 자주 사용된다. 계획된 개발 지구를 만들면 해당 특정 지구 내에서만 적용되는 특별 제한 또는 수당이 발생한다.
– SUP: SUP(Specific Use Permits)는 특수한 구역 지정 형식이다. SUP는 특정 지구의 일부 지역에서 적합 할 수 있지만 전부는 아니다. SUP는 데이 케어 센터, 개인 클럽 허가, 아케이드 및 기타 여러 용도로 사용된다.
– H(Heritage): Plano시에는 또한 유산 자원이 지정되어 있다. “H”표시는 유산위원회, 계획 및 구역위원회 및 시의회의 승인을 받아 역사적으로 중요한 속성에 적용된다.

(2) 한국의 스마트시티(세종특별자치시, 5-1 생활권)

그림 9-2 세종특별자치시 스마트시티(5-1 생활권 토지 활용도)

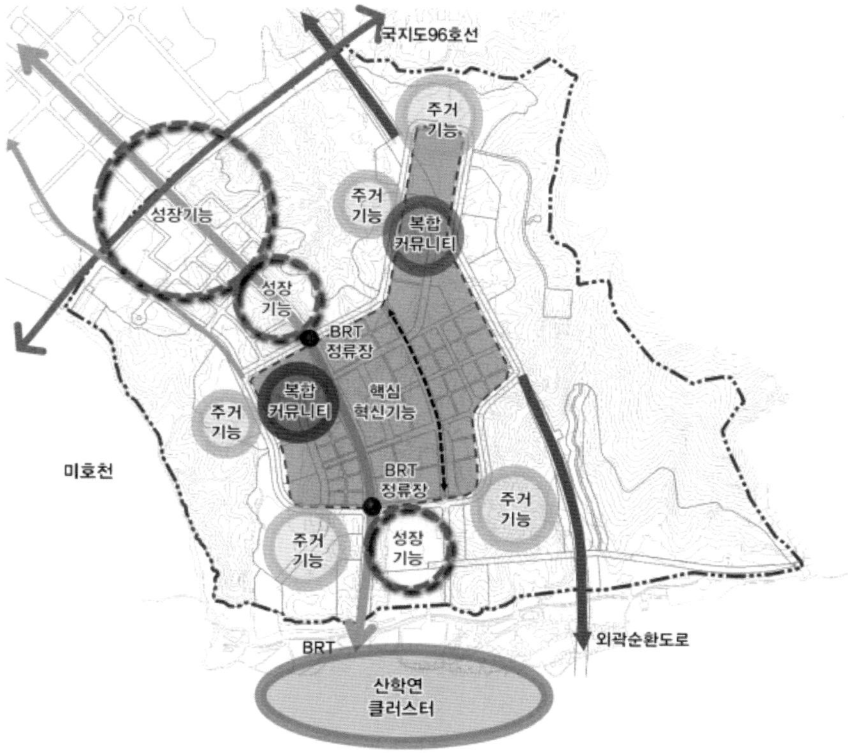

출처: 세종특별자치시.

- 스마트시티는 무한한 가능성이 열려있는 미지의 세계로 국가균형발전을 상징하는 세종특별자치시에서 21세기 4차 산업을 대표하는 스마트시티를 구현
- 시민들의 삶을 안전하고 편리함을 추구
- 세종 스마트시티 국가시범도시에 2018년부터 22년까지 5년간 공공부문에서 9,500억 원을 투입해 도시기반 조성
- 교통 에너지 헬스케어 등 혁신기술을 접목한 산업생태계를 조성
- 공유 자동차 기반 도시구축과 기존 **지역 지구제**(ZONING)에서 탈피
- **용도지역** 없는 도시건설 계획

제 10 장

도시재난관리 정책

제 10 장

도시재난관리 정책

제1절 | 재난의 개념과 유형

1. 재난의 개념

재난(disaster)은 라틴어에서 유래된 별의 불길한 징조라는 뜻이다. 영어로 재난은 disaster, hazard, emergency, catastrophe, crisis, risk 등의 용어로 표현되며, 우리말에서는 재난, 재해, 위기, 위험, 위난 등의 용어가 혼용되어 사용되고 있다 과거 한국의 법령에서는 자연재해는 '재해', 인위적 재해는 '재난'으로 표현되었다 (황윤원, 1989; 남궁근, 1999). 재난은 시대와 사회 환경의 변화에 따라 유동적으로 인식되고 있는 상대적 개념이다. 따라서 재난에 관한 정의는 기관이나 법령에 따라 다양하다.

재난에 관한 개념적 정의를 살펴보며, 미국 연방재난관리청(Federal Emergency Management Agency: FEMA, 1984: 1-3)은 재난을 "정부의 통상적인 관리 절차나

자원으로써는 대처할 수 없는 인적 및 물적 손상을 초래하는 사건을 말한다. 재난은 대개 돌연히 발생하지만 대처 과정에서는 다수의 정부기관과 민간 부문들의 즉각적이며 조정된 노력을 필요로 한다"고 규정하고 있다. 유엔 재난경감 국제전략기구(UNISDR)는 재난을 "지역 또는 사회에서 자체적으로 보유한 인적·물적 자원만으로 대처할 수 없을 정도로 인적, 물적, 경제·환경적 피해가 발생하여 영향을 받은 지역 또는 사회가 극도로 혼란한 상태"로 정의하고 있다(강동진, 2018: 118). 가장 보편적 정의는 유엔개발협회(United Nations Development Program: UNDP)의 정의라고 할 수 있다. UNDP는 재난을 "사회의 기본조직 및 정상 기능을 와해시키는 갑작스러운 사건으로서, 재난의 영향을 받는 사회가 외부의 도움 없이 극복할 수 없고, 정상적인 능력으로 처리할 수 있는 범위를 벗어나 사회간접시설 및 일상생활에 피해를 일으키는 단일 또는 일련의 사건이라고" 정의하고 있다(최호철 외, 2019: 27). 「재난 및 안전관리기본법」(2014.2.7. 법률 11994호)에서는 재난(제3조 1호)을 "국민의 생명, 신체 및 재산과 국가에 피해를 주거나 줄 수 있는 것"으로 규정하고 있다.

2. 재난의 특징

재난은 자연 현상, 사람의 실수, 도시의 발전양상, 기술의 진보, 개인의 경제·사회적 불만, 종교·민족적 갈등 등 다양한 요인에 의해서 발생할 수 있다. 즉 재난은 어느 특정한 시설이나 사람에게만 국한되는 것이 아니라 그를 포함한 공간 전체에 해당되고 시간 경과에 따라 피해 확산이 급속하게 진행된다(박병식 외, 2009; 강동진, 2018). 이러한 재난 발생 시 구체적인 특징들을 살펴보면, 낯선 사람들과 함께 일을 해야 하고, 익숙하지 못한 업무와 절차에 직면하게 되어 필연적으로 조직 내부는 물론이고 조직 간 조정이 필요하다. 이러한 재난이 발생하면 도로는 통행이 불가능하거나 매우 혼잡하고, 유·무선 통신 시스템이 제대로 작동되지 않아 정보의 공유와 소통에 어렵기 때문에 조직 간 정보 공유가 필요하다. 또한 국내·외 보도진이 한꺼번에 몰리고, 현장에서는 각종 자원을 제대로 관리하기가 매우 어렵다(박종화 외, 2014). 재난은 최근 과거와 다른 새로운 양상을 보이고 있는데, 최근의 재난 특성을 살펴보면 다음과 같다(강동진, 2018).

① 지구온난화의 영향으로 자연재해의 발생빈도와 피해규모가 대형화·일상화 되고 있다.

② 급속한 산업화·정보화의 부작용으로 인해 발생하는 사회적 재난이 점차 증가하고 있다.

③ 과거에 비해 지진과 쓰나미의 발생이 빈번하고, 이로 인해 발생지역에 거주하고 있는 취약 인구의 피해가 확대되고 있다.

④ 냉전종식과 지구촌 무한경제전쟁시대의 도래로 국내·외 테러·폭동·불법 파업 등 사회적 요인에 의한 재난의 발생빈도가 증가하고 있고, 그 영향력도 동시에 늘어나고 있다.

⑤ 정보·통신기술의 발달로 통신재난·사이버테러의 파급효과가 증대하고 있다.

⑥ 지구환경의 변화로 SARS·조류 인플루엔자·COVID-19 등 신종 바이러스에 의한 전염병 등 과거에 경험하지 못했던 새로운 유형의 질병발생 빈도가 점차 증가하고 있다.

⑦ 도시지역의 시설 복합화로 단일 사고나 사건이 복합적 재난으로 발전하고 있다.

3. 재난의 유형

한국에서 재난의 범주는 1967년 「풍수해대책법」에서 규정한 홍수, 호우, 폭설, 폭풍, 해일 등 자연재난이 처음이다. 「풍수해대책법」이 1995년 「자연재해대책법」으로 전부 개정되면서 지진과 가뭄이 자연재난의 범주에 포함되었다. 그 후 재난의 유형은 폭풍을 강풍으로, 폭설을 대설로 변경하는 등 명칭이 되거나, 태풍, 낙뢰, 황사가 새로운 재난유형으로 규정되었다. 1995년 삼풍백화점붕괴사고로 「재난관리법」이 새로 제정되면서, 화재, 붕괴, 폭발, 교통사고, 화생방사고, 환경오염사고 등이 재난의 유형으로 규정되었다. 2000년대 초까지 자연적 요인에 의한 재난은 「자연재해대책법」의 적용을 받았고, 인적요인에 의한 재난은 「재난관리법」에 근거를 두고 있었다. 그러나 2004년 노무현 정부초기 대구 지하철 참사, 급성 호흡기 증후군(SARS) 확산, 화물연대 파업, 조흥은행 전산실 파업, 전북 부안 방사성 폐기물 처리장 사태와 같이 기존의 법률에서 규정하지 못한 새로운 유형의 재난이 발생하면서, 이를 보완하기 2004년 3월 「재난 및 안전관리기본법(법률 제7188회)」

이 제정되었다. 동법은 기존의 자연적 요인과 인적 요인에 사회적 요인을 별도로 구분하여 재난의 유형을 3가지로 분류했다. 그러나 2013년 8월 동법 개정을 통해 인적 요인과 사회적 요인을 통합해 다시 재난의 유형을 자연재난과 사회재난으로 이원화했다(강동진, 2018).

표 10-1 재난의 유형

유형	대상
자연재난	태풍, 홍수, 호우(豪雨), 강풍, 풍랑, 해일(海溢), 대설, 낙뢰, 가뭄, 지진, 황사(黃砂), 조류(藻類), 대발생, 조수(潮水), 그 밖에 이에 준하는 자연현상으로 인하여 발생하는 재해
사회재난	화재·붕괴·폭발·교통사고·화생방사고·환경오염 등으로 인하여 발생하는 대통령령으로 정하는 규모이상의 피해와 에너지·통신·교통·금융·의료·수도 등 국가기반체계의 마비, 「감염병의 예방 및 관리에 관한 법률」에 따른 감염병 또는 「가축전염병예방법」에 따른 가축전염병의 확산 등으로 인한 피해

출처: 최호철 외(2019: 28).

한국에서 발생하는 자연재난 피해의 대부분은 풍수해와 대설에 의해 발생하고 있다. 「재난연감」은 사회재난의 유형을 총 23개로 분류한 후 15개는 중앙행정기관이 관리하고, 8개는 지방자치단체가 관리하는 것으로 구분하였다. 중앙행정기관은 도로교통사고, 화재사고, 산불사고, 열차와 지하철에서 발생하는 철도사고, 폭발사고, 해양사고, 가스사고, 유도선 사고, 환경오염사고, 공단 내 시설사고, 광산사고, 전기(감전)사고, 승강기 사고, 보일러 사고, 항공기 사고 등을 관리한다. 지방자치단체가 관리하는 재난 유형은 각종 시설물의 붕괴사고, 물놀이·익사를 포함한 수난사고, 산악추락·실족·조난·고립으로 인한 등반사고, 공사장·시설물·건물에서 발생한 추락사고, 농기계로 인한 부상·압사의 농기계사고, 자전거사고, 생활체육활동으로 발생한 레저사고, 어린이놀이시설·유원지에서 발생한 놀이사고 등이다(강동진, 2018).

제2절 | 재난관리체계

1. 재난관리체계

재난관리라는 용어는 재난의 통제에 대한 좀 더 넓은 접근방법을 의미하는 것으로 인간에게 피해를 끼칠 수 있는 돌발적 사건의 위험을 인지하고 통제하는 것을 말한다(남궁근, 1999). 즉 재난으로 인한 피해를 극소화하기 위한 재난 발생 가능성의 완화 혹은 예방(mitigation or prevention), 대비와 계획(preparedness and planning), 재난 대응(response), 그리고 복구(recovery)에 관한 정책의 개발과 집행과정을 망라하는 총체적 활동이라고 할 수 있다(Petak, 1985). 한국의 「재난 및 안전관리 기본법」은 재난관리(제3조 3항)를 "재난의 예방 · 대비 · 대응 및 복구를 위하여 하는 모든 활동"으로 정의하고 있다.

재난관리체계는 재난관리를 담당하는 조직들로 구성된 체제로 1979년 全美 주지사협의회(The National Governors' Association)에서 처음으로 논의된 '종합재난관리체계모형(Comprehensive Emergency Management Model: CEM)'에 바탕을 두고 있다. CEM은 재난 발생이라는 환경에 대비하여 주민의 생명과 자산을 보호할 목적으로 상호 관련된 기관들 간의 협조와 조정을 통하여 재난문제를 해결하는 체제이다. CEM 모형은 재난관리체계의 과정을 재난의 생애주기에 따라 다음과 같이 4단계로 구분하고 있다(Mushkatel and Weschler, 1985; Waugh, 1994; 남궁 근, 1998; Donahue and Joyce, 2002).

첫 번째 완화(mitigation)단계는 재난이 발생하기 이전에 장기간에 걸쳐 착수하는 모든 활동들로 미래에 발생할 가능성이 있는 재난을 사전에 예방하고 재난발생 기회를 줄여, 피할 수 없는 재난의 피해를 완화시킬 수 있는 활동이다. 완화단계의 활동들의 내용은 재난의 유형에 따라 달라지는데, 재난에 대한 장기적인 예방활동과 재난으로 인한 피해를 감소하기 위한 활동들이 포함된다.

두 번째 준비(preparedness)단계는 완화단계의 모든 활동에도 불구하고 재난의 발생확률이 높아진 경우, 재난발생 후에 효율적으로 대처할 수 있도록 사전에 준비 장치들을 갖추는 단계이다. 준비단계가 완벽하면 할수록 재난의 피해를 최소화할 수 있다. 준비단계의 활동에는 재난관리계획의 수립, 경보체제의 구축, 재난관리센터의 지정, 재난 발생 시 의사소통 및 대민정보 전달체계의 확립, 훈련과 연습 등이 포함된다.

세 번째 대응(response)단계로 일단 재난이 발생한 경우 신속한 대응활동을 통하여 재난으로 인한 인명 및 재산피해를 최소화하고 재난의 확산을 방지하며 순조롭게 복구가 이루어질 수 있도록 하는 단계이다. 대응단계에는 준비단계에서 수립된 각종 재난관리계획이 실행된다.

네 번째 복구(recovery)단계는 재난상황이 어느 정도 안정된 후 취하는 활동단계로 재해로 인한 피해지역을 재난이전의 상태로 회복시키는 활동을 포함한다. 단기적으로는 피해 주민들이 최소한의 생활을 영위할 수 있도록 지원하고, 장기적으로는 피해지역의 원상복구 또는 개량 복구를 추구한다.

완화와 준비단계는 재난발생 이전 단계이고, 대응과 복구는 재난발생 이후 단계이다. 효과적인 재난대비는 재난의 정확한 예보와 재난이전 상태로 빠르게 복구할 수 있는 능력 확보이다. 효과적인 재난대비책은 궁극적으로 효율적인 대응과 복구단계에 있다. 따라서 재난관리의 과제는 정확한 예보와 충분한 복구능력 확보 등 두 개의 전략의 균형점을 모색하는 것이다(Smithsen, 1990; Waugh, 1994).

2. 재난관리체계에서 도시정부의 중요성

대한민국 헌법 제34조는 "국가는 재해를 예방하고 그 위험으로부터 국민을 보호하기 위해 노력하여야 한다"고 명시하여 재난으로부터 국민을 보호해야할 책임과 의무가 국가에 있음을 분명히 하고 있다. 이 조항은 각종재해나 위험으로부터 국민의 생명과 재산을 보호하는 것이 국가의 존재이유라는 것을 명시하는 것이다. 즉 재난관리는 국민이 국가로부터 반드시 제공받아야 하는 공공서비스의 하나라는 것을 밝히는 것이다. 그러나 국가가 효율적이고 최상의 재난관리체계를 유지하더라도 지역주민과 가장 근접한 거리에서 지역주민이 필요로 하는 공공서비스를 일차적으로 제공하는 지방정부가 자발적이고 신속하게 재난에 대응하지 못한다면 국가의 노력은 무의미한 것이다. 재난발생 초기에 지방정부의 대처역량이 대응과 복구단계의 성공과 실패를 좌우하기 때문이다(Waugh, 1994). 이러한 사유로 1980년대 중반이후 미국, 캐나다, 일본 등을 중심으로 기존 국가재난관리체계에 변화가 일어났다. 이러한 변화의 핵심은 지방정부의 재난관리역량 강화에 중점을 두고 진행되었다(Waugh, 1994; Menzel, 2006).[1] 그동안 재난관리에 있어서 지방정부는 재정과 역량 부족으로 중요성을 인정받지 못했다(Pelling, 2003: 81). 그러나 1980년대 중반 이후 구미 선진국은 재난관리체계의 기초를 점차적으로 지방정부에 두고 있다. 미국, 캐나다,[2] 일본의 경우 재난관리와 대응에 있어 일차적인 책임이 지방정부에 있다는 것을 법률로 규정하고 있다.

재난관리체계에서 도시정부의 또 다른 중요성은 도시정부의 재난관리역량이 도시정부의 중요한 경쟁력의 원천이기 때문이다. 유엔경제사회국(DESA)은 「2018 세계도시화 전망보고서」에서 현재 도시인구 비율이 55%로, 이는 1950년 7억5천100만 명의 도시거주자가 2018년 42억 명으로 급격히 증가했다는 것을 의미하는 수치이다. 20세기 이후 전 세계적으로 인구 백만 명이 넘는 도시가 500개 이상 급증했다. 이러한 도시인구의 폭발적 증가와 급속한 도시화는 도시지역에서 재난과 사고의 발생 확률이 높고, 그 피해규모도 비례하여 증가한다는 것을 의미한다. 따라서 세계 각국의 도시정부는 다양한 재난과 위기상황에 현명하게 대처할 것을 요

---

1) 미국에서 연방정부 차원의 재난관련 법령을 제정·정비하게 된 계기는 1803년 New Hampshire주 Portsmouth시에서 발생한 대형화재가 계기가 되었다. 그러나 본격적인 연방정부 차원의 재난관리(emergency management) 노력은 1936년 홍수통제법(Flood Control Act of 1936)과 1950년 재난구조법(Disaster Relief Act of 1950) 그리고 제2차 세계대전 이후의 민방위 프로그램(the post-World WarⅡ civil defense programs)이다. 1950년대 초까지 128개에 이르는 재난관련 법령을 제정하여 지방정부의 각종 재난관리를 지원하였다. 1974년에는 새로운 재난구조법(Disaster Relief Act of 1974)이 통과되었고, 동 법 제3항은 Federal Disaster Assistance Administration의 설립을 입안했다. 이것이 오늘날의 FEMA의 전신이다. 한편 카터 대통령은 1979년 Comprehensive Emergency Management 개념을 도입하여 FEMA를 창설하였다. 그러나 FEMA가 허리케인 Hugo 등 자연재난 발생 시 제 역할을 하지 못하고, 주 정부를 포함한 지방정부가 초기 대응에 실패하여 피해규모를 증폭시키는 결과를 초래하자 연방정부는 지방정부 특히 카운티 정부의 재난관리 역량을 강화하는데 주안점을 두게 되었다. 특히 1993년 연방재해준비대응법(Federal Disaster Preparedness and Response Act of 1993)은 주정부 및 지방정부의 재난관리강화를 위한 연방정부의 재정적 지원을 구체적으로 명시하고 있다(Waugh, 1994; 채경석, 2004: 130).

2) 캐나다의 재난관리체계는 연방정부·주정부·지방정부가 역할분담을 하고 있다. 2004년에 창설된 연방정부의 Public Safety and Emergency Preparedness Canada(PSEPC)가 주무부서이다. PSEPC는 연방정부의 여러 부처들로 분산되어 있는 재난관리업무에 대한 책임을 조정하고 주정부와 지방정부를 연계하는 비상망(operational links)을 운영하고 있다. 대부분의 재난관리업무는 주정부에서 담당하고 주정부의 대다수는 재난관리업무를 처리하는 전담부서를 설치·운영하고 있다(예: Emergency Management Ontario, Nova Scotia Emergency Measures Organization). 그러나 일반적으로 캐나다 주법(州法)은 재난관리에 대한 일차적인 책임이 지방정부에 있음을 명시하고 있다(Henstra and McBean, 2005).

구받고 있다. 21세기는 국가와 국가 간의 경쟁이 아니라 도시정부와 도시정부 간의 경쟁의 시대이다. 이러한 경쟁에서 우위를 차지하기 위해서는 도시정부가 재난과 위기상황발생 시 초기에 다양한 위험들로부터 시민들을 어떻게 안전하게 보호하느냐가 도시정부의 역량과 경쟁력을 측정하는 중요 척도가 되고 있다. 이로 인해 도시정부는 재난관리에 많은 정책적 관심을 기울일 수밖에 없다. 이러한 정책적 관심이 도시정부의 중요 경쟁력의 원천이기 때문이다. 또한 자연재난을 비롯한 위험에 처해있을 때 모든 사람들은 정부가 곧 자기를 도와줄 것이라는 믿음을 갖는다. 진정한 정부(good government)는 이러한 국민의 믿음을 저버리지 않는 정부이다. 국민이 원하는 것을 국민과 근접한 거리에서 국민에게 제공하는 역할을 수행하는 것이 도시정부이다. 도시정부의 존립 근거는 국민의 이러한 믿음에 부응하는 것이다. 재난관리체계에서 도시정부가 중요한 위치를 차지하는 것은 바로 이러한 이유 때문이다(강인호, 2008).

3. 재난관리체계에서 도시정부의 역할

중앙정부와 도시정부는 모두 재난관리 책임기관으로서 재난관리체계의 주도적인 역할을 담당한다. 중앙정부와 도시정부는 재난관리의 책무성 측면에서는 공통의 역할을 수행하지만 실제 수행에서는 차이가 있다. 도시정부는 원칙적으로 관할지역에서 발생한 각종 재난으로부터 시민의 생명과 재산, 건강을 보호하는데 일차적인 책임이 있다. 도시정부의 대응 능력을 벗어난 심각한 재난에 대해서는 중앙정부가 그 역할을 담당해야 한다. 한국의 재난관리 책임소재를 살펴보면 중앙정부와 도시정부가 함께 책임을 지도록 되어있지만, 관련 법령상에는 중앙정부가 중심이고, 도시정부는 권한 없이 현장만 관리하도록 되어있다. 도시정부는 재난관리체계에서 일차적인 책임을 지니고 있음에도 불구하고 중앙정부에 비해 재난관리업무를 수행하는 전담조직의 인력과 전문성이 상대적으로 부족하여 중앙정부에서 하달하는 지침을 수행하는 소극적인 역할 밖에 못하고 있는 실정이다(이재은, 2018). 그러나 최근 재난관리의 1차적 책임이 도시정부로 넘어가면서 재난관리체계에서 도시정부의 역할이 점차 커져야 한다는 인식이 확산되고 있다.

과거 다양한 재난으로부터 심각한 피해를 당한 경험이 있는 글로벌 도시들은 미래도시가 나가야 할 방향으로 '충격에 강한 도시' 즉 각종 재난에 유연하게 대응하는 회복탄력성이 높은 도시를 만들기 위해 노력하고 있다(매일경제신문사, 2016). 한국정부도 이러한 추세에 발맞추어 「재난 및 안전관리기본법」과 「민방위기본법」을 통해 재난관리의 기본규정을 마련하고 있다. 「재난 및 안전관리기본법」은 재난관리책임기관과 재난관리주관기관을 명시하고 있다. 재난관리책임기관은 중앙의 기관 외에 지방자치단체와 지방의 행정기관들, 그리고 공공기관과 공공단체 등이다. 재난관리주관기관은 중앙행정기관이 규정되어 있다. 대규모 재난 발생 시 지역은 지역재난안전대책본부(본부장: 시도지사 및 시군구청장)를 둘 수 있으며 재난현장통합지원본부를 설치・운영하도록 되어있다(「재난 및 안전관리기본법」 제16조). 긴급구조는 긴급구조통제단(중앙: 소방청장, 시도: 소방본부장, 시군구: 소방서장)이 현장을 지휘한다. 「재난 및 안전관리기본법」에 의하면 재난유형별로 재난주관기관이 명시되어 있다(최호철 외, 2019).

미국에서도 1989년 허리케인 Hugo와 1992년 허리케인 Andrew에 대한 연방재난관리청의 초기 대응실패로 재난관리체계에서 지방정부(도시정부)의 역할을 강조하고 있다. 자연재난의 속성상 피해지역이 광범위하기 때문에 하나의 단위 정부가 대처하기에는 무리가 있다. 그래서 미국의 재난관리체계는 정부 간 관계(론)에 초점을 맞추어 관리・집행되고 있다. 연방정부는 광범위한 재난관련정보와 전문성을 갖추고 있기 때문에 전국적인 재난관리통합시스템의 큰 틀을 유지・개발하는 역할을 수행한다. 반면에 주정부는 연방정부와 지방정부 사이에서 그리고 중첩되는 여러 지방정부의 관할구역에 걸쳐 있는 자원을 통합하고 배분하는데 최적의 위치에 있기 때문에 주(州) 전(全) 지역에 걸쳐 있는 물리적・사회적 기간시설을 보존하고 복구하는 역할을 주로 담당한다. 그리고 지방정부는 물리적・사회적 기간시설을 가장 효과적으로 설계하고 관리운영 할 수 있는 위치에 있어 이와 관련된 업무를 수행하고 있다(Donahue and Joyce, 2001).

미국은 지방정부가 재난관리의 1차적 책임을 지고 지역의 특색에 맡게 관리하고 있다. 1990년대 중반이후 지역의 재난관리체계를 가장 효율적으로 집행・수행하고 있는 지방정부가 카운티(County)정부이다. 특히 이러한 현상은 지진이나 허리케인 등 자연재해가 빈번하게 발생하는 캘리포니아와 플로리다에서 현저하게 나타나고 있다. 카운티 정부는 전통적으로 주정부의 단순한 대리인으로 인식되었으나, 최근에는 지역주민이 원하는 모든 행정서비스(full-service)를 제공하는 제공자로 역할이 변하고 있다. 카운티 정부는 재난관리와 관련된 업무를 수행하는 광역

지역정부(regional government)의 역할을 수행하는데, 이러한 역할 수행이 효율적인 재난관리집행에 도움이 된다는 것이다. 예를 들면, 카운티 정부는 주정부의 대리인으로서 주정부의 행정지부(branch)역할을 수행하고 있기 때문에 상대적으로 다른 기초지방정부(Municipal, Town 혹은 Township Government)보다 더 많은 재원을 확보할 수 있고, 주정부의 재정적 지원이 용이하다. 이러한 주정부와의 관계는 카운티 정부의 재난관리프로그램을 향상시키고 재난발생 시 지방정부 간 의사소통의 통로확보가 쉽다. 또한 카운티 정부는 토지이용규제, 건축법규 등 규제권한을 갖고 있는데 규제권한은 완화(mitigation)프로그램을 수행하는데 효율적이다(강인호, 2008).

표 10-2 재난관리 단계별 미국 지방정부의 역할과 책임

재난관리단계	기능적 권한	행태적 보상	재난관리 책임과 활동
완화	–지구제(zoning)실시 및 채택 –건축법규(building codes)시행 –건축물 재건축	–긴급구호품 간청	–재난프로젝트 집행 –지구제 및 건축법규 시행 –재난통제노력 착수
준비	–재난관련 역량 훈련 및 연습 –초기경보 및 소개(evacuation) –재난관리부서 간 상호지원계획 마련	–긴급구호품 간청	–자원목록 보존 및 유지 –재난구조요원 훈련 –공공교육
대응	–재난비상통신망 구축 –수색·구조·소개활동 –소방·의료·경찰활동 –음식, 물, 대피소 마련	–개인에 대한 긴급구조활동 –추후 발생할 피해방지 –생계유지에 필요한 사회기간 시설 복구 –상황안정	–지역주민들에게 지원할 긴급구호물자마련 –상황안정 –추후 발생할 피해 방지 –생계유지에 필요한 사회기간시설 복구
복구	–피해 잔해물 수거 및 사회기간 시설복구 –공공자산 및 개인자산 복구 –공공서비스 및 시설물	–연방정부 및 주정부 재정지원확보 –지역경제활동 재건 –공공기간시설 복구 및 개선	–재산피해시설 복구 –사회기간시설 복구 –공공서비스 복구 –지역경제활동 재개 –지역주민의 정신·

	복구 – 지역경제활동 재개 – 개인건강대책 마련	– 공공서비스 복구 – 과세표준(조세기반) 마련(복구) 및 개선	육체적 건강회복

출처: Donahue and Joyce(2001: 732).

한국은 2004년 3월에 「재난 및 안전관리기본법」을 제정했으나 법체계 및 업무분산에 따른 총괄조정기능이 여전히 미흡한 현실이다. 또한 재난에 취약한 지방시설 대부분이 중앙관리지원 대상에서 제외되어 재난관리 사각지대로 방치되고 있다. 지방정부의 재난에 대한 사전예방 의식의 부족과 지방재정의 취약성으로 인해 이들 시설에 대한 체계적 관리 및 예산집행이 미흡한 실정이다. 따라서 이를 위한 보완책으로 통합적 재난·안전관리체계 구축이 필요하다. 또한 재난관리체계에서 지방정부의 역할 강조를 위해 재난관리에 대한 역량강화가 필요하다. 재난 발생 시 초기 대응은 지방정부에서 실시하게 된다. 따라서 지방정부의 재난관리 역량 강화가 무엇보다도 더 필요하다. 생활안전과 밀접한 시설물·산업 안전 등에 대한 점검·검사·승인 등 집행적 성격의 안전관리 업무를 과감하게 지방정부로 이양해야 한다. 또한 지방정부 스스로 재난관리 역량강화를 위한 노력을 시도해야 한다. 지방정부의 조직개편과 구조조정 시 재난관련부서가 항상 우선순위를 차지하고 구성원들도 재난 관련 부서에 배치를 받으면 스스로 좌천으로 여기는 분위기이다. 이러한 분위기부터 바뀌는 노력을 해야 할 것이다.

제 11 장

도시교통 및 환경정책

제 11 장

도시교통 및 환경정책

제1절 | 도시교통정책

1. 도시교통의 의의

(1) 도시교통의 개념

도시교통은 도시와 인근 교외 지역 내에서 사람과 화물을 운송하고 교통 공공서비스 및 편의 시설의 제공 및 도로 인프라 구축으로 정의할 수 있다. 도시교통은 도심에서 사람들의 요구를 만족시키기 위해 개인과 물건들을 한 장소에서 다른 장소로 움직이는 것이다. 따라서 도시지역은 사람과 화물 등의 이동의 편리성을 제공하는 다양한 형태의 운송수단과 운송도로 및 단지가 필요하다. 그러므로 도시교통은 도시서비스의 가장 중요한 부문 중 하나이다. 왜냐하면 도시교통서비스의 수준은 지역의 경제적인 개발의 레벨과 상당히 밀접하기 때문이다. 하지만 지방자치단체가 도시교통서비스를 제공함에 있어서 밀집된 지역에 교통 인프라를 제공하는 비용 상승과 인구와 차량증가로 인한 교통 혼잡 및 정체에 어려움을 겪고 있다. 이러한 문제점을 제거하기 위하여 지방자치단체가 제공하는 가장 중요한 도시교통서비스는 교통 혼잡 제거와 편리한 대중교통 제공이다.

지방자치단체가 지역의 인구증가율을 고려하여 지역 안에서 주민의 편리한 이동성을 지원하는 도시교통정책은 매우 중요하다. 전통적으로 도시교통은 통근, 상업거래, 레저 및 문화 활동과 관련된 복잡한 교통 패턴과 최대한의 인간상호 작용의 연결 수단으로 여겨지면서 도시민의 이동에 초점을 맞추고 있었다. 그러나 도시는 생산, 소비 및 유통의 위치이기 때문에 도시교통은 도시민의 이동뿐만 아니라 화물의 움직임과 관련된 산업 활동과도 밀접한 관계를 가지고 있다. 따라서 도시교통서비스는 고밀도 지역에서 사람과 화물의 이동성 정체 해결을 위해 중요한 역할을 하고 있다. 요즘은 사람들을 위한 도시교통 수단이 개인 자동차에 의해 지배되고 있으며, 트럭은 재화 및 상품 이동을 위한 열차를 점점 더 많이 대체하고 있다(Saltzman, 1979). 또한 도시화의 결과 중 하나인 대도시권의 인구의 증가는 도시와 다른 도시 사이에서 사람과 물품을 운송 할 광역도시교통정책의 필요성이 대두되고 있다. 대도시지역의 교통은 관련된 형태, 다수의 출발지 및 목적지, 교통량 및 다양성으로 인해 매우 복잡하다.

도시교통은 교통 접근가능성의 상호작용과 토지사용 그리고 이동성과 관련된 여러 가지의 정책 주제들과 연결되어 있으며 도시형태의 많은 요인들과 관련이 있다. 도시교통은 도시 안에서 다양한 수송 모드의 적절한 균형, 그들의 환경적인 영향, 비용 그리고 자본과 순수가치를 고려하는 것을 포함한다. 따라서 도시교통의 목표는 도시지역의 시민들을 위한 효율적이고 균형 잡힌 교통 시스템을 제공하는 것이다. 하지만 도심의 인구성장에 의한 차량의 급속한 증가는 대중교통의 혼잡을 초래하여 도시의 생산성을 저해하며 다양한 환경오염 및 주차문제를 유발하고 있다.

(2) 도시교통의 특성

1) 가용성(Availability)

가용성은 도시 거주자가 이용할 수 있는 다양한 대중교통 옵션을 나타낸다. 전체 도심 가용성은 철도 인프라, 도로 인프라, 공유교통(Shared transportation) 및 외부연결(External connectivity)의 네 가지 하위 차원으로 나눌 수 있다. 도시 교통 전문가의 설문조사에 따르면 철도 운송과 도로 인프라는 가용성에 매우 중요한 부분이다. 뉴욕과 마드리드와 같은 대도시는 밀집된 지하철 시스템과 도로 인프라가 특징이다. 일반적으로 과거 도시 마스터 계획의 결과를 반영한다. 아시아 거대 도시는 일반적으로 밀도가 높고 철도 인프라의 가용성이 더 높은 반면 유럽 도시는 밀도가 높고 도로 인프라의 가용성이 상대적으로 높다. 또한 다른 두 가지 하위차원, 공유교통 및 외부연결도 가용성에 중요한 요소이다. 도시의 이동성 추세에 있어서 대중교통과 개인교통의 경계가 흐려짐에 따라 기존의 가용성뿐만 아니라 공유교통의 가용성 수준도 높아지고 있다. 개발된 도심의 내부 운송 이외에도 대도시에서는 외부 연결이 매우 중요하다. 예를 들어 파리와 런던은 매우 강력한 외부 연결성과 비교적 높은 수준의 공유교통 개발이 잘된 특성을 지니고 있다.

2) 경제성(Affordability)

경제성은 도시의 평균 거주자 소득 대비 이용 가능한 대중교통 옵션의 상대적 비용을 나타낸다. 대중교통 비용과 민간교통 이용비용이 큰 영향을 미친다. 경제성 측면에서 도시의 위치는 주로 대중교통 경제성 순위에서 높은 위치에 의해 결정된다. 가장 저렴한 교통편은 싱가포르, 로스앤젤레스 및 시드니이다. 대중교통의 경제성 측면에서 월 평균 교통비는 월 평균 수입에 비해 상대적으로 저렴하고 여러 승객 범주에 보조금을 제공하며 택시요금도 비교적 저렴하다. 일반적으로 전체 도시 이동성 측면에서 주도하는 도시, 특히 싱가포르, 베이징 및 도쿄와 같이 밀도가 높은 아시아 도시는 혼잡을 통제하고 교통 시스템을 지속가능하게 만들기 위해 개인 교통의 경제성을 관리한다. 유급 주차 확대, 정체 요금 부과, 홀수 짝수 운전 제한, 새로운 번호판 경매, 주차 공간 소유 요구 사항 등은 경제성을 관리하여 자동차 교통량을 제한하기 위해 주요 도시에서 널리 채택하고 있다.

3) 효율성(Efficiency)

효율성은 공공 또는 개인 교통수단으로 얼마나 빠르고 안정적으로 도시를 이동할 수 있는지를 나타낸다. 교통 전문가 설문 조사에 따르면 대중교통의 효율성은 개인교통보다 거의 두 배나 중요하다고 주장한다. 따라서 효율성 순위 중 서울, 모스크바 및 싱가포르와 같은 도시는 대중교통 효율성 측면에서도 선두를 달리고 있다. 그러나 몇 가지 예외도 있다. 예를 들어, 토론토와 시카고는 대중교통 효율성 측면에서 평균점만 유지하지만 개인교통 분야에서는 선두이다.

4) 편의성(Convenience)

편의성은 도시의 운송 시스템에서 제공하는 서비스 품질을 완벽하게 설명하며 효율성을 보완한다. 전반적인 편의성은 이동편의, 발권시스템, 전자서비스 및 환승의 네 가지 하위 차원으로 나눈다. 이동편의성이 위의 네 가지 요소 중 가장 중요한 대상이다. 세계적인 도시들은 대중교통의 편의를 제공하기 위하여 많은 노력을 한다. 예를 들어, 서울, 토론토, 밀라노 및 런던은 상호 운용성이 뛰어나거나 한 운송 모드에서 다른 운송 모드로 전환하는 기능이 뛰어나고, 싱가포르, 홍콩, 모스크바, 런던, 상하이, 도쿄 및 서울은 고급 발권 시스템을 제공한다. 서울은 이동의 편안함에서 최고이다. 스마트폰 보급 증가 및 궁극적인 고객 요구 충족을 목표로 하는 교통생태계 개발과 같은 몇 가지 국제 트렌드는 대부분 도시 이동성의 편의성에 영향을 미친다. 복합 운송 실시간 노선 운용, 대중교통 도착에 대한 온라인 데이터 제공, 공공주차장 제공, 공동운송 이용, 사용료 프로그램 통합과 같은 대중교통 및 차량 관련 서비스는 교통의 편의성의 중요한 요소이다.

5) 안전성(Safety)

주민 설문 조사에 따르면 교통안전은 전 세계 사람들에게 도시의 모든 이동성 측면에서 가장 중요한 요소이다. 안전성은 도로에서의 사고 수와 관련 규칙의 시행 수준으로 측정할 수 있다. 교통을 이용함에 있어서 이동전과 이동 중에 안전과 환경에 대한 책임도 있어야 한다. 교통전문가에 대한 설문 조사에 따르면 환경영향보다 안전에 거의 두 배나 많은 가중치를 부여하고 있다. 따라서 교통의 안전은 매우 중요한 요소 중 하나이다. 파리, 홍콩 및 싱가포르는 도로 사고율이 가장 낮으며 도로 안전 조치를 보장하는 선두 주자이다. 예를 들어, 싱가포르는 육상교통국과 교통경찰이 공동으로 운영하는 종합적인 교통안전정책을 개발했다. 카메라, 센서, 신호시스템과 같은 ITS 솔루션을 이용하여 치명적인 사고의 수는 2013년 이후 21% 감소해서 가장 안전한 교통도시 중 하나가 되었다.

6) 지속가능성(Sustainability)

도시교통 이용자의 관점에서 운송시스템의 효율성에 대한 개요를 완성하기 위해 제공된 서비스는 지속가능성이다. 도시교통이 전 세계 도시의 오염을 증가시키는 주된 이유 중 하나로 간주되므로 운송 시스템의 환경영향을 과소평가해서는 안 된다. 도로, 생태 및 연료 요구 사항에 소요되는 자동차 시간의 양을 기준으로 도시 생태에 대한 자동차의 영향을 측정한다. 주요 도시인 싱가포르, 홍콩, 런던, 서울, 토론토 및 베이징은 다양한 제한을 적용하여 생태 지속가능성을 관리한다. 예를 들어, 트럭이 도심에 들어갈 수 있는 시간에 대해 상대적으로 엄격한 제한을 두고 전기 자동차 시장을 적극적으로 유도한다. 도시교통 시스템의 생태적 지속가능성은 도시민들에게 많은 관심사이다. 따라서 많은 도시들은 도시교통 전략으로 자전거타기 및 걷기 조건 개선 및 대중교통 향상을 통해 보다 지속가능한 도시교통 수단 이용을 적극적으로 장려하고 있다.

(3) 도시교통 종류

1) 도로기반 대중교통(Road-based Public Transit)

대부분의 도시 거주자에게는 도로기반 대중교통(버스 및 보조 대중교통)이 고용, 교육 및 공공 서비스에 접근할 수 있는 유일한 수단이다. 대도시에서 이러한 목적지는 가능한 도보 및 자전거 거리를 넘어서며 수많은 사람들이 자동차에 대한 접근이 제한되어 있다. 최근 수십 년 동안, 기존 도로에서 버스 차선을 만드는 것(다른 아스팔트와 다른 색으로 차선을 그리는 것)은 전 세계 버스 시스템의 품질을 향상시키기 위한 일반적인 저비용 전략이었다. 경우에 따라 탑승 인원이 많은 차량, 택시 및 모터가 없는 차량, 심지어 환승근처의 차량과 공유되는 경우도 있다. 또한 버스 고속 운송(BRT)은 최근에 개발된 버스 기반 대중교통으로 철도교통의 성능과 편의를 모방한다. BRT는 철도운송보다 훨씬 저렴한 비용으로 개발할 수 있다. 좁은 도로 구간을 가진 공간 제약이 있는 역사적 중심지 및 상업 지구에 적응할 수 있고, 건설시간이 짧으며(1-5년), 유연성을 가진 매력적인 도심교통정책이다. "Full BRT"는 많은 철도 시스템의 용량을 능가하는 방향당 · 시간당 최대 45,000명의 승객을 운송할 수 있기 때문에 대도시에 더 적합하다.

현재까지 전 세계 165개 이상의 도시(대부분 아시아, 아프리카 및 라틴 아메리카)가 한국 세종특별자치시의 BRT 시스템을 구현했다. 전 세계 BRT를 비교 평가 한 결과, 대부분의 시스템은 특히 여행 시간 절약 및 신뢰성 향상에서 현지 이동조건과 대중교통의 품질 및 성능이 크게 향상되었다. BRT 시스템은 또한 에너지 소비와 배출을 줄였으며, 일반적으로 도시 교통개선계획과 함께 대규모 버스 탑승 증가로 이어져 대중의 호평을 받고 있다. 이는 BRT가 종종 철도와 비교하여 최고의 대중교통 대안으로 간주되어 선거 제안의 일부로 철도 대안을 제공하기도 한다.

2) 철도기반 대중교통(Rail-based Public Transport)

경전철(LRT)과 지하철(Metro)이 포함된다. 경전철은 도시 거리의 다른 교통과 함께 운행되는 동유럽의 역사적인 전차, 트롤리 및 전차에서 말레이시아 쿠알라룸푸르의 정교하고 고도로 분리된 경전철시스템에 이르기까지 다양하다. 경전철은 도시거리에서 사용될 수 있으며 다른 교통수단과 함께 운행할 수 있어서 매우 유용한 대중교통이다. 따라서 완전히 분리된 통행이 필요한 Metro 시스템보다 유리하다. 세계에서 경전철은 많은 주요도시에 존재한다. 경전철을 구축하고 운영하는 비용은 매우 다양하지만 버스와 같은 대체 대중교통 비용보다 훨씬 높다. 경전철의 우선순위는 다른 트래픽으로 인한 방해로부터 보호되지 않아서 버스에 비해 속도의 이점이 거의 없다. 버스보다 경전철의 장점은 지역 대기 오염 영향이 낮았으며 도시 여행자를 위한 추억을 제공할 수 있었다. 오래된 경전철 차량은 일반적으로 대부분의 버스보다 높은 운반 능력을 가졌으나, 진화하는 기술(예: 전기 버스)은 배출량, 용량 및 편의성 측면에서 버스와 경철도의 차이를 최소화했다. 경전철은 도시교통정책으로 경제적 및 실제적 가치가 제한될 수 있는데, 그 이유는 비용이 많이 들고 넓은 지역의 많은 인구 운송 요구를 충족시키지 못하기 때문이다.

Metro 시스템은 일반적으로 건설 및 운영 측면에서 가장 비싼 대중교통 수단이지만, 완전히 분리된 시스템으로서 많은 승객을 수용하고 상대적으로 빠른 속도를 제공한다. 대부분의 지하철은 피크 방향으로 시간당 약 30,000명에서 40,000명의 승객을 수용할 수 있도록 설계되었기 때문에 일반적으로 인구가 200만에서 300만인 도시에 유리하다. 세계에는 뉴욕, 서울, 도쿄 및 현재 많은 중국 도시와 같은 일부 대도시만이 지하철 또는 교외 철도 시스템을 갖추고 있다. 지하철 시스템은 건물 기초 및 유틸리티 라인을 방해하지 않으면서 기존 도시 물리적 구조에 영향을 미치지 않는다. 높은 자본 비용 외에도 Metro 시스템은 운영비용이 높아서 일반적으로 운영 보조금이 필요하다. 하지만 대중교통 운영이 사회에 제공하는 귀중한 서비스를 고려할 때 원칙적으로 대중교통 운영은 수익성이 필요하지 않지만, Metro의 높은 자본 및 운영비용으로 인해 대도시가 소규모 도시에 비해서 경제적이다.

3) 전동식을 탈피한 운송기반(Nonmotorized Transport)

걷기 및 자전거 타기뿐만 아니라 기타 인간이 운영하는 차량과 같은 비 동력 운송은 특히 남아시아와 아프리카의 주요 운송 수단의 형태이다. 도시 크기가 작을수록 비 동력 운송 이용률이 높아지며, 비 동력 운송의 증가는 도시의 교통안전을 개선한다. 보행자 또는 자전거 운전자와 자동차 사이의 충돌 가능성은 도보 또는 자전거 교통량과 반비례한다.

그 중요성에도 불구하고, 비 동력 운송정책 및 관련 인프라는 종종 도시교통정책 결정에서 무시된다. 한편으로, 걷기와 자전거 타기를 후진국의 표시로 생각하고 경제성장과 경쟁력에 대한 목표와 열망에 상응하지 않는다고 생각한다. 언급한 바와 같이, 도시의 엘리트들은 자동차를 교통수단으로 선호한다. 비 동력 수송에 의존하는 그룹은 제대로 조직되지 않아서 그들의 요구를 분명히 표현할 수 없다. 목적지 간 거리가 큰 중국 거대 도시에서는 전기 자전거가 점점 더 대중화되고 있고, 자전거 공유 체계는 리우데자네이루와 중국의 여러 도시를 포함하여 점점 더 많은 도시에 도입되고 있다.

2. 도시교통정책 수단 및 영향평가

(1) 도시교통정책의 의의

도시교통은 사람들이 서로 접근할 수 있게 해주기 때문에 도시가 존재하고 번창한다. 따라서 교통 인프라가 경제성장과 도시구조 모두에 영향을 미치는데 이는 우수한 도시교통에 기반을 둔다. 또한, 어느 규모의 도시에서나 건강한 경제가 민간 및 공공부문 모두를 포함하는 교통정책을 필요로 한다는 것은 의심의 여지가 없다. 왜냐하면 도시경제가 생성하는 엄청나고 다양한 이동을 고도의 도시교통정책을 통하여 통제 및 개선할 수 있기 때문이다. 그러한 점을 감안할 때 도시교통이 도시 주민들에게 가장 큰 관심사라는 것은 놀라운 일이 아닐 것이다. 대중교통의 능력은 이동 패턴에 대한 다양한 압력과 결합되어 때때로 서비스 중단이나 지속 불가능한 재정적 배수로 인해 급격한 비용 부담이 발생하기도 한다. 따라서 도시교통정책에는 자본 투자의 범위, 제공되는 서비스 수준, 해당 서비스의 파이낸

싱 및 가격에 대한 중요한 결정이 포함된다. 한편 도시 생활에 내재되어 있지만 실제로 받아들여지지 않는 도로의 교통 혼잡은 명백히 견딜 수 없는 미래의 문제일 것이다. 따라서 오늘날 도시가 직면한 주요 교통문제는 정체와 대중교통이라는 도시교통정책 범주로 분류될 것이다.

빠른 도시화는 인구의 가파른 증가와 함께 도시교통에 대한 개선요구도 빠른 속도로 증가한다. 위의 경향을 감안할 때, 도시교통에 대한 효과적이고 협력적인 접근을 통하여 주민에 편의를 제공하는 건전한 도시교통정책을 수립해야 한다. 모든 도시교통 정책은 이동성, 환경적 품질, 보편적 접근, 안전 및 에너지 효율 개선 등을 고려해야 한다. 중앙 및 지방자치단체 차원에서 도시 교통정책을 공식화하기 위하여 가능한 실천의 틀을 제시하며, 정부가 어느 정도의 책임을 져야 하는지, 어느 부문을 주도해야 하는지, 어떻게 다른 측면을 조정해야 하는지에 대해 도시교통의 거버넌스를 구축하여야 한다. 도시교통정책은 토지 사용 계획과 관련된 정책과 이를 교통계획과 통합할 때의 이점에 대해 중점적으로 검토가 필요하다. 또한 다양한 운송 방식과 다른 방식보다 우선적으로 특정 모드를 홍보하기 위한 정책이 필요한지에 대해 논의와 함께 개인용 자동차와 관련된 문제, 특히 도시 전체 운송 시스템 내에서 차량을 수용해야 하는 범위에 대해 정책적 논의가 필요하다.

(2) 도시교통정책 수단

1) 규제 및 통제

수송 및 운전과 관련된 법률 및 규정에는 배출수준, 소음수준, 차량중량, 연료소비, 점유(1인 탑승 차량 금지), 요일, 시간 등 특정 기준에 따른 자동차 사용제한이 포함된다. 지역(보통 도심) 및 번호판 번호, 특정 도시 지역 내 이동 거리 또는 동력 이동 횟수에 대한 할당량, 다른 규제 옵션으로는 주차 제한 및 속도 제한이 있다. 이러한 조치는 국민의 모두에게 동등하게 취급된다는 인식 때문에 가격규제보다 정치적으로 구현하기가 더 쉽다. 성공을 거두려면 이러한 유형의 명령 및 통제 조치를 다른 보완적인 운송정책 및 홍보조치로 강화해야 한다. 제한속도와 같은 일부 유형의 자동차 제한은 교통법 집행이 없으면 제한이 준수되도록 보장 할 수 없다. 규제를 통해 피크시간 혼잡을 완화하는 간접적인 방법은 고용주가 재택근무, 유연한 근무 및 지각 있는 근무 교대 프로그램을 시행하도록 하여 직원들이 하루 중 다른 시간에 출퇴근을 할 수 있도록 하는 것이다. 전 세계 국가에서는 이러한 정책에 대한 정부의 강력한 지원이 없으면 재택근무 및 직원의 출퇴근 패턴에 영향을 미치지 않는다.

2) 개발통제

일반적으로, 대중교통 및 비 동력 운송수단은 실용적이고 재정적으로 실현하기 위해 고밀도 및 혼합사용이 필요하다. 도시의 소단위 개발은 종종 거리가 짧고 동력 운송의 사용이 적다는 것과 관련이 있다. 따라서 토지 이용 통제는 이동 행동에 중요한 영향을 미친다. 특히 소규모 도시에서는 도시 형태(모양, 크기, 밀도, 소형화, 분산, 토지 사용 유형 및 혼합, 건물 레이아웃 및 유형, 녹지 및 열린 공간)를 조작하면 도시 교통문제를 극복하는 데 도움이 될 수 있다. 도시개발통제는 도시교통정책의 일환으로서 인구수용 가능한 공간과 소비 및 근접성 수준에서 중요한 역할을 한다. 즉, 대중교통 서비스와 가까운 거리에 있는 주거, 비즈니스 및 레저 공간의 양을 극대화하는 교통 지향적 도시개발이 필요하다. 전체적으로 조밀하고 간결한 개발을 달성할 수 없거나 이미 밀집된 도심 지역은 운송 노드 주변과 운송 통로를 따라 교통 지향적 개발을 함으로써 교통문제해결에 도움이 될 수 있다.

3) 재정규제

자동차 사용에 있어 재정규제접근 방식은 효과적인 것으로 여겨진다. 자동차 사용자에게 더 많은 선택권을 제공하고, 수익을 높이며, 다양한 조건에 따라 조정할 수 있기 때문에 보다 지속가능한 도시를 촉진하는데 중요한 역할을 한다. 운전자가 도시 지역에서의 자동차 운전의 악영향을 잘 알고 있는 상황에서도, 특히 개인용 자동차 운전자가 모터 용량비용이 청구되지 않으면, 도로 사용 선택이 왜곡된다. 따라서 강제 경제적인 가격규제를 사용하여 운전자에게 재정적으로 불이익을 주려는 아이디어는 운송 경제학자들이 도시 지역에서 자동차 사용을 포함하는 효과적인 구조로 오랫동안 제안되어 왔다. 많은 수의 개인 차량과 심각한 혼잡 문제가 있는 거대 도시는 혼잡 요금을 선호할 수 있지만 소규모 도시에서는 연료세를 고려할 수 있다. 모든 조건에 맞는 단일 교통정책은 없으며, 관리 방식에 따라 지역 또는 국가 차원에서 제정될 수 있다. 재정규제정책을 보완하기 위하여 대중교통 요금 보조금(예: 취약한 그룹으로 제한), 깨끗한 차량 구매에 대한 세금 보조금(또는 면제), 오래된 차량 폐기에 대한 인센티브가 포함된다(Poole& and Yuzo,

1995).

4) 홍보와 교육

규제는 다양하지만 종종 제한적으로 지속가능한 도시교통을 위해 홍보, 교육, 설득 및 인식 제고 캠페인을 사용할 수 있다. 지속가능한 도시 교통정책에 대한 인식을 높이기 위한 다양한 일반적인 홍보와 교육전략을 사용할 수 있다. 예를 들어, 빈민을 위한 자전거가 아닌 자전거는 미래의 건강한 차량으로 제시 및 최후의 수단이 아닌 선택적 모드로서 현대적이고 편안한 버스라는 홍보와 교육은 매우 중요하다.

(3) 교통영향평가(Traffic Impact Assessment)

교통영향평가(TIA)는 특정 개발과 관련된 교통 문제 및 안전 문제에 대한 기술분석이다. 도시개발 프로젝트에는 포괄적인 교통영향평가(TIA)가 필요하다. 평가는 제안된 개발 프로젝트가 기존 인프라 또는 대중교통 서비스에 필요한 변경이 필요한지 여부를 결정하는 데 도움이 된다. 교통 체증의 유형이나 규모, 시기 및 위치에 대한 명확한 그림이 없으면 이러한 교통 체증으로 인해 안전 문제가 발생하여 개발된 도로와 연결되는 예기치 못한 혼잡으로 이어질 수 있다.

교통영향평가 보고서의 주요 목표는 특정 개발 프로젝트가 인접도로의 안전 및 효율성에 영향을 미칠지 여부를 식별하는 것이다. 또한 이 보고서는 교통 혼잡을 최소화하는 교통 관리 계획을 조사하고 개발하는 방법을 제시한다. 교통영향평가는 도로 네트워크 효율성 및 안전과 같은 교통 영향뿐만 아니라 대중교통, 보행자, 자전거 타는 사람을 포함한 모든 도로 사용자에게 미치는 영향도 고려한다. 교통영향평가는 운영에 대한 영향과 운송 인프라에 대한 물리적 영향을 모두 고려한다.

교통영향평가는 도시개발 프로그램에 추가해야 하는 환경영향보고서의 필수 부분이다. 교통영향평가 보고서의 주요 목표는 지방자치단체 혹은 정부가 제안된 도시개발이 몇 가지 조건으로 승인될 수 있는지 혹은 심각한 결과를 초래해 신청을 거부할 수 있는지를 결정할 수 있도록 하는 것이다.

개발 신청의 일환으로 교통영향평가 보고서는 교통영향평가를 올바르게 평가하는 데 필요한 관련 교통 모델링 파일과 함께 정부나 지방자치단체에 제출해야 한다. 종합적인 교통영향평가 보고서를 준비하는 것은 복잡한 과정이다. 제출에 필요한 중요한 서류는 다음과 같다.

- 현 교통상황
- 개발 세부 사항
- 트래픽 생성을 추정하는 데 사용되는 방법
- 트래픽 생성 요약 테이블
- 지역 전체의 교통 분포 및 할당 가정 및 관련 교통량 수치
- 교통안전 위험 평가
- 대중교통 영향 평가
- 보행자 및 자전거 타는 사람 영향 평가
- 트래픽 양, 교차로 레이아웃, 신호 위상 데이터 및 개발 영향을 완화하기 위해 구현된 추가 트래픽 인프라 작업에 대한 세부 정보를 포함하는 교차로 평가 입력
- 개발의 일환으로 제안된 건축 작업에 대한 간략한 설명

2. 교통정책의 사례

(1) 서울시 교통정책

1) 서울시 교통유발부담금 제도(원인자 부담 원칙의 교통수요관리 프로그램)

우리나라의 경제발전과 더불어 인구의 대부분이 지속적으로 수도권으로 집중되었으며 특히, 서울로의 인구집중현상이 뚜렷하게 나타났다. 서울 시내 도심 지역에는 고층 빌딩들이 계속해서 건설되었다. 이러한 도심지역에는 유동인구가 증가하였으며 그로 인한 차량의 통행도 많아 심각한 교통체증이 발생하였다. 특히, 1980년과 1990년대 국민소득수준의 향상과 자동차의 증가 급증으로 인한 교통수요의 증가와 이에 미치지 못하는 교통시설의 부족은 교통문제를 심화시켰다.

서울 도심에 위치한 대규모 빌딩 및 예식장, 백화점 같은 특정 용도의 시설물은 주변 도로를 혼잡하게 만들며 이로 인해 막대한 사회·경제적 손실을 발생시키고 있다. 따라서 이러한 대규모 교통수요 유발 건축물로 인한 사회·경제적 손실 비용을 교통수요 유발 원인자에게 부담하도록 하는 방안이 논의되기 시작하였

고, 그 결과 교통수요 유발 건축물 소유주에게 교통유발부담금을 부과하는 방안이 제시되었다.

"도시교통정비촉진법"에서 정의하는 교통유발부담금 제도란, 대량 교통수요 유발 시설의 도심 집중을 간접적으로 억제시키고 도시교통 개선 사업에 필요한 재원을 확보하기 위해 원인자 부담 원칙에 따라 시설물 소유자에게 금전적 부담을 부과시키는 제도이다. 일부 건축물 소유주들에게는 금전적 부담을 가중시킴으로써 저항을 불러일으킬 수도 있으나, 사회 전체적으로는 교통체증에 따른 사회·경제적 손실을 감소시키고, 국민 전체에게 보다 양질의 교통서비스를 제공하려는 제도의 취지로 도입 당위성과 사회적 공감대가 형성되었다. 또한 정부 차원에서 실시된 교통유발부담금 제도는 서울시 차원에서 "서울특별시 교통유발부담금 경감 등에 관한 조례"로 제정되어 대상 시설물, 부과 및 면제 시설 구분, 부담금 산정 기준 등이 구체적으로 명시되었다. 교통유발부담금 제도의 주된 목적 중 하나는 교통유발부담금 세입을 교통시설 확충과 개선에 활용하여 교통 투자 재원을 조달하고, 특히 대규모 교통수요 유발 시설을 도시 외곽지역으로 이전 또는 분산을 유도하는 것이다. 최초의 서울시 교통유발부담금 제도는 1990년에 시행되었으며, 이후 매년 1회씩 교통유발부담금을 부과하고 있다(출처: https://www.seoulsolution.kr/, 서울연구원, 고준호 연구원).

2) 부설주차장 설치제한 지역(주차상한제)

1997년부터 도심 및 교통 혼잡지역의 주차시설을 억제시켜 대중교통이용을 활성화하고 교통 혼잡을 완화하기 위한 교통수요억제정책이다. 주차상한제(부설주차장 설치제한 제도) 운영의 제한지역은 서울시 주차장 설치 및 관리 조례에 의한 공영주차장 주차요금표에서 정한 1급지 지역 중 상업지역 및 준주거지역이다. 「도시교통정비촉진법」 제42조에 따른 교통 혼잡 특별관리 구역으로서 전철역, 지하철역과 환승센터 또는 복합 환승센터의 가장 가까운 출입구로부터 직선거리 500m 이내의 지역이다. 제한대상은 주택 및 오피스텔을 제외한 시설물의 부설주차장이다.

표 11-1 부설주차장 설치제한 지역 – 1급지

구분	지역	대지
1	4대문 주변지역	사직로 · 율곡로 · 종로 · 난계로 · 퇴계로 · 통일로를 연결한 내부지역과 그 경계도로에 직접 접하고 있는 대지
2	신촌지역	경의선철도 · 이화여대길 · 대흥로 · 구 용산선철도 · 양화로 · 연희로를 연결한 내부지역과 그 경계도로에 직접 접하고 있는 대지
3	영등포지역	여의도 및 경인로 · 도림로 · 선유로 · 노들로를 연결한 내부지역과 그 경계도로에 직접 접하고 있는 대지
4	강남 · 서초지역	반포대로 · 올림픽대로 · 분당수서로 · 남부순환로를 연결한 내부지역과 그 경계도로에 직접 접하고 있는 대지
5	잠실지역	올림픽로 · 석촌호수로 · 삼학사로 · 잠실로 · 올림픽로 · 송파대로 · 신천로 · 오금로 · 올림픽로 · 위례성대로 · 백제고분로를 연결한 내부지역과 그 경계도로에 직접 접하고 있는 대지
6	천호지역	올림픽로 · 상암로 · 양재대로 · 풍성로를 연결한 내부지역과 그 경계도로에 직접 접하고 있는 대지
7	청량리지역	제기로 · 전농로 · 서울시립대로 · 천호대로 · 정릉천을 연결한 내부지역과 그 경계도로에 직접 접하고 있는 대지
8	용산 · 마포지역	강변북로 · 마포대로 · 충정로 · 통일로 · 한강대로를 연결한 내부지역과 그 경계도로에 직접 접하고 있는 대지
9	미아지역	도봉로 · 오현로 · 오패산로 · 정릉로 · 삼양로 · 솔샘로를 연결한 내부지역과 그 경계도로에 직접 접하고 있는 대지
10	목동지역	목동동로 · 목동서로 · 안양천로를 연결한 내부지역과 그 경계도로에 직접 접하고 있는 대지

출처: 서울특별시, http://news.seoul.go.kr/traffic/archives/14471.

3) 남산 1, 3호 터널 혼잡통행료 징수

서울시에서는 1980년대 후반 자동차 혼잡통행료에 대한 논의를 하였다. 그러나 시행여건 준가가 되지 않아서 실행하지 못했지만 1990년대에 개인 자가용 승용차 수요의 폭발적인 증가로 인해 상습적인 교통체증이 발생하였다. 따라서 승용차 이용 억제 필요성이 강하게 대두되면서 서울시 시설공단은 자가용승용차 이용을 줄이고 대중교통 이용을 활성화하여 도심교통체증을 완화하고자 남산 1, 3호 터널 통과 차량에 대하여 1996년 11월 11일부터 혼잡통행료를 징수하고 있다. 혼잡통행료 징수시간은 평일 오전 7시부터 오후 9시까지(토 · 일 · 공휴일 무료통행)이며, 징수 대상 차량은 운전자 포함 2인 이하가 탑승한 10인승 이하 승용차 또는 승합차이다. 경형승용차와 요일제 참여차량은 혼잡통행료가 50% 감면되며, 전자태그를 부착한 저공해자동차는 면제(1,2종) 또는 50% 감면(3종)된다. 통행료는 현금 또는 선·후불 교통카드로 납부한다.

(2) 세종특별자치시 BRT 교통정책

BRT(Bus Rapid Transit: 간선급행버스체계)는 기존 버스보다 한 단계 업그레이드된 고품질의 버스 운행방식이다. 주요 간선도로에 정류장을 설치하여 지하철의 시스템을 급행버스에 사용하는 방법이다. 버스전용차로와 교차로에서의 버스 우선통행, 편리한 환승시설 등을 모두 갖추어 운행 안정성과 정시성 모두 노면전차(Tram)급으로 끌어올린 신개념 교통시스템이다. 서울 도심 곳곳에 설치된 버스중앙차로도 BRT를 모티브로 하여 만들어졌지만, 기존 도로를 개량하며 만들다 보니 매우 기초적인 단계에서 머물 수밖에 없었다.

그림 11-1 세종특별자치시 BRT

반면, 세종특별자치시는 도시계획 단계부터 세종특별자치시의 핵심교통수단으로 BRT를 선정하여 도심 내 주요 도로에 중앙버스차로를 만들었다. 교차로에는 고가도로와 지하도를 만들어 교통의 흐름을 원활하게 하였다. BRT의 가장 핵심은

BRT 버스 전용차로를 통해 일반 차량들과의 주행로를 분리하였는데 교통의 혼잡성을 줄일 수 있다. 또한, 세종특별자치시는 시민들의 대중교통 편리성을 제공하기 위하여 승·하차를 위한 정류장에는 실시간 버스 위치 안내는 물론, 비를 피할 수 있는 지붕과 의자, 주행로와 정류장을 분리시켜주는 차단벽을 설치하여 편리하면서도 안전성을 유지하게 했다. 이러한 특징들은 BRT 버스를 지상의 지하철이라 부르는 이유이다. 2013년 4월 22일 대전광역시 반석역과 세종특별자치시를 지나 청주 오송역까지 총 31.2km의 BRT노선이 정식 개통하여 운행을 시작하였다. 정확하고 편리하며, 친환경적인 세종특별자치시 BRT 개통으로 세종시민을 위한 대중교통의 편리성 제공은 물론, 새로운 교통시스템의 시작이다.

그림 11-2 첨단 BRT 내부순환운행계획

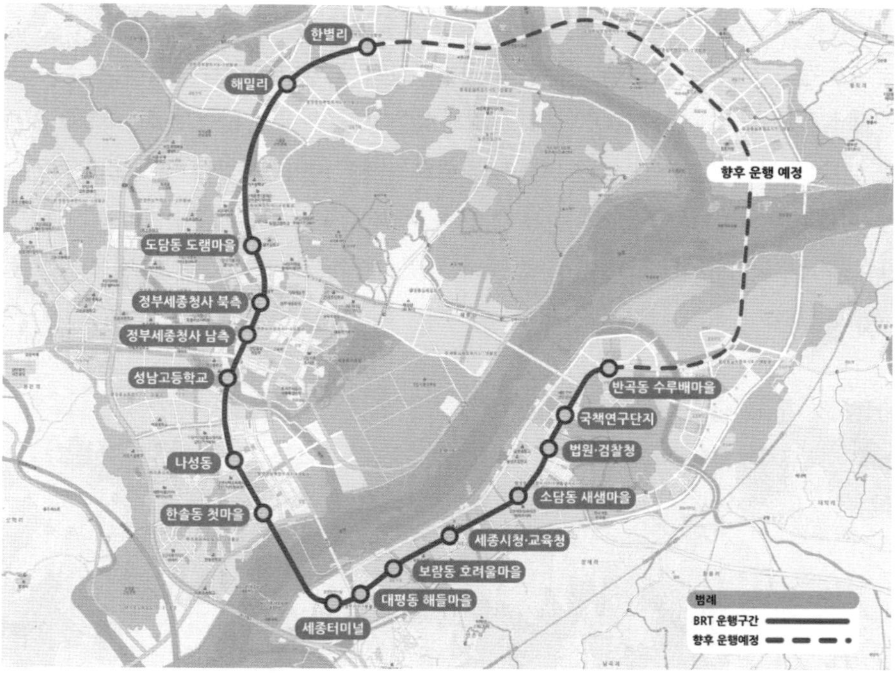

출처: 세종특별자치시, https://www.sejong.go.kr/index.jsp.

(3) 마이애미 교통 혼잡 통행세 정책(Toll Fees)

마이애미 헤럴드가 독자들에게 사우스 플로리다의 경제성에 대해 어떤 질문을 했을 때 통행료는 화제가 되었다. 모든 통행료는 어디로 갑니까? 통행료가 왜 더

비싸요? 처음에는 왜 그렇게 많은가? 마이애미는 세계에서 가장 혼잡한 도시 중 하나이다. 그래서 FDOT(Florida Department of Transportation), Miami-Dade County 및 Miami-Dade Expressway Authority(MDX)에서 수입한 통행료는 경사로, 조명 및 시설 개선, 도로 확장 및 유지 보수의 형태로 도로에 재투자된다. 유료 도로에는 지방 및 주 세금이 없기 때문이다.

많은 경제학자들은 주택비용이 저렴한 핵심 교외 지역으로 강제 이주하는 덜 부유한 노동자들에게 불공평하다고 주장한다. 통행료 수입이 기차나 버스와 같은 대중교통 솔루션을 구축하는데 사용되어야 한다고 주장한다. 지난 10년간 통행료는 꾸준히 증가해 왔다. FDOT과 MDX는 인플레이션에 가격을 매기지만 MDX Board는 추가 인상을 가할 수 있다. 이 기관들은 증가하는 건축 자재 비용을 유지하고 인구가 계속 증가함에 따라 교통정체를 막기 위해 통행료 인상이 필요하다고 말한다. MDX 대변인 Tere Garcia는 통행료 인상에 대하여 교통 및 수익 연구, 프로젝트 요구 및 자금 조달, 산업 표준 및 경제적 영향과 같은 여러 요소가 포함된다고 말한다. MDX가 1997년에 설립되었을 때, 현금 및 통행료는 2축 차량의 평균 25센트였다. 2015년 기준 평균 통행료는 $1.40이다. 2000년에서 2005년 사이에 MDX Board는 4가지로 분류하여 통행료 징수를 시작했다. MDX가 20개의 통행료 지점을 추가한 2014년 후반부터 많은 운전자들이 더 많은 비용을 지불하게 하고 있다.

그림 11-3 마이애미 교통 혼잡 통행세

출처: 마이애미헤럴드, 2019.08.28.

마이애미에는 왜 많은 요금소가 있을까? 마이애미 대학의 경제학 교수 데이비드 켈리(David Kelly)는 경제 및 정부 관점에서 미국 전역에 6,000마일의 유료 도로가 두 가지 목적으로 이용된다고 말했다. 첫째, 통행료는 도로 건설 및 유지 보수에 대한 재투자로 사용된다. 정부는 전통적으로 자동차 연료(디젤가솔린)의 세금을 가지고 도로에 대한 모든 비용을 지불했지만 자동차의 연비가 향상됨에 따라 지난 10년간 수입은 정체되었다. 따라서 통행료에 대한 일반원칙은 도로를 사용하는 사람은 도로확장 및 보수를 위한 비용을 지불해야 한다. 둘째, 통행료는 교통 체증 완화에 도움이 된다. 현재 진행 중인 연장 및 추가 차선 공사는 혼잡을 줄이도록 설계되고 있으며, 도로에서 운전하기 위해 요금을 청구하면 도로를 이용하는 사람들의 수가 줄어 교통 혼잡을 줄일 수 있다.

제2절 | 도시환경정책

1. 도시환경오염의 의의

(1) 도시환경오염의 개념

세계의 급속한 도시화는 도시의 생활환경을 오염시켜 주민의 건강 및 도시 생산성을 위협하고 있다. 보편적으로 인정되는 정의는 없지만, 도시환경오염의 개념은 독성이 있거나 유해한 물질이 도시지역에 존재하거나 유입되었음을 의미한다. 도시오염은 자연적 원인에서 비롯될 수 있지만 가장 유해한 것은 인간 활동과 관련된 배출이다. 공장, 산업, 운송 등과 같은 인위적인 오염원은 일반적으로 인간 활동의 지역 집중으로 인해 도시에서 악화된다. 따라서 도시환경을 보호하고 개선하는 것은 사치가 아닌 필수품이 되고 있다. 도시는 경제성장의 원동력이며 미래의 GDP 성장률은 대부분 도시에서 나올 것으로 예상되기 때문에 도시의 환경은 더 잘 관리되어야 한다. 즉, 인구의 대부분이 살고 있는 도시지역의 심각한 환경오염문제 해결은 우리 미래의 생존을 위해 매우 중요한 과제이다. 따라서 도시환경정책은 환경오염을 규제하여 도시환경을 개선하고 유지하는 주요 도구로 사용된다. 즉, 인구, 자원, 기술, 소비, 운송과 같은 도시의 모든 활동과 관련된 공기, 물,

폐기물 및 소음의 환경부문에 엄격히 적용된다(Hammond et al., 1995).

도시가 직면하고 있는 가장 중요하고 즉각적인 환경오염은 부적절한 수질, 위생, 배수 및 고형 폐기물, 산업 폐기물, 특히 미세먼지로 인한 도시 대기오염이다. 총괄적으로 갈색 의제(Brown Agenda)라고 불리는 이 일련의 도시환경오염은 일반적으로 부적절한 토지사용, 불안정한 주택, 불충분한 대중교통과도 관련되어 있다. 또한 도시지역에서 수자원 및 산림자원의 고갈, 환경에 취약한 토지의 황폐화, 빈민지역의 점유와 같은 다른 종류의 환경문제를 야기시킬 수 있다. 따라서 홍수나 산사태, 과밀, 역사 및 문화재의 파괴 및 손실, 소음 공해, 요리, 난방, 산업 및 운송에서 발생하는 도시의 모든 갈색배출은 기후변화 및 산성비와 같은 전 세계의 환경문제에 연관이 되어 있다. 갈색의제는 도시의 보편적 우선순위로 널리 인식되고 있지만, 개별 도시는 위에서 언급 한 다른 환경적 문제들에 직면할 수도 있다. 따라서 각 도시마다 특정 우선순위와 가장 즉각적인 환경오염문제를 해결하는 데 필요한 환경정책 만들고 및 조치를 취하는 것이 중요하다.

도시경제발전과 환경오염은 복잡하고 불가분의 관계에 있다. 왜냐하면 도시환경오염은 도시 노동시장의 기능과 토지 및 주택 시장과 밀접한 관계가 있기 때문이다. 예를 들면, 외부의 단순 노동자들은 일자리를 얻기 위해 도시로 이주하지만 높은 주택 가격과 소비물가 때문에 빈민지역에서 생활할 수밖에 없어서 도시환경을 악화시킨다. 따라서 제대로 작동하지 않는 토지 및 주택시장에 직면한 빈곤층은 종종 위험하거나 오염된 도시지역을 점령할 수밖에 없으며 그 지역은 나중에 환경오염을 제거하기 위한 비용 때문에 도시의 생산성을 약화시킬 것이다. 또한 지방자치단체는 기업 친화적 정책에 따라 도시환경오염개선 요구를 지속적으로 무시하면 도시주민의 건강과 생산성에 큰 타격을 줄 수 있다. 부적절한 위생은 도시의 질병의 주요 원인이며 질병으로 인한 근무일 손실 및 오염과 관련된 질병치료, 오염을 제거하는 비용 때문에 도시생산성에 심각한 영향을 미친다. 그러므로 도시환경오염을 제거하는 것은 도시주민의 위생과 건강을 지킬 것이며 생산성 높은 쾌적한 도시를 유지하는 필수 전제 조건이다.

(2) 도시환경오염의 특징

도시화로 인한 급속한 인구증가는 도시환경오염의 주요 원인이다. 즉, 시골 주민들의 더 나은 삶을 찾아 도시로의 대량적 이동은 도시화에 기여하는 요소이다. 도시에서의 생활은 노동 시장에 대한 접근 기회를 높이고, 교육, 주거 및 안전 조건을 개선하고, 통근 및 교통의 시간과 비용을 줄일 수 있고, 문화적 이점을 누릴 수 있다. 왜냐하면 도시는 돈, 서비스, 부 및 기회가 집중되어 있기 때문이다. 따라서 많은 시골 주민들이 도시로 와서 재산을 늘리고, 사회적 지위를 바꾸는 기회를 얻으며, 일자리와 자본을 제공하는 비즈니스에 대한 접근이 용이하다. 시골 지역, 종종 소규모 가족 농장이나 마을집단 농장의 전반적인 삶의 질이 매우 주관적이기 때문에 상대적으로 도시의 생활의 질을 능가할 수 있지만 역사적으로 도시의 많은 이점은 시골주민들에게 더 큰 매력으로 다가왔다(Berrini, & Bono, 2011). 따라서 시골주민의 도시로의 대량유입에 의한 도시화는 도시의 수질, 난방, 음식쓰레기, 폐기물, 공기오염 등과 같은 환경오염의 원인을 제공하고 있다.

도시의 매력은 인구의 유입을 일으켜서 도시환경에 심각한 영향을 미치는 경향이 있지만, 그 영향은 도시가 어떻게 잘 관리되는지에 따라 크게 좌우된다. 도시정부는 도시화를 보다 환경적으로 유익하고 덜 파괴적으로 만드는 가장 좋은 방법을 찾기 위해 노력해야 한다. 비록 많은 연구에서 도시화가 환경적으로 유익한지 또는 파괴적인지를 말하기는 어렵다. 이전에 도시 환경변화에 대한 연구가 보여 주었듯이 경제개발과 성장에 의해 보다 심오한 환경적 결과를 초래하는 경향이 있음을 보여주고 있다. 따라서 전 세계의 대도시들은 인구의 급속한 증가와 빠른 경제성장을 통한 수질, 폐기물, 소음 및 대기 오염에 의하여 도시의 지속가능성 위협에 직면하고 있다.

생명체의 신진 대사가 두뇌, 기관 및 효소 간의 협력의 결과인 것과 같은 방식으로 환경을 지속가능하게 유지하기 위한 도시의 신진대사는 거버넌스 정책, 인프라 구축 및 시민의식에 의해 촉진된다. 점점 더 많은 전 세계 사람들이 도시로 이주하고 있으며, 유입을 수용하기 위해 빠른 속도의 확장이 필요하다(Kötter & Friesecke, 2011). 더 큰 도시는 더 많은 식량, 물 및 연료를 필요로 하므로 배출, 폐기물 및 폐수 생산 증가를 초래한다(Kennedy, Cuddihy & Engel-Yan, 2007). 불행히도 이것은 도시 시스템이 번영하기 위해 생태계 서비스(Millennium Ecosystem Assessment, 2005)에 의존하지만 자원 사용, 토지 침식 및 오염을 통해 동일한 생태계를 위협한다는 것을 의미한다. 사실, 현대의 도시 대사주기는 지역 규모로 환경 변화를 주도하여 토지이용 및 적용, 생물 다양성, 수계, 생지 화학주기 및 기후에 영향을 미친다(Grimm et al., 2008). 이러한 많은 도시 환경적 결과는 경제활동과 공중보건에 영향을 미치는 새로운 대규모 문제를 초래한다. 도시화를 통한 인구밀도가 증가하고 사회 경제적 불균형이 악화되고 인프라 문제가 발생할 수 있다(Kötter & Friesecke, 2011). 따라서 도시연구자들은 지속가능한 도시계획의 맥락에서 효율적인 도시환경 신진대사를 이해하는 것이 중요하다고 강조한다.

예를 들어, 도시경제 생산성은 건강하고 행복한 시민이 교육, 직장, 의료, 보안, 식량, 물, 운송, 청정 공기 및 전기에 쉽게 접근해야 한다. 이러한 이상적인 상황은 도시가 효율적인 폐기물 처리 시스템, 녹지 공간 및 녹지 건물, 대중교통 수단을 구축하고 지역시장을 위해 지역 자원에서 친환경 제품을 생산하는 시스템을 유지할 때 만들어 질 수 있다. 또한 도시 거주자의 행동과 생활 방식이 중요한 역할을 한다. 도시는 자연 자원 소비, 석재 및 자갈과 같은 물 및 재료를 포함하는 폐기물 생산을 줄이고 토지 사용 효율성 특히 그레이 필드 및 브라운 필드 토지 재사용을 개선하여 부정적인 환경 영향을 최소화하는 것이 중요하다.

도시환경오염을 줄이기 위해서는 주변 지역으로 확장되는 도시 거버넌스에 대한 통합된 접근 방식이 필요하다. 인간과 환경 사이의 지속가능한 역동적인 관계를 촉진하여 삶의 질과 친환경 비즈니스가 모두 촉진되고 경제적 번영을 유지하는데 필수적이다. 오늘날 도시의 주요 과제는 생태계 서비스에 대한 의존도를 관리하여 자연자원과 생물다양성의 고갈과 기후 변화를 완화하고 기후변화에 적응하려는 노력을 하는 동시에 공중보건과 삶의 질을 우선시하는 것이다. Kennedy et al.(2007)에 따르면 지속가능한 도시는 재료 및 에너지 자원의 유입 및 폐기물 처리가 도시의 주변 환경 용량을 초과하지 않는 도시이다. 다시 말해서, 환경 지속가능성을 달성하기 위해 도시 소비는 산림, 토양 및 수역과 같은 자연환경이 제공할 수 있는 것과 일치하거나 그보다 낮아야 하며, 그 결과로 발생하는 오염 물질은 환경이 인간과 다른 구성원에게 자원을 제공하는 능력을 압도해서는 안 된다. 따라서 이러한 도시 지속가능성을 유지하기 위해서는 도시환경 거버넌스가 중요한 요소이다.

(3) 도시환경오염의 종류

도시는 여러 가지 원인에 의해 환경오염을 겪고 있다. 대부분은 대기오염, 수질오염 및 토양오염의 세 가지 주요 오염 유형으로 구분된다. 현대 문명은 현대 시설에 전력을 공급하기 위해 에너지원으로 화석 연료에 크게 의존한다. 다른 오염원과 함께 화석 연료를 태우는 것은 지구에 부정적인 영향을 줄 뿐만 아니라 건강과 복지에도 영향을 미친다. 대부분의 사람들은 공기, 물, 토양, 소음 등과 같은 기본 오염 유형을 지정할 수 있지만 환경을 오염시키는 모든 다른 원인을 알고 있지는 않다. 따라서 도시에서 매일 다른 환경에서 직면하는 6가지 유형의 오염에 대해 이야기할 필요가 있다.

1) 대기오염

도시 공기는 자동차, 공장, 발전기에서 나오는 화석 연료 및 배기가스에서 나오는 가스와 페인트, 플라스틱 및 독성 유출과 같은 화학 물질의 유해 가스로 끊임없이 오염되고 있다. 이 모든 요소는 공기의 자연 성분을 방해하여 건강에 해롭다. 대기 질을 안전한 수준으로 유지하는 것은 오늘날 현대 도시 공동체가 직면한 주요 과제 중 하나이다. 공기 중의 입자상 물질(PM)은 인체에 유입되어 심혈관계 및 기타 주요 기관에 영향을 줄 수 있다. 만성 노출은 여러 가지 건강 위험을 초래한다. 유럽위원회의 자체 과학 서비스, JRC(Joint Research Center) 및 WHO(World Health Organization)는 전 세계 51개 도시에서 도시 공기의 PM의 주요 범주를 식별했다. 평균적으로 교통은 대기 중 가장 큰 대기 오염원이며 대기 중 1/4의 미립자 물질을 담당한다. 대기 오염은 전 세계 대도시 지역에 영향을 미치며 도시 지역의 인구는 특히 고농도의 작은 입자상 물질(PM2.5)에 노출된다. 이러한 농도에 노출되면 주요 건강 문제가 발생할 수 있다.

2) 수질오염

호수, 강, 지하수 및 해양과 같은 자연 수자원은 공장, 농지, 화학 물질 유출, 자동차 배기가스, 폐수, 산업 폐기물 및 가정용 쓰레기를 빗물이 씻어 내고 수자원과 혼합되어 유출되는 오염이다. 수질 오염은 화학 물질이나 미생물과 같은 유해 물질이 하천, 강, 호수, 바다, 대수층 또는 기타 수역을 오염시켜 수질을 저하시키고 사람이나 환경에 유독하게 만들 때 발생한다. 물은 오염에 유일하게 취약하다. 범용 용매로 알려진 물은 지구상의 다른 액체보다 더 많은 물질을 용해시킬 수 있다. 따라서 물이 너무 쉽게 오염되는 이유이기도 하다. 농장, 마을 및 공장의 독성 물질은 쉽게 용해되어 혼합되어 수질오염을 유발한다.

빗물이 땅에 깊숙이 스며들어 대수층의 균열, 틈새 및 다공성 공간(주로 지하수 저장고)이 채워지면, 가장 눈에 띄지 않지만 가장 중요한 천연자원 중 하나인 지하수가 된다. 도시 지역의 일부 사람들에게는 유일한 담수 공급원이다. 살충제 및 비료에서 매립지 및 정화 시스템에서 나오는 폐기물에 이르기까지 오염물질이 대수층으로 유입되어 지하수가 오염된다. 오염물질을 지하수에서 제거하는 것은 불가능할 뿐만 아니라 비용이 많이들 수 있다. 오염된 대수층은 수십 년 또는 수천 년 동안 사용할 수 없을지도 모른다. 지하수는 하천, 호수 및 바다로 스며들면서 원래 오염원으로부터 멀리 오염을 확산시킬 수 있다. 담수 공급원(바다 이외의 공급원)의 지표수는 가정으로 전달되는 물의 대부분을 차지한다. 그러나 그 물의 상당수가 위험에 처해 있다. 미국 환경 보호국의 국가 수질에 관한 가장 최근의 조사에 따르면 강과 개울의 거의 절반과 호수의 3분의 1 이상이 오염되어 수영, 낚시 및 음용에 적합하지 않다. 질산염과 인산염을 포함한 영양소 오염은 이러한 담수 공급원의 주요 오염 유형이다. 식물과 동물은 이러한 영양소가 자라기 위해 필요하지만 농장 폐기물과 비료 유출로 인해 주요 오염 물질이 되었다. 도시 및 산업 폐기물 배출량은 독소의 상당한 비율을 차지한다. 산업계와 개인이 수로에 직접 버리는 모든 무작위 쓰레기도 존재하고 있다.

3) 토양오염

토양에 높은 농도의 독성 성분이 있으면 인간 건강과 생태계에 높은 위험을 초래할 수 있다. 산업, 농장, 건설 현장, 자동차 및 가정의 많은 유기 및 무기 화학 물질 및 폐기물은 토양 오염에 기여할 수 있다. 주요 토양 오염 원인은 인간 활동이다. 즉, 건강 위험 수준에서 토양에 화학 물질이 축적되는 것은 우발적 누출 및 유출, 덤핑, 제조 공정 등과 같은 인간 활동으로 인한 것이다. 토양 오염은 토양에 독성 화학 물질, 오염 물질 또는 오염 물질이 식물, 야생 동물, 인간, 물론 토양 자체에 위험할 정도로 충분히 높은 농도에 있을 때 발생한다.

4) 소음

시끄러운 조건에서 생활하면 많은 사람들이 알고 있는 건강상의 위험에 도달할 수 있다. 소음의 즉각적인 결과와는 별도로, 평화의 붕괴, 원치 않는 소음의 높은 수준은 사람을 성가시게 하여 두통, 불면증, 청력 상실을 유발할 수 있으며 영향을 받는 도시의 쾌적한 생활을 방해할 수도 있다.

5) 방사능오염

화학 물질의 방사능은 비교적 드물지만 건강에 치명적인 결과를 초래할 수 있다. 방사능에 대한 노출은 환경에 돌이킬 수 없는 영향을 미치므로 치명적일 수 있다. 원자력 발전소 사고, 누출 및 부적절한 핵폐기물 처리 및 우라늄 채굴과 같은 부적절한 관행이 방사능 오염의 주요 원인이다. 방사능 오염을 통제하기 위한 엄격한 정부 규정이 있으며 원자력 발전소 프로젝트가 있는 지역을 방문할 때는 추가 예방 조치를 취해야 한다.

6) 시각오염

도시는 종종 눈에 띄지 않는 간판, 광고 및 지나치게 밝은 광고판 조명으로 오염된다. 시각오염은 생활수준의 생활방식과 재산 가치를 낮추거나 저하시킬 수 있다. 시각오염은 미학적 문제이며 풍경이나 전망을 즐기는 능력을 손상시키는 오염의 영향을 나타낸다. 쓰레기, 안테나, 전선, 건물 및 자동차의 빌보드 등은 종종 시각적 오염으로 간주된다. 도시정부는 때때로 공공장소에서 건축되고 조립되는 것을 통제할 수 없다. 기업들이 이익을 증가시킬 수 있는 방법을 모색함에 따라 도시 지역의 청결, 건축, 논리 및 공간 사용은 시각적 혼란으로 인해 어려움을 겪고 있다. 도시 행정의 무감각은 시각적 오염의 또 다른 원인이다. 예를 들어, 잘못 계획된 건물 및 운송 시스템은 시각적 오염을 만든다. 적절하게 또는 충분히 계획되지 않은 고층 건물은 도시의 시각적 및 물리적 특성에 부정적인 변화를 가져올 수 있으며, 이는 도시의 가독성을 떨어뜨릴 수 있다.

2. 환경정책의 수단

(1) 도시환경정책의 의의

도시환경정책은 환경오염에 관한 법률, 규정 및 기타 정책에 대한 도시정부의 조직구성과 집행이다. 도시환경오염에는 일반적으로 대기 및 수질 오염, 폐기물 관리, 생태계 관리, 생물 다양성 유지, 천연 자원 관리, 야생 생물 및 멸종 위기종이 포함된다. 예를 들어, 환경정책과 관련하여 지구 온난화 및 기후 변화 문제를 해결하기 위한 글로벌 수준의 에코 에너지 지향 정책을 도시정부차원에서 구현할 수 있다. 또한 살충제 및 다양한 유형의 산업 폐기물을 포함한 독성 물질 또는 규제에 관한 정책은 도시의 오염을 피하기 위한 환경정책 주제의 일부이다. 도시환경정책은 지역적 영역 안에서 의도적으로 인간 활동에 영향을 미쳐 생물학적 환경과 천연 자원에 대한 바람직하지 않은 영향을 방지하고 환경의 변화가 인간에게 용인할 수없는 영향을 미치지 않기 위해 집행될 수 있다.

도시환경정책을 설명하는 한 가지 방법은 도시환경과 정책이라는 두 가지 주요 용어로 구성된다는 것이다. 도시환경은 물리적 생태계를 지칭하지만 사회적 차원(삶의 질, 건강)과 경제적 차원(자원 관리, 생물 다양성)도 고려할 수 있다. 정책은 정부, 정당, 사업체 또는 개인에 의해 채택되거나 제안된 행동 또는 원칙으로 정의될 수 있다. 따라서 도시환경정책은 환경에 대한 인간의 영향으로 발생하는 문제에 초점을 맞추는 경향이 있으며, 이는 인간의 가치에 영향을 미침으로써 도시사회에 중요하다.

환경에 대한 도시정부의 참여에 대한 이론적 근거는 종종 무료 탑승자 문제와 공유지의 비극을 포함한다. 개인의 사욕에 따라 독립적으로 행동하는 개별 사용자가 모든 자원을 고갈시키거나 망쳐서 모든 사용자의 공동 이익에 반하는 행동, 즉 한 사람이 통제할 수 없는 힘의 형태로 시장이 실패한 데 기인한다. 공장에서 폐기물 오염이 발생하여 강으로 배출되어 궁극적으로 물을 오염시키는 경우이다(Hammond et al., 1995). 그러한 행동의 비용은 물을 마시기 전에 물을 청소해야 하고 오염원을 제거하는 비용은 대규모 사회가 지불해야 한다. 공유지의 비극은 아무도 공유지를 소유하지 않기 때문에 각 개인이 공통의 리소스를 최대한 활용할 수 있는 인센티브를 갖는 조건이다. 그러므로 도시정부의 개입 없이는 개인이 도시환경 및 자원을 과도하게 사용한다. 따라서 도시환경정책은 환경오염을 막고 제거하는 것 외에도 도시가 취한 조치가 도시환경변화의 진행에 영향을 미친다. 점점 더 많은 사람들이 시골에서 도시로 이동하면서, 현재 도시화는 세계적인 기류이고 도시환경을 지속적으로 악화시키기 때문에 도시환경정책 연구가 중요하다. 지속가능하고 건강한 도시성장을 위하여 도시정부의 정책결정자들은 어떤 종류의 환경정책을 사용하여야 할지를 고려해야 한다.

(2) 도시환경정책의 수단

환경정책수단은 정부 및 지방자치단체에서 환경정책을 구현하기 위해 사용하는 도구이다. 도시환경오염을 줄이기 위하여 다양한 유형의 정책적 수단을 사용할 수 있다. 예를 들어, 세금 부과 및 세금 면제, 거래 허가 및 수수료와 같은 경제적 인센티브 및 시장기반 도구는 환경정책 준수를 장려하는 데 매우 효과적일 수 있다. 효율적인 환경관리에 참여하고 환경 데이터 및 보고에 대해 투명한 기업 및 기타 조직은 정부로부터 인센티브를 얻을 수 있다. 특정 환경문제를 해결하기 위해 여러 가지 수단을 정책조합하기도 한다. 즉, 환경문제에는 여러 측면이 있으므로 각 문제를 적절히 해결하기 위해 여러 가지 정책 도구가 필요할 수 있다. 또한, 서로 다른 정책의 조합으로 기업은 정책 준수에 더 큰 유연성을 제공하고 이러한 준수 비용에 대한 불확실성을 줄일 수 있다. 이상적으로는 개별 정책이 서로를 훼손하지 않거나 엄격하고 비효율적인 프레임 워크를 만들지 않도록 정부정책을 신중하게 구성해야 한다. 중앙정부와 도시정부의 환경정책이 겹치면 불필요한 중복적 관리 비용이 발생하므로 적절한 조정과 조합이 필요하다.

1) 지방의제 21(Local Agenda 21)

의제 21은 21세기를 향한 지속가능한 개발을 위한 세계 행동 계획이다. 1992년 브라질 리우데자네이루에서 열린 세계회의 선언에 의해 생성되었으며 한국을 포함한 178개국이 참석했다. Global Action Plan에는 지속가능한 개발을 위해 취해야 할 단계를 설명하는 40개의 장이 있다. 지방 자치 단체의 역할은 28번째 장에서 의제 21이행과 지방의제 21 프로그램(LA21)을 통한 지역차원의 지속가능한 개발을 강조하였다. 지방의제 21(LA21)은 지속가능한 개발과 더 높은 삶의 질을 향한 환경을 계획하고 관리하는 데 있어 3섹터, 도시정부, 공공 및 민간 부문 협력을 포함하고 강조하는 프로그램이다. 지속가능한 개발은 미래 세대의 능력이나 요구를 줄이지 않고 현재 요구를 충족시키는 개발을 의미하며, 여기에는 인구 통제, 식량 및 에너지 보안이 포함된다.

지속가능한 개발의 특징은 환경, 사회적 평등, 경제인, 미래로 구성되어 있다.

- 환경: 개발은 환경과 건강에 대한 인간의 역할을 진정으로 고려
- 사회적 평등: 보다 적절한 출처의 획득과 통제에 기여하는 개발

– 경제인: 사람들이 기본적인 요구를 충족하도록 돕는 사회 및 경제 개발
– 미래: 미래 세대의 이익을 해치거나 편견을 갖지 않는 의사결정

2) 도시환경정책 수단

① 도시재생정책

도시재생은 주로 도시의 구시가지와 관련이 있지만 최근에 교외 지역이나 사실상 황무지가 된 도시산업지역에서 점점 더 많이 수행되고 있다. 도시정부는 구도심이나 산업지역의 낡은 건물이나 부지에 대한 새로운 용도를 개발하여 실질적인 경제부흥과 생활환경 개선을 하여야 한다. 이러한 도시재생사업은 가장 심각한 유형의 오염인 폐기물, 수질, 대기오염의 감소방향으로 진행되어야 한다. 도시재생정책의 성공 여부는 실제로 장기계획을 수립하고 다양한 재정 자원을 확보하며 민간 및 비영리 부문과 동반관계를 맺고 강력한 지역 및 공공 이니셔티브를 유도하고 충분한 토지를 확보하는 데 달려 있다. 또한, 특히 과거 산업 현장의 재건을 위해 지역의 우수한 환경 관행을 장려하기 위해 세금 경감 및 세금 면제와 같은 재정적 인센티브를 권장해야 한다. 하지만 도시재생 정책은 건축 환경의 개선에 중점을 두고 환경오염 문제를 경시하는 경향이 있다. 따라서 미래에는 도시재생정책을 통하여 건축 환경을 개선하고 환경오염을 줄임으로써 성장하는 도시로 재건해야 할 것이다.

② 도시교통정책

개인 차량과 상업용 차량의 도로 운송은 대기 오염, 혼잡, 소음 및 위험의 형태로 도시환경문제를 유발한다. 많은 도시들이 도로 교통으로 인한 환경문제에 직면해 있다. 하지만 도시정부는 아무것도 하지 않거나 해결책이 항상 너무 늦다. 일부 도시는 대중교통 촉진, 교통체증 및 대기오염 감소를 목표로 보다 과감한 도시교통정책을 채택한다. 최근에는 스톡홀름과 케임브리지 같은 일부 도시에서도 도로 가격 책정을 계획했다. 스톡홀름에 들어오는 차량 운전자에게 돈을 지불하도록 제안한 원칙은 싱가포르에서 이미 사용된 것과 동일하다. 개인 자동차 교통량을 줄이고 따라서 대기오염과 혼잡을 줄이면서 이러한 방식으로 생성된 자금을 사용하여 대중교통을 개선하는 것이 목표이다. 즉 개인 차량 운전자는 그들이 야기하는 대기오염에 대해 비용을 지불하는 것이다. 특히 혼잡한 도시지역에서 자동차 사용에 대한 높은 세금을 부과하는 것은 도시교통 대기오염, 소음 및 혼잡을 줄이는 가장 효과

적인 방법이다. 점점 더 많은 도시들은 휘발유에 대한 세금을 늘리고, 이산화탄소 배출에 대한 세금을 부과하고, 주차에 대해 훨씬 더 많은 비용을 청구하고, 고속도로 이용에 대한 비용을 청구하는 도시환경정책을 선택할 것이다.

③ 에너지절약정책

몇몇 국가(특히 독일과 미국)를 제외하고 도시는 에너지 공급에 관여하지 않는다. 그러나 대부분의 도시정부는 원한다면 에너지 절약과 가장 환경 친화적인 방법으로 이용 가능한 자원을 사용하는 데 큰 역할을 할 수 있다. 도시정부는 적은 에너지를 요구하는 산업 플랜트 및 건물의 건설을 장려할 수 있으며, 주택에서 에너지 절약을 위한 프로그램을 장려할 수 있다. 또한 에너지 소비를 최소화하기 위해 토지사용을 계획할 수도 있다. 지금까지 도시정부가 취한 가장 긍정적 인 조치는 열병합발전소와 열을 제공하는 폐기물 소각 플랜트 건설이다.

④ 도시정책에 환경문제의 통합

도시계획 및 관리에 환경문제를 포함시키는 것이다. 마찬가지로 도시 및 환경 분야와 직접 관련이 없지만 도시환경에 영향을 미치는 정책 및 프로그램을 담당하는 사람들은 계획 단계에서 체계적으로 환경영향을 고려할 수 있도록 설계를 해야 한다. 도시 환경을 개선하기 위해 필요한 모든 도시 활동을 조정하기 위해 필요한 전문지식을 갖춘 환경전문가를 활동부서 혹은 위원회에 참여시켜 환경정책 정보가 공유되어야 한다.

⑤ 파트너십

도시환경을 개선하기 위한 정책은 해당 시민의 적극적인 참여, 공공 부문, 이익 및 민간 부문 간의 강력한 협력 없이는 성공할 수 없다. 파트너십은 도시의 경제부흥과 교외 및 도시 환경 개선을 위한 정책 성공의 열쇠이다. 런던, 맨체스터, 이스탄불, 밴쿠버, 요코하마, 베를린 등의 도시는 환경개선 프로그램을 위해 민간 및 자발적 단체와 협력하여 도시환경정책을 채택하고 있다.

⑥ 대상별 환경오염 재정적 규제

- 배출부과금제도

대기오염물질로 인한 대기환경상의 피해를 방지 또는 감소시키기 위하여 대기오염물질을 배출하는 사업자에게 오염물질의 배출정도에 따라 경제적 부담으로서 부과금을 부과함으로써 사업자가 스스로 오염물질의 배출을 억제토록 유도하기 위함이다. 배출부과금에 대한 종류는 기본부과금(배출허용기준이하로 배출하는 대기오염물질량에 대하여 부과)과 초과부과금(배출허용기준을 초과한 대기오염물질량에 대하여 부과)이다.

▪ 환경개선부담금

환경개선부담금은 환경개선비용부담법 제9조에 의거하여 원인자부담원칙에 따라 오염물질을 발생시키는 자동차에 대하여 그 처리비용을 일부 부담하게 하여, 오염을 억제하도록 하는 것을 목적으로 한다. 환경개선부담금의 용도는 정부 또는 사업자가 시행하는 대기 · 수질환경개선 사업비 지원 · 융자, 환경과학기술개발비의 지원, 환경오염방지사업비의 지원 등에 사용한다.

▪ 폐기물부담금

유해물질을 함유하고 있거나, 재활용이 어렵고 폐기물관리상 문제를 일으킬 수 있는 제품/재료/용기의 제조업자 또는 수입업자에게 그 폐기물 처리에 드는 비용을 부담하도록 하는 제도이다. 폐기물처분부담금 납부의무자(「자원순환기본법」 제21조 제1항)는 생활폐기물: 「폐기물관리법」 제14조 제1항에 따른 특별자치시장, 특별자치도지사, 시장 · 군수 · 구청장, 사업장폐기물: 「폐기물관리법」 제18조 제1항에 따른 사업장폐기물 배출자이다.

▪ 수질개선부담금

수질개선부담금은 환경침해를 일으키는 먹는 샘물 제조업자 등에게 재정적 부담을 지움으로써 환경을 고갈시키고 침해하는 기업 활동을 억제하도록 간접적으로 유도함과 더불어 먹는 물, 특히 수돗물 수질개선이라는 환경정책의 실현을 위한 재원을 마련하고자 하는 것으로 그 내용상 환경에 관한 부담금이고 기능상으로는 정책목표 달성을 유도하고 조정하는 성격을 가진 부담금이다(헌법재판소 1998. 12. 24. 선고 98헌가1 전원재판부 결정). 특별시장 · 광역시장 · 도지사 또는 특별자치도지사(이하 '시 · 도지사'라 함)는 공공의 지하수자원을 보호하고 먹는 물의 수질개선에 이바지하도록 먹는 샘물 또는 먹는 지하수(이하 '먹는 샘물 등'이라 함)제조업자와 먹는 샘물 수입판매업자에게 수질개선부담금(이하 '부담금'이라 함)을 부과 · 징수할 수 있다(규제 「먹는물관리법」 제31조 제1항, 제55조 제1항, 규제 「먹는물관리법 시행령」 제7조 및 제20조 제1항 제1호).

(3) 환경영향평가(Environmental Impact Assessment)

1) 환경영향평가

환경평가(EA)는 제안된 조치로 개발진행을 결정하기 전에 계획, 정책, 프로그램 또는 실제 프로젝트의 환경 결과를 긍정적 혹은 부정적으로 평가하는 것이다. 이와 관련하여 환경영향평가(EIA)라는 용어는 일반적으로 개인이나 회사가 실제 프로젝트에 적용할 때 사용되며 전략 환경평가는 기관이 가장 많이 제안하는 정책, 계획 및 프로그램에 적용된다. 환경영향평가는 프로젝트 승인 및 의사 결정의 일부를 구성하는 환경 관리 도구이다. 환경영향평가는 대중 참여 및 의사결정에 관한 행정 절차 규칙에 의해 규율될 수 있으며 사법 심사 대상이 될 수 있다. 환경영향평가의 목적은 의사결정자가 프로젝트 진행 여부를 결정할 때 환경 영향을 고려하도록 하는 것이다(Niemeijer & de Groot, 2008). 국제 영향 평가 협회(IAIA)는 환경영향평가를 주요 결정을 내리고 약속하기 전에 개발 제안의 생·물리적, 사회적 및 기타 관련 영향을 식별, 예측, 평가 및 완화하는 프로세스로 정의한다.

환경영향평가(EIA)는 경제개발 프로젝트를 환경안전에 맞추고 지속가능한 경제개발을 보장하는데 필수적이다. 환경영향평가(EIA)는 다양한 정책 대안의 영향을 비교하기 위해 수행되기 때문에 환경정책의 중추를 담당하고 있다. 왜냐하면 급격한 경제성장과 도시화에 따른 다양한 규모의 경제개발 프로젝트를 끊임없이 하여야 하는 도시의 현실에서 볼 때 개발에 따르는 환경파괴의 최소화는 매우 중요하다. 개발사업 시행자는 계획안과 그 사업의 수행으로 인한 환경에 미치게 될 영향의 예측 및 평가에 관한 평가서를 작성하여 제출하여야 한다. 그 환경영향평가서는 개발프로젝트 결정에 영향을 미친다.

표 11-2 환경영향평가(EIA) 과정의 이점

– 환경이 좋지 않은 프로젝트를 잠재적으로 선별 – 환경 영향을 줄이기 위해 수정된 설계 제안 – 가능한 대안을 식별 – 중대한 악영향 예측	– 주요 영향을 줄이거나, 상쇄 또는 제거하기 위한 완화 조치 식별 – 잠재적으로 영향을 받는 커뮤니티 및 개인을 참여시키고 정보를 제공 – 의사결정 및 이용약관 개발에 영향을 미침

2) 환경영향평가 과정

환경영향평가(EIA) 과정은 환경에 영향을 줄 수 있는 프로젝트와 관련된 결정에 환경 고려 사항이 포함되기 위한 다단계 절차이다. 간단히 정의하면 환경영향평가(EIA) 과정은 제안된 활동의 가능한 환경영향과 이러한 영향을 완화할 수 있는 방법을 식별하는 데 도움이 된다. 환경영향평가(EIA) 과정의 목적은 의사 결정권자와 일반 대중에게 제안된 프로젝트 이행의 환경적 결과를 알리는 것이다. 환경영향평가(EIA) 평가서 자체는 사회적, 문화적, 보건적 영향뿐만 아니라 물리적 환경에 미치는 영향을 식별, 예측 및 분석하는 기술 도구이다. 환경영향평가(EIA) 과정이 성공하면 제안된 프로젝트의 환경영향을 줄이기 위한 대안 및 완화 조치를 식별한다. 환경영향평가(EIA) 과정은 또한 투명성과 대중의 참여를 촉진함으로써 전반적인 의사 결정 프로세스에서 중요한 절차적 역할을 한다. 환경영향평가(EIA) 과정은 환경에 심각한 영향을 미친다는 것이 밝혀지면 프로젝트가 수정되거나 거부될 것이라고 보장하지는 않는다. 일부 국가에서는 의사결정자가 실제로 결과가 환경영향평가(EIA)에 공개되는 한 가장 환경적으로 해로운 대안을 선택할 수 있다. 다시 말해, 환경영향평가(EIA) 과정은 정보에 근거한 결정을 보장하지만 반드시 환경적으로 유익한 결정은 아니다.

① 프로젝트 정의(Identifying and Defining the Project)

이 단계는 비교적 단순해 보일 수 있지만, 프로젝트가 크거나 여러 단계가 복잡하게 포함하는 경우 환경영향평가(EIA) 목적을 위해 프로젝트를 정의하는 것이다. 이 단계의 목표는 가능한 영향의 영역을 정확하게 결정하고 환경영향의 전체 범위를 평가할 수 있도록 제안과 밀접하게 연결된 활동을 포함할 수 있을 정도로 구체적으로 프로젝트를 정의한다.

② 선별과정(Screening)

선별과정은 특정 프로젝트가 환경영향평가(EIA)의 준비를 보증하는지 여부를 결정한다. 환경영향평가(EIA)에 대한 기준요건은 국가마다 다르다. 일부 법률은 환경영향평가(EIA)가 필요한 활동 또는 프로젝트 유형 목록을 제공하고, 다른 법률은 환경 또는 프로젝트에 큰 영향을 줄 수 있는 프로젝트에 대해 환경영향평가(EIA)를 요구한다. 경우에 따라, 특히 프로젝트의 가능한 영향을 알 수 없는 경우 프로젝트가 환경영향평가(EIA)를 보증하는지 여부를 결정하기 위해 예비 환경 평가를 준비한다.

③ **범위지정(Scoping)**

범위지정은 일반적으로 환경영향평가(EIA)에서 해결해야 하는 주요 환경문제를 식별하는 단계로, 일반적으로 대중 및 기타 이해 당사자가 참여하는 단계이다. 이 단계는 공공 또는 NGO 회원이 제안된 프로젝트에 대해 배우고 의견을 말할 수 있는 첫 번째 기회를 제공한다. 범위지정은 프로젝트 근처에서 발생할 수 있는 유사하거나 연결된 활동을 나타내거나 완화해야 하거나 프로젝트가 취소될 수 있는 문제를 식별할 수 있다.

④ **이용약관 준비(Preparing Terms of Reference)**

이용약관은 환경영향평가(EIA) 준비를 위한 로드맵 역할을 하며 범위 지정 과정에서 확인된 문제와 영향을 포함해야 한다. 공개검토 및 의견수렴을 위해 이용약관 초안이 제공될 수 있다. 이 초기 단계의 공개 검토는 환경영향평가(EIA)가 제대로 구성되어 커뮤니티에 대한 문제를 해결할 수 있는 주요 기회를 제공한다.

⑤ **초안준비(Preparing Draft EIA)**

환경영향평가(EIA) 초안은 참조 약관 또는 범위 지정 과정에서 식별된 문제범위에 따라 작성된다. 환경영향평가(EIA) 초안은 또한 중요한 환경영향평가(EIA) 법률 또는 규정의 내용 요구사항을 충족해야 한다. 이 단계는 기본조건을 평가하고 프로젝트의 영향을 예측하며 완화조치를 설계하기 위해 다양한 기술전문가의 참여가 필요하다.

⑥ **공개참여 및 공청회(Public Participation)**

최상의 환경영향평가(EIA) 수행은 정보와 의견의 양방향 교환을 통해 프로세스 전반에 걸쳐 수많은 과정에서 대중을 참여시키는 것이다. 공개참여는 정보회의, 공청회 및 제안된 프로젝트에 대한 서면의견을 제공할 수 있는 기회로 구성될 수 있다. 그러나 현재 환경영향평가(EIA) 시스템 간에 공개참여에 대한 일관된 규칙은 없다. 특정국가 내에서도 고려중인 프로젝트 유형, 영향을 받을 수 있는 커뮤니티 또는 프로젝트를 감독하는 정부 기관에 따라 환경영향평가(EIA) 프로세스에 대한 공공참여의 질과 정도에 차이가 있을 수 있다.

⑦ **최종평가보고서 준비**(Preparing Final EIA)

이 단계에서는 환경영향평가(EIA) 초안을 검토 한 당사자의 관점과 의견을 다루는 최종 영향 평가 보고서를 작성한다. 이러한 의견은 환경영향평가(EIA) 초안의 내용을 수정하거나 추가할 수 있다. 경우에 따라 최종 환경영향평가(EIA)는 일반인 및 기타 이해 당사자로부터 받은 모든 의견을 요약한 부록을 포함하고 해당 의견에 대한 답변을 제공한다.

⑧ **의사결정**(Decision)

프로젝트를 승인 또는 거부하기로 한 결정은 일반적으로 최종 환경영향평가(EIA)를 기반으로 하지만 일부 경우 환경허가는 허가과정의 한 단계일 수 있다. 이 결정에는 환경관리계획 제출과 같은 특정 조건이 수반될 수 있다.

⑨ **행정 및 사법적 검토**(Administrative or Judicial Review)

관할권에 따라 당사자가 최종 결정 및 환경영향평가(EIA) 프로세스에 대한 행정적 또는 사법적 검토를 요청할 기회가 있을 수 있다. 항소는 필요한 공청회 개최 실패와 같은 환경영향평가(EIA) 절차의 절차상의 결함을 해결하거나 의사 결정자가 고려하지 못한 실질적인 문제를 지적할 수 있다. 국가의 사법심사 또는 행정절차법 또는 때로는 환경영향평가(EIA) 법 자체는 항소에서 제기될 수 있는 문제의 종류와 부여될 수 있는 구제의 종류를 식별한다.

⑩ **프로젝트 수행**(Project Implementation)

모든 규제 요건을 충족하고 허가를 받으면 프로젝트 결정에 따라 개발이 진행되며 행정 또는 사법 심사 기회가 소진된다.

⑪ **모니터링**(Monitoring)

모니터링은 프로젝트 구현에서 중요한 부분이다. 모니터링은 세 가지 목적을 제공한다. ㉠ 필요한 완화 조치가 이행되도록 보장; ㉡ 완화 조치가 효과적으로 작동하고 있는지 평가; 그리고 ㉢ 영향 평가 과정에서 사용된 모델 또는 예측의 정확성을 검증이다.

3. 도시환경정책의 사례

(1) 서울시 쓰레기 수수료 종량제

1995년부터 전국적으로 시행중인 쓰레기 수수료 종량제는 쓰레기 발생량에 따라 수수료를 부과하여 배출량을 줄이기 위한 동기부여 및 친환경적으로 재활용품을 최대한 분리배출을 유도하는 것이 목적이라 할 수 있다. 그래서 재활용을 촉진하고 배출단계에서부터 최소화할 수 있도록 소비형태 및 배출습관을 변화시키는데 의의를 두고 있다. 쓰레기 수수료 종량제 기본원칙은 오염자 부담원칙, 사용자 부담원칙, 예방원칙, 경제적 유인수단 원칙으로 구성되어 있다. 이에 대한 추진 배경은 소득수준이 향상되고 도시화·산업화가 진행됨에 따라 국민의식 수준이 높아지고, 도시로 인구가 집중되고 소득수준이 향상되어 고품질의 제품소비를 원하는 소비 형태로 바뀌게 되었고, 소비의식의 전환으로 재활용 가능한 물건들이 폐기물로 배출되어 쓰레기 발생량이 급격히 증가하였다. 폐기물관리법을 실질적인 근거로 활용하여 1994년 9월 환경부에서 '쓰레기수수료종량제시행지침'을 공표하였다. 이 시행지침은 폐기물관리법 상의 구체적인 개별조항에 의해 제정된 것이 아니기 때문에 국민들에게 대외적 구속력을 미치는 법규의 성격을 가진 것이 아닌 행정규칙의 성격을 가지고 있다.

- 쓰레기 수수료 종량제는 폐기물관리법 제14조 제1항의 규정에 의한 생활폐기물 관리지역에 적용
  - 다만, 생활폐기물관리 제외지역으로 지정된 지역 중 일정한 기간에 다수인이 모이는 등산로·유원지·해수욕장 및 기타 이에 준하는 지역(이하 "공공지역"이라 한다)도 이용객수가 많은 기간에 한해 쓰레기 수수료 종량제를 적용
- 쓰레기 수수료 종량제의 적용대상 폐기물은 생활폐기물과 사업장일반폐기물 중 생활폐기물과 성질과 상태가 비슷하여 생활폐기물의 기준 및 방법으로 수집, 운반, 보관, 처리가 가능한 폐기물
- 폐기물관리법 제14조 제5항에 따라 생활폐기물의 수집·운반·처리에 소요되

는 수수료는 배출자부담원칙을 적용하여 징수

• 폐기물관리법 제14조 제1항의 규정에 의한 생활폐기물 관리지역 중 소규모 농어촌지역은 폐기물 적정 수거를 위하여 “마을단위 종량제”를 도입

※ 재활용가능자원의 분류 · 보관 · 수거 · 운반 등에 관한 세부사항은 「재활용가능자원의 분리수거 등에 관한 지침」 적용

※ 음식물류 폐기물에 대하여는 “음식물류 폐기물 수수료 종량제 시행지침”에 규정되지 않은 사항은 본 지침을 적용

일반쓰레기는 소각이나 매립하게 될 쓰레기를 통칭하는데 일반쓰레기의 경우 서울시의 각 자치구는 쓰레기봉투를 가정용, 영업용, 사업자용으로 나누고 이를 다시 용량별(2, 3, 5, 10, 20, 30, 50, 75, 100리터)로 나누어 제작, 판매한다. 시민들은 자신이 원하는 크기의 규격봉투를 지정된 판매소(편의점, 마트, 세탁소 등)에서 구매하여 쓰레기를 채운 후 배출한다. 따라서 일반쓰레기의 경우 부피가 기준이 되는 부피종량제이다. 대형폐기물은 자치구에서 판매한 스티커를 구입 · 부착하여 배출하거나 전문수거업자가 수거하게 할 수 있다. 일반쓰레기와 음식물쓰레기는 배출할 때 수거 및 처리에 소요되는 비용의 전부 또는 일부를 배출자가 부담하며, 부담액수는 쓰레기 배출량에 따라 좌우된다. 바로 서울의 쓰레기수수료체계를 종량제라 부르는 이유이다. 봉투가격에는 쓰레기 수거비용, 처리비용, 봉투제작 비용, 봉투판매점 수수료가 포함되어 있다.[1)]

(2) 쿠알라룸푸르 쓰레기 분리수거 규제 본격 시행(말레이시아)

말레이시아는 전국에서 하루 3만7천 톤의 쓰레기를 배출하고 있다. 그 중 수도인 쿠알라룸푸르(Kuala Lumpur)에서 배출되는 쓰레기의 양은 하루 3천500톤으로 한 달 동안 배출되는 쓰레기는 축구장 35개에 해당하는 28ha 면적을 2m 높이로 쌓을 수 있는 분량이며 페트로나스(PETRONAS) 트윈타워를 40일 안에 모두 채울 수 있는 부피다.

쿠알라룸푸르에서만 쓰레기 처리 비용에 매년 3억2천500만 링깃(약 926억 원)의 예산이 지출되고 있다. 이러한 가운데 쿠알라룸푸르 시민들이 불법으로 투기하

1) 출처: 서울정책아카이브, 2017. 4. 10, 이신, 허유경, 김혜미, seoulsolution.kr/ko/content/쓰레기-종량제.

는 쓰레기는 지난 5년간 2만3천 톤에 달했다. 현지 청소업체인 Alam Flora에 따르면 하루에 쿠알라룸푸르 하수도에서 수거하는 기름, 지방덩어리 등은 무려 130톤에 달하는 것으로 드러났다.

따라서 분리수거를 이행하지 않는 주민에 대해서는 최대 1천 링깃(약 28만5천원)의 과태료가 부과된다. 임차인 및 임대인은 최초 위반시 50링깃, 재위반시 100링깃, 세 번째 위반시 500링깃이 부과되며, 자택인 경우 위반시 벌금이 100링깃, 200링깃, 500링깃으로 가중 부과된다. 지난해부터 시행된 시범기간의 사례를 보면 자체적으로 경비를 세워 쓰레기를 관리한 쿠알라룸푸르의 끄뽕(Kepong)지역이나 부촌인 방사(Bangsar), 다만사라(Damansara)지역, 행정수도인 뿌뜨라자야에서는 10여 년 전부터 앞서 분리수거를 도입한 덕에 성공적으로 분리수거가 이루어졌지만, 그 밖의 지역에서는 아직 제대로 운영되지 않는 실정이다.

분리수거 제도 시범실시 이후 회수한 재활용 고형폐기물은 총 396톤으로, 이 중 쿠알라룸푸르에서 수집된 양은 250톤 규모로 집계된다. 지난해 기준 말레이시아의 쓰레기 재활용률은 17% 수준을 기록한 것으로 분석되며, 이에 말레이시아 정부는 2020년까지 재활용률을 22%까지 끌어올리겠다는 계획이다.2)

(3) 프레즈노 기후 변화를 해결하기 위한 상업용 재활용 프로그램 조례(미국)

프레즈노(City of Fresno)의 의무적 상업 재활용 조례는 모든 소매, 사무실 및 다세대 사업자들에게 도시의 재활용 서비스를 활용하도록 요구한다. 필수 비율 재활용은 상업 부문의 재활용을 증가시켜 매립지에서 발생하는 잠재적인 온실 가스 배출을 줄인다.

• 개요

Fresno는 2000년에 사업고객에게 자발적 재활용 서비스를 제공했지만 대부분 재활용 기회를 이용하지 않았다. 따라서 시는 상업적 재활용 프로그램을 조례로 규정했다. 2005년에 채택된 Fresno의 새로운 상업 재활용 조례의 목표는 도시의 6,000개 사업체의 재활용량을 증가시켜 도시의 전체 재활용률을 높이는 것이었다. 상업용 재활용이 필수가 되었을 때 도시 전체의 재활용률이 크게 증가했다. 의무

---

2) 출처: KOTRA GlobalWindow(www.globalwindow.org)/2016. 6. 10.

상업 조례를 제정하기 전에 주거 및 상업 사용자에 대한 프레즈노의 도시 전역 재활용률은 32%였다. 강제적인 상업적 재활용 조례가 채택된 후, 재활용률은 62%로 상승했다. 시 공무원들은 재활용률 증가가 주로 소매, 사무실 및 다세대를 포함한 상업 부문의 재활용 증가로 인한 것이라고 설명했다.[3)]

- 프로그램 하이라이트
  - 모든 사업체는 도시에서 직접 제공하는 고형 폐기물 및 재활용 서비스를 사용해야 함
  - 재활용 비용을 낮춘 계층화된 가격 책정은 기업의 재활용 동기가 됨
  - 프레즈노 시는 기업에게 재활용 서비스 및 중요성에 대해 적극적으로 교육시킴
- 교훈
  - 자발적인 것이 아니라 프로그램이 의무적인 경우 기업은 더 많이 재활용함
  - 재활용 서비스 비용이 저렴한 계층형 요금구조는 기업의 재활용을 크게 증가시킴

3) 출처: Institute for Local Government, https://www.ca-ilg.org/case-story.

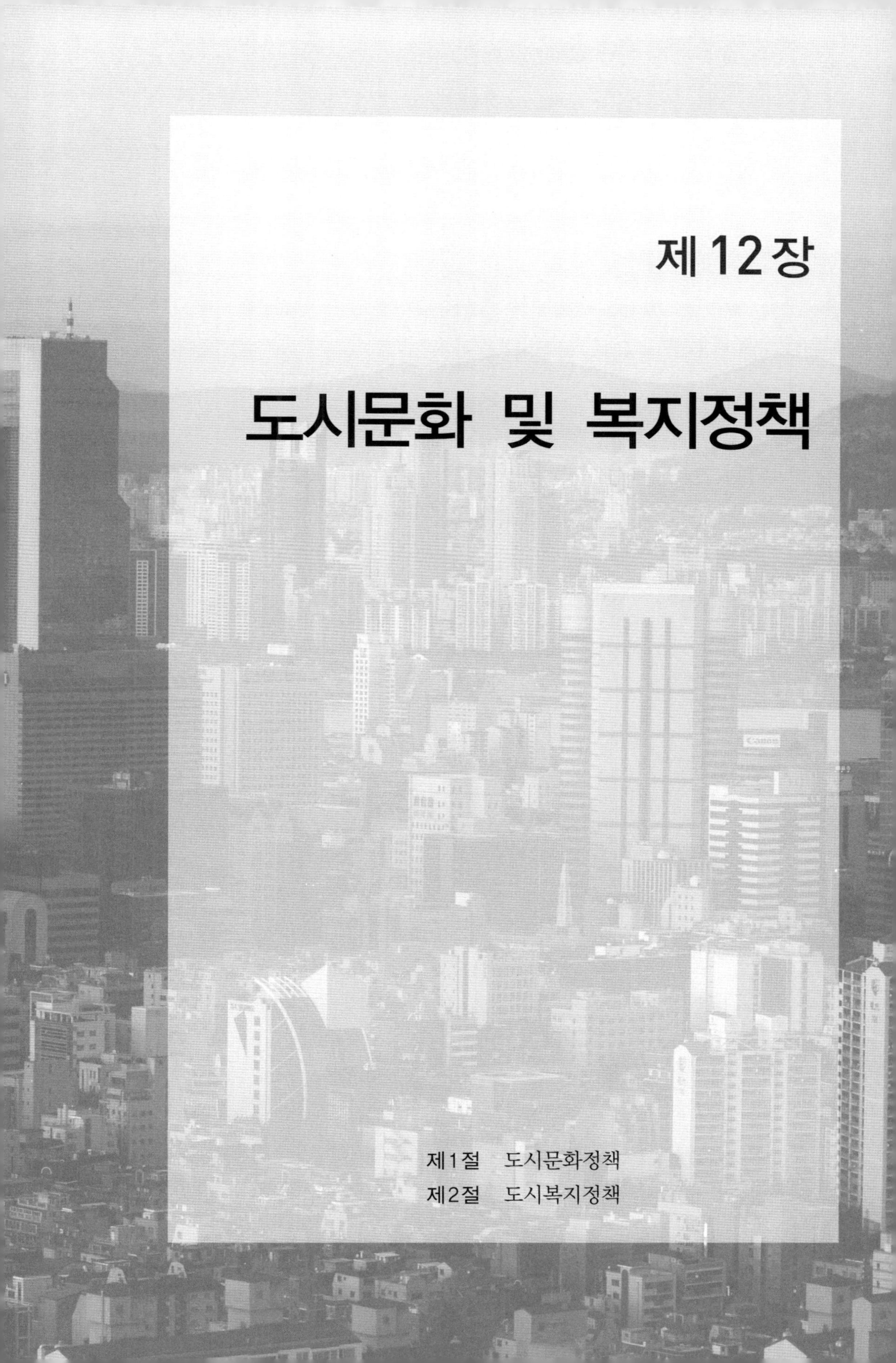

제 12 장

도시문화 및 복지정책

제1절 도시문화정책

제2절 도시복지정책

제 12 장

도시문화 및 복지정책

제1절 | 도시문화정책

1. 도시문화정책의 의의

(1) 의 의

문화(culture)라는 용어는 서양에서 경작 또는 재배를 뜻하는 라틴어(colore)에서 유래한 것으로 자연상태의 사물에 인간의 작용을 가하여 그것을 변화시키거나 새롭게 창조해 낸 것을 의미한다(한국민족문화대백과 사전). 즉, 문화는 자연상태와 대립하는 용어로서 넓은 의미에서는 한 사회에 공통적으로 나타나는 생활양식을 의미하며 좁은 의미에서는 예술, 학문 등 인간의 정신적 욕구충족에 기여하는 심미적 표현활동을 의미한다. 문화정책은 이러한 문화의 유지, 계승, 발전을 목적으로 하는 공공정책이라고 할 수 있다.

우리나라는 제5공화국 헌법제정 당시 문화권 개념이 처음 도입되었는데 "국가는 전통문화의 계승발전과 민족문화의 창달에 노력하여야 한다(제9조)"라고 규정하여 문화유산의 보전과 문화창조를 국가의 시혜적 정책이 아니라 의무로 인식하는 계기를 마련하였다. 1989년 문화공보부로부터 문화부를 분리하여 출범시켰으며 '대한민국예술원법', '도서관진흥법', '박물관및미술관진흥법' 등이 연이어 제정되었다. 1990년대 들어서는 민주주의의 진전과 더불어 문화의 다양성에 대한 관심이 높아졌으며 문화 향수의 불균형을 시정하려는 문화복지 및 지역문화 활성화를 중시하기 시작하였다. 1990년대 후반부터는 문화 콘텐츠 개발, 관광산업 육성 같은 문화의 산업화가 강조되었으며 2000년대 이후 '창의성' 진작과 함께 문화융성을 통한 국가발전과의 연계성이 강조되었다.

최근에는 전 세계적 차원에서 문화정책의 중요성이 커지고 있다. 그 배경에는 소득수준의 전반적 향상, 삶의 질 중시 경향, 지식경제로의 전환, 국가브랜드력에 대한 주목 등이 있다. 20세기가 대량생산과 대량소비에 기반을 둔 공업화의 시대이자 큰 정부 중심의 시대였다면 21세는 획일화된 시스템에서 벗어나 창의성 넘치며 감성이 풍부한 사람들의 창조역량을 살려 나가는 경제체제로 전환하고 있다는 것이다(사사키 마사유키, 2018: 25).

예술과 첨단 과학이 갖는 창조성은 상호 밀접한 관련이 있으며 다양성과 개방성이 충만한 곳에서 발전한다. 그리고 예술, 문화, 과학기술이 가지는 창조성은 그에 적합한 특정한 공간과 장소를 필요로 하는데 국가라는 거대 공간보다는 제한된 영역 내에서 시민간 상호작용을 통해 경제적 물품, 기술, 편의의 교환이 이루어지며, 빈번한 접촉과 협조에 의해 공통의 흥미를 자극할 수 있는 기회가 최대한 제공되는 도시공간에서 발현되기 쉽다. 이렇듯 창조적인 문화활동을 영위할 수 있는 문화적 인프라가 갖추어진 도시가 '창조도시(Creative City)'이다.[1] 국내에서도 2010년대부터 서울을 비롯한 대도시는 물론 중소규모 도시들도 기존에 경제와 정치에 초점을 맞추어온 도시개념에서 벗어나 '창조도시', '문화도시', '창의문화도시' 등을 표방하고 있다. 문화부문에 대한 투자가 늘어나고 있으며 지역별 특성을 고려한 문화도시 구축노력이 전개되고 있다. 특히 문화를 통한 지역재생 정책이 중

1) 도시의 문화적 기능에 대해 일찍이 주목한 이는 도시 문명론자 루이스 멈포드(Lewis Mumford, 1895~1990)이다. 멈포드는 도시는 문화의 기억용기(container)로 문화의 저장, 전파, 교류 등 창조적 활동이야말로 도시의 본질적 기능이라고 주장하였다. 또한 이윤추구 및 경제성장 지상주의에서 인간의 창조성을 제고하는 문화경제로의 전환을 주창하였다.

요시되는 추세인데 도시가 가지고 있는 고유한 전통과 역사를 존중하면서 미래에 지속가능한 도시상을 구현하려는 발상이라고 할 수 있다. 도시의 쇠퇴는 지역의 총체적인 역량결집과 미래 비전에 대한 공유에 의해서 극복될 수 있는데 이 과정에서 문화는 지역의 개성과 정체성을 강화하고 지역민의 연대의식과 창의성을 제고하는 핵심적 요소라는 것이다.

(2) 문화정책의 대상

문화정책의 대상은 문화의 정의에서 살펴본 바와 같이 포괄적인 영역에 걸쳐 있다. 문화정책의 대상에는 민족적 정체성, 예술, 교육, 경관, 관광, 스포츠 등이 포함된다(문화관광부, 2004: 21; 김정수, 2010: 113-114).

- 민족적 정체성(Ethinic identity): 언어, 관념, 관습, 믿음, 종교 등
- 문화유산과 예술(Heritage and the arts): 시각예술, 공예, 음악, 연극, 영화, 박물관, 도서관, 문서보관소 등
- 교육과 학습(Education and Learning): 어린이, 청소년, 성인에 대한 공식적, 비공식적 교육과 학습
- 자연적이고 인공적인 경관(Natural and man-made landscape): 건물, 공원, 전원 등
- 대중매체와 문화산업(Mass media and cultural industries)
- 관광(Tourisum)
- 스포츠와 레저활동(Sports and leisure pursuits)

(3) 문화정책의 지방분권화

우리나라의 문화정책은 오랜 기간 동안 중앙정부 주도하에 이루어져 왔다. 즉 지방자치단체가 독자적이고 자율적인 문화정책을 추진하기 보다는 중앙정부 사업을 지역에서 집행하는 역할 비중이 높았다. 문화시설의 지역적 편차도 문제점으로 지적되고 있는데 규모가 큰 공공도서관, 박물관, 미술관 등이 수도권에 집중되어 있으며 지방에서도 소도시보다 대도시에 집중되어 있다.[2] 또한, 문화향수 기회도 시도별로 차이가 적지 않은 것이 현실이다(〈표 12-1〉 참조). 이와 같은 중앙중심의 문화적 획일성 탈피, 문화향수 불균형 해소, 지역의 자생적인 문화활동 촉진을 위해 오랜 논란 끝에 2014년 '문화기본법'과 '지역문화진흥법'이 각각 시행되었다.

---

2) 2018년말 현재 공공도서관의 44.4%, 미술관의 38.5%가 수도권에 집중되어 있다.

문화기본법에서는 모든 국민이 신분과 조건 등과 관계없이 문화활동에서 차별받지 않으며 자유롭게 문화창조활동에 참여하고 문화를 누릴 권리를 보유한다고 규정(제4조)하여 '문화권'의 보장을 더욱 명확히 하였다. 나아가 국가와 지방자치단체는 국민의 문화권 보장과 문화진흥에 관한 정책을 수립·시행하고 이를 위한 재원 확충과 효율적 운영에 노력해야 함을 규정(제5조)하였다. 지역문화진흥법은 '문화예술진흥법', '지방문화원진흥법' 등 개별 법률로 단편적으로 규정되어 있는 지역문화 관련 사항을 종합적·체계적으로 추진하기 위한 법률이다. 지역문화진흥법은 '지역문화진흥에 필요한 사항을 정하여 지역 간의 문화 격차를 해소하고 지역별로 특색 있는 고유의 문화를 발전시킴으로써 지역주민의 삶의 질을 향상하고 문화국가를 실현하는 것'을 목적으로 한다(제1조). 이처럼 지역주민의 삶의 질 제고, 수도권과 중앙정부의 문화적 흡인력으로부터 자유로운 지역 고유문화의 다양성 확보를 위한 지자체의 정책추진에 주안점을 두고 있다는 점에서 문화 분권화의 의미를 지닌다. 다만, 지역문화진흥기본계획 수립의 주체를 문화체육부 장관으로 하고 있으며 지자체장에게 시행계획의 수립과 평가를 의무화하고 있는 점에서는 여전히 집권적 성격도 남아있다.

표 12-1 인구 10만명 당 공연예술 공연 횟수(2018년 기준)

(단위: 천명)

지역(인구수)	시각예술	공연예술						계
		국악	양악	연극	무용	혼합	소개	
서울(9,766)	64.6	7.7	42.0	18.2	4.9	6.9	79.7	144.6
부산(3,441)	27.4	2.0	28.5	15.7	3.3	4.9	54.3	81.7
대구(2,462)	34.5	2.9	27.3	17.7	2.9	5.0	55.7	90.3
인천(2,955)	21.0	1.2	14.0	11.2	1.6	2.8	30.7	51.7
광주(1,459)	40.2	4.2	31.4	16.6	2.8	9.2	64.2	104.4
대전(1,490)	27.3	1.7	30.9	18.4	2.2	5.7	58.9	86.2
울산(1,156)	22.2	1.5	21.2	12.9	1.6	10.9	48.0	70.2
세종(314)	10.5	3.5	7.0	13.7	1.6	10.5	36.3	46.8
경기(13,077)	13.0	0.9	8.9	9.1	0.9	2.7	22.5	35.5
강원(1,543)	40.2	6.9	30.5	26.6	4.5	7.9	76.5	116.7
충북(1,599)	18.2	2.2	11.7	13.9	0.8	8.4	37.0	55.2

충남(2,126)	14.1	2.5	12.6	18.4	1.6	3.1	38.3	52.4
전북(1,837)	32.9	8.0	21.0	17.7	3.8	9.5	60.0	92.9
전남(1,883)	21.7	3.4	13.6	17.4	1.8	9.7	45.9	67.7
경북(2,677)	15.1	1.8	12.1	10.5	1.4	6.2	32.0	47.0
경남(3,374)	16.7	2.8	18.4	14.7	1.6	3.6	41.1	57.7
제주(667)	44.4	3.6	46.0	26.1	4.2	5.8	85.7	130.1
전국	29.3	3.3	21.9	14.7	2.5	5.4	47.7	77.0

출처: 한국문화예술위원회(2020).

2. 도시문화정책의 수단

문화는 공공재로서의 성격을 가지는데 시장 자율에 맡겨놓으면 충분한 공급이 이루어지지 않을 수 있다. 또한, 과도한 상업주의, 전통문화의 쇠퇴, 지역적 · 계층적 불균형적 소비와 같은 바람직한 사회적 가치가 훼손되는 경우가 발생할 수 있다. 따라서, 이러한 문제점을 보완하기 위한 정부의 적절한 개입이 필요하다.

도시문화정책의 수단은 재정적 지원, 기반 조성, 육성, 규제 및 규제완화로 분류할 수 있다(이홍재, 2006: 89-104). 한편, 지역문화진흥법은 지역문화에 대해 '지방자치단체 행정구역 또는 공통의 역사적 · 문화적 정체성을 이루고 있는 지역을 기반으로 하는 문화유산, 문화예술, 생활문화, 문화산업 및 이와 관련된 유형 · 무형의 문화적 활동(제2조)'이라고 정의하고 지역문화의 진흥을 위한 국가와 지방자치단체의 다양한 지원 및 시책강구가 가능하도록 하고 있다. 이하에서는 도시문화정책의 주요 수단을 지역문화진흥법상에 열거된 정책내용과 관련 지어 살펴보기로 한다.

첫째, 재정적 지원은 가장 광범위하게 활용되는 지원 수단이다. 대표적인 것이 문화예술 사업의 시장리스크로 인한 적자에 대해 보조금을 지급하는 것이다. 지역문화진흥법에서는 공동체 의식 및 지역내 유대강화를 목적으로 주민의 자발적이고 일상적인 문화활동인 생활문화진흥을 위해 주민 문화예술단체 또는 동호회 활동, 생활문화시설의 건립 및 운영과 관련하여 재정적 지원이 가능하도록 규정하고 있다. 그리고 지자체장이 지역문화진흥 사업과 활동을 지원하기 위해 지역문화기금을 설치할 수 있도록 하고 있다. 2018년 현재 광역 2곳, 기초 21곳에서 설치하고 있는데 운용 등에 관한 사항은 조례로 정하고 있다. 재정지원에는 보조금 지급 외에 정부융자, 조세지출 등이 포함된다. 정부융자는 지자체 등이 공공기금을 활용하여 특정 개인 혹은 단체에 자금을 대여하는 것이다. 조세지출은 보다 간접적 정부지원이라고 할 수 있는데 면세, 세액공제, 우대세율, 납기의 이연 등이 포함된다.

둘째, 기반조성은 문화·예술 종사자 및 단체가 활동할 수 있는 공연장, 전시장 등 인프라 구축이 중요하다. 도시정부는 각종 문화시설을 건립하여 예술가들의 창작 활동무대를 마련하는 동시에 시민들의 문화소비 기회를 확대하고 있다. 문화예술진흥법 제2조는 문화시설의 범위와 관련하여 공연장 등 공연시설, 박물관·미술관 등 전시시설, 도서관 등 도서시설, 문화예술회관 등 공연시설과 다른 문화시설이 복합된 종합시설, 예술인의 창작공간 및 창작물의 공연·전시 시설이라고 규정하고 있다. 시행령에서는 문화시설의 종류를 공연시설(문화예술회관, 문예회관, 영화상영관 등), 전시시설(박물관, 미술관 등), 도서시설(도서관), 지역문화활동 시설(문화의 집, 문화체육센터, 청소년활동시설 등), 문화보급·전수 시설(지방문화원, 국악원 등), 종합시설(복합 문화예술 활동시설)로 보다 상세하게 분류하고 있다.[3] 그리고 하드웨어적인 기반 조성 외에 지역문화실태조사, 지역문화 활성화를 위한 지역간 및 지역과 기업간 활동 지원, 인적자원의 양성과 자질향상 지원, 지역문화 역량을 강화하기 위한 지역문화진흥 자문사업단 지정업무 등 비하드웨어적인 기반구축을 위한 지원도 이루어지고 있다.

셋째, 육성은 지자체가 문화 생산자의 역할을 직접 수행하는 등 문화산업 진흥에 적극적으로 관여하는 것이다. 도시정부가 문화예술가들을 고용하여 문화창조활동을 직접 실시하거나 문화콘텐츠 육성, 지역축제 활성화, 공공경관의 정비, 스포츠단 운영, 특산품 등 지역내 문화자원의 개발 및 활용 등에 나서는 경우가 이에 해당한다. 지방문화진흥법에서는 지자체장이 지역문화진흥에 관한 주요 정책 및 사업수행을 위해 지역문화재단을 설립·운영 할 수 있도록 하고 있다. 지역문화재단은 지방문화원과 함께 지역에서 문화예술의 진흥을 위한 핵심적인 역할을 담당하고 있다. 지역문화재단은 2019년 현재 광역 16곳, 기초 87곳에 설립되어 있는데 대부분 자치단체 보조 및 국고지원금으로 운영되고 있다.[4] 지방문화원은 지자체장

3) 문화시설의 운영방식은 지자체 직영과 위탁방식으로 크게 나뉘는데 위탁할 때에도 문화원, 문화재단, 시설관리공단 등 지자체 출자·출연 기관이 선정되는 경우가 많다.

의 인가를 받아 지자체별로 한 개씩 두는 법인으로 지역문화재단과 그 역할이 유사하다.

넷째, 규제 및 규제완화는 문화의 활성화, 보호, 억제, 관리 등 다양한 목적을 위해 활용되는 정책수단이다. 각종 자격요건, 심의 및 승인제도, 시설기준 등은 규제정책에 해당한다. 과거 공연장, 도서관, 체육시설 등에 대해서는 등록제 또는 신고의무제를 시행하였으나 현재는 원칙적으로 폐지되었는데 이는 규제완화에 해당한다.

3. 도시문화정책 사례

도시문화정책 사례로 국내에서는 법정 문화도시 지정사업의 개요와 도시의 추진노력에 대해 알아보기로 한다. 해외사례로는 전통산업육성과 경관보전을 통해 지역 활성화에 성과를 거두고 있는 일본 가나자와시 사례를 살펴보기로 한다.

(1) 법정 문화도시

1) 추진배경

문화도시는 1985년 유럽문화도시(2005년부터 유럽문화수도) 선정제도로부터 확산한 것이라고 할 수 있다. 문화의 보존과 활성화를 통해 지역민의 정체성과 자부심을 고양하고 지역 문화관광 효과를 높이고자 하는 것이었다. 이에 영향을 받아 국내에서도 2004년부터 지역의 문화정체성과 특성에 따른 발전을 위해 거점형 문화도시조성 사업이 시작되었다. 그러나 '광주아시아문화중심도시' 특별법 제정 외에 법적 근거가 미비하였고 정책관리수단, 예산조달 방안 등이 불분명하였다. 또한, 하드웨어 구축에 치우쳐 있고 중앙주도에 의한 하향식 추진이라는 비판도 제기되었다. 이에 따라 지역문화진흥법에서는 문화도시·문화지구 지정 및 지원 등에 관한 근거를 마련하였으며 문화적 소프트파워의 활용과 지역의 창의성과 책임성을 바탕으로 한 체계적인 문화도시 만들기로의 전환을 도모하고자 하였다. 구체적으로 살펴보면 문화도시 지정권한은 문화체육관광부 장관에게 주어지지만 시·도지사 및 대도시 시장(50만명 이상 대도시)이 조례로써 문화지구를 지정하고 문화

4) 광역의 경우 전체재원 중 지자체 보조가 48.5%, 국고지원금이 37.4%였으며 기초의 경우 지자체 보조가 70.4%, 국고지원금이 8.7%로 조사되었다(배관표, 2019).

지구의 유지 · 보존, 활성화를 위해 필요한 지원 및 규제를 할 수 있도록 하고 있다. 즉, 국가주도의 문화도시조성과 달리 지역 사회에서 필요로 하고 지역주민이 스스로 참여하는 문화도시 만들기를 우선시하고 이러한 노력에 대해 중앙정부가 사후적으로 승인하는 방식이라는 점에 차별성이 있다.

사잇글 12-1 매년 바뀌는 유럽 문화도시… 도시재생 · 지역 개발 효과

'문화수도'의 발상지는 유럽이다. 유럽연합(EU)은 1985년 그리스 아테네를 시작으로 매년 도시 한두 곳을 선정해 문화 활동을 집중적으로 펼쳤다. 문화로 유럽 통합에 기여하자는 취지였다. 문화수도란 정치수도나 경제수도에 대응하는 개념으로서 말 그대로 '문화의 수도'(Capital of Culture)를 뜻한다. 일반적으로 수도가 특정 도시와 결합된 붙박이 개념인 반면 문화수도는 매년 도시를 옮겨 다닌다. 문화수도를 중심으로 문화예술의 생산과 향유를 획기적으로 늘리는 대규모 문화 프로젝트이자 문화운동이다. 문화를 통한 도시발전과 도시재생, 문화복지의 확장을 목표로 한다.(중략)

EU의 문화수도 사업은 유럽위원회(Euro pean Commission)의 교육 · 문화 · 다국어 · 청소년 커미셔너의 책임 하에 치러진다. 30주년을 맞는 올해까지 개최지는 52개 도시로 늘었다. 회원국이 늘어난 2001년부터는 매년 두 곳을 정하고 있는데 올해는 체코의 필젠(Pilsen)과 벨기에의 몽스(Mons)가 문화수도로 선정돼 세계인의 관심 속에 다양한 문화행사가 치러지고 있다. 유럽위원회는 유럽 문화수도 사업의 성과로 ▲도시 재생 ▲개최도시의 국제적 위상 제고 ▲평균 12%에 달하는 관광산업의 성장 ▲일자리 창출 ▲예술가와 문화공간의 창조와 발전 ▲도시 주민의 자긍심 고취 ▲문화생활의 활력 제공 등을 꼽는다. 유럽집행위원회는 "문화수도가 투자금 1유로당 10유로에 달하는 수익을 창출했다"고 발표하기도 했다.

출처: 조선일보, 2015. 11. 4.

▷▷▶ **토론핵심**

1. 유럽 문화수도 선정기준을 무엇인가?
   - European Capitals of Culture :A guide for cities preparing to bid. (https://ec.europa.eu/programmes/creative-europe/sites/creative-europe/files/capitals-culture-candidates-guide_en_vdec17.pdf)
2. 유네스코 창의도시 네트워크(Creative Cities Network), 동아시아문화도시에 대해서 알아보시오.

2) 문화도시 추진체계 및 절차

중앙정부는 문화도시심의위원회와 문화도시지원센터를 운영한다. 문화도시심의위원회는 문화도시 조성계획의 승인과 문화도시 지정·취소를 담당하며 문화도시지원센터는 문화도시 사업 컨설팅 및 평가를 담당한다. 지역에서는 행정, 시민, 전문가가 참여하는 문화도시 추진위원회가 전체적인 방향 등 주요의제를 다루며 전문조직이 사업추진과 주민의견 수렴을 맡는 체계이다.

사업선정 절차는 먼저 지자체에서 문화도시 추진협의체 구성과 문화도시 조성계획을 수립하여야 한다. 지자체가 지정 희망 2년 전까지 문화도시 조성계획을 수립하여 제출하면 문화체육관광부의 문화도시조성계획 검토·승인 후 지정시점까지 문화도시 예비사업을 벌이게 된다. 예비사업은 각 도시가 조성계획을 바탕으로 자체적으로 시행하며 문화도시지원센터의 컨설팅 및 모니터링이 병행된다. 문화도시 조성계획 승인 1년 이후 시점에서 문화체육관광부 장관은 지자체의 문화도시 조성계획 추진실적을 평가한 후 심의위원회 심사를 거쳐 문화도시 지정이 이루어진다. 심의기준은 예비사업 결과 및 준비상태, 문화도시 추진기반 확보 및 실현가능성, 문화도시 사업효과 등이다. 지정된 문화도시에 대해서는 행정적·재정적 지원을 할 수 있는데 사업당 최대 5년간 국비 100억원을 지원한다.

3) 문화도시 유형

문화도시 지정분야는 문화관련법을 근거로 역사전통, 예술, 문화산업, 사회문화, 지역자율 5개 분야로 구분하여 지정신청과 심사가 이루어진다(〈표 12-2〉 참조). 역사전통 중심형은 도시가 사회장소로서 시간의 흐름에 따라 형성한 문화의 원형적 가치를 지향하는 유형이며, 예술 중심형은 도시의 새로운 가치를 만들고 사회를 이끌어가는 원천 동력으로서의 문화의 창조적 가치를 지향하는 유형이다. 문화산업 중심형은 도시가 기능을 유지할 수 있도록 사회적 쓰임과 활용을 만드는 문화의 지속가능 가치를 지향하는 유형이다. 사회문화 중심형은 도시에서 삶의 가치를 풍부하게 하고 도시발전의 근본 바탕이 되는 사회 일반의 모든 문화가치를 중심으로 하는 유형이며, 지역자율형은 상기 4가지 유형을 융복합한 형태 또는 생태문화 등 지역별 특성을 고려하여 지역에서 자율적으로 제시할 수 있는 유형이다. 사업신청 시에는 지역이 중심적으로 추진하려는 사업과 추진전략을 근거로 분야를 지정하여야 한다. 다만, 계획을 수립할 때에는 신청분야 외에 다른 분야에 속하는 사업들도 포함할 수 있다(문화체육관광부, 2018: 11).

표 12-2 문화도시 분야

기본 분야	관련법 근거		세부 분야(예시)
역사전통 중심형	지역문화진흥법	문화재보호법, 고도보존육성특별법 등	역사/전통 등
예술 중심형		문화예술진흥법 등	문학/미술/음악/무용/연극/국악/사진/건축/어문 등
문화산업 중심형		문화산업진흥기본법 등	영상/음악/게임/출판/광고/만화/대중문화예술/문화콘텐츠 등
사회문화 중심형		국민여가활성화기본법, 인문학 및 인문정신문화의 진흥에 관한 법률 등	생활문화/여가/인문/문화교육/다문화/시민문화 등
지역자율형		문화도시 조성 관련법 일반	기본분야 융·복합/생태문화 등 지역별 특성을 고려하여 제시

4) 문화도시 선정과 지자체의 추진노력

2019년 제1차 문화도시로 경기 부천시 등 총 7개 지자체가 선정되었다. 분야별로는 사회문화 중심형이 2곳, 문화산업 중심형이 1곳, 지역자율형이 4곳이다(〈표 12-3〉 참조). 이 가운데 부천시는 '말할 수 있는 도시, 귀담아 듣는 도시'를 비전으로 시민이 주체가 되는 생활문화도시 구축을 통해 다양한 문화콘텐츠 개발, 원도심 지역 활성화, 일자리 창출, 시민 정주의식 증대를 추진하고 있다. 부천시는 1990년대 후반부터 문화도시를 표방하고 지속적인 노력을 기울여 왔다. 부천 국제판타스틱 영화제(Bucheon International Fantastic Film Festival: BiFan), 부천국제만화축제, 부천국제애니메이션페스티벌(Bucheon International Animation Festival: BIAF)을 매년 개최하여 영화 및 애니메이션 제작, 인력양성, 교류에 기여하고 있다. 부천시는 1988년 부천 필하모닉 오케스트라를 창단하였고 2001년 기초지자체 최초로 문화재단을 설립한 바 있다. 문화기반 시설도 풍부한데 로봇 상설전시장인 부천로보파크를 비롯해 한국만화박물관, 부천활박물관, 자연생태박물관, 부천식물원, 세계유명건축물박물관, 펄벅 기념관, 자전거문화센터가 소재하고 있다. 그 외

변영로, 양귀자, 펄벅 등 지역에서 활동하거나 지역과 연고가 있는 문인들의 기념사업, 풍부한 도서관 인프라, 문학상 시상 등 다양한 문학활동 등이 인정받아 2017년 유네스코 문학창의도시에 선정되기도 하였다.

표 12-3 제1차 문화도시 선정결과

지자체	사업명	지정분야	주요 특징
경기 부천시	생활문화도시 부천 말할 수 있는 도시, 귀담아 듣는 도시	사회문화 중심형	• 시민 누구나 자신의 생각을 문화적으로 표현할 수 있는 생활문화도시 추진 – 열린문화학교 ‘지혜공유클럽’, 대화나눔 ‘더테이블’, 문화도시 시민총회 등
강원 원주시	시민이 만들어가는 창의문화도시 원주	사회문화 중심형	• 그림책 기반 시민문화활동 확대 – 시민 주도 ‘원주그림책시즌제’ 확대, 그림책 집합터 조성, 유네스코 문학 창의도시 가입 연계 등
충북 청주시	기록문화 창의도시 청주	지역 자율형	• ‘직지’의 창조적 가치를 계승한 창의도시 – 기억+기록 과제, 독립출판 육성지원, 청주여행 키움 등(옛 연초제조창 연계 도시여행 등)
충남 천안시	시민의 문화자주권이 실현되는 문화독립도시 천안	문화산업 중심형	• 문화자치 시대, 독립운동의 역사성을 재해석하여 문화독립도시 지향점 도출 • 시민일상의 문화콘텐츠화와 문화산업 연계 지향, 미디어산업 등 특화지원
경북 포항시	시민들의 행복한 삶을 응원하는 철학문화도시 포항	지역 자율형	• 철강문화 특화 – 철강산업 종사자를 위한 ‘문화3교대’, 생활 속 영웅을 찾는 ‘철인 프로젝트’, 폐철 등을 활용한 ‘철철 놀이터’ 등
제주 서귀포시	105개 마을이 가꾸는 노지(露地) 문화 서귀포	지역 자율형	• 서귀포 자연 그대로의 삶이 묻어나는 노지(露地)문화 발현 – 마을 문화공동체 강화 및 마을교류 확산
부산 영도구	예술과 도시의 섬, 영도	지역 자율형	• 영도 관문 수변 공간 특성화 – 도시 섬 영도만의 매력적인 수변 문화예술 공간으로 특성화

출처: 문화체육관광부 보도자료(2019.12.30.).

이러한 문화기반과 활동실적을 바탕으로 부천시는 시민들이 문화창조 및 문화도시 정책결정의 주체로 참여할 수 있도록 다양한 사업을 추진하고 있다. 주요 과제는 사람(함께하는 창의 파트너십), 환경(창의역량이 발휘되는 환경), 경제(창의 문화생태계)의 3개 분야로 나뉘며 지속가능한 문화도시를 지향한다. 창의 파트너십 분야에서는 생애주기별 보편적 문화예술교육, 다양한 지역공동체 육성사업을 추진한다. 환경분야에서는 교감테이블, 문화도시 시민총회, 지역 문화활동 거점구축, 문화도시 환경조성기준 마련 사업을 추진한다. 이 가운데 문화도시 시민총회는 부천시의 문화정책을 시민과 공유하고 문화사업의 예산수립 과정에서부터 집행, 평가까지 시민이 참여하는 제도이다. 시민이 직접 제안－토의－숙의－선택하는 제도로 시민총회 개최에 앞서 온·오프라인으로 시민의 다양한 의견을 수렴한다. 문화생태계 분야에서는 창의인력육성 및 네트워크 강화, 문화콘텐츠 창작 및 유통지원, 예술의 일상화 사업을 추진한다. 부천시는 심의과정에서 문화도시 시민총회를 사업 주체로 포함하고 도시구성원이 디자인을 통해 공공문제를 해결하는 시민참여형 동네 공공디자인, 도시 이야기 발굴 사업 등을 통해 시민참여를 제도화하여 높은 평가를 받았다.

(2) 문화예술창조도시 가나자와시

가나자와시는 우리나라 동해와 맞닿아 있는 이시카와현의 현청 소재지로 2019년말 현재 인구는 약 46만3천명이다. 일본의 3대 정원 가운데 하나인 겐로쿠엔(兼六園)을 비롯한 다수의 문화유적이 소재하고 있다. 가나자와하쿠(金沢箔), 가가유젠(加賀友禅) 등의 전통공예와 다도, 노가쿠(能楽) 등의 전통문화, 나아가 가가요리(加賀料理), 와가시(和菓子) 등의 식문화 등이 전승되어 내려오고 있다. 도시 중심에 도자기, 칠기, 목공예, 금속공예, 비단 염색 등 공예 공방이 밀집해 있으며 많은 장인이 활동하고 있는데 인구당 중요무형문화재 지정자 비율은 교토보다 높다. 가나자와시는 문화정책과 산업정책을 창조적으로 융합하여 창조도시를 추진하고 있는 사례라고 할 수 있는데 2008년 일본 정부의 '문화예술창조도시'로 선정되었으며 2009년 유네스코 공예창의도시로도 선정된 바 있다.

가나자와시의 문화예술창조도시를 위한 주요 정책은 역사거리 보전, 인재육성, 문화창조 기반시설 확충, 문화정책 거버넌스 구축이라고 할 수 있다. 가나자와시는 일본 지자체 중 최초로 1968년 '전통환경보존조례'를 제정하여 도시개발로 인한 전통경관의 훼손방지에 나섰다. 1994년에는 '전통마을거리보존조례'를 제정하여 보전거리와 보존건축물을 지정하여 전통경관을 세심하게 관리하고 있는데 전통거리와 공예공방은 관광객 유치에 크게 기여하고 있다. 전통산업관련 인재양성에도 적극적으로 노력하고 있다. 시는 예술 및 공예 인재개발기금, 장인대학교를 운영하고 있으며 가나자와미술공예대학[5]도 인재양성의 중추적 역할을 담당하고 있다. 문화창조 기반시설을 지속적으로 확충하고 있는데 낡은 방직공장 창고를 시민들이 언제라도 자유롭게 예술활동에 이용할 수 있는 '가나자와 시민예술촌'으로 재생시켰다. 그리고 전통문화 외에 새로운 문화창조 기반시설로써 현대아트를 주제로 하는 '가나자와 21세기미술관'을 시청 인근에 개관하였다. 시민들은 미술관 안내, 전시기획 등 다양한 프로그램에 참여하고 있다. 가나자와시의 문화정책 과정에 지역의 다양한 주체들이 참여하고 있으며 지역기업, 대학, 미술관 등의 협력이 활성화되어 있다. 2001년 가나자와 경제인협회가 시민을 초청하여 시작한 '가나자와 창조도시회의'는 창조도시전략 도출의 구심적 역할을 담당하고 있다. 유네스코 공예도시 지정을 위한 준비도 지자체, 기업, 공예단체, 시민단체 등이 모두 참여하는 '가나자와 창조도시 진흥위원회'가 진행하였다.

전통산업은 역사성과 지역성을 토대로 하기에 재래산업이라는 성격과 함께 지역문화산업이라는 특성을 갖는다. 이러한 특성으로 인해 전통산업 활성화는 지역의 고용증대, 지방재정 확충, 전통기술 전승을 통한 지역사회 형성, 지역의 문화발전에 긍정적 효과를 미칠 수 있다(강형기, 2008: 40). 가나자와시 사례는 전통산업의 계승·발전과 함께 도시환경과 역사적 경관의 보존을 통한 어메니티 제고, 시민들의 예술성 함양, 문화시설의 창조적 활동지원, 지역의 다양한 주체들의 교류와 협력이 문화를 통한 지역활성화에서 중요함을 보여준다.

5) 시립대학이었으나 2010년 지자체가 운영하는 대학에 법인격을 부여하는 제도가 도입되면서 현재는 공립대학법인 대학이다.

제2절 | 도시복지정책

1. 도시복지정책의 의의

도시발달의 역사를 되짚어 보면 약탈, 재난 등 위험으로부터 시민들을 보호하려는 동기가 도시의 탄생과 성장에 큰 영향을 미쳤다고 할 수 있다. 도시는 외부의 침입으로부터 도시를 지키기 위해 성벽을 쌓는 한편, 상호부조와 연대를 바탕으로 한 공동대응으로 내부의 각종 위험을 극복해왔다. 마찬가지로 현대 도시정부도 각종 위험으로부터 시민들의 삶의 안전과 안심을 보장하려는 정책적 노력이 필요하며 이는 복지정책과 직접적 관련성을 갖는다. 복지정책은 시민에게 인간다운 생활을 보장하고 삶의 질 제고를 위한 공공서비스 제공에 관한 정책이라고 정의할 수 있는데 광의의 개념으로는 보건의료, 교육, 문화, 주거, 고용, 환경 등을 폭넓게 포함하며 협의의 개념으로는 저소득층, 노인, 아동, 장애인 등 주로 취약계층에 대한 지원과 돌봄을 의미한다.

우리나라 국내총생산(GDP) 대비 사회복지지출은 2009년 8.4%에서 2018년 11.1%로 꾸준히 증가하고 있다. 지자체 전체 예산에서 차지하는 복지예산 비중도 복지분야 국고보조사업의 지방이양, 주민의 다양한 복지확충 요구, 지방선거 경쟁 등으로 인해 매년 증가하고 있다. 저출산·고령화 구조의 고착화라는 인구구조의 변화는 도시정부 복지수요 및 복지정책에 영향을 미치는 구조적 요인이라고 할 수 있다. 우리나라의 생산가능인구(15세~64세) 비중은 2015년 73.0%에서 2030년 63.1%, 2060년 49.7%로 낮아지는 반면 고령인구 비중은 2015년 13.1%에서 2030년 24.3%, 2060년 40.1%로 증가할 것으로 전망되고 있다. 유소년인구 비중은 2015년 13.9%에서 2060년 10.2%까지 낮아질 것으로 전망되고 있는 가운데 기대수명은 2010년~2015년 70.0세에서 2010년~2013년 81.3세로 늘어났다(통계청보도자료. 2015.7.8.). 유소년인구의 감소와 노령인구의 증가는 보육, 돌봄 등이 일부 계층에 한정된 문제가 아니라 보편적 복지서비스로 그 성격으로 변모하고 있음을 의미한다. 그리고 주거, 보건의료, 요양, 돌봄, 생활지원 등의 복지서비스는 주민이 살던 곳에서 개개인의 욕구에 맞추어 제공될 필요가 있다. 서비스 수혜자가 지역

사회와 함께 어울려 살아갈 때 삶의 질이 높아질 수 있으며 지역특성과 자원을 충분히 활용할 수 있기 때문이다. 그러한 의미에서 중앙정부에 비해 주민과 더 가까운 정부인 도시정부가 각 주민에게 맞는 통합적 서비스의 기획, 제공, 관리에서 능동적 제공자 역할을 수행할 필요가 있다.

도시의 복지정책은 국제기구 및 세계 주요 도시의 포용적 도시(Inclusive City) 만들기 정책과도 연관된다. 포용적 도시는 사회적 배제가 없는 도시를 뜻하는데 정치적, 문화적, 사회적, 경제적 배제를 포괄하는 다면적인 개념이다. 그렇지만 그 핵심 아이디어는 자원, 권리, 서비스에서 누구도 배제되지 않고 도시만들기에 참여토록 함으로써 도시민의 연대성과 도시의 지속가능성을 높이고자 하는 것에 있다. 그러한 의미에서 도시복지정책은 전 생애주기에 걸친 시민생활의 안심을 보장함으로써 시민들의 창조성 발휘를 촉진하도록 하며 좋은 도시만들기를 위한 효과적인 수단이라고도 할 수 있다.

2. 도시복지정책의 수단

(1) 복지사무와 예산

도시정부 복지정책의 상당 부분은 중앙정부 복지사업의 집행 혹은 전달이라는 속성을 지닌다. 지자체 예산서 내역기준으로 2017년 기준 지자체 복지사업은 13만 7,273개인데 이 가운데 지자체(시도 및 시군구) 자체사업은 41.6%인데 반해 중앙정부 혹은 시도에 권한이 있는 보조사업은 58.4%로 나타났다(정홍원, 2019: 19-20).

사잇글 12-2 기초연금 부담 1조 증가…허리 휘는 지자체 "월급도 못줄 판"

중앙정부의 '현금살포식' 복지 정책에 지방자치단체의 허리가 휘고 있다. 노인의 생활 안정을 위해 지급하는 기초연금이 대표적이다. 2년간 추가로 떠안을 돈이 1조원 가까이 늘어난다. 지자체들은 중앙정부를 상대로 집단행동에 나설 태세다.(중략)

대구 달서구의회는 지난 7월 "국가가 부담하는 기초연금 비율을 높여달라"는 내용의 대정부 건의문을 의원 만장일치로 채택했다. 달서구청 관계자는 "올해 구 예산이 7257억 원인데 사회복지예산 등을 충당하고 나면 주민 민원 해결에 쓸 수 있는 가용재원은 100

억원 정도밖에 되지 않는다"며 "작은 도로 하나 건설하기도 어려운 수준"이라고 말했다. (중략) 전국 기초단체는 지난해 전체 예산 중 평균 35%를 사회복지 분야에 지출했다. 이 중 6대 광역시 소재 기초단체 44곳의 사회복지 지출 비중은 평균 56.7%였다. 광주 북구(69.9%), 부산 북구(69.6%), 대구 달서구(65.1%), 부산 해운대구(64.4%) 등이 특히 높았다. 이런 지자체는 기초연금 등 사회복지에 돈을 쓰느라 자체 사업에는 예산을 투입하지 못하고 있다. 지난해 광주 동구의 자체사업 비중은 8.2%, 대전 중구와 부산 북구는 각각 8.5%, 9.1%에 그쳤다. 광주 북구 관계자는 "일부 지자체는 복지재원을 감당하지 못해 파산 위기에 있다고 봐도 된다"고 전했다.

출처: 한국경제, 2019. 10. 27.

▷▷▶ **토론핵심**

1. 전체 예산대비 복지지출 비율이 높은 도시를 찾아보시오.
2. 지자체의 복지재정 부담증가에 대해 지방과 중앙의 입장은 무엇인가?

중앙정부와 지방정부가 수행하는 복지기능을 ① 보호・돌봄(아동대상), ② 생활지원, ③ 교육, ④ 건강・의료, ⑤ 요양・돌봄(성인대상), ⑥ 주거, ⑦ 고용, ⑧ 문화・여가, ⑨ 생계, ⑩ 재해보상 분야별로 나누어보면 중앙정부는 예산기준으로 주거, 생계, 교육 순이었으며 사업수 기준으로 건강의료, 고용, 생활지원 순으로 비중이 크다. 반면에 지방정부가 자체적으로 수행하는 복지사업의 경우 예산기준으로는 생활지원, 보호돌봄, 문화여가 순이었고 사업수기준은 생활지원, 문화여가, 보호돌봄으로 순으로 나타났다(강혜규 외, 2015: 71). 중앙과 지방의 중점 영역이 상이함을 알 수 있으며 지자체의 경우 생활지원의 비중과 예산이 가장 두드러짐을 알 수 있다.[6]

사회복지사업은 지자체 전체 국고보조사업의 절반수준으로 타 사업분야와 비교해 국고보조사업 비율이 높은 편이다. 국고보조사업인 국민기초생활보장, 기초연금, 영유아보육지원 사업에서 수급자격과 국고보조율은 중앙정부가 결정하고 지자체는 국고보조율이외의 예산부담과 집행을 맡는 구조이다. 그런데 중앙정부 사회보장 사업이 늘어날수록 지자체의 재정부담이 증가하고 있다. 예를 들어 기초연금은 만 65세 이상의 소득하위 70%에게 지급하며 지자체의 재정자립도와 노인인

6) 생활지원 분야는 식사지원, 장수수당, 결혼장려, 독거노인, 다문화인 정착, 자원봉사 등의 지원사업으로 구성된다.

구비율에 따라 40~90%의 국고보조율이 차등적으로 적용되는데 기준액이 계속 증가하면서 지자체 부담액이 급증하고 있다(〈사잇글 12-2〉 참조). 이로 인해 지자체가 자체사업을 추진할 예산 여력이 고갈된다는 문제점이 지적되고 있다.

(2) 정책수단

사회복지 서비스 정책수단은 2가지 차원을 기준으로 그 유형을 분류해 볼 수 있다. 먼저 서비스지원 형태에 따라 현금, 현물, 대여 · 감면, 바우처, 시설입소(운영지원, 인건비지원, 시설설비등 지원), 프로그램(단위사업), 자원봉사(공급자 인건비 지원)로 분류할 수 있다. 다음으로 서비스 대상에 따라 이용자와 공급자로 구분할 수 있다(임완섭 외, 2019: 55-56). 2가지 차원을 기준으로 정책수단 유형을 구분하여 사회보장정보시스템상의 중앙부처 복지사업을 정리한 결과는 〈표 12-4〉와 같다. 이용자의 경우 현금지원의 비중이 가장 높았고(44.1%) 다음으로 현물지원(14.4%), 대여 · 감면(7.6%), 바우처(7.3%)의 순이었다. 공급자의 경우에는 프로그램(22.6%), 시설입소(3.4%), 자원봉사(0.6%)의 순이었다. 도시정부가 수행하는 복지서비스의 경우에도 동일한 정책수단 유형 분류가 적용가능하다.

표 12-4 사회보장정보시스템 사업의 정책수단별 현황(2019년 4월 현재)

(단위: 개, %)

구분		빈도	비중(%)
이용자	현금	156	44.1
	현물	51	14.4
	대여 · 감면	27	7.6
	바우처	26	7.3
이용자 소계		260	73.4
공급자	시설입소	12	3.4
	프로그램	80	22.6
	자원봉사	2	0.6
공급자 소계		94	26.6
합계		354	100.0

출처: 임완섭 외(2019: 57).

이용자를 대상으로 한 사회복지 서비스 주요 유형인 현물, 현금, 바우처의 특징을 살펴보면 첫째, 현물지원의 경우 수급자에게 필요한 물품과 서비스를 직접 제공하기 때문에 필요성이 높은 사람들만이 신청하여 과다 수요를 억제할 수 있다. 다만 현물급여는 현물의 보관, 관리 비용이 증가할 우려가 있다. 둘째, 현금지원은 수급자에게 화폐형태로 지급하여 필요한 재화나 서비스를 스스로 구매하도록 하는 방식이다. 수급자의 선택폭이 넓어져 만족감이 극대화될 수 있으며 현물지급에 비해 프로그램 운영비용이 적게 든다. 그렇지만 현금형태로 지급되기 때문에 다른 목적에 전용될 수 있어 목적달성도가 떨어질 우려가 있다. 셋째, 바우처(서비스 이용권) 방식은 현물과 현금의 중간형태의 성격을 갖는다. 일정한 용도내에서 재화나 서비스를 자유롭게 선택할 수 있도록 하여 공급자간의 경쟁을 유도할 수 있다. 바우처는 오남용의 우려로 현물보다는 목표달성 효율성이 낮으며 현금지급보다는 소비자 선택권이 제한된다. 바우처를 통한 서비스 제공이 확대되면서 업체간 과당 경쟁으로 인한 서비스 질 하락, 종사자의 근로여건 악화 등이 문제점으로 부상하였다. 이러한 문제점을 극복하고 사회서비스의 공공성을 높이기 위해 2019년 시도가 설립 주체가 되는 사회서비스원 4곳이 시범 설치되었다.

3. 도시복지정책 사례

사회복지 서비스의 전달체계는 주민이 실제 생활하는 읍면동을 중심으로 인력보완과 기능강화가 추진되고 있다. 이와 관련하여 주민자치형 공공서비스 구축과 지역사회 중심의 통합돌봄 사례를 살펴보기로 한다.

(1) 주민자치형 공공서비스 구축

주민자치형 공공서비스 구축은 서울시 '찾아가는 동주민센터' 사업이 전국화한 것이다. '찾아가는 동주민센터' 사업은 2015년 서울시가 지역의 사회보장 증진과 주민자치 실현이라는 2가지 목적을 가지고 도입한 것으로 추진전략에서는 취약계층을 중심으로 복지, 건강, 여성, 마을, 자치 분야의 융합과 통합적 서비스 제공을 추진하였다. 복지 사각지대를 해결하기 위해 사회복지직 공무원을 늘리고 방문간호사를 신규 채용하여 도움이 필요한 주민을 직접 방문하도록 하였다. 그리고 주민이 지역의제를 스스로 발굴·결정하고 주민과 행정이 함께 해결한다는 원칙하에 주민자치위원회 기능강화 및 마을계획 수립 지원이 이루어졌다. 이를 통해 상담건수, 사례관리가구수, 빈곤위기가구 신규발굴 건수 증가 등의 성과가 나타났다.

행정안전부는 서울시 '찾아가는 동주민센터' 사업의 성과를 전국적으로 확산하고자 2018년 주민자치형 공공서비스 구축 사업에 나섰다. 주민자치형 공공서비스 구축 사업은 최일선 행정단위인 읍면동 중심의 공공서비스 플랫폼 구축 및 민관이 함께 계획, 생산, 전달하는 소지역 단위 혁신을 목표로 하며 읍면동 복지인력의 단계적 확충을 추진하는 등 목표와 방식은 서울시 '찾아가는 동주민센터' 사업과 대부분 유사하다. 즉, 계획은 주민총회 등을 통해 주민 스스로 만들며 생산은 민관 공동으로 하되 행정시스템의 혁신을 수반하고 전달은 찾아가는 보건, 복지서비스로 이루어진다([그림 12-1] 참조). 차이점도 있는데 주민자치형 공공서비스 구축 사업은 온라인 플랫폼을 구축하여 취약계층 이외에 일반 주민에 대한 서비스를 통합적으로 공유하려는 구상을 가지고 있다. 그리고 주민발굴 의제에 대해 주민 스스로 실천할 수 있도록 행정자원을 연결하고 마을별 특성화 추진을 강조하고 있어 '찾아가는 동주민센터' 사업에 비해 보다 포괄적인 성격을 띠고 있다(하경환, 2017: 5).

그림 12-1 주민자치형 공공서비스 구축의 추진전략

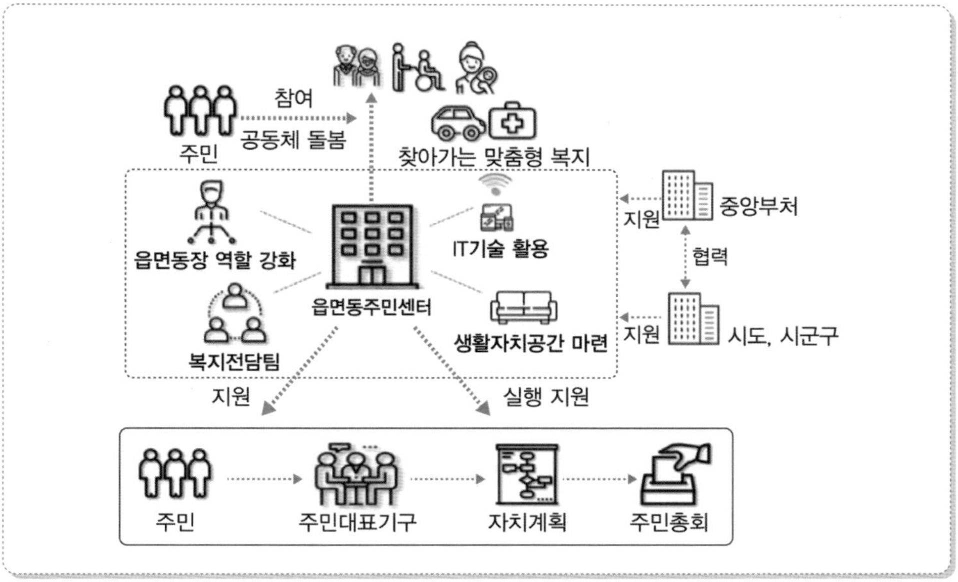

출처: 행정안전부 홈페이지.

(2) 지역사회 통합돌봄

지역사회 통합돌봄은 '커뮤니티 케어'라고도 불리는데 돌봄이 필요한 사람이 지역에서 계속해서 거주하면서 필요한 다양한 서비스를 통합적으로 누리도록 하는 것이다. 2019년부터 보건복지부가 노인, 장애인, 정신질환자 분야를 대상으로 공모를 통해 시범사업에 착수하였는데 1차로 광주시 서구, 천안시, 김해시 등을 비롯한 8개 지자체가 선정되었다. 고령인구 증가를 배경으로 돌봄지출 급증에 대비해 서비스연계를 통한 효율화를 꾀하는 동시에 가족의 돌봄부담 경감, 노령인구의 삶의 질 제고를 도모하기 위한 것이다. 중점 추진과제는 주거지원 인프라의 확충, 방문건강 및 방문의료, 재가 돌봄 및 장기요양, 서비스연계를 위한 지역 자율형 전달체계 구축이다. 세부방안을 살펴보면 주거지원 인프라 분야에서는 돌봄서비스에 특화된 안심주택을 확충하며 커뮤니티케어－주민자치－도시재생을 연계한 커뮤니티케어 특화 도시재생을 추진한다. 방문건강 및 방문의료 분야에서는 찾아가는 의료를 통해서 만성질환 등을 예방·관리하며 건강예방 프로그램을 활성화한다. 재가 돌봄 및 장기요양 분야에서는 시군구별로 종합재가센터를 사회서비스원 산하에 설치하여 재가서비스를 강화한다.[7] 그리고 지역 자율형 전달체계 구축 분야에서는 읍면동에 각종 서비스를 안내·연계하는 케어안내 창구를 신설하며 지역사회에서 민관협력을 통해 지역여건에 맞는 서비스를 제공할 수 있도록 시군구 단위에 지역케어회의를 운영하는 내용이다.

주민자치형 공공서비스 구축과 지역사회 통합돌봄은 각각 주관부처가 행정안전부와 보건복지부로 상이하다. 하지만 두 사업 모두 읍면동 등 지역커뮤니티가 중심이 되어 주민의 참여를 통해 복지서비스를 제공한다는 공통점을 가지고 있다. 개인이나 가족이 생애주기에서 발생하는 여러 가지 문제를 해결하기에는 한계가 있으며 그렇다고 중앙주도의 공공서비스 제공은 획일적이며 부처간의 분립적 접근으로 인해 비효율적이기 때문이다. 이러한 점을 고려하면 도시정부는 복지분야와 그 밖의 다양한 정책분야의 융합적 정책추진을 위한 구심점 역할을 강화해 나아갈 필요가 있다. 복지정책은 문화정책, 주택정책, 환경정책, 산업정책과 결합하여야 하는데 예를 들어 돌봄주택과 청년주택 등을 공동화가 진행되는 도심에 입지시킴

7) 서울시사회서비스원 종합재가센터는 장기요양, 장애인 활동지원 등 다양한 사회서비스를 통합제공하는데 2019년 4개소가 개소하였으며 2021년까지 전자치구에 설치예정이다.

으로써 형평성 제고와 지역재생을 동시에 달성할 수 있다. 시민의 안전과 안심을 보장하기 위해서는 시민생활의 총체적인 측면에서의 접근이 필요하며 이는 곧 지역의 특성을 반영한 지속가능한 도시만들기를 의미한다.

제 13 장

도시쇠퇴와 대응전략

제 13 장

도시쇠퇴와 대응전략

제1절 | 도시쇠퇴

1. 도시쇠퇴의 정의

세계화와 탈산업화, 교외화, 인구학적 변화 등에 따라 세계의 많은 도시들이 도시쇠퇴(Urban Decline)를 겪고 있다. 제2차 세계대전이 끝나고 전후 복구가 진행되던 1950년대부터, 서유럽 및 미국의 일부 지역에서는 도시쇠퇴가 도시정책의 중요 관심사로 떠올랐다. 새로운 제조업의 발전과 구도심의 경쟁력 약화로 인해 전통적인 산업지역의 중심부로부터 주민과 자본이 떠나면서 빈 건물이 늘어나고, 폐허가 되는 일이 발생하기 시작한 것이다. 미국과 같이 공간이 넓은 지역에서는 쾌적한 교외에 새로운 주거단지가 건설되는 교외화(Suburbanization)가 진행되면서, 도심(Downtown)은 저소득층이 거주하게 되었고 이로 인해 세수가 감소되고 공공시설이 낙후되는 등 도시쇠퇴가 발생하였다(Fol and Cunningham-Sabot, 2010;

Olsen, 2013). 한편 한국에서 도시쇠퇴에 대한 논의는 1990년대 후반부터라고 할 수 있으나, 본격적인 논의의 시작은 2007년 국토해양부의 도시재생사업단을 중심으로 5개년(2007~2011)간에 걸친 도시재생 연구개발 사업이 발주되면서부터이다.

도시의 쇠퇴는 지역사회의 경제, 문화, 사회적 맥락과 불가분의 관계 속에서 발생하는 지리적 현상이라 할 수 있다. 도시쇠퇴란 “도시전체 또는 도시의 부분지역이 어떤 원인에 따라 시간이 지나면서 상태가 악화되는 현상”을 의미하며, 인구감소가 쇠퇴의 원인인 동시에 결과라는 것이다(김광중, 2010). 김광중 교수는 도시쇠퇴와 축소를 일정한 시점을 의미하기 보다는 시간적 상대성을 전제로 하는 개념으로 파악하고 있다. 국가도시재생기본방침(국토교통부, 2013)에서 도시쇠퇴는 “물리적 노후화, 경제적 쇠퇴, 사회적 문제 등이 도시공간에 집중되어 나타나는 현상”으로 정의하고 있으며, “그 원인 및 양상이 복합·상대적이기 때문에 쇠퇴여부를 판단하는 절대적 기준 제시는 어렵다고”밝히고 있다. 성은영 외(2015)는 도시쇠퇴와 축소를 특정한 지역을 지칭하기보다는 주변이나 일반적인 수준보다 나빠진 상태를 의미한다고 하고 있다. 즉 도시쇠퇴를 주변지역에 비하여 사회적, 물리적 환경 측면에서 낙후되거나 격차가 발생하는 지역의 상태를 의미한다고 정의하고 있다. 정연우 외(2010)는 “도시쇠퇴 및 축소지역은 타 지역에 비해 소득수준이 현저히 낮고 자력으로 성장 동력 창출이 어려워 성장이 정체되거나 성장격차가 확대된 지역”을 말한다고 하고 있다. 「도시재생특별법」 시행령에서는 도시쇠퇴를 첫째, 최근 30년간 인구 최대치 대비 현재 인구 20% 이상 감소 또는 최근 5년간 3년 이상 연속 인구가 감소한 경우, 둘째, 최근 10년간 총 사업체 수 최대치 대비 현재 5% 이상 감소 또는 최근 5년간 3년 이상 연속 총 사업체 수가 감소한 경우, 셋째, 전체 건축물 중 20년 이상의 건축물이 50% 이상인 경우로 정의하고 있다(서정렬, 2017).

21세기 이후 미국, 독일, 일본 등의 국가에서는 도시쇠퇴를 도시의 ‘축소’ 과정으로 바라보는 인식이 늘고 있다. 즉 서구에서는 도시쇠퇴보다는 도시축소(Urban Shrinkage) 혹은 축소도시(Shrinking Cities)라는 용어사용이 보편화되고 있다. “도시의 인구감소와 그에 따른 도시의 문제는 쇠퇴(decline), 퇴락(decay), 황폐(blight), 폐기(abandonment), 비도시화(disurbanization), 도시위기, 인구학적 쇠락 등 연구의 범위 또는 관점에 따라 다양한 용어로 불리어 왔다. 각 용어는 도시문제를 보는 나름의 시각과 이념적 관점을 나타낸다. 도시쇠퇴는 도시의 탄생, 성장,

안정, 쇠퇴라는 순환주기를 염두에 두고 있다"(강인호 외, 2015). 도시쇠퇴를 도시 축소과정으로 바라보는 인식이 늘어나면서, 부정적으로 인식하던 도시쇠퇴(decline)와 축소(shrinkage)현상을 도시의 성장과정에서 자연스럽게 겪는 현상으로 인식하고, 스마트 쇠퇴(smart decline), 우아하게 줄이기(shrink gracefully), 창조적인 축소(creative shrinkage), 현명한 축소(shrinking smart) 등 다양한 용어와 개념을 통해 도시재생의 새로운 기회로 보기 시작했다(성은영 외, 2015).

2. 도시쇠퇴의 원인

도시쇠퇴의 원인(예: 경제적, 인구학적, 도시화과정, 정치적 갈등, 자연재해 등)은 다양하다. 도시쇠퇴의 양상은 지역마다 상이하며 다양한 형태로 나타난다. 또한 해당 도시의 역사적 전통, 행위자들의 이해관계에 따라 대응방식도 다르다(Haase, Bernt et al., 2013). 이는 도시쇠퇴의 원인과 문제가 단순치 않고 복합적인 성격을 띠고 있다는 것을 의미한다. 서유럽 및 미국의 도시쇠퇴 원인은 크게 자연적 노후와에 따른 건물 및 기반시설의 쇠퇴, 경제구조의 변화에 따른 경기침체와 실업, 교외화에 따른 도시중심지역의 쇠퇴, 공공의 계획 및 규제에 따른 도시중심부의 쇠퇴, 부재지주가 많은 경우 부동산관리의 소홀에 따른 쇠퇴, 도시정부의 재정적 부담능력의 저하에 따른 쇠퇴 등 여섯 가지로 분류할 수 있다(한동효, 2019).

한국의 도시쇠퇴는 크게 산업구조의 변화나 지역산업기반의 쇠퇴와 같은 경제적 이유와 상대적으로 낙후된 환경과 교통망의 발달 같은 물리적 환경요인 등의 이유로 진행되고 있다(성은영 외, 2015). 이러한 원인으로 인한 도시쇠퇴의 양상은 그 지역의 위치, 규모, 산업기반, 주거환경의 수준 등의 여건에 따라 다양하게 나타날 수 있다.

국내의 선행연구에서 언급하고 있는 도시쇠퇴요인들을 살펴보면, 이양재(1992)는 활성인구부족, 제조업에 의한 고용창출의 하락, 금융・교육・의료 등 서비스업 수준 저하, 고용구조의 다양성 부족과 집중성 저하, 불편한 교통망 등을 들고 있다. 정지성(1994)은 입지 기업의 부족, 낮은 생활환경 서비스와 주민생활의 안전성 부족, 취약한 재정력, 도시 간 협력 부족, 성장잠재력 부족, 중앙정부의 미흡한 정책적 배려 등을 제시하고 있다. 신정철(2004)은 지역산업의 낙후, 인구유출, 일자리 부족, 교육 및 문화기반의 취약 등을 들고 있다. 송상열(2007)은 인구의 감소 및 고령화, 교육 및 문화기반의 취약, 산업의 쇠퇴와 소득수준의 저하, 재정 및 예산의 부족, 급격한 도심쇠퇴 현상, 중앙정부의 정책적 지원 미비 등을 도시쇠퇴의 요인으로 보고 있다. 김광중(2010)은 산업구조 및 거시적 경제여건의 변화, 지역산업기반의 붕괴 및 이전, 보유자원의 고갈 및 경제성 상실, 교외와 현상, 공공정책 및 규제, 초기의 부실개발, 환경수준의 상대적 저하, 교통망의 발달 등 여덟 가지 요인을 들고 있다. 김광중 교수는 특히 인구 20만 이하의 농어촌 소도시들의 쇠퇴 요인으로 산업구조의 변화와 농수산물의 시장개방을 포함한 거시적 경제여건의 변화에 따른 1차 산업의 쇠퇴를 가장 큰 원인으로 보고 있으며, 한국의 지방소도시의 침체와 쇠퇴를 야기하는 원인으로 더 나는 교육, 의료, 문화, 복지서비스를 찾아 보다 규모가 큰 도시로의 인구이동을 한국적 특성으로 보고 있다. 기정훈(2011)은 인구감소에 따른 저출산과 고령화, 양질의 일자리 부족, 교육시스템의 경쟁력 미흡, 문화생활과 주거환경의 미흡, 석탄산업 합리화와 같은 정책적 요인을 꼽고 있다. 이상훈과 황지욱(2013)은 교외화 및 신시가지 개발, 부실한 초기 개발, 산업구조 등 거시적 경제여건의 변화, 자원의 고갈 및 경제성 상실, 지역산업 및 고용기반의 붕괴 및 이전, 문화재 보존 등 정책적 규제로 인한 자생적 갱신 억제, 생활환경 수준의 상대적 낙후 등을 지목하고 있다.

선행연구에서 논의하고 있는 도시쇠퇴 원인들을 살펴보면, 인구감소와 고령화, 교육 및 문화시설의 취약, 재정 및 예산부족, 신시가지 및 신도시 개발에 따른 급격한 도심쇠퇴 현상, 공공정책 및 규제 등 중앙정부의 정책지원 미비, 경제침체로 인한 양질의 일자리 부족, 교외화, 산업구조 및 거시적 경제여건의 변화, 보유자원의 고갈 및 경제성 상실, 지역산업기반의 붕괴 및 이전, 생활환경수준의 상대적 낙후, 초기의 부실한 도시개발, 교통망의 발달, 1차 산업의 쇠퇴 등 열네 가지 요인을 들 수 있다(강인호, 2019).

표 13-1 선행연구에서 언급하고 있는 도시쇠퇴원인

연구자	도시쇠퇴 요인
이양재 (1992)	활성인구부족, 제조업에 의한 고용창출의 하락, 금융·교육·의료 등 서비스업 수준 저하, 고용구조의 다양성 부족과 집중성 저하, 불편한 교통망
정지성 (1994)	입지 기업의 부족, 낮은 생활환경 서비스와 주민생활의 안전성 부족, 취약한 재정력, 도시 간 협력 부족, 성장잠재력 부족, 중앙정부의 미흡한 정책적 배려

신정철 (2004)	지역산업의 낙후, 인구유출, 일자리 부족, 교육 및 문화기반의 취약
송상열 (2007)	인구의 감소 및 고령화, 교육 및 문화기반의 취약, 산업의 쇠퇴와 소득수준의 저하, 재정 및 예산의 부족, 급격한 도심쇠퇴 현상, 중앙정부의 정책적 지원 미비
김광중 (2010)	산업구조 및 거시적 경제여건의 변화, 지역산업기반의 붕괴 및 이전, 보유자원의 고갈 및 경제성 상실, 교외와 현상, 공공정책 및 규제, 초기의 부실개발, 환경수준의 상대적 저하, 교통망의 발달
기정훈 (2011)	인구감소에 따른 저출산과 고령화, 양질의 일자리 부족, 교육시스템의 경쟁력 미흡, 문화생활과 주거환경의 미흡, 석탄산업 합리화와 같은 정책적 요인
이상훈· 황지욱 (2013)	교외화 및 신시가지 개발, 부실한 초기 개발, 산업구조 등 거시적 경제여건의 변화, 자원의 고갈 및 경제성 상실, 지역산업 및 고용기반의 붕괴 및 이전, 문화재 보존 등 정책적 규제로 인한 자생적 갱신 억제, 생활환경 수준의 상대적 낙후

출처: 강인호(2019: 50).

3. 지방 중·소도시의 도시쇠퇴 실태

한국의 도시인구는 1960~1990년 사이 급격히 증가하였는데, 주로 인구규모 100만 이상의 수도권 대도시에 집중했다. 반면에 같은 기간 동안 인구 5만 이하의 군 지역은 지속적으로 저성장 또는 쇠퇴를 경험하고 있다. 2019년 한국의 군(郡) 지역은 총 82곳으로 1960년대 140곳에 비해 41.42% 감소했다. 1960년대 서울·부산·대구·인천·광주를 제외한 인구 상위지역은 모두 군 지역이었다. 인구 20만 명 이상의 도시들을 시기별로 살펴보면, 1960~1970년까지는 군 지역이 상당수 포함되어 있었다. 1970년까지도 인구규모 20위권의 도시들 중 군 지역이 상당수를 차지하고 있었으나, 현재는 수도권의 도시들이 그 자리를 차지하고 있다. 도시화의 영향으로(2017년 말 현재 도시화율 91.8%) 군 지역의 인구는 급감했고, 수도권의 인구는 급증했다. 비수도권 군 지역의 인구감소는 1960년대 이후부터 꾸준히 진행되었음을 알 수 있다. 2010년 이후 인구감소율이 높은 지역은 대부분 전북, 전남, 경북 등에 위치한 군 지역이다(국토지리정보원, 2016). 인구감소로 인한 지방소멸과 함께 고령화라는 인구구조의 변화를 경험하고 있는 비수도권 군지역의 쇠퇴는 다양한 양상으로 나타나고 있다. 또한 1960년대 이후 중·소도시들 특히 인구 20만 명 미만의 도시들은 지속적으로 인구가 감소하면서 쇠퇴의 길을 걸어가고 있다. 이들 중・소도시의 쇠퇴원인은 다양하지만 공통적인 원인은 인구의 지속적인 감소와 고령화 등 인구통계학적 변화, 도시외곽지역의 신시가지조성으로 인한 구도심의 쇠퇴, 지역의 경제활동 인구감소로 인한 지역산업・경제부문의 종업원과 사업체 수 감소, 주거환경의 악화, 1차 산업의 쇠퇴 등이 복합적으로 연계・작용하면서 도시쇠퇴가 발생하고 있다.

2019년 현재 한국의 군(郡) 지역은 총 82곳이고, 시 지역은 75곳이다. 수도권(경기도 2곳)과 광역시의 군(5곳)을 제외한 군 지역은 74곳이고, 비수도권의 시 지역은 25곳이다. 이들 비 수도권 지역의 소도시쇠퇴는 상대적으로 심각한 수준이다. 2019년 7월 현재 한국의 총인구(51,709,098명)는 감소하고 있지 않지만, 이들 지역의 인구는 정점 연도에 비해 평균 58.92% 감소하였다. 충북 증평군, 충남 계룡시, 전남 광양시, 경남 통영시, 경남 사천시[1]를 제외하고 모든 지역에서 1%(경북 칠곡군)에서 77%(전남 보성군)의 인구감소가 있었다(〈표 13-2〉 참조). 비 수도권 지역의 지방소도시의 인구감소문제는 주로 사회적 유출, 그 중에서도 20~30대 젊은 인구의 전출에 기인하고 있었다. 20~30대 비수도권의 청년인구비중은 2004년에 비해 절반 이하로 감소했으며, 2017년 기준 수도권 대비 47.0%를 기록하고 있다(한국고용정보원, 2018). 군 지역일수록 일자리문제로 인한 인구유출이 높다(박진경・김상민, 2018). 한국의 소도시들은 주로 1차 산업을 기반으로 하고 있으며 1차 산업 쇠퇴에 따른 산업구조의 변화, 무역개방, 자원고갈 및 경제성 저하 등과 같은 거시적 경제여건의 변화에 따라 공통적으로 도시쇠퇴를 경험하고 있다. 1차 산업을 주요 산업기반으로 하는 이러한 소도시들의 쇠퇴가 상대적으로 심화되는 것이 서구 소도시와 다른 한국 소도시들의 특징이라고 할 수 있다(김광중, 2010).

소도시의 지속적인 인구감소현상은 지역주민들의 삶의 질 저하를 불러왔다. 소도시 인구감소가 유발한 교육・의료・보육 등 기본 정주여건의 미비는 인구유출을 가속화하는 악순환을 초래하고 있다(박진경・김상민, 2018). 또한 고령화가 빠르게 진행되고 있으며, 고령화 비율도 높고, 재정력, 지방소득세 총액, 고용 변화(근

---

1) 충북 증평군은 2003년 8월 30일 괴산군에서 분리・ 설치되었고, 계룡시는 2003년 9월 19일 논산시에서 분리・신설된 도시이다. 광양시는 1995년 1월 1일 동광양시와 광양군이, 사천시는 1995년 5월 10일 삼천포시와 사천군이, 통영시는 1995년 1월 1일 충무시와 통영군이 통합되어 생긴 도・농 복합시이다.

무 취업인구 변화, 사업체 종사자수 변화) 등에서도 상대적으로 열악한 모습을 보이고 있다(변필성 외, 2015). 2019년도 한국의 고령화율은 14.9%인데. 이들 비수도권의 소도시 지역 중 82곳(82.83%)은 고령화율이 21%가 넘는 초고령화 지역이다. 고령화율이 30%를 초과하는 지역도 42곳(42.42%)이나 된다. 이들 소도시 지역들은 인구감소라는 양적인 측면과 인구의 고령화라는 질적인 측면을 동시에 가지고 있다. 고령화현상은 활동제약자의 비율을 증가시키는 동시에 지방정부의 재정 부담을 증가시키고, 혁신과 파급 효과 등의 창조를 어렵게 하는 요인으로 작용한다(임형백, 2013). 또한 이러한 소도시들의 소멸위험도 점차 증가하고 있다. 한국고용정보원의 〈한국의 지방소멸 2018〉 보고서를 분석해보면 비수도권 99개의 소도시 중 총 80곳(80.81%)이 소멸위험지역으로 분류되고 있으며, 68개 지역이 소멸위험 진입단계이고, 12곳이 소멸고위험지역으로 분류되고 있다.

표 13-2 비수도권 인구 20만 명 미만 소도시의 현황

소도시명	현재 인구 (2019.07 기준)	최대치 인구	정점 연도	증감률(%)	고령화 비율(%)	소멸위험 지수
강원도						
동해시	90,885	104,291	1980	−13%	19%	
태백시	44,240	113,972	1985	−61%	23%	0.429
속초시	81,739	87,880	2000	−7%	18%	
삼척시	67,854	83,791	1995	−19%	23%	0.444
홍천군	69,419	132,065	1966	−47%	24%	0.374
횡성군	46,751	103,692	1966	−55%	27%	0.304
영월군	39,305	124,659	1966	−68%	28%	0.289
평창군	42,343	103,528	1966	−59%	26%	0.316
정선군	37,388	138,469	1975	−73%	26%	0.320
철원군	45,590	66,083	1966	−31%	21%	0.481
화천군	24,837	55,241	1966	−55%	21%	
양구군	23,246	41,623	1966	−44%	19%	
인제군	31,823	63,715	1966	−50%	19%	
고성군	27,458	63,791	1970	−57%	27%	0.317
양양군	27,641	50,390	1966	−45%	28%	0.281

충청북도						
제천시	135,116	143,537	2000	−6%	20%	
보은군	33,223	113,620	1966	−71%	32%	0.227
옥천군	51,237	111,991	1966	−54%	28%	0.302
영동군	49,016	123,564	1966	−60%	30%	0.287
진천군	80,595	87,526	1966	−8%	16%	
괴산군	37,916	160,506	1966	−76%	32%	0.219
음성군	95,378	125,108	1966	−24%	20%	
단양군	30,003	92,860	1970	−68%	29%	0.268
증평군	37,494	37,494	2019	0	16%	
충청남도						
공주시	107,057	202,635	1966	−47%	24%	0.412
보령시	101,341	157,836	1975	−36%	24%	0.385
서산시	174,397	273,581	1966	−36%	18%	
논산시	119,646	259,540	1966	−54%	25%	0.396
계룡시	43,334	43,334	2019	0	11%	
당진시	167,302	185,453	1966	−10%	18%	
금산군	52,697	124,944	1966	−58%	29%	0.271
부여군	67,270	194,995	1966	−66%	32%	0.232
서천군	53,265	161,159	1966	−67%	34%	0.210
청양군	31,471	105,211	1966	−70%	34%	0.221
홍성군	100,809	152,362	1966	−34%	23%	0.466
예산군	79,647	176,202	1966	−55%	29%	0.281
태안군	63,039	83,489	1990	−24%	29%	0.280
전라북도						
정읍시	111,126	277,506	1966	−60%	26%	0.353
남원시	81,898	187,479	1966	−56%	27%	0.341
김제시	84,481	254,999	1966	−67%	30%	0.284
완주군	92,975	186,093	1966	−50%	22%	
진안군	25,727	102,515	1966	−75%	33%	0.236
무주군	24,349	76,061	1966	−68%	32%	0.231
장수군	22,665	81,143	1966	−72%	32%	0.234
임실군	28,378	118,175	1966	−76%	34%	0.225

순창군	28,717	104,966	1966	−73%	32%	0.263
고창군	56,135	196,377	1966	−71%	33%	0.242
부안군	53,744	174,985	1966	−69%	31%	0.259
전라남도						
나주시	114,525	245,162	1966	−53%	22%	
광양시	151,729	151,729	2019	0	12%	
담양군	46,273	126,805	1966	−64%	30%	0.303
곡성군	29,313	109,739	1966	−73%	34%	0.229
구례군	26,210	78,337	1966	−67%	33%	0.237
고흥군	65,341	234,592	1966	−72%	39%	0.161
보성군	42,047	181,161	1966	−77%	37%	0.200
화순군	63,033	150,998	1966	−58%	26%	0.382
장흥군	38,842	144,478	1966	−73%	33%	0.242
강진군	35,569	126,812	1966	−72%	33%	0.247
해남군	70,936	229,747	1966	−69%	31%	0.271
영암군	54,296	139,731	1966	−61%	26%	0.346
무안군	81,447	317,742	1966	−74%	21%	
함평군	33,019	138,908	1966	−76%	35%	0.210
영광군	53,958	159,451	1966	−66%	28%	0.321
장성군	45,542	129,934	1966	−65%	29%	0.314
완도군	51,096	145,356	1970	−65%	31%	0.253
진도군	30,921	107,705	1966	−71%	33%	0.223
신안군	40,859	166,555	1970	−75%	34%	0.198
경상북도						
김천시	141,433	147,269	2000	−4%	22%	0.496
안동시	160,263	188,364	1995	−15%	24%	0.445
영주시	105,640	173,887	1975	−39%	25%	0.352
영천시	102,034	198,471	1966	−49%	27%	0.327
상주시	99,626	250,602	1966	−60%	30%	0.269
문경시	72,138	158,783	1966	−55%	29%	0.291
군위군	23,641	80,261	1966	−71%	38%	0.169
의성군	52,591	203,753	1966	−74%	40%	0.151
청송군	25,531	87,030	1966	−71%	35%	0.184

영양군	17,096	68,204	1970	−75%	36%	0.187
영덕군	37,638	119,191	1966	−68%	36%	0.198
청도군	43,002	121,985	1966	−65%	36%	0.194
고령군	32,614	76,093	1966	−57%	29%	0.280
성주군	44,065	120,029	1966	−63%	30%	0.269
칠곡군	117,864	119,396	1975	−1%	15%	
예천군	54,666	162,527	1966	−66%	30%	0.272
봉화군	32,502	119,644	1966	−73%	34%	0.197
울진군	49,557	117,426	1966	−58%	27%	0.323
울릉군	9,820	29,479	1975	−67%	24%	0.387
경상남도						
통영시	132,203	132,203	2019	0	18%	
사천시	112,603	112,603	2019	0	20%	
밀양시	106,007	206,115	1966	−49%	27%	0.336
의령군	27,344	104,773	1966	−74%	35%	0.209
함안군	66,132	123,176	1966	−46%	23%	0.426
창녕군	62,547	156,744	1966	−60%	29%	0.286
고성군	52,677	131,449	1966	−60%	29%	0.274
남해군	43,980	135,131	1966	−67%	36%	0.179
하동군	46,914	142,380	1966	−67%	32%	0.229
산청군	35,550	115,728	1966	−69%	34%	0.205
함양군	39,832	122,591	1966	−68%	32%	0.229
거창군	62,488	136,673	1966	−54%	26%	0.335
합천군	45,596	189,454	1966	−76%	38%	0.171

출처: 강인호(2019: 51-54).

4. 중 · 소도시의 도시쇠퇴에 대한 정책대안

지방 중 · 소도시에 대한 쇠퇴원인과 현상은 복합적 요인으로 발생하기 때문에 도시쇠퇴에 관한 접근은 총체적이고 처방은 종합적이어야 한다. 따라서 도시쇠퇴를 유발하는 다양한 원인과 문제를 규명하고, 해소하기 위한 실천전략이 다차원적으로 이루어져야 한다. 이러한 측면에서 적용가능한 정책대안들을 살펴보고자 한다.

첫째, 지방 중·소도시들은 지속적인 인구감소로 소멸위기에 처해 있다. 인구소멸위험지역에 직면하게 된 가장 큰 원인으로는 '쇠퇴하는 1차 산업 여건', '열악한 교육여건', 그리고 '지역의 취약한 공공서비스' 등이다. 1차 산업의 쇠퇴에 따른 군 지역의 쇠퇴는 산업구조의 변화 및 새로운 경제 질서에 기인한 것으로 지방정부 차원에서 그 원인을 제거하는 것이 사실상 불가능하다. 그러나 투자의 귀재 짐 로저스(Jim Rogers)는 농업분야를 향후 가장 잠재력이 뛰어난 산업의 하나로 보고 있다. 그는 30년 이내 식량부족 사태가 도래할 것이며, 그로 인해 수익성이 가장 큰 산업분야가 농업이 될 것이고, 농부가 가장 선망의 직업이 될 것이라고 예측하고 있다(김주원, 2019). 농업을 포함한 1차 산업의 쇠퇴가 군 지역 쇠퇴의 가장 큰 원인이라면 역으로 1차 산업이 군 지역의 쇠퇴를 예방할 수 있는 중요 처방책(momentum)이 될 수 있다. 따라서 중앙정부와 농촌지방정부는 이러한 여건 조성을 위한 정책적 노력을 기울여야 할 것이다. 이를 위한 방안으로 고령자의 일자리와 연계한 고령친화 농업 조성을 생각해 볼 수 있다. 또 다른 쇠퇴원인으로 지적되고 있는 '열악한 교육여건과 취약한 공공서비스'는 지방정부의 노력으로 극복할 수 있을 것이다.[2] 열악한 교육여건과 취약한 공공서비스 개선을 통한 인구유출 방지에 관심을 갖고 적극적인 해결책 마련에 노력을 기울어야 한다. 이를 위해 지방정부는 중앙정부와 협의해 현재 영·유아기에 집중되어 있는 국비지원 사업을 청소년들의 교육여건 개선을 위한 지원 사업으로 확대 추진할 필요가 있다. 지역의 취약한 공공서비스는 지역주민들의 맞춤형 생애주기별 공공서비스 마련책을 통해 보완할 수 있다. 또한 인구유출을 최대한 억제하고, 젊은층의 유입을 위한 지역 맞춤형 정책들을 적극적으로 펼쳐야 한다. 지역의 성장 동력으로 청년들을 주목하고 청년들의 일자리 창출을 통한 인구유출 감소전략을 모색해야할 것이다. 이를 위해 지역의 역사·문화·자연자원 등 지역의 DNA를 활용한 지역 내 향토기업을 지원·육성하는 정책이 필요하다. 지역의 내생적 자원을 활용한 향토 산업 육성정책이야말로 젊은이들의 인구이동을 억제하고, 외부 인구를 유입하는 효과를 얻을

---

2) 강원도 화천군이 좋은 사례라고 할 수 있다. 화천군은 지역의 인구감소 대응책으로 교육 및 복지정책 강화에 초점을 맞추고 이와 관련한 다양한 조례를 제정하였다. 군은 지역의 인구유출 방지를 위해 열악한 교육여건 개선에 힘을 기울였고, 해결책 마련에 적극적인 노력을 기울였다. 이를 위해 우선, 지역의 교육현황을 분석하고, 이를 토대로 재정투자계획을 수립하였고, 교육복지과를 신설하여 화천군 교육관련 업무를 일원화하였다. 또한 전국 최초로 생애단계별·대상특성별 지원정책들을 재정비하여, 지역주민들이 자신들에게 필요로 하는 서비스를 쉽게 찾아 지원받을 수 있도록 편의성과 차별화 전략을 마련하였다(박진경·김상민, 2018).

수 있을 것이다.

둘째, 한국의 중·소도시의 주요 쇠퇴원인은 '인구감소와 고령화', '양질의 일자리 부족', '교육 및 문화시설의 취약' 등이다. 지역이 쇠퇴하면서 발생하는 가장 큰 문제로는 '지역공동체(마을)의 소멸', '안정된 소득원과 일자리 부족', '빈집과 유휴시설의 방치' 등이다. 상대적으로 쇠퇴하는 지역은 인구가 감소하고, 고령인구의 비율이 높다. 인구감소라는 양적인 측면과 고령화라는 질적인 측면이 병행되어 나타나기 때문이다. 이러한 현상은 인구 20만 명 미만의 소도시들에서 공통적으로 나타나고 있다. 이러한 지역쇠퇴 원인 해결을 위해 공공서비스 공급을 통한 기초생활 보장책 마련이 필요하다. 이들 지역에 거주하고 있는 주민들이 최소한의 삶의 질을 향유할 수 있도록 적절한 돌봄 서비스를 제공하는 것이 필요하다(김성길 외, 2017). 고령화와 인구감소가 심각한 지역에서 기초생활 보장책마련은 지역쇠퇴를 막는 중요한 처방책이 될 수 있다. 모든 계층을 위한 기초생활기반시설이 보장되어야 인구감소에 맞게 중심지체계와 도시 인프라를 재정비할 수 있다(기정훈, 2011). 또한 지역공동체의 유지와 복원을 위한 노력도 필요하다. 이러한 방안 중 하나가 지역 공동체 내 생활기반을 향상시키는 전략일 것이다. 이를 위해 중앙정부와 지방정부는 독일의 지역쇠퇴 대응책의 하나로 지역경제 활성화와 일자리 창출을 위한 프로그램인 독일의 사회통합프로그램(Soziale Stadt)을 벤치마케팅할 필요가 있다.[3)]

셋째, 현재 중앙정부가 실시하고 있는 인구감소 대응정책의 효과성에 대해서는 부정적인 시각이 많다. 인구감소문제에 대응하는 대표적인 인구사회정책은 2005년에 제정된 「저출산·고령사회기본법」에 의거한 저출산·고령화 정책이라 할 수 있다. '저출산·고령사회 기본계획'에 따른 중앙정부의 시책은 보건사회정책 위주로 지역발전정책과 연계가 미흡(박진경·김선기, 2017; 박진경·김상민, 2018)하여,

---

3) 사회통합프로그램은 1999년 독일정부가 지역 주민 간의 사회·경제적 격차로 발생하는 사회적 병폐 해결을 위한 도시재생정책의 하나로 도입했다. 프로그램은 사회적 연대 및 모든 지역주민 간의 결속 강화, 미래세대를 생각하고 가족 친화적이고 연령에 적합한 인프라 구축, 분야를 초월하는 통합적 해결책 모색을 통한 지역발전 동력 창출을 목표로 하고 있다. 목표달성을 위해 주거환경, 사회복지, 사회통합, 교육, 지역경제, 보건·건강, 환경·교통, 지역문화, 문화·체육, 홍보 및 이미지 개선 등의 분야에서 사업을 발굴 추진함으로서 지역주민 간의 융합을 도모하고 있다. 특히 이 프로그램은 지역쇠퇴로 인한 낙후문제가 실업, 높은 공공지원 의존도, 낮은 구매력 등으로 발생하고 있다고 인식하고 다른 분야보다도 지역경제 분야에 큰 비중을 두고 있는 것이 특징이다(김성길 외, 2017: 11).

정책의 파급효과가 미약하다. 인구감소로 인한 도시쇠퇴와 지방소멸에 적극적으로 대처하기 위해서는 출산 · 양육지원정책과 지역개발정책이 연계되어 종합적으로 고려되어야할 것이다. 이를 위해서는 지방정부의 규모에 따른 차별적인 지원정책이 필요하다. 인구감소시대에 적합한 지역정책의 전환을 성공적으로 이끌어내기 위해서는 지역맞춤형 인구감소 대응전략이 마련되어야 한다(권용석 · 김중표, 2014). 지방정부의 규모에 따른 차별적인 지원 역시 정책의 효과성을 제고하는데 중요한 역할을 수행하기 때문이다(기장훈, 2011). 이를 위해서는 지원법[4] 마련이 필요하다. 지원법이 마련된다면 인구감소 및 지역쇠퇴에 적절하게 대응할 수 있는 정책들이 제시될 수 있을 것이다. 전국적인 차원에서의 획일적인 인구감소 대응책보다는 지역별 맞춤형 인구감소 대응정책과 전략이 필요하기 때문이다(강인호, 2019).

넷째, 저성장 저고용의 뉴노멀(New Normal)시대에 개발위주의 효율성을 중시하는 확장형 · 분산형 지역발전정책은 이미 한계에 도달했다는 것이 학계의 공통된 지적(박진경 · 김상민, 2018)인데도 불구하고, 한국의 중 · 소도시들은 여전히 지역경제 활성화를 위한 방안으로 '산업단지 조성' 등 개발위주의 정책들을 꼽고 있다(강인호, 2019). 뉴노멀 시대에 쇠퇴하는 지역들을 개발중심의 경제논리로 재생할 수 있는 곳은 많지 않다(성은영 외, 2015). 저출산 · 고령화 · 인구감소시대의 도시재생은 쾌적한 삶의 질을 제고하는 자연환경과 도시생활환경을 조성하는데 역점을 두어야 한다. 지역개발사업이 물리적 인프라 구축에 치우치면 지역주민의 행복과 삶의 질 향상에 대한 기여가 미흡해진다. 저출산 · 고령화 · 인구감소시대의 지역 활성화 정책은 지역주민의 삶의 질 제고를 위한 생활환경개선과 공공서비스 개선에 초점을 두어야 한다. 젊은 사람들이 결혼하고 아이를 낳고, 아이들이 공부하고 뛰어노는 지역이어야 미래를 기대할 수 있다. 도시의 생기나 활력은 젊은층으로부터 나오기 때문에 고령인구비중이 높은 군 지역들은 상대적으로 도시 활력이 낮을 가능성이 크다. 따라서 군 지역은 고령층이 건강하고 행복하게 살 수 있는 방안마련과 동시에 젊은 연령층이 충분히 삶을 즐길 수 있는 방안들을 모색하는

4) 현재 개별 법률차원에서 인구감소지역에 대한 성장촉진이나 지역 활성화 관련 규정 등을 포함하고 있으나, 일본과 같이 인구감소지역에 대한 종합적인 지원책을 담은 「과소지역자립촉진특별조치법」과 같은 법률은 아직 제정되지 않았다. 단순히 특정사업에 대한 지원만으로 인구감소와 지역쇠퇴를 해결하는 데는 한계가 있다. 지역의 지속적인 성장 · 발전을 위해서는 행정 · 재정 · 세제 등 다양한 지원정책을 수립하고, 체계적으로 운영하기 위한 제도설계가 필요하다. 이러한 측면에서 일본의 「과소지역자립촉진특별조치법」은 시사점이 크다(하혜영, 2019).

것이 시급하다. 정부 복지정책의 대다수 수혜대상자가 지역주민이라는 점을 생각해 볼 때 이를 지역발전전략과 연계해 추진한다면 비용절감 효과는 물론 복지효과에 있어서도 시너지를 창출할 수 있다(박진경 · 김선기, 2017). 또한 교외화 현상은 한국의 군 지역을 포함한 소도시의 주요 쇠퇴원인이다. 도시외곽과 주변지역의 개발을 통한 교외화는 도시성장관리정책의 실패에 기인한 것이다. 향후 인구가 지속적으로 감소하고 있는 농촌지방정부들은 개발과 경제논리에 의한 지역 활성화 정책보다는 지역주민의 삶의 질 제고를 중시하는 주민행복의 고품격 지역맞춤형 지원정책을 마련하는데 좀 더 많은 노력을 기울어야 할 것이다.

다섯째, 도시의 축소 관점에서 도시관리정책을 추진해야 한다. 한국의 소도시들은 인구감소와 지방소멸이 심각한 당면 과제임에도 불구하고 여전히 성장위주의 도시재생정책을 지속적으로 추진하고 있다. 이러한 성장 중심의 정책들은 미래의 농촌사회의 변화에 적절히 대비하지 못하고 궁극에는 지역이 소멸되는 상황에 직면하게 될 것이다. 지속적인 인구감소로 쇠퇴하고 있는 농촌지방정부들이 현재와 같은 성장 중심의 도시기본계획 및 관리계획을 수립하는 것은 바람직한 방향이 아니다. 농촌지방정부들은 인구감소와 재정악화. 사회기반시설의 노후화, 주거환경의 악화, 공공서비스의 질 저하, 사회기반시설 유지 보수로 인한 재정 부담이 심각해지고 있다. 재정 부담을 완화하면서 공공서비스 질을 제고하고 지역의 쾌적성 확보와 안전한 생활환경을 유지하기 위해서는 스마트 수축(Smart Shrinkage)[5]에 입각해 불필요한 공간구조의 확대를 억제할 뿐 아니라 인구규모에 적절한 집약형 공간구조(콤팩트 시티)로 중심 시가지를 조성할 필요가 있다. 성장위주의 개발정책에서 스마트 수축전략으로 전환하여 도심부 토지의 집약적 이용과 시설의 네트워킹 등을 통해 토지이용의 효율성을 확보하는 콤팩트 시티 개념을 적극적으로 도입해야 할 것이다. 콤팩트 시티는 중심 시가지를 활성화하고 자족도시로 성장시키는 중요 전략이며, 또한 인구유출을 최대한 억제하는 도시정책이기도 하다(권일 외, 2011; 강인호, 2018).

5) "스마트 수축은 작아지는 것, 줄어드는 것을 부정적으로 인식하지 않는다. 오히려 축소도시화를 지금까지의 낭비체질을 반성하고 환경을 중시하면서 풍요로움을 추구하는 기회로 생각하고 있다. 이러한 인식에는 축소의 대가로 얻을 수 있는 풍요로움이 있다는 함의도 있다. 스마트 수축은 제2차 세계대전 이후 서구가 추구했던 성장 · 개발주의가 환경을 파괴하고 지방 중 · 소도시의 거리들을 획일적이고 재미없는 경관으로 후퇴시켜 지역공동체를 붕괴시켰다는 반성도 함께 내포하고 있다"(강인호 외, 2015).

제2절 | 도시재생

1. 도시재생의 출현과 변천과정

도시재생(Urban Regeneration)은 도시쇠퇴에 대한 대응전략으로 도시부흥, 재도심화, 문화도시 건설, 창조도시건설 등 국가에 따라 다양하게 불러지고 있다. 도시재생은 영국과 유럽에서 제2차 세계대전이후 산업쇠퇴에 대응하여 발전된 개념으로써 도시재개발을 포함하는 포괄적 개념이라고 할 수 있다.

1950년대 이후 영국 도시들은 전통산업의 몰락으로 심각한 경제적 침체와 사회문제를 겪어왔다. 도심의 폐기된 산업시설과 방치된 토지, 높은 실업률과 범죄, 낡은 주택과 소수인종의 집단거주와 같은 문제들이 발생하면서 중산층을 중심으로 많은 시민들이 도심을 버리고 도시 외곽으로 이주해가면서 기존 도시들의 쇠퇴는 가속화되었다. 영국정부는 이러한 도심의 쇠퇴문제 해결을 위해 다각적인 정책들을 시도했다. 즉 1950년대 도시재건(Reconstruction), 1960년대 도시회생(Revitalization)을 거쳐 1970년대 도시부활(Renewal), 1980년대 도시재개발(Redevelopment), 그리고 1990대 이후 도시재생(Regeneration) 정책들이 그것이다(〈표 13-3〉 참조). 도시재생정책을 제외한 접근방식들은 주로 물리적 환경을 개선하는데 중점을 두었다. 주택·교육·실업·보건·사회문제들을 별도로 취급했기 때문에 물리적 환경개선 효과는 오래가지 못했고, 또한 도심에 거주하고 있는 사람들이 지니고 있는 문제들도 해결하지 못하는 등 어정쩡한 결과를 초래했다. 이러한 정책들이 단편적이고 임시방편적이라는 비판이 제기되면서, 새로운 정책을 모색하게 되었다. 이로 인해 1990년대 도시재생정책은 쇠퇴지역의 물리적 환경만을 개선하는 것이 아니라 산업, 교육, 실업, 범죄, 인종 등의 문제를 종합적으로 해결하는 방향으로 정책을 선회하였고, 해당 지역의 경제적·사회적·환경적 상태를 지속적으로 개선하는 통합적(integrated) 접근방식을 강조했다. 특히, 도시재생 추진과정에서 해당 지역 주민들과의 참여와 파트너십 형성, 주민 합의(agreement) 그리고 민간부문·지역공동체의 적극적인 참여를 중시했으며, 민간자본보다는 공공부분의 재정 지원을 기반으로 했다. 1990년대 이후 도시재생정책은 기성시가지에 대한 종합적인 재생프로그램을 통해 도시를 부흥(Urban Renaissance)시키려는 시도이다. 종합적으로 살펴볼 때 도시재생이란 도시 전체의 발전이라는 전략적인(strategic) 계획의 틀 아래서 민관협력관계(public-private partnership)를 전제로 쇠퇴한 지역의 경제 · 사회 · 환경적 상태를 지속적으로 개선해가는 통합적 접근방법(integrated approach)이라고 할 수 있다. 이러한 관점에서 도시재생은 물리적 환경 정비를 위주로 하는 기존의 도시재개발(Urban Redevelopment)과는 목적이나 지향점이 다르다(양재섭, 2006).

표 13-3 영국의 도시재생정책 변천과정

구분	1950대	1960대	1970대	1980대	1990대 이후
주요전략과 경향	종합계획(Master Plan)에 의한 도시노후지역의 재건, 교외지역의 성장	1950년대 경향 유지, 교외지역과 주변부의 성장, 부흥의 초기 시도	재개발과 근린 단위 계획에 관심, 주변부에 대한 개발 계속됨.	대규모개발 및 재개발계획, 대규모 프로젝트 위주	정책과 집행이 보다 종합적인 형태로 전환, 통합된 처방에 대한 강조
주요 행위자와 이해관계자	중앙과 지방정부, 민간 개발업자와 도급업자	공공과 민간부문 간의 균형과 조화를 이루는 방향으로 전환	민간부문의 역할 강화, 지방정부의 탈중앙화	민간부문과 특별정부기관이 중심, 파트너십의 성장	파트너십이 지배적
공간적 차원	지방 및 해당부지 차원의 강조	지역차원의 활동 등장	초기에는 지역 및 지방차원, 후에 지방차원이 강조됨	80년대 초 해당부지차원 강조, 후에 지방차원을 강조	전략적 관점의 재도입, 지역차원의 활동이 성장
경제적 측면	공공부문 투자(일부 민간부문의 투자를 동반)	1950년대 이후 지속된 민간투자의 영향력 증대	공공부문의 재정 압박으로 인해 민간투자의 성장	선별적 공공자금을 받은 민간부문이 주도적 역할	공공과 민간, 자발적(voluntary) 기금 간의 균형이 강조
사회적 측면	주택 및 생활 수준의 향상	사회복지의 증진	커뮤니티 위주의 시책과 보다 많은 권한 부여	선별적인 국가 지원하에서의 커뮤니티 자활(self- help)	커뮤니티 역할의 강조
물리적 강조점	도심지역(inner area)의 복원(replacement)과	기존 지역의 재건과 병행하여 1950년대	노후도시지역의 재개발 확대	대규모 재개발 및 신개발, 대규모 개발 프	1980년대보다 신중한 개발계획, 문화 유산

	주변지역의 개발	의 시책 유지		로젝트	과 자원의 유지 보전
환경적 접근	경관 및 일부 조경 사업	선별적인 개선	일부 혁신적인 사업을 통한 환경개선	환경적 접근에 대한 관심 증대	환경적 지속성이라는 보다 넓은 개념 도입

출처: 양재섭(2006: 32).

2. 도시재생의 개념

현대적 개념의 도시재생이론은 포괄적이며, 모호하다고 할 수 있으며, 도시재생에 관한 체계적 이론은 현재 확립 중에 있다고 할 수 있다(장윤배, 2020). 이러한 도시재생에 관한 중요 개념을 살펴보면, 영국 총리실(OPDM, 2004)은 도시재생을 "단순히 물리적 측면이 아니라 지역의 물리 · 사회 · 경제적 안녕에 관한 것이며 주민의 삶의 질에 대한 것"으로 포괄적으로 정의하고 있다. 로버츠와 싸이크스(Roberts & Sykes, 2017)는 "도시문제를 해결하고 도시의 경제적 · 물리적 · 사회적 · 환경적 조건의 지속가능한 개선을 위한 포괄적이고 통합적인 비전과 행동"으로 정의하였다(한동효, 2019).

국내학자들의 도시재생에 관한 개념을 살펴보면, 김혜천(2008)은 도시재생을 "물리적 · 기능적으로 쇠퇴한 구시가지가 기능회복을 통해 새로운 도시환경변화에 부응하여 활기 넘치는 도시로 변모해가는 것을 의미한다고 하면서, 도시재생의 개념 속에는 노후화된 시설의 물리적 환경 개선과 함께, 일자리 창출과 지역상권의 부활을 통한 경제회생, 그리고 지역 커뮤니티의 복원과 주민참여 활성화를 통한 도시 활력의 증진과 같은 종합적인 성격이 포함된다"라고 재생의 의미를 도시공간에 적용해 정의하고 있다. 장윤배와 이철규(2009)는 도시재생을 "산업구조의 변화 또는 도시의 확장으로 점점 쇠퇴하고 있는 구도시 또는 구도심을 사회적 경제적 환경적으로 부흥시키는 일"이라고 정의하고 있다. 한편 양도식(2013)은 "도시의 규모적 측면(양적 성장의 도시화)과 내용적 측면(양적 성장으로 인한 도시의 물리적 · 경제적 · 사회적 · 환경적 변화)의 성장이 한계에 이르고 이로 인해 물리적 · 경제적 · 사회적 · 환경적 문제가 발생했을 때 이를 도시정책 차원에서 해결하기 위한 수단"으로 정의하고 있다. 「도시재생 활성화 및 지원에 관한 특별법」(약칭: 도시재생특별법) 제2조에서는 도시재생을 “인구의 감소, 산업구조의 변화, 도시의 무분별한 확장, 주거환경의 노후화 등으로 쇠퇴하는 도시를 지역역량의 강화, 새로운 기능의 도입·창출 및 지역자원의 활용을 통하여 경제적·사회적·물리적·환경적으로 활성화시키는 것”으로 정의하고 있다. 이러한 도시재생의 첫 단계는 도시쇠퇴와 그 원인을 규명하는 것이다. 도시의 사회적, 경제적, 환경적 재생을 이루어내는 것이 두 번째 단계라고 할 수 있다. 마지막 단계는 새로운 도시의 탄생이라고 할 수 있다. 그래서 일부 학자들은 도시 커뮤니티를 유지하고 활성화시키는 과정을 도시재생으로 보고 있다(장윤배·이철규, 2009). 결국 도시재생은 산업구조의 변화로 인한 인구의 감소와 물리적 환경의 노후화, 도시권의 외연적 확산 등으로 쇠퇴한 기존의 도시에 도시경쟁력과 삶의 질 개선을 위한 물리적 정비와 더불어 사회·경제·문화·환경적 재생을 민관이 협력(public-private partnership)하여 추진하는 종합적 처방책(혹은 통합적 접근방법, integrated approach)이라고 할 수 있다.

3. 한국의 도시재생정책과 유형

한국은 1980년대 중반 이후 서울을 중심으로 도시재개발정책과 사업이 본격화되었고, 1990년대 중반부터 대도시지역에서도 도심 공동화 현상이 발생하면서 도시재생사업을 추진하게 되었다. 그러나 쇠퇴지역에 대한 종합적인 처방책의 하나로 도시재생 개념이 본격적으로 논의된 것은 2002년 ‘서울의 뉴타운사업’이 시작되면서이다. 그리고 도시재생정책이 도시재개발(Urban Redevelopment)에서 재생(Urban Regeneration)의 시대로 패러다임이 전환되면서, 도시경쟁력의 강화와 도시쇠퇴문제 해결을 위한 정책수단으로 2013년 12월 「도시재생특별법」이 제정된 후 도시재생사업이 본격적으로 진행되었다.

한국의 도시재생은 영국이나 일본의 도시들과는 다른 배경에서 시작되었다. 영국의 도시재생이 1950년대 전통 제조업의 몰락과 산업구조의 변화로 인한 도시쇠퇴의 문제를 극복하기 위해 시작되었고, 일본은 1990년대 버블경제 붕괴 이후 부동산 개발을 통한 대도시 경제 회생 전략으로 시작되었다. 반면에 한국은 대도시의 외연적 확산과 신시가지 위주의 개발로 인해 쇠퇴한 도심부와 구시가지, 그리고 수도권지역으로의 지속적인 인구유출로 인구가 감소하는 지방의 중·소도시의 쇠퇴문제해결을 위해 출발하였다. 또한, 전면철거를 통한 물리적 환경만을 정비하는 기존의 재개발·재건축, 뉴타운사업에 대한 비판이 고조되고, 저출산·고령화, 저성장의 뉴 노멀(New Normal)시대에 접어들면서 민간자본에 의존한 기존 정비방식이 작동하지 않게 되자, 이에 대한 반성으로 도시재생을 모색하게 되었다. 따라서 한국에서 도시재생이란 쇠퇴지역의 노후화된 주택과 건물 등 물리적 환경을 정비하는 것 이상을 의미한다. 한국의 도시재생에 관한 논의는 2013년 「도시재생특별법」 제정 전·후로 나누어 설명될 수 있다. 「도시재생특별법」은 도시쇠퇴 문제를 접근하는데 있어 기존의 문제해결방식을 완전히 탈피한 새롭고 근본적인 변화를 시도했다. 즉, 쇠퇴지역을 전면적으로 철거하고 재개발하는 방식이 아니라, 해당 지역의 특성과 지역주민들의 자생력을 강화하는 지역 활성화 '한방적 처방방식'을 지향하고 있다(양재섭, 2014).

도시재생의 범위를 광의로 해석할 경우 도시재생의 유형도 매우 다양하게 분류할 수 있다. 국토교통부 도시재생사업단(2009)은 도시재생의 목표를 기반으로 12개 재생사업 유형을 제시하였고, 지방 중·소도시의 재생유형으로 10대전략 유형과 재생기법을 제시했다. 12개 도시재생 유형은 구도심 활성화사업, 상권 활성화사업, 정체성 강화사업, 지역사회 역량강화사업, 혁신클러스터 구축사업, 압축개발·복합화사업, 노후주거지 재생사업, 커뮤니티 활성화사업, 생태주거단지 조성사업, 창조 산업형 도시재생사업, 노후산업단지 재생사업, 저탄소도시기반 구축사업 등이다. 지방중소도시 10대 전략산업 유형으로는 저탄소 녹색지향형, 지역거점도시 기능 회복형, 신 성장거점 연계형, 쇠퇴주거지역형, 구도심 재생형, 산업구조고도화, 기존상권 경쟁력 강화형, 역사문화 창조형, 사회자본 형성형, 도시재생 패키지형 재생사업으로 구분된다. 「도시재생특별법」은 또한 도시재생 활성화계획의 유형을 도시경제기반형과 근린재생형으로 구분하고 있다. 도시경제기반형은 "도시재활성화가 필요한 지역에서 도시경제의 기반을 강화하기 위해 해당 자치단체가 전략적으로 추진하는 핵심사업과 기타 사업의 연계추진사업에 각 개별법상 지원과는 별도의 국가지원이 제공되는 사업"이다. 근린재생형은 "지역의 전통과 특성을 계승, 발전시키기 위해 지역의 물리적·사회적·인적자원을 활용하여 추진하는 공동체 활성화 사업으로서 주민 또는 공익법인 등이 제안하는 사업"이라고 할 수 있다(한동효, 2019).

4. 미국 도시정부의 도시재생 전략

미국에서 도시쇠퇴지역을 개발하기 위한 도시재개발계획은 1949년 「주택법(Housing Act)」 제정과 함께 시작되었다. 주택법의 적용대상은 주로 주거지역에 한정되었지만 도시쇠퇴지역의 주거환경개선을 위해 연방정부가 재정지원을 할 수 있는 근거가 되었다(Hall, 2002). 그 후 미국은 1960년대 초반부터 지금까지 슬럼지역정비, 성장관리정책 및 지역커뮤니티 재생을 위해 다양한 정책들을 실시하고 있는데, 그 중 대표적인 도시재생전략들을 살펴보면 다음과 같다.

(1) 민관협력(Public-Private Partnership: PPP)

민관협력이란 주정부 또는 지방부 차원에서 공공부문과 민간부문이 서로 협력(합작)하여 전통적으로 공공부문에서 운영·시행되던 공공서비스 혹은 재원에 대해 위험부담과 보상을 함께 공유하는 것을 의미한다. 즉 공공과 민간부문종사자 또는 기관들이 상호이익을 위해 서로 협업하는 체계이다. 민관협력 사업에는 두 종류가 있다. 하나는 미개발사업(Greenfield Projects)이다. 이 사업은 전통적으로 공공부문에 의해 시행되고 조달되는 공공 시설물 자산에 대한 새로운 개발과 건설이다. 민간 기업이나 사업권자가 정한 기간 내에 사업을 시행한다는 전제하에 일시불 고정가격으로 건설계약을 체결하다. 건설 후에 사업권자는 그 사업에 대한 운영 및 유지관리를 全 주기에 걸쳐 위험부담의 대부분을 감당해야 한다. 다른 하나는 재개발사업(Brown field Project)이다. 이 사업은 공공부문이 소유·운영하고 있는 기존 자산을 민영화 또는 유료화하는 것이다. 사업권자는 주정부나 지방정부에 선금 또는 연간 임대료(또는 혼합적으로)를 지불하고, 그 사업에 대한 운영(관리)권을 인수받게 된다. 일반적으로 민관협력은 자산의 유형과 지방정부의 희망에 따라 35년에서 99년에 이르는 장기임대 또는 양해로 이루어지는데, 임대기간 동안 양측은 위험부담을 관리할 수 있는 양해 및 임대협정서를 두 당사자가 조인해야 한다. 민관협력은 민간개발업자들에게 유인책으로 연방정부의 보조금을 지원하고 기업가 정신을 겸비한 시장들이 핵심적 역할을 수행한다. 민관협력은 초기에 주택 분야의 개발과 재개발에서 시작되었으나 추후 상업용지와 산업용지 개발로 확대되었다. 도시정부가 도시계획과 토지수용 확보를 담당하고, 민간개발업자가 개발을 하고, 또한 주정부와 지방정부가 민간과 함께 계획을 수립하는 동시에 비용과 위험을 함께 부담하는 자산 투자자로 참여한다. 민관협력은 공공부문에 민간이 참여하는 모든 형태(민영화, 민간위탁, 민간투자사업 등)라고 할 수 있다(강인호 · 김선명, 2015).

(2) Business Improvement Districts(BID)

BID가 처음 도입 · 시행된 곳은 미시건주 칼램주(Kalamzoo)市다. 중심시가지 및 상업 · 업무지역의 활성화를 위해 토지소유자에게 강제 부담금을 징수하고, 지역개발과 관리운영을 자생적인 지역자치조직이 수행하도록 하는 것이다. BID는 구역 내의 치안유지, 공공시설 유지 · 보수, 도로확보 및 정비, 지역경제 활성화를 위한 다양한 형태의 마케팅 활동 등을 위해 공공 서비스를 공급하고 이에 필요한 재정을 충당하기 위해 활용되고 있다. BID는 상업 및 업무지역 내의 부동산 소유자, 상인 및 사업주들로 구성된 조직 및 재정 프로그램을 포괄하고 있다. BID는 토지소유자, 지역상인 및 사업자 등 이해관계자들을 대상으로 투표를 통한 동의절차를 거친 후, 부동산가액(자산가치)의 50%이상의 소유자가 찬성하면 BID를 지정하고, BID구역의 구성원들에게 세금(일명 BID세)을 부과하는 과정을 거친다. BID는 지역의 물리적 환경개선은 물론 지역경제와 문화, 커뮤니티의 복원을 위한 지역주민의 자발적인 참여와 공공부문의 적극적인 지원을 이끌어내기 위한 정책수단이다. 공무원, 지역상인, 주거지역 세입자와 토지주 등의 대표로 구성된 비영리조직인 지구운영협회(District Management Association: DMA)가 운영주체가 된다. 사업기간은 3~5년으로 기간연장이 가능하고 BID에 의한 기금은 주로 주차장, 시설 · 환경정비, 교통편의제고, 도로정비 등 커뮤니티 역할에 맞는 사업을 제공하는데 사용된다. BID는 기존도심지역의 상업지구 재생을 위해 지역커뮤니티의 발의로 설정되는 도시재생전략이라고 할 수 있다. 지역커뮤니티의 협업체계구축과 자구적인 재원마련, 지구 활성화를 위한 다양한 재생프로그램을 운영하고 있으며, 매상, 임대료, 자산가치의 상승 등을 통하여 부담금을 지불했던 자산소유자에게 그 이익이 환원되는 도시재생전략이기 때문에 지방정부는 세금을 올리거나 조직규모를 확대하지 않고도 공공서비스의 질을 향상시킬 수 있다는 장점 때문에 BID지정을 장려하고 있다. 자산소유자나 사업자 역시 공공재원의 지원 없이 공동체의 필요에 따라 사업을 착수할 수 있고 재원마련과 독자적인 프로그램 실행이 가능하다는 점에서 BID에 동참하고 있다(강인호 · 김선명, 2015).

(3) Main Street Program

지역커뮤니티 재생을 위해 실시하고 있는 다양한 정책들 중 가장 성공적이고 대표적인 사례가 Main Street Program이다. Main Street Program은 단순히 환경개선이나 지역경제 활성화에 초점을 둔 지역정책이 아니라 지역공간과 지역경제를 포괄하는 지역커뮤니티 중심의 풀뿌리 지역재생전략이다. 1977년 지역운동차원에서 시작된 메인스트리트 프로그램은 전미(全美) 메인스트리트센터(National Main Street Center)가 설립된 1980년을 기점으로 본격화되었다. Main Street Program은 지역주민과 지역사회의 광범위한 참여를 전제로 근린지역사회를 보전한다는 포괄적 사업목표를 지향하고 있다. Main Street Program은 미국 역사보존트러스트(National Trust for Historic Preservation: NTHP)에 의해 지방도시의 중심가로(도심)에 입지한 역사적 보존가치를 지닌 건축물들의 보존을 위해 시작된 지역보존운동의 한 유형이다. 단순하게 역사적 환경 및 건축물을 보존하는 것뿐만 아니라 지역주민 스스로 역사문화에 대해 미래의 방향성을 결정할 수 있도록 기술을 지원하는 일도 하고 있다. NTHP는 1977년부터 지역의 역사적 환경과 건축물을 지역재생의 추진력(momentum)으로 삼아 지역 커뮤니티를 활성화시키는 방안을 검토했다. 1980년까지 3년 동안 인구 5만 명 이하의 3개 도시에 시범사업(Community Demonstraion Program)을 실시하였고, 그 성과를 바탕으로 1980년 Washington DC에 全美 Main Street Center를 설치하였다. 이러한 시범사업의 결과는 건축물의 '수복'을 통한 중심시가지(도심)의 역사성 회복이 지역주민의 경제활동과 방문객 증가 등을 유도할 수 있고 결과적으로 조세수입 확장과 경기 부양 등의 지역경제 활성화로 이어질 수 있다는 확신이었다. 1980년 Washington DC의 전미(全美) Main Street Center 주도하에 5개주 30곳의 도시를 대상으로 한 2차 시범사업을 시행했다. 1985년에는 인구 5만 명이상의 80개 도시를 대상으로 한 3차 사업이 시작되었고, 1989년에는 인구 5,000명이하의 소도시를 대상으로 사업을 시행했다. 1980년부터 2010년까지 나타난 성과(누적치)를 살펴보면, 투자액은 총 510억 달러로, 전국적으로 99,508개소의 신규 사업장이 개장했고, 436,909명이 신규 취업했으며, 수복한 건물은 221,775개소에 이르러 1달러 투자 대비 16달러를 회수하는 효과를 거두었다.

이러한 Main Street Program은 2011년 현재 43개주, 2,000곳 이상의 도시에서 채택되고 있는 선호도가 매우 높은 지역재생프로그램이다. Main Street Program의 '역사 보존의 맥락에서 경제 발전을 도모한다'는 모토가 광범위한 호응을 얻고 있기 때문이다. Main Street Program은 지역 중심적인 생각 속에서 자조적인 커뮤니티의 재구축을 지향하고 해당도시의 특성(공간환경, 생활환경, 물리적 시설, 지역산업, 장소성, 인적관계 등)을 기반으로 도심(main street)을 재생하는 것을 목표로 한다. 이러한 Main Street Program은 네 가지 핵심관점(Four Points)과 여덟 가지 원칙(Guiding Principles)에 의해 진행되고 있다[6]. 결론적으로 Main Street Program은 미국 역사상 효율성이 가장 높은 '지역 보존형 경제개발 프로그램'으로 평가되고 있다(강동진, 2012; 강인호 · 김선명, 2015).

제3절 | 콤팩트 시티 전략[7]

1. 콤팩트 시티 개념

한국을 비롯한 서구선진국가에서 인구성장의 시대가 끝나고 인구감소시대로 전환되면서 대다수의 도시들은(특히 지방 중 · 소도시) 어떻게 활력을 유지하고 동시에, 기존의 도시 인프라를 활용하면서 지속적인 안정을 유지해 나갈까? 하는 것이 중요한 정책과제로 등장하고 있다. 이러한 해결책의 하나가 압축형(집약형) 도시구조 즉 콤팩트 시티(압축도시, Compact City) 전략이다. 영국에서 처음 제안된

---

6) 네 가지 관점은 "실천력과 재정적 기반을 갖춘 튼튼한 '조직(Organization)'을 구축하고, 역사성을 보유한 안정하고 깨끗한 분위기의 지역으로 '디자인(Design)'하며, 역사 · 사회 · 문화 · 경제의 핵심체로 중심시가지(main street)를 '홍보(Promotion)'하고, 좀 더 강하고 폭 넓은 '경제 재편(Economic Restructuring)'을 이루는 것 등이다. 또한 이러한 관점의 기반이 되는 여덟 가지 원칙은 '종합성(Comprehensive)', '높은 수준(Quality)', '파트너십(Partnership)', '발전적인 변화(Change)', '자산의 가치 재정립(Focusing on Existing Assets)', '자조적 노력(Self-help)', '점진적 발전(Incremental)', '실천성(Implementation)' 등이다"(강동진, 2012: 24-25).

7) 콤팩트 시티 전략은 강인호. (2018). 일본 축소도시의 컴팩트 시티 추진전략. 「한국정책학회보」. 27(2): 221-244에서 내용을 발췌 · 요약 재정리하였다.

콤팩트 시티는 미국의 뉴어바니즘[8](New Urbanism)과 영국의 어반 빌리지[9](Urban Village)의 개념에서 보완·구체화되었으며(조상필·신동훈, 2016), 현대 도시정책에서 가장 많이 논의되고 있는 개념 중 하나이다. 지속 가능성이라는 개념이 1980년대 후반 도입된 이후 콤팩트 시티는 서구 선진국에서 널리 활용되고 있는 도시 형태이다. 특히 유럽에서 도시 지속 가능성 목표를 달성하기 위한 방법으로 1990년대부터 광범위하게 논의되었다. 유럽의 콤팩트 시티 전략은 기존의 도시 형태와 구조를 강화하는 방식으로 현재보다 훨씬 고밀도의 신개발, 처음 설계 단계부터 대중교통과 자전거, 보행자의 입장을 고려하면서 기존 도시들 간의 긴밀한 연결성을 강조한다(비틀리, 2013).

콤팩트 시티의 궁극적인 목적은 삶의 질 제고[10]를 통한 지역의 지속 가능성을 이루는 것이다. 콤팩트 시티는 공간 구조의 압축성(compactness)을 특징으로 한다. OECD 보고서(2012)는 고밀·근접 개발 패턴, 대중교통을 통한 도시 공간 연계, 그리고 지역 공공서비스와 일자리에 대한 접근성을 콤팩트 시티의 주요 특징으로 들고 있다. 콤팩트 시티 전략은 도시공간의 활용 방식에 영향을 줌으로써 콤팩트 시티를 실현하는 포괄적인 접근 방식으로 이해된다. 그리고 콤팩트 시티 전략의 목적은 통합된 도시 정책목표 또는 도시의 지속가능성 목표(경제적 생존력, 환경적 질, 사회적 형평성 등)를 해결하는데 있다.

콤팩트 시티에 대해서는 다양한 정의가 있다. 콤팩트 시티라는 용어는 단치히

---

8) 뉴어바니즘은 "보통 도시 스프롤의 악영향, 전통적인 용도지역제의 한계, 교외지역의 무분별한 개발 등을 지양하는 가운데, 고밀도, 복합용도개발, 대중교통 지향 설계 등의 특징을 지닌다"(비틀리, 2013: 115에서 재인용).

9) "어반 빌리지라는 용어는 미국과 유럽 양쪽에서 비슷한 의미로 쓰이고 있다. 영국의 경우 1999년 Urban Village Group에 의해 제안되어 기성 시가지나 교외지역에 도시형 부락을 건설하여 전통적인 개발 패턴의 폐해를 방지하려는 목적으로 처음 시작되었다고 한다. 인구규모 3,000~5,000명, 면적은 평균 40ha(약 12만평) 정도로 하고 대중교통, 상업시설 및 녹지 등 공적 공간, 다양한 주거 형태 등을 기본 원리로 하였다"(비틀리, 2013: 68에서 재인용).

10) 삶의 질 제고에 대해서는 논란이 있다. 적지 않은 연구가 콤팩트 시티의 고밀도로 인해 오픈스페이스와 레크리에이션 공간을 잃을 수도 있다고 주장하고 있다. 또한 사생활 침해, 상실, 제한된 사회적 상호 작용 등으로 삶의 질이 저하될 수도 있다는 것이다(OECD, 2012). 그러나 비틀리(2013: 128)는 유럽 도시의 모범 사례를 살펴볼 때 도시의 평균 밀도가 더 높아지더라도 매우 매력적인 공동체와 근린지구가 창조될 수 있다고 주장하고 있다. OECD 보고서 역시 삶의 질 저하에 대한 논란은 콤팩트 시티 개념에 대한 오해에서 비롯됐다고 기술하고 있다. 삶의 질 제고에 대한 부정적 인식은 콤팩트 도시가 지니고 있는 고밀도와 관련된 것이다. 그러나 콤팩트 시티 정책은 고밀도 도구가 아니며 잘 설계된 축소(압축)정책으로, 삶의 질을 저해하는 요소들을 최소화할 수 있다는 것으로 이해하는 것이 필요하다고 주장하고 있다(OECD, 2012).

와 새티(Dantzig & Saaty, 1974)가 처음 사용했다. 그들은 지름 8,840피트(약 2.7㎞)의 원형 도시와 계단식 경계를 제안했다. 도시는 30피트(약 9.1m) 간격으로 떨어진 8개의 층 또는 플랫폼으로 구성되었으며, 250,000명을 수용 할 수 있으며 지름과 높이를 두 배로 확장하면 200만까지 수용할 수 있다. 도심부(central core)에는 상업·산업·엔터테인먼트·서비스 시설이 입지한다. 도시의 최상위 층은 대형 오락공원이 입지하고, 도심부 지역은 아파트와 주택이 입지한 주거지역으로 둘러싸여 있다. 주거지역 가운데에는 중앙광장(mid-plaza)이라고 불리는 원형의 고리가 있으며 학교, 병원, 상점, 놀이 공간 등 편의시설이 마련되어 있다. 최대 규모의 도시는 256대의 엘리베이터 시스템이 작동하고, 중앙광장과 방사형 도로를 따라 운행하는 대중교통 시스템이 구축되어있다. 주요 대중교통 시스템은 공용 전기자동차로 구성된다.

토마스와 카즌스(Thomas & Cousins, 1996)는 콤팩트 시티의 기본 특성을 도보 혹은 자전거 및 대중교통 수단을 통한 접근성 그리고 자연환경(wildlife)의 보존 등으로 구분하고 있다. 처어취맨(Churchman, 1999)은 콤팩트 시티 전략이 보다 높은 주거 밀도와 집중화, 토지의 혼합이용 및 전통적 용도지역제의 한계를 통해 도시의 토지이용을 강화하는 것을 목표로 하고 있다고 주장한다. 벌톤(Burton, 2002)은 콤팩트 시티를 고밀도, 토지의 혼합사용, 그리고 토지의 집약적 이용(intensified) 등 세 가지 측면으로 설명하고 있다. 처음 두 가지 측면은 콤팩트 시티의 모습(form)과 관련이 있으며, 세 번째 측면은 도시를 보다 콤팩트하게 만드는 과정에 중점을 둔다. 이러한 측면에는 다각적인 면이 있다. 고밀도 도시는 높은 평균인구밀도, 고밀도의 건축양식, 고밀도 부도심(sub-center), 고밀도 주택 및 밀도 값을 가지고 있다. 이러한 복합용도 도시인 콤팩트 시티는 다양하고 풍부한 시설과 서비스를 제공하며 수평적·수직적 용도를 모두 갖추고 있다. 집약적으로 토지를 활용하는 도시(an intensified city)에는 인구, 개발, 부도심 밀도, 새로운 개발과 토지 용도의 혼합이 증가한다.

뉴먼(Neuman, 2005)은 콤팩트 시티의 특성을 주거 및 고용 밀도, 토지 이용의 혼합, 토지이용의 정교한 성질(fine grain of land uses), 강력한 사회·경제적 상호작용, 연속된 개발, 경계가 명확하게 구분된 도시개발, 상하수도 등 도시기반시설, 다양한 방식의 교통체계, 뛰어난 접근성, 자전거와 보행자 전용도로를 포함한 높은 도로 연결성, 높은 불투수면률(impervious surface coverage), 낮은 오픈 스페이스(open space, 空閑地)비율, 토지개발계획에 대한 엄격한 통제, 도시기반시설 유지에 필요한 충분한 정부재정 능력 등 14 가지를 제시하고 있다(OECD, 2012).

일본 내각부(2012)는 콤팩트 시티를 "도심으로의 거주와 각종 기관의 집약에 의해 인구밀도가 고밀도인 지역을 형성하는 것으로 정의하고 있다"(심재승, 2014). 根田 克彦(2016)은 콤팩트 시티를 지향하는 목적으로 중심시가지 활성화, 인프라 및 공공시설의 효율화, 커뮤니티 재생, 고령화 대책, 지구환경문제, 역사·문화유산 유지, 근교 녹지 보전 등을 제시하면서, 이러한 목적달성을 위해 인구와 도시구조를 집약화해야 한다고 주장하고 있다. 선행연구 검토를 통해 노세희(2018)는 콤팩트 시티를 "확산된 도시기능을 집약시키는 고밀·근접개발, 대중교통을 통한 도시 공간 연계, 공공서비스와 일자리의 접근성이 강화된 도시 형태"라고 정의하고 있다. 따라서 콤팩트 시티는 도시의 무분별한 확산(Urban Sprawl)을 억제하고 도시의 쾌적성을 확보할 수 있는 압축형 고밀도 개발, 토지의 혼합이용, 대중교통지향(Transit-oriented development) 설계 등의 특징을 지닌 도시 형태로 정의할 수 있다.

2. 콤팩트 시티 추진전략

OECD 보고서(2012)는 명확한 정책의도, 고밀도 근접개발 장려, 기존의 개발지역(중심시가지 지역)의 개조(Retrofit existing built-up areas), 다양성과 삶의 질 향상, 콤팩트 시티 개발로 인한 부정적 영향의 최소화 등 5가지 콤팩트 시티 추진전략을 제시하고 있다. 또한 이러한 추진전략을 구체화하기 위해 20가지 하위 추진전략도 같이 제시되고 있다(〈표 13-4〉 참조). 그러나 OECD 보고서는 모든 도시에 적용할 수 있는 포괄적인 추진전략은 없기 때문에 각각의 지역적 상황을 고려해야 한다고 지적하고 있다. 따라서 콤팩트 시티에 대한 추진전략을 수립할 때 정책입안자는 지역적 특성에 적합한 최상의 전략과 정책도구를 설계해야할 것이며, 목표달성을 위해 정책수단을 다양화해야할 것이다.

표 13-4 콤팩트 시티를 위한 5가지 추진전략 및 20가지 하위전략

명확한 정책의도(목표 설정)	• 콤팩트 도시 정책을 포함한 국가 도시정책 틀 수립 • 대도시 차원의 전략 계획 수립(광역단위)
고밀도 근접 개발 장려	• 규제 도구의 효과성 증대

	• 녹지 공간에서 콤팩트 시티 개발 • 신규 개발 시 최소 밀도 요구 사항 설정 • 이해 상충을 조정하는 메커니즘 수립 • 도시와 농촌 간 연계 강화
기존 개발지역의 개조	• 브라운 필드(오염되고 버려진 산업부지) 개발 촉진 • 산업정책을 콤팩트 시티 정책과 연계 • 기존 주거 지역 재생 • 중심시가지의 대중교통 중심 개발 촉진 • 기존 도시자산의 활용촉진
다양성과 삶의 질 향상	• 토지의 복합이용강화 • 주민과 지역 서비스 및 직업 간의 일치도 향상 • 공공용지에 대한 집중 투자 및 장려 • 친 보행자 도로 및 자전거 전용도로 조성
콤팩트 시티 개발로 인한 부정적 영향의 최소화	• 교통 혼잡 해소 • 저렴한 주택공급 장려 • 인지된 밀도를 낮추기 위한 고품격 도시디자인 장려 • 중심시가지의 녹화 촉진

출처: OECD(2012: 172-173).

영국은 지방정부의 개발지침인 「정부의 계획방침가이드(Planning Policy Guidance Notes: PPGs)」를 통해 콤팩트 시티를 법제화했다. PPGs의 전체방향을 제시하는 PPG1은 1997년 공간계획의 주요한 역할을 지속가능한 발전 개념에 기초, 주택-건축물-투자-고용을 배치하도록 규정했다. PPGs에서 제시하고 있는 콤팩트 시티 추진전략을 살펴보면 다음과 같다(차학봉, 2006: 136-137).

첫째, 상업-공업-농업-주택공급-신규건설에 있어서 국민의 니즈와 환경을 배려하도록 하는 것이다. 둘째, 이미 개발된 지역을 가장 효율적인 방법으로 매력적으로 이용한다. 이를 위해 도시의 재생, 재이용을 통해 좀 더 지속가능한 방향으로, 녹지 개발보다는 기존시가지 개발을 촉진한다. 셋째, 문화적 자산과 자연환경을 신중히 보존한다. 넷째, 교통수요를 최소화하는 방법을 도입하여, 새로운 개발 패턴을 구체화한다. 이를 위해 공공교통에 의한 서비스가 가능한 입지를 선정하고 복합적인 토지이용을 촉진하며 교외입지보다는 타운센터를 중시한다. 또 1994년 재정된 PPG13은 교통의 필요성을 줄여 교통의 성장률을 억제하도록 규정하고 있다. 기존 시가지 내 개발을 우선으로 직주근접 지향적 혼합 토지 이용과 공공교통과 보행자, 자전거 이용을 중시하고 기존 중심부의 재활성화, 근린 단위의 다목적 개발 등 구체적인 개발허가의 지침을 명시했다.

독일 역시 1987년 「연합도시건설법」을 개정하여 콤팩트 시티를 법제화했다. 이 법에서 제시하고 있는 콤팩트 시티 추진전략은 기존시가지의 활성화, 환경부하가 없는 도시 만들기, 교외시가지 택지개발 종식 등을 제시했다. 영국과 독일의 콤팩트 시티 전략은 대도시로의 인구 유입 감소, 도심공동화와 환경오염 방지 등에 대응하는 것이다. 유럽에서 콤팩트 시티가 환경문제와 관련해 논의되고 있다면, 일본에서는 지방도시의 활성화와 고령화에 대응하는 전략으로 논의되고 있다(차학봉, 2006).

3. 콤팩트 시티 도입 필요성

현재 한국의 지방 중·소도시들은 지속적인 인구감소에도 불구하고 도시 공간문제에 대해 심각성을 인식하지 못하고 있는 상황이다. 여전히 도심지를 재생하기보다는 교외지역에 새로운 택지를 개발하고 혁신도시 등 신도시 개발에 몰두하고 있다. 매일경제신문사의 미래경제보고팀(2016)이 국내 230개 시·군·구를 대상으로 2010~2013년 동안 인구변화와 비시가지 지역 개발행위 허가건수를 분석한 결과를 살펴보면, 인구가 지속적으로 감소하고 있는데도 불구하고 비시가화 지역에서의 개발행위는 계속해서 늘고 있다. 여전히 인구감소 추세와 관계없이 도시규모의 확장을 추진하고 있는 것이다. 교외개발 등을 특징으로 하는 확산형 도시구조는 저출산·고령화 시대에 적합하지 않은 비효율적인 고비용의 도시공간구조이다. 이러한 상황에선 도시공간을 확장하기보다 최대한 압축해 관리하는 것이 더 효율적이다. 이런 이유로 세계 주요 글로벌 도시(대표적인 예: 일본 도쿄)들도 콤팩트 시티 조성에 힘을 기울이고 있다. 중심시가지의 쇠퇴와 함께 교외시가지의 개발이 진전되면 도시 관리와 운영 측면에서 비효율성만 증가된다. 따라서 한국도 인구와 산업구조의 변화 그리고 재정적 어려움에 대처할 수 있는 새로운 공간정책이 절실하다. 이러한 측면에서 OECD(2012) 역시 한국도시들의 위기 및 성장분석을 통해 새로운 도시공간정책으로 콤팩트 시티 전략을 조언하고 있다.

현재 한국의 도시공간정책들과 도시계획들은 인구성장을 기반으로 만들어진 구조로, 인구감소와 지방소멸이 중요한 사회적 의제로 제기되고 있는 현 상황에서는 효율적으로 작동할 수가 없다. 소멸위기에 처한 한국의 대다수 중·소도시와 농촌지역의 지속가능한 발전을 담보하기 위해서는 지금과 같은 성장시대의 정책적 사고가 아닌 축소시대의 창조적 사고로 전환되어야한다. 이러한 창조적 사고의 하나가 콤팩트 시티 전략일 수 있다. 즉 인구감소와 고령화시대에 도시기능을 중심 시가지에 집중시키는 콤팩트 시티는 필연적인 과제이다.

인구가 지속적으로 감소하고 있는 일본[11]을 포함한 서구선진국가의 도시들은 OECD(2012)가 제시하고 있는 콤팩트 시티 추진전략을 기반으로 각각의 도시에 적합한 최상의 전략과 정책도구들을 사용하고 있다. 이러한 도시들의 일반적인 특징은 지속적인 인구감소에도 불구하고 도시의 품격을 유지하면서 도시의 활력을 강화해 오고 있다. 이는 압축성과 밀도를 유지하면서 도시의 품질과 매력을 유지·향상시키려는 노력의 결과이다. 콤택트 시티 전략을 도입하고 있는 대다수의 도시들에서 도심은 다수의 주민이 거주하는 복합용도 형태로 개발되고 모든 편의 시설과 공공시설이 도심에 위치한다. 광범위한 보행자 전용도로와 다양한 도시 편의시설 및 공공시설의 배치로 도심은 살기 편안한 장소가 되고 있다. 즉 도시의 지속가능성 유지를 위해 도시공간을 압축적으로 활용하고 있다.

콤팩트 시티 전략을 통해 도시정부는 교통 혼잡을 줄이고 도시공간을 보다 효율적으로 사용할 수 있어 지속가능한 경제성장을 꾀할 수 있고, 대중교통서비스를 효율적으로 제공함으로써 도시정부의 재정 부담을 줄일 수 있다. 콤팩트 시티 전략은 기후변화에 대응하는 중요 정책수단이 될 수 있다. 콤팩트 시티가 수송 및 건축 부문에서 이산화 탄소 배출량을 줄이는데 중요한 역할을 할 것으로 기대되기 때문이다. 실제로 일본 도야마는[12] 대중교통을 축으로 하는 압축도시를 조성하여 이산화 탄소 배출량을 기준연도(2005년)에 비해 2030년 30%, 2050년 50% 삭감을 목표로 하고 있다.

이러한 콤팩트 시티 조성을 위해서는 미국과 유럽의 일부 도시정부에서 시도하고 있는 것처럼 현재의 조세체계를 바꿀 필요도 있다.[13][14] 많은 유럽 국가와

---

11) 일본은 인구성장의 시대(2008년 1억2,800만 명을 정점으로 지속적으로 감소)가 끝나고 인구감소시대로 전환되면서 쇠퇴하는 지방 중·소도시들의 지속가능한 발전과 도시재생전략이 중요한 정책과제로 등장했는데, 이러한 해결책의 하나가 콤팩트 시티 전략이다(강인호, 2019).

12) 도야마(富山)시는 도야마현의 현청 소재지로 2012년 OECD가 호주 멜보른, 캐나다 벤쿠버, 프랑스 파리, 미국 포틀랜드와 함께 선정한 가장 대표적인 콤팩트 시티이며, 또한 2014년 9월 UN이 선정한 일본 유일의 '에너지 효율 개선도시'이다.

13) 비틀리(2013: 122-123) 역시 조세체계를 바꾸는 것이 콤팩트 시티 조성에 도움이 된다고 주장

비교할 때, 한국 지방정부 역시 재산세에 대한 의존도가 크다.[15] 주요 기반시설 구축과 공공서비스 충당을 위해 재산세에 크게 의존하기 때문에 부동산 투기와 저밀도 개발이 조장되어 왔다. 따라서 콤팩트 시티 형성을 위해서는 조세체계 개편이 이루어져야 한다.[16]

한국의 농촌소도시들은 지속적인 인구감소로 중심지의 사회적・경제적・물리적인 쇠퇴와 교통 편리성의 저하, 토지이용의 효율성 저하 등이 발생하고 있다. 이로 인해 기반시설 유지・관리 비용의 증가로 농촌지방정부의 재정 부담이 가중되고 있다. 인구감소에도 불구하고, 외곽의 신규 개발과 원 도심에 위치하고 있는 공공기관의 외곽이전 등은 중심지 공간구조를 변화시켜 도시 관리의 효율성을 저하시키고 있다. 이러한 문제점들을 해결하기 위해 공간집적화에 따른 효율적 공간 이용과 토지의 집약적 이용으로 지속가능한 농촌 중심지를 조성할 필요가 있다. 지역주민들이 필요로 하는 시설물들을 가능한 반경 400~800m[17] 이내로 집적시켜 도보로 이용할 수 있도록 정비하여 주민들의 편리 증진과 삶의 질 강화를 도모해야 할 것이다.

하고 있다. 미국의 지방정부 역시 많은 유럽 국가와 비교할 때 재산세 의존도가 높다. 학교, 기반시설, 기타 주요공공서비스에 충당하기 위해 재산세에 지나치게 의존하다보니 지방정부끼리 조세기반을 두고 치열한 경쟁을 버리고 있다는 것이다. 이로 인해 토지투기와 저밀도 개발이 조장되고 있기 때문에 콤팩트 시티를 촉진하기 위해서는 조세개혁이 선행되어야 한다고 주장하고 있다.

14) 일본의 기초지방정부에서 한국의 재산세에 해당하는 고정자산세가 차지하는 비중은 2012년 예산 기준으로 42.7%에 달한다(한국지방세연구원, 2016: 87). 고정자산세는 시정촌세 수입 중 가장 높은 비율을 차지한다(국중호, 2004: 35). 그러나 일본의 거품경제의 몰락에 따른 부동산 가격의 하락으로 고정자산세의 비율은 점차 감소하고 있다(2000년 45.3%에서 2012년 42.7%로 감소). 따라서 세수의 불안정에 대응하여 보다 안정적인 지방세원 확보와 지방중소도시의 콤팩트화를 위해서는 조세체계를 바꿔야 한다는 주장이 제기되고 있다.

15) 「2016년 지방재정연감」 결산자료를 분석해보면 시・군 총지방세는 18,677,240,249천원이며, 그 중 재산세 비중은 4,684,258,991천원으로 25.08%을 차지하고 있다.

16) 이에 대한 대안으로 대다수 유럽 국가에서 실시하고 있는 공해세, 에너지 소비세 등 녹색 및 생태에 대한 세금으로 조세부담을 옮기는 것도 고려해볼만 하다. 미국 미네소타 주의 경우 탄소 1톤당 50달러의 세금을 부과한 결과 재산세 수입이 25%나 감축되는 결과를 가져왔다. 유럽의 사례가 주는 교훈은 더 높은 수준의 콤팩트 시티 형성이 경제체제와 가계를 지지하는 과정에서 조세체계가 중요한 기능을 하고 있다는 것이다(비틀리, 2013: 122-123).

17) 400m는 고령자들이 혹한의 날씨에도 걸어다닐 수 있고, 또 건강을 위해 걸어야 하는 거리이다. 학교의 위치를 고려할 때 800m는 도보 통학으로 바람직한 거리이다(강인호, 2018).

사잇글 13-1 도야마(富山)시의 콤팩트 시티 추진전략

도야마시는 도야마현의 현청 소재지로 에도시대부터 '약(藥)의 도시'로 널리 알려진 곳으로, 면적은 1,241.85km^{2}이며 현재 인구(2018년 3월 1일)는 417,523명이다. 2010년 422,000명을 정점으로 현재(2018년) 1.07% 감소했으며 향후 2045년에는 23%가 감소될 것으로 추정되고 있다. 도심에 위치하고 있던 주요 공공시설들이 교외지역으로 이전하면서, 자동차 의존도(72%)가 높은 도시구조로 변모했다. 시가지가 교외로 확대되면서 도시 관리·유지비용이 늘어났고, 지속적인 인구감소로 해마다 세수가 부족하기 시작했다. 시는 늘어나는 도시유지·관리비용을 낮추기 위해 도시 확장을 멈추기로 했다. 시는 1990년대 후반이후 심각해진 도심 공동화를 완화하기 위해 도야마상공회의소와 협조하여 마치즈쿠리 도야마를 창설하여, 2002년부터 콤팩트 시티를 추진했다. 교외시가지로 분포·확산되어 있는 주택과 사람, 도시기능을 중심시가지로 집중시켜 '대중교통을 축으로 한 거점 집중형 콤팩트 도시 만들기'를 추진하기로 한 것이다. 이러한 추진전략이 '꼬챙이와 경단(瓊團)형 도시구조'라는 계획이다. 꼬챙이는 서비스 수준이 높은 대중공공교통시스템을 의미한다. 도야마역을 중심으로 JR, 도야마 지방철도 등 기존의 철도 외에 시내를 순환하는 도야마 지방철도 시내전차와 항구와 중심지를 왕복하는 '포트램(Portram)'이라는 신형 노면전차를 운영하고 있다. 이 노선들이 꼬챙이다. 경단은 이들 대중공공교통시스템과 연결된 주거지역이다. 주거지역은 걸어서 생활할 수 있는 거리로 만들어갔다. 이를 위한 구체적인 전략으로 궤도(軌道)중심의 대중공공교통시스템의 하드 정비와 버스를 포함한 버스교통 소프트 대책을 마련해 대중교통 이용의 편리성을 향상시켜 도야마형 콤팩트 시티구축을 추진했다. 그 결과 도야마 경전철 주변지역의 인구가 증가하고 있으며, 중심시가지로 사람들이 모이는 효과가 나타나고 있다. 도심지 인구비율이 2005년 28%에서 2014년 32%로 증가했다. 2025년까지 42%로 늘린다는 계획을 가지고 있다. 도야마시가 콤팩트 시티를 만들기 위해 추진했던 사업 중 하나가 그랜드 플라자 조성사업이다. 도야마 그랜드 플라자는 도야마역 앞에 조성된 새로운 시민 실내 플라자로 경전철과 잘 연결되어 있다. 겉면은 유리벽으로 햇빛이 잘 통과되도록 시공되었고, 매서운 바람을 막아줄 수 있는 천장이 덮여있어 눈이 많고 추운 기후에 적합한 건축물로 시민들에게 편안한 휴식처를 제공하고 있다. 2007년에 완공되었으며, 도야마시와 상공회의소 및 중소기업이 함께 참여하는 민관협력방식으로 운영·관리되고 있다. 그랜드 플라자 조성사업처럼 도심에 대한 집중투자는 기본적이고 효과적인 콤팩트 시티 추진전략이다. 그랜드 플라자 조성사업은 도시전체의 매력을 유지하면서 인구가 감소하는 사회의 공공재정문제에 대처하기 위한 공공시설의 투자집중이 콤팩트 시티를 조성하는 중요한 정책수단이 될 수 있다는 것을 보여주는 좋은 사례로 인정받고 있다.

출처: 강인호(2018: 234-237).

제4절 | 축소도시와 스마트 수축

도시쇠퇴에 대한 각국의 대응은 도시재생, 도시부흥, 재도심화, 문화도시 건설, 창조도시건설 등 다양하게 불려졌다. 어떤 이름을 붙이든지 기존의 도시재생 전략에서 하나의 공통점을 찾을 수 있다. 즉, 쇠퇴한 도심에 새로운 계기를 마련하여 새로운 성장거점을 만들고, 투자를 유치하며, 주민을 끌어들이면 예전과 같은 도시성장을 이룰 수 있다고 가정하고 있는 점이다. 그런데, 이 같은 관점은 오랜 기간에 걸쳐 인구가 줄어들고, 고령화되는 상황에서는 적절한 도시 관리전략이 될 수 없다. 따라서 도시의 지속적인 수축을 바탕으로 한 도시 관리에 관한 새로운 접근방식이 필요하게 되었다. 이러한 새로운 접근방식이 축소도시(Shrinking City)와 스마트 수축(Smart Shrinkage)이다.

1. 세계적인 현상, 도시축소

세계인구의 지속적인 증가에도 불구하고 세계의 많은 도시들에서 인구가 감소하고 있다. 1990년부터 2000년 사이에 인구 10만 명 이상의 도시 중 1/4 이상에서 인구가 감소하였다. 세계의 축소도시의 수는 1960~1990년 사이에 2배로 증가했다. 1990년대 10년 동안에만 또 2배로 늘었다. 급속하게 증가하고 있는 것이다. 도시축소는 선진국에서 오래 전부터 진행되어 온 과정으로 이제는 전 세계적인 현상이 되고 있다. 구 사회주의 국가의 많은 도시들도 기존 체제의 붕괴에 따른 인구유출을 겪으면서 도시수축에 대응하는 도시재구축에 나서고 있다. 러시아에서는 약 100개 도시, 우크라이나에서는 40개 도시가 축소도시로 꼽히고 있다. 축소화가 완만하게 진행되었던 서유럽의 도시와는 대조적으로 러시아와 동유럽은 사회주의 체제의 붕괴로 짧은 기간 내에 급속한 축소를 맞이했다. 폴란드, 체코, 슬로바키아의 경우 수도는 성장거점도시로서 인적·물적 자원이 집중된 반면에 지방 산업도시들은 급속한 쇠퇴를 겪었다(야하기 히로시, 2009). 도시축소[18](Urban Shrinkage)

18) 도시축소는 "쇠퇴라는 용어를 축소로 대체하여 긍정적인 이미지로 인식한 현상적 용어로서 도시의 인구, 경제의 축소현상이 다차원적인 환경에 영향을 주는 다차원적인 과정, 현상"을 의미한다(성은영 외, 2015).

가 세계적인 현상인데도 불구하고, 도시의 성장을 정상적·규범적이라고 생각한 기존의 도시 관리정책은 도시축소를 간과해왔다. 도시축소를 명시적으로 개념화하고 이를 기초로 한 도시 관리정책이 형성된 것은 21세기 초반부터이다. 도시축소와 축소도시에 대한 논의는 독일연방정부의 지원을 받아 3년간 수행된 '독일 축소도시 프로젝트'와 미국 캘리포니아 버클리 대학의 도시지역개발협회가 주도되어 2004년 결성한 '축소도시 국제연구 네트워크(Shrinking Cities International Research Network)'를 통해 활발해졌다[19](Hasse, Athanasopoulu and Rink, 2013; Haase, et. al., 2013; Haase et. al., 2014; 이희연·한수경, 2014; 강인호 외, 2015).

2. 축소도시의 정의

축소도시[20]가 겪고 있는 보편적인 현상은 인구의 지속적인 감소로 도시가 쇠퇴하여 주민과 자본이 떠나고, 방치되는 빈 건물과 부동산이 비정상적으로 늘어나고 있는 것이다. 이러한 현상을 국내·외 학자들은 도시축소 혹은 도시수축이라고 부른다(구형수 외, 2016). 축소도시에 대한 논의가 활발히 이루어지고 있으나, 현재까지 축소도시에 대한 학술적 정의는 명확하지 않다. 그러나 축소도시의 정의에 대한 공통적인 특징은 인구 감소와 더불어 경제적으로 침체되고 있는 도시이다. 따라서 축소도시를 선정하는 가장 큰 지표는 인구감소라고 할 수 있다(이희연·한수경, 2014).

립친스키와 리네만(Rybczynsk & Linneman, 1996)은 "산업시대에 조성된 고밀도의 중심도시인 수직적 도시(vertical city)는 교외화에 의하여 중심도시의 인구와 산업이 도시외곽지역으로 이전함으로써 도시의 밀도가 평면적으로 완화되는 수평도시(horizontal city)가 된다고 주장하였다. 그리고 이 과정에서 중심도시는 인구와

---

19) 도시수축을 공동으로 연구한 국제적인 연구그룹이 형성된 것은 2000년 중반의 일이다. 유럽의 경우, Shrinking Cities(2009), EU의 지원을 받은 독일 중심 Shrink Smart(2009-2012), 북미의 경우 UC버클리대 연구소 중심의 네트워크 SCiRN(축소도시 국제연구 네트워크) 등이다. 독일의 Leipzig를 중심으로 활동하는 Shrink Smart 그룹은 독일통일과 동유럽의 민주화 이후, 일부 도시가 인구의 30% 이상의 급속한 인구유출을 겪으면서 황폐화되는 도시에 적합한 개념과 도시계획을 위해서 도시축소의 개념을 도입하고, 유럽의 7개 도시의 수축과정, 경과, 대응 거버넌스를 연구하였다. SCiRN은 국제적인 비교의 관점에서 도시축소의 사회, 경제, 환경, 문화와 토지이용의 실태에 대해 연구하였다(강인호 외, 2015).

20) 축소도시는 "인구와 경제기반이 줄어드는 도시축소(Urban Shrinkage)현상을 경험하는 도시를 지칭하는 용어"이다(성은영 외, 2015).

산업이 축소된 형태가 되는데 이 현상을 축소도시라 지칭하였다"(전경구 · 전형준, 2016: 4). 실링과 로건(Schilling & Logan, 2008)은 지난 40년 동안 25% 이상의 인구감소로 인해 유휴 · 방치 부동산이 증가하고 있는 오래된 산업도시를 축소도시라고 지칭하고 있다(구형수 외, 2016: 15). 와으크먼(Wiechmann, 2008)은 2년 이상 도시인구가 감소하고 산업구조의 전환으로 구조적 위기를 겪고 있는 인구 10,000명 이상의 인구밀집 도시권을 축소도시라고 정의하였다(박진경 · 김상민, 2018: 21). 팔라그스트(Pallagst, 2009)는 인구과밀지역이 비교적 단기간에 걸친 인구감소로 산업이 쇠퇴하고 기반시설들이 노후화된 도시를 축소도시라고 정의했다. 레키엔과 마르티네즈-페르난데즈(Reckien & Martinez-Fernandez, 2011)는 축소도시를 장기간(40~50년간)에 걸친 인구감소와 고용감소 때문에 발생하는 오랜 경기 침체를 경험하고 있는 도시라고 정의하고 있다. "SCiRN에서는 축소도시를 2년 이상 인구감소를 경험하고 있으며, 구조적 위기를 보이는 현상들이 나타나면서 경제적으로도 축소되고 있는 인구 10만 명 이상의 도시라고 정의하고 있다"(이희연 · 한수경, 2014: 12-13). 이희연 · 한수경(2014)은 축소도시를 "단순히 인구 규모가 줄어든 것이 아니라, 경제, 사회, 물리적 환경이 전체적으로 재조정되고 축소된 도시"라고 정의하고 있으며, "고령화, 사회복지 수혜자의 급격한 증가, 지가 하락, 주택수요 감소, 구매력 감소 및 지방세수 감소"등을 공통의 특징으로 들고 있다. 또한 이희연과 한수경 교수는 축소도시를 도시 쇠퇴(Urban Decline)의 다양한 유형들을 하나로 통합하는 용어로 보고 있다.

구형수 외(2016: 16)는 축소도시를 "지속적이고 심각한 인구감소(인구축소)로 인해 물리적 스톡의 공급과잉(공간축소)현상이 나타나는 도시"로 정의하고 있는데, 이 정의는 실링과 로건(2008)의 축소도시에 대한 정의와 유사하다. 박진경과 김상민(2018: 21)은 축소도시를 "지속적인 인구감소로 인하여 생활수준과 도시서비스 수준이 저하되는 도시"라고 정의하고 있다. 독일의 경우 축소도시에 대한 담론은 주로 인구학적 쇠퇴(demographical decline)에 주목하고 있으며, 축소도시를 다양한 원인들로 인해 인구와 경제가 감소하는 도시라고 정의하였다(이희연 · 한수경, 2014: 12-13). 축소도시에 대한 연구자들의 다양한 정의를 살펴볼 때 축소도시는 경기침체, 인구학적 변화 등 도시 외부환경의 변화로 인구와 세수가 지속적으로 감소하여 산업과 도시기반시설이 쇠퇴한 도시라고 정의할 수 있다.

성장하는 도시가 있으면 축소하는 도시가 있는 것이 당연한 역사적 사실임에도 불구하고 축소도시라는 표현은 오랫동안 부정적인 의미로 사용되어 왔다. 그러나 최근 축소도시에 대한 활발한 논의와 인구감소로 인한 지방소멸이 중요한 사회적 의제로 제기되면서, 성장시대의 정책적 사고가 아닌 축소시대의 창조적 사고로 전환되어야 한다는 의식의 변화 등으로 도시수축과 축소도시를 긍정적인 기회로 보자는 의견이 점차 대두되고 있다. 데브라 파퍼와 프랭크 파퍼(Deborah Popper & Frank Popper, 2002)가 'Small Can Be Beautiful(작은 것이 아름다울 수 있다)'이라고 주장한 것처럼 축소도시를 논의하는데 있어서 가장 중요한 전제조건은 도시축소를 긍정적으로 바라보는 것이다(이희연 · 한수경, 2014).

표 13-5 축소도시에 관한 다양한 정의

학자	정의
Rybczynsk와 Linneman(1996)	산업시대에 조성된 고밀도의 중심도시인 수직적 도시는 교외화에 의하여 중심도시의 인구와 산업이 도시외곽지역으로 이전함으로써 도시의 밀도가 평면적으로 완화되는 수평도시(horizontal city)가 되고, 이 과정에서 중심도시는 인구와 산업이 축소된 형태가 되는데 이 현상을 축소도시라고 지칭함
Schilling과 Logan(2008)	지난 40년 동안 25% 이상의 인구감소로 인해 유휴 · 방치 부동산이 증가하고 있는 오래된 산업도시
Wiechmann(2008)	2년 이상 도시인구가 감소하고 산업구조의 전환으로 구조적 위기를 겪고 있는 인구 10,000명 이상의 인구밀집 도시권
Pallagst (2008)	인구밀도가 높았던 도시 내에서 인구가 감소하거나 구조적 위기를 유발하는 산업부문에서의 변화가 나타나고 있는 도시
Reckien 와 Martinez-Fernandez (2011)	지난 40~50년에 걸쳐 인구 감소, 고용 감소, 오래 지속된 경기 침체를 경험하는 도시와 지역
Martinez-Fernandez et al. (2012)	구조적 위기의 징후로서, 인구 감소, 경제 침체, 고용 감소와 함께 다양한 사회적 문제를 겪고 있는 도시
SCiRN	최소 10만명 이상의 인구가 밀집한 도시가 지난 2년 이상 동안 인구가 감소하고 구조적 위기에 직면하면서 경제적 변화를 겪고 있는 도시
독일 축소도시 프로젝트	인구학적 쇠퇴(demographical decline)에 크게 주목하고 있으며, 다양한 원인들로 인하여 인구와 경제 규모가 감소하는 도시
이희연 · 한수경(2014)	단순히 인구 규모가 줄어든 것이 아니라, 경제, 사회, 물리적 환경

	이 전체적으로 재조정되고 축소된 도시
구형수 외(2016)	지속적이고 심각한 인구감소(인구축소)로 인해 물리적 스톡의 공급과잉(공간축소) 현상이 나타나는 도시
박진경 · 김상민(2018)	지속적인 인구감소로 인하여 생활수준과 도시서비스 수준이 저하되는 도시
강인호(2019)	경기침체, 인구학적 변화 등 도시 외부환경의 변화로 인구와 세수가 지속적으로 감소하여 산업과 도시기반시설이 쇠퇴한 도시

출처: 강인호 · 이계만(2019: 31).

3. 축소도시의 원인

축소도시의 요인은 다양하며(예: 경제적, 인구학적, 도시화과정, 정치적 갈등, 자연재해 등) 해당 도시의 역사적 전통, 행위자들의 이해관계에 따라 대응방식도 달라지기 때문에 축소도시의 양상은 축소지역마다 상이하며 다양한 형태로 나타난다(Haase, Bernt et. al. 2013). 이는 축소도시의 원인과 문제가 단순치 않고 복합적인 성격을 띠고 있다는 것을 뜻한다. 지난 수십여 년 동안에 미국, 유럽. 일본에서 나타나고 있는 축소도시의 원인들은 크게 다섯 가지로 분류할 수 있다(야하기 히로시, 2009: 이희연 · 한수경, 2014: 강인호 외, 2015).

첫째, 탈산업화(deindustrialization)로 인한 발전추진산업[21]의 쇠퇴이다. 영국 중부의 산업도시들과 미국 북동부 러스트 벨트(rust-belt)지역의 도시들이 주로 여기에 해당한다. 이들 도시들은 철강, 조선, 자동차경기의 악화로 제철소 혹은 조선소와 자동차 공장의 일부를 가동하지 않아 고용이 줄고 도시인구가 감소했다. 글로벌 경쟁으로 인해 생산현장이 개발도상국으로 이전함과 동시에 소프트산업으로의 산업구조 전환이 도시수축을 촉진한 것이다. 지나치게 특화되고 편중된 지역의 산업구조는 그 산업의 성장 동력이 멈추는 순간 도시도 급속히 쇠퇴한다. 정유와 철강 산업이 최첨단 산업이었던 20세기 초까지 미국 오하이오주 클리블랜드(Cleveland)는 정유와 철강의 중심지였다. 당시 클리블랜드는 현재의 실리콘 벨리

21) 발전추진산업이란, 노동력을 반드시 대규모로 고용하는 업체가 아니더라도 직접 및 간접적으로 지역발전에 영향을 크게 미치는 기업체를 의미하고, 기업체가 위치하고 있는 지역에 승수 및 분극효과를 크게 발생시키며, 발전추진기업체의 생산품은 지역 내 · 외에서 높은 수요의 소득탄력성을 유지함으로써 지역 간 산업의 신장률은 국민소득의 증가율을 훨씬 초과하여야 한다(Richardson, 1969).

와 같이 세계에서 가장 혁신적인 도시였다(구교준 · 조광래, 2011). 그러나 정유와 철강 산업의 몰락으로 클리블랜드는 인구감소와 도시쇠퇴로 1990년대 초반까지 최악의 범죄도시라는 오명을 지녔다. 인근의 영스타운(Youngstown) 역시 철강의 존적인 산업구조로 인해 철강경기의 쇠퇴로 최근까지도 심각한 도시쇠퇴와 경제위기를 겪고 있다. 자동차 산업의 메카였던 디트로이트(Detroit) 역시 비슷한 처지에 있다.

둘째, 국가적 또는 지역적 차원에서 나타나는 인구학적 변화(demographic change) 즉 저출산 · 고령화이다. 한국과 일본의 지방도시, 이탈리아 남부지역, 스페인, 그리스 등은 생활가치관의 변화가 출생률 감소에 영향을 주고 있다.

셋째, 지역적 차원에서 나타나는 거주의 교외화이다. 자동차도로의 발달로 주거지역이 도심에서 교외지역으로 바뀌면서, 도심의 인구가 감소하고 교외지역의 인구가 증가하는 인구이동현상이 도시수축을 초래하는 것이다. 미국은 20세기 중반 이후 교외화로 도시권의 중심도시가 오래 전부터 인구 감소(일명 White Flight)를 겪고 있다.

넷째, 기후이다. 갑작스런 기후변화로 인한 자연재해도 여기에 포함된다. 미국 Snow-belt지역의 모든 도시들이 수축을 겪는 요인 중 하나가 새로운 직장이나 은퇴 후 거주지를 찾아 Sun-belt(캘리포니아, 남부, 남서부주)지역으로 이주하는 것이다. 겨울기후가 혹독하고 여름에는 무더운 중서부지역으로부터 쾌청하고 온화한 남서부지역으로 인구가 이동하고 있는 것이다.

다섯째, 과거 사회주의 국가들에서 나타나고 있는 탈사회주의화(postsocialism)이다. 즉 사회주의 경제체제에서 시장경제로의 전환이다. 구식의 생산설비를 가지고 있던 동유럽제국의 국영기업들이 도산하고 많은 실업자가 발생했으며, 청년층들이 일자리를 찾아 서유럽으로 이동한 것이다. 동유럽의 경우 사회주의 경제체제가 자본주의 체제로 전환되면서 실업자가 급증하였고, 또한 경제체제의 변화가 주택가격과 생필품가격의 폭등을 초래했고, 이로 인해 생활과 미래가 불안정해지면서 출생률이 감소했다. 과거 동독은 통일 직전인 1989년 출산율이 약 1.5명이었는데, 통독직후인 1993년에는 0.7명으로 급속히 감소하였다. 통독이후 합계출산율은 지속적인 증가를 보이고 있으나, 최근까지도 통일직전 수준을 회복하지 못하고 있다. 체코(1989년 1.87명 → 2000년 1.15명), 에스토니아(2.22명 → 1.36명), 슬로바키아(2.07명→1.3명) 등 구 사회주의체제에서 자본주의체제로 전환한 동유럽 국가의 경우 체제전환 이후에도 출산율은 급속히 감소하고 있다.

4. 스마트 축소(수축)

스마트 축소(Smart Shrinkage)는 스마트 쇠퇴(Smart Decline)와 동일한 개념으로 볼 수 있다. 스마트 쇠퇴라는 개념은 데브라 파퍼와 프랭크 파퍼(2002)가 'Small Can Be Beautiful'라는 논문에서 처음 사용된 것으로 알려지고 있다. 그들은 스마트 쇠퇴를 "더 적게 계획하기(planning for less): 더 적은 인구, 더 적은 건물, 더 적은 토지이용"으로 정의했다. 즉 두 학자는 스마트 쇠퇴를 도시성장보다는 축소를 수용하여 지역의 여건과 상황을 고려한 현명하게 축소하는 계획으로 보았다(성은영 외, 2015). 따라서 "스마트 쇠퇴는 도시인구 및 산업의 쇠퇴에 따라 각종 기반시설과 토지이용을 조정하되 주민들에게 미치는 부정적인 영향을 최소화하면서 주민들의 삶의 질을 향상시키는 방향으로 각종의 정책을 추진하는 과정을 의미한다." 스마트 쇠퇴는 "도시규모의 축소를 수용한다는 측면에서 축소도시계획의 한 유형이다. 축소도시계획이 인구가 감소하는 도시를 계획적으로 관리하는 보다 일반적인 개념이라면 스마트 축소는 인구가 감소하는 만큼 도시 규모를 그대로 수축하기보다는 여건과 특성을 고려하되 단계별로 수용가능한 차원에서 점진적으로 축소하여 주민들의 삶의 질을 개선하는 방향으로 추진하는 계획모형으로 정의할 수 있다"(전경구 · 전형준, 2016: 8-9). 스마트 축소는 도시 쇠퇴를 더디게 하고 쇠퇴가 아닌 새로운 활력을 모색하는 것이며, 도시재생은 이러한 스마트 축소를 가능하게 하는 계획적 접근방식이라고 할 수 있다(서정렬, 2017).

스마트 쇠퇴는 기존도시의 현황과 특성을 고려해 그 도시에 적합하게 가급적 개발을 덜 하는 스마트한 축소(shrinking-smart)를 지향하는 방식이다. 즉 가능한 한 건물과 토지의 사용을 적게 하고 덜 개발하면서, 인구와 고용 성장을 유도하기보다는 기존 주민들의 삶의 질을 향상시키는데 초점을 두는 도시재생방식이다(성은영 외, 2015). 프랭크 파퍼는 국토연구원과의 인터뷰(2016년 12월)에서 "스마트 쇠퇴는 기본적으로 성장이라는 전제를 뒤로하고 인구 및 일자리가 줄어들고 있는 도시들에 새로운 대안을 찾는 것을 의미한다"라고 하고 있다(Smart Decline basically means leaving behind assumptions of growth and finding alternatives to cities with declining population and jobs).

제인 제콥스(1961)는 교외개발 중심의 도시계획을 비판하고 통합적 도시관리 모델의 아이디어를 제시하였지만, 살만한 도시, 혹은 도시수축을 전제로 한 통합적 도시 관리정책인 스마트 수축은 21세기에 와서야 주목을 받았다. 미국은 인구밀도가 상대적으로 낮은데, 탈산업화가 진행되면서 도심의 공동화가 심해지고, 도심의 경제적, 사회적 문제가 증가하면서, 기존의 도심 공간을 활용하는 스마트 수축개념이 관심을 끌게 된 것이다. 미국의 축소 도시들은 경제 쇠퇴와 인구 감소를 피할 수 없는 현실로 받아들이고 작은 도시로 변화하기 위한 전략으로 스마트 수축(예: 미국 오하이오주 영스타운의 'The Youngstown 2010 Citywide Plan', 클리브랜드의 'Connecting Cleveland 2020 Plan')전략을 수립하고 있다. 기존의 종합계획(comprehensive plan)이 도시의 성장을 관리하는 것이었다면, 이들 계획은 새로운 지역을 개발하는 대신 기존 지역의 환경을 개선하여 지역주민들의 삶의 질을 제고하는 것을 목표로 하면서 새로운 지역 경제 모델을 정립하는 것이다(성은영 외, 2015). 영국 역시 1990～2000년 사이 49개의 도시에서 인구감소가 나타나면서, 21세기 이후 도시수축과 스마트 수축에 대한 관심이 높아지고 있다. 일본도 인구감소가 본격화되는 위기상황을 맞아 축소도시에 대한 논의가 2014년도부터 본격적으로 공론화되고 있다. 독일은 도시수축을 적극적으로 받아들이고 있는 국가로 다른 선진산업국가와 마찬가지로 인구감소와 이동에 직면하고 있다. 통일 이후 낡은 도시기반 시설과 노후화된 주택을 지닌 구동독지역의 주요 도시가 급속한 인구유출을 겪으면서, 도시수축의 시각에서 스마트 수축에 근거한 도시 관리정책을 모색하고 있다.

스마트 수축은 작아지는 것, 줄어드는 것을 부정적으로 인식하지 않는다. 오히려 축소도시화를 지금까지의 낭비체질을 반성하고 환경을 중시하면서 풍요로움을 추구하는 기회로 생각하고 있다. 이러한 인식에는 축소의 대가로 얻을 수 있는 풍요로움이 있다는 함의도 있다. 스마트 수축은 제2차 세계대전 이후 서구가 추구했던 성장·개발주의가 환경을 파괴하고 지방 중소·도시의 거리들을 획일적이고 재미없는 경관으로 후퇴시켜 지역공동체를 붕괴시켰다는 반성도 함께 내포하고 있다(강인호 외, 2015). 한국의 중·소도시들은 인구가 지속적으로 감소하고 있는데도 불구하고 여전히 성장지향적인 도시재생정책에서 벗어나지 못하고 있었다. 이제 인구감소와 도시축소를 받아들이고 이에 적합한 새로운 도시재생정책으로 스마트 수축을 전제로 한 축소도시계획으로 도시정책을 전환해야한다. 특히 군(郡) 지역들은 축소하고 있는 현실과 쇠퇴라는 단어의 혐오감을 극복하고, 지역의 미래를 내실 있게 만들어가기 위해 스마트 수축에 대한 고민이 필요하다. 토지의 사용가치보다 교환가치(재산가치)에 비중을 두고 있는 한국사회에서 지역의 쇠퇴나 낙후가 금기시되는 현실 속에서 성장을 전제로 하는 지역개발정책과 도시재생정책에 대한 미련을 떨치기 어려운 것이 현실이다(전경구 · 전형준, 2016). 그러나 선진국의 사례에서 보듯이 지역의 특성과 도시축소 양상과 원인을 고려하지 않은 대규모 개발 사업 중심의 도시재생정책은 지역쇠퇴를 해결하는데 거의 실패하였다(Rybczynski & Linneman, 1999). 이제 농촌지방정부인 군 지역들이 인구감소로 인한 쇠퇴의 문제를 스마트 수축에 근거해 작지만 행복한 도시를 만들려는 노력들을 통해 지속가능한 발전을 모색해야 할 때이다.

사잇글 13-2 스마트 축소 도시재생 계획의 원칙

1. 지역민의 규모와 구성을 고려하여 공간계획의 적정 목표와 수준을 설정한다.

지속적인 인구 감소로 인해 적어진 주민의 규모를 인정하고 이를 고려하여 재생 및 정비계획을 수립하기 위한 과대한 성장 목표를 설정하지 않는다. 공간의 양화가 구축된 후 증가되는 인구나 공간수요를 고려하여 토지를 비축한다.

2. 지역의 주민과 환경의 특성을 유지하고 다양성을 보전한다.

오랜 시간에 걸쳐 성장과 쇠퇴를 경험을 통해서 지역의 공간에 적층된 특성이 단절되지 않도록 지역의 대규모 철거를 지양한다. 이러한 지역의 특성과 다양성을 보전하기 위하여 개발하는 지역은 보다 세분화하여 적용한다.

3. 환경적, 사회적으로 지속가능한 공간구조를 지향한다.

중심부 토지의 집약적 이용(콤팩트 시티)과 시설의 네트워킹, 녹지화 추구 등을 통하여 토지이용의 효율성을 확보하고, 지속가능한 도시개발을 지향한다.

4. 계획의 방향 설정 시 주민의 삶의 질 제고를 위한 가치 판단을 우선한다.

주민의 거주안정성과 삶의 질 제고를 위한 스마트 축소 도시재생을 지향한다.

출처: 성은영 외(2015: 251).

사잇글 13-3 클리블랜드의 스마트 축소 도시재생전략

Cleveland는 스마트 수축을 위해 1990년에 작성된 'Cleveland Civic Vision 2000'을 바탕으로 'Connecting Cleveland 2020 Citywide Plan'을 수립했다. 이 계획안은 Cleveland시내의 36개 근린지구(neighborhoods)를 6개의 지구로 통합 개발함과 동시에 역사 · 문화유산을 활용하여 Cleveland를 지속가능한 도시로 만든다는 것이다. 즉 산업도시 Cleveland의 DNA를 활용해 지식집약형 도시비즈니스 육성을 목표로 하고 있다. Connecting은 고유의 특성을 가진 지역들을 연결하여 전체로 통합하고, 도시에 산재한 역사 · 문화자원을 연결한다는 의미이다. 이 계획은 시민이 발의 · 주도하고 시 정부가 지원하는 도시재생 프로젝트이다. 'Connecting Cleveland 2020 Plan'은 7가지 원칙(guiding principles)에 따른다. 7가지 원칙은 연결(Connections, 사람과 장소, 기회를 연결), 자산(Assets, 도시와 근린지역의 자원 활용), 기회(Opportunity, 도전을 기회로 바꾸기 위해 노력함), 장소(Place, 고유의 특성과 정체성이 있는 장소 조성), 선택(Choice, 다양한 선택이 가능한 커뮤니티조성), 다양성(Diversity, 주민, 주택 그리고 기회의 다양성을 추구), 지속가능성(Sustainability, 건강하고 살기 좋은 커뮤니티 조성) 등이다. 클리블랜드는 발전추진산업인 정유와 철강 산업의 쇠퇴로 고용시장이 크게 위축되어 인구가 급감(2015년 기준으로 지난 64년간 525,287명 감소)하는 상황에서 스마트 수축전략으로 새로운 성장 동력을 찾아 도시규모의 창조적 축소를 꾀하고 있는 좋은 사례이다.

출처: 야히기 히로시(2009: 72); 강인호 외(2015: 41), 성은영 외(2015: 105)

제5절 | 스마트 시티

1. 스마트 시티의 등장

세계의 인구는 도시를 중심으로 지속적으로 성장하고 있으며, 이로 인해 도시인구의 과밀화로 많은 도시문제들이 발생하고 있다. 이러한 문제점을 해결하고 미래의 도시가 나가야 할 방향성을 ICTs(Information & Communication Technologies: 정보통신기술)를 통해 해결하려는 노력 중 하나가 스마트 시티(Smart City) 전략이라고 할 수 있다. 도시가 지니고 있는 거시적, 미시적 문제점들을 해결하기 위한 미래의 도시공간으로 스마트 시티가 언급되고 있다. 즉 인구의 비약적인 도시집중과 자원경제의 성장 한계에 직면하면서 세계가 스마트 시티에 집중하고 있는 것이다. 도시가 안고 있는 현안문제 해결을 위해 스마트 그리드, 스마트 헬스 케어, 스마트 워크, 자율주행차로 등이 구현된 스마트 시티가 저비용 고효율을 지향하는 미래도시의 패러다임으로 제시되며, 다양한 형태의 ICTs융합을 통한 스마트 시티의 개념이 만들어지고 있다(이상호 외, 2017).

한국은 2008년 「유비쿼터스도시의 건설 등에 관한 법률」(약칭: 「유비쿼터스 도시법」)을 제정하면서 스마트 시티 전신으로 불리는 유비쿼터스도시(U-City)[22] 건설을 추진한 것이 스마트 시티의 시작이라고 할 수 있다. 즉 한국은 U-City를 통해 스마트 시티를 추진했다고 할 수 있다. U-City는 2003년 도시기반시설에 ICTs를 융합하여 신도시(화성 동탄신도시, 인천 송도, 성남 판교)건설을 위한 프로젝트로 시작되었다. 그러나 U-City에 대한 시민들의 체감 만족도가 낮고, 유비쿼터스(Ubiquitous)[23]라는 용어 자체가 일반국민들에게 낯설고, 또한 일정규모이상의 신도시개발에만 적용되는 등 사업에 많은 한계가 있었다. 이에 따라 유비쿼터스를 일반국민들이 이해하기 쉬운 '스마트'로 변경하여, 기성시가지에서 스마트 시티 관련 사업을 수행할 수 있도록 「스마트도시 조성 및 산업진흥 등에 관한 법률」(약칭: 「스마트도시법」)을 제정(2017년 3월2일)하여 스마트 시티에 대한 체계적이고 효율적인 운영 시스템의 토대를 마련했다. U-City가 기술 중심이었다면 스마트 시티는 사람 중심의 계획이 우선된다(이상호 외, 2017; 한동효, 2019).

2. 스마트 시티의 개념과 특징

U-City가 ICTs와 도시의 결합을 통한 지역정보화 및 인프라 구축을 핵심으로 한다면 스마트 시티는 시민생활과 관련된 모든 서비스를 개발하는데 초점을 맞추고 시민의 행복과 안전을 위한 인프라 활용에 비중을 둔다. 스마트 시티의 개념은 국가에 따라 다양하게 정의되고 있는데, 최근에는 다양한 혁신기술을 도시 인프라

22) U-City는 "도시의 경쟁력과 삶의 질 향상을 위하여 유비쿼터스 도시기술을 활용하여 건설된 유비쿼터스 도시기반시설 등을 통하여 언제 어디서나 유비쿼터스 도시서비스를 제공하는 도시를 말한다"(「유비쿼터스 도시법」 제2조).

23) 유비쿼터스는 라틴어로 언제 어디서나 존재한다는 뜻으로 미국의 마크 와이저(Mark Weiser)가 1988년 '유비쿼터스 컴퓨팅'이라는 용어를 처음 사용하면서 등장했다. 유비쿼터스는 사용자가 컴퓨터나 네트워크를 장소에 상관없이 아무데서나 자유롭게 네트워크에 접속할 수 있는 정보통신환경을 의미한다(Daum 백과 참조).

와 결합해 구현하고 융·복합할 수 있는 공간이라는 의미의 도시 플랫폼(구조 혹은 수단)으로 보는 것이 일반적이다(한동효, 2019). 스마트 시티는 정보에 기반을 둔, ICTs가 융합된, 정보의 수·발신이 자유로운 지능화된 공간이라고 할 수 있다. 정보가 스마트 시티의 핵심개념이라고 할 수 있다. 이러한 스마트 시티는 "서비스(service), 기술(technology), 인프라(infrastructure), 관리(management) 등 STIM 아키텍처로 구성되어 있다. 서비스-기술-인프라-관리가 도시공간에 시스템으로 융합된 다층형 U-City(multi-layered ubiquitous)가 스마트 시티의 개념적 모델로 제시되었다. 따라서 스마트 시티는 STIM 스마트 시티 아키텍처를 통해 언제 어디서나 원하는 서비스를 누구에게나 제공할 수 있다"(이상호 외, 2017: 3-4)[24]. 「스마트도시법」 제2조는 스마트 시티를 "도시의 경쟁력과 삶의 질 향상을 위하여 건설·정보통신기술 등을 융·복합하여 건설된 도시기반 시설을 바탕으로 다양한 도시서비스를 제공하는 지속가능한 도시"로 정의하고 있다. "스마트 시티는 ICTs를 이용해 자원을 최대한 효율적으로 활용하여 도시문제를 해결하고 도시 거주민의 삶의 질과 도시경쟁력을 향상시키는 지속가능한 미래형 도시다. 스마트 시티에서는 에너지, 교통, 환경, 상·하수도, 행정, 의료, 교육 등 도시주요 부문의 기반 시설·서비스가 사물인터넷과 같은 정보통신기술과 결합해 스마트 시티 플랫폼에 정보를 전송하고 이 플랫폼은 가공된 정보를 필요한 기관이나 시민에게 제공한다"(매일경제신문사, 2016: 24). 스마트 시티가 발전하기 위해서는 정보의 연결과 융·복합이 중요하다. 스마트시티의 기술적 특징으로는 모든 컴퓨터가 서로 연결되어야 하고, 이용자 눈에 보이지 않아야 하고, 언제 어디서나 사용 가능해야 하며, 현실 세계의 사물과 환경 속으로 스며들어 일상생활에 통합되어야 한다(이상호 외, 2017).

---

24) 서비스는 홈뱅킹, 원격 의료, 원격 근무 등 일, 생활, 놀이 그리고 이동에 필요한 정보 서비스를 의미하며, 기술은 정보통신기술과 건설·정보통신 등 융합 기술을 말한다. 인프라는 고정형 인프라(Built Ubiquitous Computing Infrastructure: BUCI)와 이동형 인프라(Movable Ubiquitous Computing Infrastructure: MUCI)로 나눌 수 있다. 고정형 인프라는 지능형 건물, 지능형 시설 및 정보통합센터와 유무선 네트워크, 아티팩트(artifact), 디바이스 등이며, 이동형 인프라는 스마트폰, 자동차나 로봇 등 움직이는 지능형 객체다. 관리는 수집된 정보(정보 시스템)관리, 인프라 시설 관리, 행·재정 관리, 시민 참여 등을 말한다. 다층형 스마트 시티는 공간을 기초로 서비스, 기술, 인프라, 관리가 연계 통합·제시되어 공간 중심의 요소와 관리 시스템 요소가 유기적으로 융합되어 있다(이상호, 2017: 4).

3. 스마트 시티의 활용목적

스마트 시티를 추진하는 국가들은 정치·사회·경제 환경에 따라 각각 국가 정보화를 추진하는 추진 체계의 모습은 다르나, 정보화 추진을 통한 국가경쟁력 제고 및 총체적인 국가 발전을 도모하고자 하는 방향은 동일하다. 국가별 스마트 시티 활용목적을 살펴보면, 선진국들은 기후변화협약 대응, 도시재생, 신도시 개발 차원에서 스마트 시티를 활용하고 있고 아시아 등 신흥국가들은 주로 도시화에 따른 문제해결과 경기부양책으로 활용하고 있다. 한국은 국가균형발전의 전략으로 또한 구도심 활성화를 위한 도시재생전략으로 활용하고 있다. 특히 도시재생 뉴딜 사업과 연계하여 기성시가지에서 스마트 기술을 활용해 구도심 등 기성시가지의 도시문제를 해결하는 방향으로 접근하고 있다. 한국의 스마트시티 추진전략을 살펴보면 스마트 시티 선도국으로 도약하기 위해 스마트 시티를 사람중심, 혁신성장, 동력육성, 체감형, 맞춤형, 지속가능성, 개방형, 융합·연계형 도시 조성으로 방향을 설정하고 있다. 여기에는 기술개발 중심에서 사람을 중시하는 미래가치의 지향, 단순한 도시개발과 관리에서 혁신성장의 동력 육성, 도시문제를 해결하기 위한 인프라의 확장보다는 효율적인 서비스를 제공하는 등의 내용이 포함되어 있다(이상호 외, 2017; 한동효, 2019).

스마트 시티는 시민들의 삶의 질을 향상시키는 것을 목표로 하며, 또한 인구 감소와 산업구조의 개편에 따른 도시 변화, 도시 쇠퇴, 축소 도시에 대한 대응적 성격의 계획적 접근 방식의 하나라고 할 수 있다(서정렬, 2017).

표 13-5 대륙별 스마트 시티 활용목적

구분	유럽 등 선진국	아시아 등 개발도상국
정책방향	온실가스 배출수준 감축	경쟁력 있는 신도시 구축
주요대상	도시인프라 개선	신도시 구축
주요추진분야	환경, 에너지, 교통 등	교통, 방범
주요추진주체	민관협력	공공주도

출처: 매일경제신문사(2016: 46).

제 14 장

패러다임의 전환과 미래의 도시비전

제 14 장

패러다임의 전환과 미래의 도시비전

제1절 | 도시행정의 패러다임 변화

1. 저성장이 새로운 표준(New Normal)[1]인 시대

2008년 뉴욕 발 금융위기 이후 세계경제는 성장시스템의 기력이 많이 떨어지면서 상대적으로 성장이 둔화되고 있다. 이러한 현상을 저성장(low growth)이라고 부른다. 저성장은 성장세가 약화되거나 둔화된 결과로 양적으로 표현되는 성장률 자체가 상대적으로 낮아진 경제활동 상태를 말한다. 한국경제의 저성장 기조는 1997년 IMF 외환위기와 2008년 금융위기를 거치면서 본격적으로 진행되었다. 저

1) 뉴 노멀이란 2008년 9월 뉴욕 발 세계금융위기를 지칭하여 사용한 용어로써 정부 · 가계 · 기업의 광범위한 부채 감축으로 나타나는 저성장 · 저소득 · 저수익율 등 3저 현상이 일상화되어 그 자체가 새로운 기준이 되는 상태를 말한다(박진경 · 김선기, 2017).

성장 결과 고도생산에 맞추어진 생산 및 소비방식, 고용관계, 산업구조 등은 점진적으로 해체되고 저성장에 적합하게 재배열되고 있다. 이러한 저성장의 여파는 도시의 공간구조도 변화시키고 있다. 늘 성장하고 개발하는 도시의 모습은 빠르게 사라지고, 대신 노후화에 따른 도시의 쇠퇴가 확산되고 있다. 현대사회에서 도시공간은 사회·경제적 활동과 그 관계의 구축에 의해 구성되어 생겨난다. 고도 성장기에는 도시공간의 수요가 확대되면서 도시공간이 새로 만들어 지고 개량이 다채롭게 이루어지지만 저성장시대가 되면 경제활동의 둔화로 공간개발에 대한 수요가 급감하고, 소득감소로 토지와 주택에 대한 소비자의 구매력이 떨어져 도시전체(예: 미국의 러스트 밸트 지역의 전통제조업 도시들)가 종종 방치되기도 한다(조명래, 2011).

기존의 도시정책의 패러다임이 지니고 있던 과잉개발과 그 특성은 고도 성장기에는 수용할만한 덕목이었고, 불가피한 측면도 있었다. 그러나 이미 이러한 패러다임은 곳곳에서 문제점들을 노출하고 있다. 철저한 사업성과 경제논리에 입각한 사업추진구조와 개발방식은 저성장 시대의 사회·경제적 환경 속에는 더 이상 존속하기가 어렵다. 즉 이러한 패러다임으로 인한 환경파괴, 원주민 추출, 개발이익의 편중과 사회적 양극화, 과도하게 수도권에 집중된 개발과 지역불균형 등의 부작용은 더 이상 사회적으로 용납하기가 어려운 실정이다(변창흠, 2011).

성장시대의 도시정책은 과도한 개발을 촉진했다. 한국의 공공계획은 그동안 개발을 유도하고 촉진하여 도시성장을 꾀하여 왔다. 그러나 경제가 저성장 기조로 들어서면서 개발위주의 도시 확장 정책은 한계에 봉착하였다. 한국은 최근까지도 인구가 지속적으로 감소하고 있는 쇠퇴도시에서도, 지역의 성장기반을 고려하지 않고 인구와 산업의 성장 목표를 과대하게 설정한 비효율적인 공간계획을 수립하고 있다. 한국사회보다 먼저 저성장을 경험한 서구나 일본의 경우 성장위주의 과잉개발보다는 지역의 특성에 맞는 축소도시 중심의 스마트 축소 전략을 구사하고 있다. 일본은 지속적인 저성장과 인구감소를 맞아 2014년부터 축소도시에 대한 논의가 공론화되었고, 각종 특별조치법(예: 2014년 「도시재생특별조치법」)을 통해 저성장 시대에 적합한 도시정책들을 수립하고 있다. 이제 저성장 저고용의 뉴 노멀(New Normal)시대에는 개발위주의 효율성을 중시하는 확장형·분산형 도시정책은 한계에 도달했다. 따라서 개발중심의 도시 패러다임을 넘어서는 새로운 도시 패러다임을 구현하는 것이 절대적으로 필요하다. 즉 새로운 환경과 여건을 고려한 대안적인 도시정책을 모색할 시점이 된 것이다(박진경 · 김상민, 2018; 강인호, 2019).

2. 저성장 시대의 도시환경의 변화

저성장시대를 맞이하여 지금까지의 성장위주의 도시정책들은 전환기를 맞이하고 있다. 2000년대 들어 한국의 도시들도 도시개발 및 신규 시가지 형성이라는 성장 중심의 도시정책 패러다임에서 점차적으로 시민들의 삶의 질을 중시하는 도시정책으로 패러다임의 전환을 모색하려는 움직임이 일고 있다. 즉 저성장 사회로 접어들면서 종래의 양적 개발과 공급위주의 도시정책 패러다임에서 새로운 환경과 여건을 고려한 대안적인 도시정책들을 모색하려는 시도를 하고 있는 것이다(권일, 2018).

저성장 시대에 도시환경에 미치는 영향중에서 가장 먼저 주목할 일은 과거와 같은 방식의 도시변화가 불가능하다는 것이다. 저성장 시대의 도시정부는 성장시대에 비해 자주재원인 재산세와 취득세의 급감으로 재정적 어려움을 겪을 것이다. 저출산과 고령화로 대표되는 인구통계학적 변화는 더 많은 재정지출을 필요로 한다. 대표적으로 빈곤대책과 고령화에 따른 사회보장 대책이 그렇다. 또한 저성장 추세에 들어갔더라도 삶의 질에 대한 기대는 계속 높아지고 있기 때문에 이로 인한 재정소요는 더 증가할 것이다. 이와 더불어 저성장 시대에는 도시 양극화도 더 심화될 것이다. 저성장이 곧 성장의 멈춤을 의미하지 않기 때문에 작은 성장들이 소수의 지역으로 집중되는 경향이 발생할 것이다. 즉 사회적 양극화와 더불어 공간적 양극화도 더 심화되는 것이다. 그러나 위기는 곧 기회이다. 이런 저성장 국면이 반드시 도시환경에 부정적인 결과만을 가져다주는 것은 아니다. 오히려 거품의존형 개발이 아니라 내실 있는 성장과 사람 중심의 개발 가능성을 열어줄 수도 있다. 실제 저성장은 사회 · 경제적 · 공간적으로 위기(후퇴, 쇠퇴, 쇠락)이면서 동시에 기회(대안적 발전)이기도 하다. 그래서 대안성장의 도시에선 개발수요의 감소를 도시의 질적 관리를 강화하는 계기로 삼을 수 있다. 성장 속도가 느려지면서 발생한 여유 공간(예: 토지)과 자원을 활용해 성장기 도시에서 결여되었던 도시의 문화, 환경, 복지 중심의 도시로 전환될 기회를 마련할 수 있는 것이다. 결국 성장시대의 개발 중심의 도시정책이 아니라 저성장을 수용한 새로운 도시정책을 어떻게 실현할 것인가가 핵심적인 과제이다(김수현, 2011).

제2절 | 스마트성장론

기존의 성장 중심의 도시발전의 패러다임이 지니고 있는 병폐를 극복하기 위해 현재 대안적인 패러다임들이 논의되고 있는데, 그 중 대표적인 논의가 스마트성장론(스마트성장정책), 제3절에서 설명할 창조도시와 제4절의 포용도시이다. 기존의 도시발전의 패러다임이 갖고 있는 문제점들을 보완하기 위해 새로이 출현하고 있는 도시발전 모델들은 각각의 강조점에서 차이가 있지만 무분별한 토지이용 시스템의 지양과 과소이용 토지 재고의 재활용, 장소성의 복원과 고유성 및 다양성 강조, 지속가능성의 중시, 효율성 개념의 재정립, 인적·사회적 자본을 중시하는 성장 동력의 재창출 등을 공통적으로 꼽고 있다(김용창, 2011).

1. 스마트성장론의 도입배경

미국의 경우 1950년 대 이후 대규모 교외화가 이루어졌고, 이로 인해 많은 문제들이 발생하고 있다. 특히 도시 외곽의 농경지와 녹지 훼손은 물론, 기존 도시 내부에 남아있는 인프라 시설들을 포기함으로써 발생하는 사회적·경제적인 비용이 큰 것이 문제이다. 이에 대한 대응전략으로 미국의 많은 도시에서 도시 확산(urban sprawl)[2]으로 인한 난개발 예방과 크게 낙후된 구도심의 재개발을 촉진하기 위한 스마트성장론[3]을 도입해오고 있다. 스마트 성장론은 천편일률적이었던 제2차 세계대전 이후 도시확산형 개발의 방향을 수정하자는 것이다(최근희, 2012).

스마트성장론(Smart Growth) 혹은 스마트성장정책(Smart Growth Policy)이라

2) 도시확산은 "도시가 외연적으로 확산되면서 도로, 주택, 상가, 사무실 등이 여기저기 분산된 형태로 무질서하게 입지하기 때문에 토지낭비와 자연 파괴로 인간의 삶에 해로운 결과를 야기하는 개발"을 의미한다(최근희, 2012: 130).

3) 미국의 도시개발 패턴은 세계 여러 나라가 벤치마킹할만한 바람직한 모델은 아니다. 도시교외에 거주하는 많은 미국인들이 장거리 통근(보통 2시간 이내 거리)을 해야 하지만, 점점 더 녹지는 줄어들고 있고, 개발압력은 도시외곽으로 확산되고 있다. 미래를 준비하는 창조도시로 꼽히고 있는 애리조나 주 아르코산티(Arcosanti)시를 설계한 파울로 솔레리(Paolo Solori)교수는 미국 도시들의 교외화 현상은 미국 중산층 백인들의 이기심 때문이라고 경멸하면서 교외는 공간을 잡아먹고 교통에너지를 낭비하고 공동체를 파괴한다고 교외화를 비판하고 있다. 스마트 성장론은 이러한 문제를 해결하기 위해 등장한 것이다(김태경, 2010; 최근희, 2012).

는 용어는 1980년대 말부터 사용하여 1990년대 후반 이후 도시계획 및 도시개발에서 새로운 패러다임의 하나로 자리 잡아가고 있다. 경제성장, 환경보전, 삶의 질 개선을 동시에 추구하기 위해 도시성장을 계획적으로 수용·유도하기 위한 도시성장관리정책(Urban Growth Management Policy)이라고 할 수 있다. 스마트 성장론은 전형적인 미국식 도시발전에 대한 비판으로 등장한 대표적인 패러다임이다. 미국에서 1960년대 도입된 유사한 정책인 도시성장관리정책[4]의 하나로 이 정책이 현재는 스마트성장론으로 호칭이 바뀌었다고 할 수 있다. 스마트성장은 1995년 '유도된 성장과 회생(Directed Growth and Revitalization)'라는 용어로 메릴랜드(Maryland) 주지사인 패리스 글랜든닝(Parris Glendening, 1995-2003)이 처음 사용했다[5]. 이 용어는 다음해 '이웃보존 및 스마트성장(Neighborhood Conservation and Smart Growth)'으로 바뀌었는데, 이것이 스마트성장이라는 용어의 탄생이다. 스마트성장론의 이러한 출현배경에는 메릴랜드주의 선구자적인 정책수용과 더불어 뉴 어바니즘(New Urbanism)[6]이라는 새로운 도시계획 및 디자인 이론의 성장에 따른 결과로 보인다. 스마트성장론은 과거의 개발 패러다임의 문제를 극복하고, 각 지역사회가 원하고 지역사회가 공유할 수 있는 고유의 가치를 반영한 개발안을 구성원들 모두가 참여해서 마련하자는 것이다. 또한 이를 통해 개발에서 발생하는 편익을 지역사회 구성원이 모두가 골고루 향유하자는 것이다(최현선·권영섭, 2006; 김용창, 2011; 최근희, 2012).

---

4) 도시성장관리정책이 큰 주목을 받은 것은 1973년 오레곤(Oregon)주정부가 강력한 도시성장억제수단인 도시성장경계선(UGB)지정을 채택했고, 이후 1979년 포틀랜드(Portland)시가 이를 설치하면서부터이다. 오레곤주의 도시성장경계선 지정은 본격적으로 스마트성장론이 도입된 모델로 간주되고 있다. 이후 많은 도시들에서 도시성장관리정책이 도입되었고, 1990년대 후반 이후 이 정책이 스마트성장론으로 제도화되면서 내용과 형식에서 통일화된 원칙과 목표를 설정해 대표적인 녹색성장정책으로 자리 잡게 되었다(최근희, 2012). 참고로 도시성장경계선은 "하나의 대도시권 내에서 개발가능한 지역의 공간적 범위를 명확히 설정하기 위해 경계선을 긋는 성장관리기법의 하나이다. 경계선 내의 지역에 대해서는 성장이 유도되거나 장려되는 반면, 경계선 밖의 지역에 대해서는 성장을 엄격하게 규제한다. 도시성장경계선은 농업용 토지나 오픈 스페이스를 도시적 토지이용으로부터 분리시키기 위해 제안되었는데, 한국의 개발제한구역제도와 유사하다(이왕건, 2006: 52).

5) 현(2020년) Smart Growth America의 총재인 Glendening은 1994년 메릴랜드 주지사선거에서 민주당후보로 나와 바보 같은 성장(stupid growth)을 원하지 않는다면 스마트성장(현명한 성장)이 필요하다는 선거구호를 내세워 유권자들의 지지를 받았다(최현선·권영섭, 2006).

6) 뉴 어바니즘의 "철학은 전통적인 이웃들(traditional neighborhoods)이라는 개념에서 출발한다. 전통적인 도시 이웃들 또는 커뮤니티로부터 온 복합적인 개발(mixed use), 그리고 보행자 중심의 거리와 자전거를 이용할 수 있는 도로구조 등이 핵심이다. 또 하나의 중요한 목표는 미국의 전통적인 도시환경(건물, 구조)을 보전"하는 것이다(최현선·권영섭, 2006: 19).

2. 스마트성장론의 개념

스마트성장(Smart Growth)[7]은 도시의 확산을 피하기 위하여 콤팩트하고 보행 가능한 도심의 성장을 추구하는 도시계획모형이다. 스마트 성장은 주택, 상업 시설 등 혼합토지용도개발과 대중교통 및 보행자 지향적이며, 자전거 친화적인 토지 이용을 지향하는데, 이모형은 도심의 성장은 촉진시키지만 반면에 교외지역은 성장을 억제시킨다는 측면에서 선택적 성장모형이라고 할 수 있다(Pallagst, 2009). 스마트 성장론은 성장을 멈추자는 것이 아니라, 성장을 어떻게 하면 바람직한 방향으로 유도할 것인가에 초점을 맞추는 것이다.

미국 환경보호청(United States Environmental Protection Agency)은 스마트성장을 "건강한 지역사회, 경제개발 및 일자리 창출, 강건한 지역사회 창출 및 환경을 존중하는 개발"이라고 정의하고 있다. 주택 및 도시개발부(HUD)는 "주택선택권의 확대, 토지이용과 주택의 통합, 다양한 용도의 토지개발, 개선된 디자인 등을 중시하는 개발"을 스마트성장이라고 보고 있다. 미국도시계획학회는 "지역사회를 선도하고, 설계하며, 개발하고, 재활성화하고, 건설하는 종합적인 계획수법을 이용하는 것"이라고 정의하고 있으며, 스마트성장네트워크(SGN)은 "스마트성장을 타운중심, 대중교통 및 보행자지향, 주택, 상업 시설 등 혼합토지용도개발"이라고 정의하고 있다(최근희, 2012).

3. 스마트성장론의 10가지 기본원리와 구현여건

스마트성장론[8]은 경제성장, 환경보존, 삶의 질 개선을 동시에 추구하기 위해 도시성장을 계획적으로 수용, 유도하기 위한 도시성장관리방식으로서, 기성시가지의 효율성 제고, 대중교통 및 보행환경개선, 녹지공간보존, 주거선택의 다양성 등에 중점을 둔다. 이러한 스마트 성장론의 목적은 명확하다. 즉 도시의 평면적 확

7) 스마트 성장은 앞장에서 살펴본 스마트 축소(Smart Shrinkage)와 유사한 방식을 수용하고 있다. 그러나 스마트 축소는 인구 및 경제 규모가 앞으로 더 이상 성장하지 않을 것이라는 가정 아래 축소되는 상황을 인정하고 그에 대응한 도시계획 방향을 제시한다는 측면에서 스마트 성장이 추구하는 방향과는 근본적으로 차이가 있다(성은영 외, 2015).

8) 이러한 스마트성장론도 도시경제학을 전공하고 있는 학자들로부터 비판을 받고 있는데, 이들 비판의 근거는 이 정책이 기본적으로 개인의 자유로운 선택권을 침해하며 대부분의 시민들이 교외 거주를 선호함에도 이를 막으려 한다는 것이다(최근희, 2012).

산을 방지하고 경제성장과 지역사회 및 환경을 모두 고려하는 개발로 패러다임이 전환되어야 한다는 것이다. 특히 기존 도시 중심지의 효율적 이용(입체적 공간 이용)을 강조한다. 연구자나 기관에 따라 다소 차이는 있지만 2000년대 중 · 후반에 10가지 내외의 통일된 스마트성장실현을 위한 기본원리가 수립되었다(이왕건, 2006; 최근열, 2012). ICMA(The International City Management Association)에서 2002년에 채택한 스마트 성장실현을 위한 10가지 기본 원리를 살펴보면 〈표 14-1〉과 같다.

표 14-1 스마트 성장실현을 위한 10가지 기본 원리

스마트 성장의 목표와 기본원리	
토지용도의 복합화	주거지역에 일상생활에 필요한 상업, 업무시설을 근접 배치하는 방식은 도보나 자전거를 통한 접근을 용이하도록 하며 가로의 활력을 높이고, 범죄 예방에도 기여
고밀 근린설계방식의 활용	토지이용의 효율성을 높여 녹지 및 농업공간의 보전에 기여하고 버스, 도시철도 등 대중교통수단의 도입을 실현할 수 있게 함
주거기회 및 선택의 제공	사회계층의 다양화 추세를 감안하여 기반시설이 갖추어진 기성시가지를 대상으로 다양한 소득 및 연령계층을 배려한 주거유형 제공
걷기 편리한 커뮤니티의 조성	사회적 약자에 대한 접근성을 높이고 주민들의 사회적 교류를 높이며 주민건강을 개선
강한 장소성을 가진 차별화되고 매력적인 커뮤니티의 조성	커뮤니티의 역사, 문화, 경제, 지리적 특성을 표현할 수 있는 공간으로 조성함으로써 주민들에게는 자부심을 느끼게 하고 방문객들에게는 깊은 인상을 남김
오픈스페이스, 농지 양호한 자연경관, 환경적으로 중요한 지역의 보전	야생동식물의 서식처 보존, 수질보전, 도시확산의 방지로 주민들의 삶의 질 개선
기존 커뮤니티에 대한 개발 및 관리기능 강화	세수의 낭비 방지, 직주근접 실현, 기존 도시용 토지 및 기반시설의 활용, 교외 녹지공간에 대한 개발압력 완화, 농지 및 오픈스페이스의 보존
교통수단 선택의 다양성 제공	토지이용과 교통 간의 연계뿐만 아니라 보행, 자전거, 전철, 버스 등 다양한 교통수단을 이용할 수 있게 하고 교통수단 간에도 연계성 강화

예측가능하고 공정하며 비용 효율적인 방식으로 개발을 결정	민간부문의 투자와 적극적인 참여를 유도할 수 있도록 공공부분의 승인절차나 의사결정과정이 신속, 공정하게 이루어지도록 하며 성장을 유도하는 지역의 경제활동에 대해 적정한 인센티브 제공
개발결정과정에서 커뮤니티와 다양한 이해당사자 간의 협력을 촉진	다양한 이해당사자들을 계획 초기부터 지속적으로 참여시켜 협력적 분위기에서 해결책을 모색

출처: 이왕건(2006: 5).

스마트성장론 구현을 위해서는 무엇보다도 교통체계의 개편이 중요하다. 바로 대중교통 지향 도시개발(TOD)은 대중교통 중심지와 연계하는 집약적 개발전략을 추구한다. 이러한 전략은 대중교통을 지지할 정도로 개발밀도가 충분해야 하며, 도보로 가능한 거리에 중심지가 위치해야 한다는 점을 강조한다. 아울러 공공 접근성을 촉진할 수 있는 가로와 도로의 연결성을 충분하게 확보하고, 중심지와 이동 목적지 사이 공공 교통수단을 넉넉하게 배분하여 통행하는 사람들이 쉽게 이동할 수 있을 것을 주문한다(김용창, 2011: 78).

제3절 | 창조도시

1. 창조도시의 개념

창조도시(Creative Cities)는 미래 경제발전 및 경쟁력의 핵심은 창조경제와 창조적 인재에 있다는 사고에 기반을 두고 있다. 창조도시의 핵심개념 중 하나인 도시의 창조성에 처음 관심을 가진 사람은 제인 제이콥스(Jane Jacobs, 1969)이다. 제이콥스는 *The Economy of Cities*에서 도시의 창조성에 주목했다. 제이콥스는 뉴욕이나 도쿄 같은 세계적인 도시가 아닌 이탈리아의 볼로냐와 피렌체 등 중·소도시의 소규모기업들의 네트워크형 집적 효율성에 관심을 표하며, 이러한 도시들이 탈 대량생산 시대에 적합한 창조적 도시경제 시스템을 갖춘 도시라고 칭하고, 창조적인 도시경제의 실현이 국가경제발전의 전제라고 주장했다. 제이콥스가 뉴욕이나 도쿄와 같은 대도시가 아닌 중·소도시를 창조도시로 명명한 것은 이들 독창적이고 전문화된 기술력 있는 중·소도시가 다품종 소량생산체계(Post-Fordism)에 생존하기에 적합하고, 새로운 변화와 혁신에 잘 적응한다고 판단했기 때문이다. 제이콥스는 볼로냐와 일본의 가나자와(金澤)시 등 상대적으로 작지만 내생적 경쟁력을 가지고 있는 도시들을 창조도시의 대표적인 전형으로 지목하였다(김태경, 2010; 이상호, 2018).

제이콥스가 주장한 창조적 도시가 본격적으로 학계의 주목을 받기 시작한 것은 1990년대 들어 찰스 랜드리(Charles Landry), 프랑코 비앙키니(Franco Bianchini), 피터 홀(Peter Hall) 등이 유럽과 미국의 도시들을 대상으로 창조도시의 이론화를 시도한 시점이라고 할 수 있다(김태경, 2010). 리처드 플로리다(Richard Florida)는 창조적 인재들을 끌어들이기 위한 도시의 역할을 강조하였고, 랜드리는 창조성의 핵심은 창의적인 사람과 조직이고, 이들이 한 지역에 모일 때 창조적인 환경이 조성된다고 주장했다. 플로리다는 도시에 있어서 창조적 경제성장의 열쇠는 창조계층(Creative Class)을 새로운 아이디어와 하이테크 산업 그리고 도시성장에 접목시키는 것이라고 주장하면서, 기술(Technology), 재능(Talent) 및 관용(Tolerance)의 3T를 통해 도시의 경제발전이 가능하다고 보았다. 즉 창조도시가 작동하고 성장하기 위해서는 재능과 기술 그리고 관용이 공존할 때 가능하다고 역설했다. 창조계층의 유인을 위한 전제조건은 다양성, 개방성, 어메니티(amenity)[9] 등이며, 특히 게이지수로 대표되는 다양성 또는 개방성을 중요 요인으로 설명하고 있다. 게이, 보헤미안, 외국인 등 다양한 특성을 가진 사람들을 포용하고 받아들여지는 사회에서는 규율과 규범에 제약받기 싫어하는 창의적인 인재들이 모여들기 쉽다는 점 때문이다. 이러한 진입장벽이 낮은 지역에서는 인재들이 그룹을 형성할 수 있다는 점에 플로리다는 주목하면서 현대의 도시경제를 선도하는 하이테크 산업육성을 위해서는 인재의 유인이 필요하고, 이를 위한 다양성과 개방성 향상에 초점을 맞출 필요가 있다고 주장했다. 기후, 문화, 레크레이션 등의 어메니티는 비록 다양성과 개방성 보다는 중요성이 떨어지지만 창의적 인재를 유인하는 또 다른 요인으로 지목했다(Florida, 2005).

9) 어메니티는 도시가 소비자인 시민을 끌어당기는 흡입 요인으로서의 도시의 매력을 의미한다(서정렬, 2017).

2. 창조도시의 중요구성 요소

창조도시가 기존의 도시와 차별화된 구성요소는 창조적 인재들이 모여든다는 것이다. 이전의 도시에서 부를 만드는 원천은 도시에 입지한 기업이나 기반시설이었다. 그러나 창조도시에서는 창의성 있는 개인들로 구성된 창조계층이 도시의 부와 경쟁력의 원천이다. 창조도시는 창조적 인재들이 창조성을 발휘할 수 있는 환경을 갖춘 도시로서 문화와 거주환경의 창조성, 혁신적이고 유연한 도시 경제 시스템을 갖춘 도시를 의미한다. 창조도시를 구성하는 창조적 인재(Creative Class)는 세상의 규율과 속박을 벗어나 창의적이고 자유로운 사고를 통해 무엇인가를 만들어내는, 현실에 바탕을 둔 추진력을 겸비한 사람이다. 따라서 창조적 인재는 어떤 일을 하느냐가 아니라 어떻게 일을 하느냐가 더욱 중요하다(김태경, 2010; 이상호, 2018).

창조도시를 구성하는 또 다른 중요구성요소는 창조산업(Creative Industries) 또는 창조경제이다. 창조산업이라는 용어는 영국의 문화미디어체육부(Department for Culture, Media and Sport)가 1990년대 초부터 정책적으로 활용하면서 공론화되었다. 영국정부는 창조산업을 "개인의 창조성, 기술, 재능에 뿌리내린 산업, 지적재산의 개발과 활용을 통해 부와 고용을 창출하는 산업군이며 구체적으로 광고, 영화, 비디오, 건축, 음악, 미술, 공예시장, 무대예술, 컴퓨터 · 비디오게임, 공예, 소프트웨어, 디자인, TV · 라디오, 디자이너 패션" 등으로 정의하였다(김태경, 2010). 창조도시의 경제성장은 도시로 몰려드는 창의적인 인재들이 신제품 개발이나 새로운 아이디어의 제공, 창업이라는 창조적 경제성과를 어느 정도 낳는가에 달려 있다고 본다(김태경, 2010). 플로리다(2005)는 이러한 경제에서는 기술과 재능 있는 인재, 관용이 공존하는 공간으로서의 특성을 지닐 때 창조적 능력이 한껏 발휘된다고 보았다.

창조도시의 마지막 구성요소는 기반시설, 사회 · 문화적 창조환경기반, 법 · 제도와 조직 등의 창조환경이다. 창조경제의 핵심인 정보와 지식의 생산과 유통이 언제 어디서나 누구에게나 접근 가능하도록 하는 물리적 기반시설이다. 유무선 정보통신네트워크, 정보와 지식의 저장고인 클라우드, 일하는 방식을 바꾸는 스마트워크 센터(Smart Work Center), 사회의 안전과 삶의 질을 향상시키는데 필요한 지능화된 시설, 그리고 창조계층이 선호하는 쾌적하고 친환경적인 도시를 의미한다. 사회 · 문화적 기반은 개방성(Openness), 다양성(Diversity), 관용성(Tolerance)이다. 삶의 방식과 출신이 다른 사람들이 활동하기에 자유로운 열린 도시, 다양하고 이질적인 문화와 소규모 예술 활동이 가능한 다양성을 존중하는 도시, 새로운 것을 시도할 때 발생할 수 있는 실패에 대한 개인적인 위험부담이 적으며, 이러한 위험을 장려하는 도시의 환경이 핵심이다. 법 · 제도와 이를 관장하는 조직 등이 갖는 유연성(Flexibility)이다. 창조성이 발현되려면 법과 제도의 적용이 유연해야 하며, 적극적으로 새로운 것을 받아들이는 자세가 필요하다. 조직의 유연한 사고와 학습 그리고 단체장의 리더십과 의지는 창조도시를 이루어가는 조직의 접근 방향이다(이상호, 2018).

3. 창조도시 조성을 위한 과제

창조적 도시 형성을 위해서는 각각의 도시들이 특성을 살리면서 일과 예술 · 문화가 결합된 기업환경과 주민들의 자발적인 참여의 장을 조성하는 내생적 도시 성장의 틀은 만드는 것이 중요하다. 또한 전통적인 문화 · 예술과 하이테크 산업 간의 융합이 필요하다. 즉 지역의 고유한 정체성을 유지하면서 창의적 인재들이 자유로운 창조활동을 전개할 수 있는 장을 만들어주는 동시에 지역혁신 체계를 갖추는 것이 필요하다. 마지막으로 도시의 역사성과 장소성 등 도시의 고유한 환경을 보존하는 것이 무엇보다도 중요한 과제이다. 그 도시만이 지니고 있는 고유한 환경자산 자체가 그 도시를 창조적으로 만들 수 있게 한다. 또한 자연환경을 보존하고 친환경적인 에너지 소비시스템을 갖추지 않고는 어떠한 형태의 창조도시도 지속가능하지 않다는 것을 인지해야 한다. 결론적으로 타 도시와 차별화되는 오직 그 도시만이 할 수 있는 산업과 환경조성전략을 채택하여, 경제적으로 타 도시에 종속되는 것이 아니라 도시 자체의 시장형성을 통해 개발이익이 그 지역에 재투자되는 선순환 구조를 갖추어야 한다(김태경, 2010).

제4절 | 포용도시

1. 포용도시의 등장 배경

2016년 10월 유엔 해비타트(UN-Habitat)에서는 '포용도시(The Inclusive City)'를 향후 20년 동안의 새로운 도시 의제로 정했다. 이는 20년 전 총회에서 정한 도시정책 방향인 '지속가능한 도시(Sustainable City)'에서 진일보한 개념이다. 유엔은 이러한 지향점을 근거로 시민 참여가 보장되고 사회·경제·문화적 다양성이 존중되며, 도시공간에서 시민들이 혜택을 수혜할 수 있는 권리를 보장받는 도시를 새로운 도시정책의 방향으로 제안했다.

국제사회에서 포용도시[10]가 관심을 받는 이유는 신자유주의 여파로 발생한 사회적 양극화에 의한 '사회적 배제'와 연관성이 깊다. 세계화에 따른 성장의 열매가 소수의 부유층과 특권층에게 집중되고, 다수의 사람들은 여전히 가난하다. 도시빈민을 포함한 사회적 약자들은 자신의 목소리를 조직적으로 내지 못하고 또한 각종 경제·사회활동에서 배제되어있다. 이러한 사회적 배제는 사회통합[11]을 저해하는 결과를 초래하고 있다. 특히 사회적 관계가 가장 밀도 있게 응축되어 있는 도시에서 이러한 문제는 더욱더 명확하고 가시적으로 나타나고 있다. 특히 한국사회는 IMF 경제위기 이후 양극화가 심화되고 있어 이러한 사회적 배제는 일반화되고 있는 경향이 있다. 물론 사회 전반적으로 이전보다는 더 풍요로워졌으나, 상대적 빈곤으로 박탈감은 심화되고 있고, 빈곤층은 여전히 증가하고 있다. 이러한 배경 속에서 포용도시는 현재 우리가 안고 있는 도시문제들을 가장 극명하게 드러내는 개념으로 주목받고 있는 것이다(박인권, 2017). 따라서 포용적 도시를 만들어 가는 것은 사회적 약자에 대한 차별과 배제를 극복하고, 도시에서 발생하는 있는 각종

---

10) 1999년 유엔 해비타트에서 처음 논의될 때 포용도시라는 개념이 아직 민주적 거버넌스가 정립되지 않은 제3세계 국가들을 주요 대상으로 하고 있고, 또한 정치적 거버넌스에 집중하는 경향으로 한국의 도시에서 발생하고 있는 사회적 배제의 다차원성과 복합성을 극복하기에는 한계가 있다는 지적도 있었다(박인권, 2015).

11) 사회통합의 개념은 "구성원들이 서로 다름을 인정하는 동시에 사회일원으로 동등하게 함께 살아가는 상태를 말한다. 대다수 학자들이 사회통합을 정의하고 조작화(operationalization)하는 과정에서 공통적으로 인식하고 있는 것은 개념의 다차원성(multidimensionality)이다"(박인권, 2015: 114).

사회적 갈등을 해소하는 종합적 처방이 될 수도 있다.

2. 포용도시의 개념

20세기말 유엔(UN)을 비롯한 국제기구와 NGO 단체 등을 중심으로 사회통합(social cohesion)을 지향하는 도시의 비전으로써 '포용도시'라는 개념이 논의되기 시작했다. 그러나 이러한 포용도시라는 용어는 사용하고 있는 국제기구나 논의가 제기된 시점에 따라 다양하게 해석되고 있고, 또한 포용도시 정책개념은 아직 완결성이 미흡하다는 평가이다(박인권, 2015; 문정호 외, 2016).

1999년 유엔 해비타트(UN-Habitat)는 '도시 거버넌스에 관한 글로벌 캠페인(The Global Campaign on Urban Governance)'을 위한 도시 비전으로 포용도시개념을 제시했다. 유엔 해비타트가 제시하는 포용도시개념의 주요 목표는 도시 거버넌스에서 빈곤층을 포함한 사회적 약자들의 참여가 제대로 이뤄지지 않는 현실을 극복하고, 의사결정 과정에서 민주적 절차를 회복하자는 것이다. 포용도시는 사회적 배제를 극복해 나가는 도시의 비전으로 제시된 개념으로서, '사회적 포용(social inclusion)'을 달성하거나 적어도 지향하는 도시를 말한다.[12] 포용도시는 도시 차원에서 다양한 형태의 사회적 배제를 극복하는 것을 목표로 하는 개념이라고 할 수 있다. 유엔 해비타트는 포용도시를 "모든 사람들이 경제적 수단, 성별, 민족, 종교 등에 상관없이 도시가 제공해야 할 사회·경제·정치적 기회들에 충분히 참여할 수 있는 권능(enabled and empowered)을 가지고 있는 장소"로 정의하고 있다. 이러한 포용도시의 비전 달성을 위해 유엔 해비타트는 참여적 의사결정과 계획을 주요 핵심전략으로 채택하고 있다(박인권, 2015). 즉 포용도시의 핵심은 중앙정부보다는 지방정부가, 정부보다는 시민이, 그리고 소수의 특권계층보다는 다수의 소외계층의 권리존중이다(도시미래신문, 2017). 세계은행은 2009년 주요정책방향을 공유성장에서 포용적 성장으로 전환했다. 빠른 경제성장을 통한 빈곤종식을 목표로 하는 성장이 아닌 지속가능한 경제발전을 통한 성장의 방식으로 포용적 성장을 제

---

12) 포용은 사회 현상에서 주로 배제(exclusion)에 대비되는 용어로 활용되고 있다. 포용도시를 체계적으로 소개하고 있는 박인권 교수(2015: 104)는 "포용도시의 목표와 지향을 제대로 이해하기 위해서는 사회적 배제의 개념과 이 개념이 제기되는 맥락을 먼저 살펴볼 필요가 있다"고 주장하고 있다. 박교수는 "사회적 배제는 어떤 개인이나 집단이 물질적·문화적·사회적·자원의 배분과 정치적 의사결정 과정, 그리고 개인 간의 사적인 호혜관계에 참여하지 못하는 상태와 그러한 상태를 만드는 과정을 모두 의미한다"고 정의하고 있다.

시한 것이다. 이러한 포용적 성장 논의는 2015년부터 사회적 · 경제적 · 공간적 측면을 아우르는 포괄적인 포용성을 강조하는 방향으로 확대되고 있다. 특히 공간적 포용 측면에서 생활 인프라와 공공서비스로의 균등한 접근성 향상을 핵심 정책의 제로 제시하고 있는데, 포용도시는 이 중 공간적 차원으로 이해할 수 있을 것이다(문정호 외, 2016). 이러한 포용도시는 차별 없이 모든 사람들이 접근가능하며 또한 동시에 모든 사람들에게 공정하게 혜택이 돌아가는 도시라고 정의할 수 있다.

표 14-2 주요 국제기구에서 제시하고 있는 포용도시의 개념

국제기구	차원	목적	정책방향	전략
세계은행 (2015)	공간적	• 극단의 빈곤종식 • 번영을 공유하기	• 사회적, 경제적, 공간적 포용을 강조 – 사회적 포용: 모두에게 동등한 권리와 참여의 기회를 보장 – 경제적 포용: 일자리 창출과 경제성장에 의한 이득배분 – 공간적 포용: 생활 인프라 및 공공서비스로의 균등한 접근성	– 다차원적 문제해결을 위한 다부문적인 방안마련 – 예방적이고 치료적인 해결책들을 조합 – 공동체 참여확대, 지역역량강화, 파트너십 구축
아시아 개발은행 (2011)		빈곤감소와 포용적 발전	– 도시 환경적 인프라 개발(교통, 상수도, 폐기물 처리 등) – 기후변화적응과 재해위험감소대책 마련 – 빈곤감소 대책 마련	– 포용적 도시재개발 시스템 – 빈민가 생활환경개선 프로그램의 일환으로 생계수단 마련, 주택구매를 위한 재정확보, 중앙정부 차원의 지원금 등 포함
유엔– 해비타트 (2015)		빈민연대를 통한 참여확대와 도시거버넌스에 있어 민주적 절차의 회복	– 중앙정부의 역할강조 – 기초서비스 제공(교육, 양질의 주거, 의료, 정의, 물, 전기, 교통 등) – 지방정부 간의 경쟁으로 인한 갈등조정 – 도시계획(Planning)의 역할 강조	– 도시계획 수립 및 시행 시 참여확대와 사회적 혁신 – 양질의 기초서비스에 접근할 수 있는 권리를 모든 소득계층에 보장 – 포용을 위한 공간계획 – 법적책임(Accountability) 확보 – 중앙과 지방정부의 적절한 책임과 역할분담

출처: 문정호 외(2016: 22).

참고문헌

1. 국내문헌

강동진, (2012), "도시의 재난과 방재," 대한국토·도시계획학회(편), 「새로운 도시, 도시계획의 이해」, pp. 115-132, 서울: 보성각.

_____, (2012), "미국 메인스트리트 프로그램과 지역재생," 도시재생사업단(편), 「역사와 문화를 활용한 도시재생 이야기」, pp. 20-47, 서울: 한울.

강인호, (2008), "미국 지방정부 재난관리체계와 정책시사점," 「정책분석평가학회보」, 18(3): 1-16.

_____, (2018), "일본축소도시의 컴팩트 시티 추진전략," 「한국정책학회보」, 27(2): 221-244.

_____, (2019), "지방소도시의 도시축소 및 실태에 관한 실증적 연구," 「한국지역개발학회지」, 31(5): 45-72.

강인호·김선명, (2015), "미국지방정부의 도시재생전략," 「한국공공관리학회보」, 29(1): 85-103.

강인호·백형배, (2007), "지방정부구성형태의 다양화를 위한 시론적 연구," 「한국행정논집」, 19(1): 83-102.

강인호·이계만, (2019), "통일이후 북한의 축소도시에 관한 시론적 연구," 「한국정책과학학회보」, 23(1): 27-52.

강인호·이영철·염대봉, (2015), "도시수축: 도시재생의 새로운 패러다임," 「한국사회와 행정연구」, 26(3): 25-50.

강형기, (2008), "일본 교토시와 가나자와시의 문화산업정책에 관한 비교연구: 전통산업의 보호와 진흥을 중심으로," 「한국정책연구」, 8(1): 37-62.

_____, (2014), 「지역창생학: 문화로 일구는 창조적 지역 재생」, 비봉출판사.

강혜규 외, (2015), 「사회보장사업 실태조사 및 유사중복 사업의 조정방안 연구」, 보건복지부·한국보건사회연구원.

구준교·조광래, (2011), "창의경제 연구 어떻게 할 것인가?: 지역경제의 관점에서," 「한국행정학보」, 45(2): 269-289.

구형수 외, (2016), "저성장 시대의 축소도시 실태와 정책방안 연구," 국토연구원 연구보고서.

국가균형발전위원회·산업자원부·한국생산성본부, (2007), 「균형발전 정책교본: 혁신클러스터」.

국중호, (2004), 「주요국의 조세제도-일본 편」, 한국조세재정연구원.

국토교통부 · 한국토지주택공사, (2019), 「2018 도시계획현황」.

국토지리정보원, (2016), “인구성장과 인구분포”, 「대한민국국가 지도집」.

권 일, (2018), “도시의 변화,” 대한국토 · 도시계획학회(편), 「새로운 도시, 도시계획의 이해」, pp. 27-50, 서울: 보성각.

권 일 · 김정연 · 마상열 외, (2011), “인구감소시대의 도시정책과제,” 「도시정보」, 346: 5-17.

기정훈, (2011), “인구감소 지역의 지역쇠퇴 대응을 위한 정책과제 연구,” 「국회입법조사처 연구보고서」.

김광중, (2010), “한국 도시쇠퇴의 원인과 특성,” 「한국도시지리학회지」, 13(2): 43-58.

김동한 외, (2014), 「공간 빅데이터를 활용한 국토도시 정책방안 연구」, 국토연구원.

김병준, (2015), 「지방자치론」, 서울: 법문사.

김성길 · 구형수 · 임정민 외, (2017), “인구감소가 주는 기회: 축소도시의 이해와 적응전략,” 「도시정보」, 427: 4-21.

김용창, (2011), “도시발전 패러다임의 변화와 성장편익 공유도시,” 조명래 · 김수현 · 강현수 외, 「저성장 시대의 도시정책」, pp. 57-93, 서울: 한울.

김정수, (2010), 「문화행정론」, 집문당.

김주원, (2019), “지방분권시대, 농정분권방향,” 「대통령소속 자치분권위원회 혁신연찬회 내부자료집」.

김태경, (2010), 「창조도시이론과 미래도시 발전방향에 관한 연구」, 경기개발연구원.

김혜천, (2008), “시장과 도시재생,” 「환경논총」, 47: 21-35.

남궁근, (1999), “한국과 미국의 재해관리행정체제 비교,” 남궁근, 「비교정책연구」, pp. 404-437, 서울: 법문사.

노세희, (2018), 「인구감소시대의 농촌중심지 기능변화와 삶의 질 향상에 관한 연구」, 조선대학교 박사학위논문.

도시미래신문, (2017. 11. 03), “포용도시, 사회집단의 불평등의 공간적 해결”.

마스다 히로야, (2015), 「지방소멸」, 김정환(역), 서울: 와이즈베리.

매일경제 미래경제보고서팀, (2016), 「도시의 미래」, 서울: 매일경제신문사.

문신용 외, (2008), 「성과분석 평가의 이해」, 삼영사.

문정호 외, (2016), 「포용적 국토 실현을 위한 정책과제」, 서울: 국토연구원.

문 채, (2012), “저성장시대의 도시”, 대한국토 · 도시계획학회(편), 「새로운 도시, 도시계획의 이해」, pp. 73-93, 서울: 보성각.

문화관광부, (2004), 「창의한국」.

문화체육관광부 보도자료, (2019.12.30.), "지역과 주민이 앞장서 이끄는 문화도시로의 여정, 2020년 새해부터 본격적으로 시작합니다".

문화체육관광부, (2018), 「문화도시 추진 가이드라인」.

박과영 · 김갑성, (2014), "도시 공공서비스의 효율적 공급을 위한 적정 도시규모 분석," 「도시행정학보」, 27(2): 231-261.

박길용, (2017), "독일 프라이부르크 시(市)의 협력적 거버넌스 참여과정 분석: 보봉(Vauban)생태주거단지를 중심으로," 「한독사회과학논총」, 27(1): 31-57.

박병식 · 이시경 · 이창기 · 최준호, (2009), 「현대도시와 행정」, 서울: 대영문화사.

박인권, (2015), "포용도시: 개념과 한국의 경험," 「공간과 사회」, 25(1): 95-139.

______, (2017), "포용도시를 향한 도전과 정책과제," 「국토」, 426: 20-25.

박종화 · 윤대식 · 이종열, (2014), 「도시행정론」, 서울: 대영문화사.

박진경 · 김상민, (2018), "인구구조 변화에 대응한 유형별 지역발전전략 연구," 「한국지방행정연구원 연구보고서」.

박진경 · 김선기, (2017), "인구감소시대의 지역발전정책 방향과 추진체계," 「한국지방행정연구원 연구보고서」.

배관표, (2019), "지역문화재단 운영의 쟁점과 과제," 「이슈와 논점」, 국회입법조사처, 1664호.

변창흠, (2011), "사람중심의 도시개발이 가능하다," 조명래 · 김수현 · 강현수 외, 「저성장 시대의 도시정책」, pp. 215-239, 서울: 한울.

변필성 · 김동근 · 차은혜 · 이효란, (2015), "지방중소도시 활성화를 위한 유형별 발전방향 연구," 「국토연구원 연구보고서」.

비틀리, 티머시, (2013), 「그린 어바니즘」, 이시철(역), 서울: 아카넷.

사사키 마사유키 · 종합연구개발기구, (2018), 「창조도시를 디자인하라: 도시의 문화정책과 마을만들기(개정판)」, 이석현(역), 미세움.

서울시 경제정책실, (2020), 「2020 주요 업무보고」.

서울시 노동민생정책관, (2020), 「2020 주요 업무보고」.

서울특별시, (2006), 「2020년 서울도시기본계획」.

서정렬, (2017), 「스마트 디클라인, 창조적 쇠퇴」, 서울: 커뮤니케이션북스.

성은영 외, (2015), "지역특성을 고려한 스마트 축소 도시재생 전략 연구," 「auri 연구보고서」.

심재승, (2014), "콤팩트 시티(Compact City)와 지방도시 재생-일본의 토야마(富山)시를 중심으로," 「한국지적정보학회지」, 16(3): 197-215.

야하기 히로시, (2009), 「도시축소의 시대」, 서금홍 · 오용식(역), 서울: 기문당.
양도식, (2013), 「영국도시재생정책의 실체」, 서울: 국토연구원.
양재섭, (2006), 「도시재생정책의 국제비교 연구」, 서울시정개발연구원.
______, (2018), "도시개발에서 도시재생의 시대로," 대한국토 · 도시계획학회(편), 「새로운 도시, 도시계획의 이해」, pp. 187-210, 서울: 보성각.
오정렬 · 이미주 · 차전영, (2014), 「경기혁신 클러스터 현황 및 발전과제」, 한국은행 경기본부.
우에다 가즈히로 등, (2009), 「도시 경제와 산업살리기: 도시재생을 생각한다」, 나주몽 등(역), 한울아카데미.
유재원, (2003), 「한국지방정치론: 이론과 실제」, 박영사.
이상호, (2018), "창조도시," 대한국토 · 도시계획학회(편), 「새로운 도시, 도시계획의 이해」, pp. 165-183, 서울: 보성각.
이상호 · 임윤택 · 안세윤, (2017), 「스마트 시티」, 서울: 커뮤니케이션북스.
______, (2018), "한국의 지방소멸 2018," 「고용동향브리프 7월호」, 한국고용정보원.
이상훈 · 황지욱, (2013), "도시재생의 정책배경과 패러다임의 전환," 「국토계획」, 48(6): 387-410.
이왕건, (2006), "스마트성장 외," 「국토」, 9: 52.
______, (2006), "스마트성장의 목표와 원리," 「국토정책 Brief」, 103: 1-8.
이재은, (2018), 「위기관리학」, 서울: 대영문화사.
이정섭, (2012), "도시기본계획 인구지표의 사회적 증가 추정에 대한 비판적 연구," 「국토지리학회지」, 46(3): 301-319.
이종수, (2002), 「지방정부이론」, 박영사.
이종수 · 윤영진 외, (2012), 「새행정학(6정판)」, 대영문화사.
이치가와 히로오 편, (2004), 「도쿄의 도시정책」, 김찬동 등(역), 서울시정개발연구원.
이홍재, (2006), 「문화정책」, 논형.
이희연, (2007), "지속가능한 도시개발을 위한 계획시스템의 구축과 활용에 관한 연구," 「대한지리학회지」, 42(1): 133-155.
이희연 · 한수경, (2014), 「길 잃은 축소도시 어디로 가야하나」, 국토연구원.
일자리위원회 관계부처 합동, (2017), 「사회적경제 활성화 방안」.
임승빈, (2019), 「지방자치론」, 서울: 법문사.
임완섭 외, (2019), 「사회보장급여 부정수급 실태조사 방안 연구」, 보건복지부 · 한국보건사회연구원.
임재현, (2017), 「지방행정론」, 서울: 대영문화사.

임형백, (2013), “한국의 지역균형발전정책, 1972-2012,” 「도시행정학보」, 26(3): 1-26.

______, (2017), “인구감소시대에 축소도시를 활용한 도시계획,” 「도시행정학보」, 30(2): 87-114.

장윤배, (2010), “도시재생기법의 적용사례와 도입방안연구,” 「경기개발연구원보고서」.

장윤배 · 이철규, (2009), “도시의 재생,” 「경기개발연구원보고서」.

장희순 · 송상열, (2006), “비성장형도시의 쇠퇴원인 분석과 활성화 방안,” 「국토연구」, 50: 39-58.

전경구 · 전형준, (2016), “인구감소지역의 스마트 쇠퇴를 위한 축소도시계획에 관한 연구,” 「한국지역개발학회지」, 28(1): 1-28.

정경숙, (2009), “지방정부의 통합에 따른 규모경제효과와 적정규모 분석,” 「산업경제연구」, 22(4): 1783-1806.

정홍원, (2019), “지방자치단체 복지사업 현황과 중앙-지방 연계방안,” 「보건복지포럼」, 277: 18-26.

제이콥스, 제인, (2010), 「미국 대도시의 죽음과 삶」, 유강은(역), 그린비.

조명래, (2011), “저상장과 도시패러다임의 전환,” 조명래 · 김수현 · 강현수 외, 「저성장 시대의 도시정책」, 11-32, 서울: 한울.

조상필 · 신동훈, (2016), “인구감소시대, 압축형 도시정책 필요성 제안,” 「광전 리더스 Info」, 8: 2-15.

조재성, (2004), 「미국의 도시계획」, 경기도: 한울.

차학봉, (2006), 「일본에서 배우는 고령화 시대의 국토-주택정책」, 서울: 삼성경제연구소.

채경석, (2004), “지방정부의 재난관리체계에 대한 국가 간 비교,” 「지방정부연구」, 8(4): 129-145.

최근희, (2012), “미국의 스마트 성장정책에 관한 연구,” 「도시행정학보」, 25(3): 129-160.

최영출, (2005), “지방자치단체의 적정규모 검토를 위한 실증적 연구: 자치계층제와 적정구역규모 논의의 시각에서,” 「지방행정연구」, 19(2): 240-262.

최창호 · 강형기, (2016), 「지방자치학」, 서울: 삼영사.

최현선 · 권영섭, (2006), 「스마트 성장과 비전수립과정」, 서울: 국토연구원.

최호철 외, (2019), “재난대응역량과 재난관리성과의 관계성에 법 · 제도 체계성이 미치는 조절효과 연구,” 「한국정책과학학회보」, 23(2): 25-48.

쿠메 이쿠오, (2017), 「원인을 추론하다: 정치 · 정책현상 분석을 위한 사회과학 연구방법론의 교과서」, 하정봉(역), 논형.

통계청 보도자료, (2015.7.8.), "세계와 한국의 인구현황 및 전망".
플로리다, 리처드, (2018), 「도시는 왜 불평등한가: 도시는 혁신의 엔진인가, 불평등의 산실인가?」, 안종희(역), 매일경제신문사.
하경환, (2017), "찾아가는 동주민센터 전국적 확산의 의미," 서울마을공동체정책웹진 「서울 마을」, 2017: 1-9.
하혜영, (2019), "일본 인구감소지역 대책 입법동향," 「외국입법 동향과 분석」, 국회입법조사처.
한국고용정보원, (2017), "한국의 지방소멸 2," 「한국고용정보원 연구보고서」.
한국문화예술위원회, (2020), 「문예연감 2019」.
한국정책학회, (2011), 「주요국의 문화예술단체 지원방식 연구」.
한국지방세연구원, (2016), "해외주요국의 재산세 과세 기준일 제도," 「한국지방세연구원 보고서」.
한국지방행정연구원, (2005), "행정구역의 개편논의와 대응방안," 「Krila Focus」, 2005(01).
______, (2016), 「저출산 · 고령화에 의한 소멸지역 분석」.
한동효, (2019), 「도시정책 사례연구」, 서울: 윤성사.
행정안전부, (2020), 「2020년 주민자치형 공공서비스 구축사업 주민자치 분야 매뉴얼」.
황윤원, (1989), "돌발사고에 대한 위험대비행정 분석," 「한국행정학회보」, 23(1): 149-173.

2. 외국문헌

Alonso, W., (1964), *Location and Landuse*, Harvard University press, Cambridge, Mass.
Alonso, W., (1975), "The Economics of Urban Size," in J. Friedmann W. Alonso, eds., *Regional Policy: Readings in Theory and Applications*(Cambridge, Mass.: M.I.T. Press), pp. 637-638.
Babbie, Earl., (2014), *The Practice of Social Research*, Stamford, CT: CENGAGE Learing.
Bachrach, P. and Morton S. Baratz., (1970), *Power and Poverty*, New York: Oxford Univ. press.
Bairoch, P., (1988), *Cities and Economic Development from the Dawn of History to the Present*, Chicago: University of Chicago Press.
Bennett, Robert J., (1990), *Decentralization, Local Government and Market,*

Oxford University Press.

Berg, L. and Klaassen, (1987), "The Contagiousness of Urban Decline," Berg, Leo van den, et al., (1988), *Spatial Cycles*, Hants, England: 84-99.

Berrini, M. & Bono, L., (2011), *Measuring Urban Sustainability: Analysis of the European Green Capital Award*, 1-44.

Brown, D. S. & Crane, C., (2010), *Asia Beyond Growth: Urbanization in the World's Fastest-Changing Continent*, San Rafael, CA: ORO Editions.

Brugmann, J., (2009), *Welcome to the Urban Revolution: How Cities are Changing the World*, New York. NY: Bloomsbury.

Campbell, S., & Fainstein, S. S., (2003), *Reading in Planning Theory*, Blackwell Publishing, "Decline and sprawl: an evolving type of urban development-observed in Liverpool and Leipzig," *European Planning Studies*, 13(1): 117-136.

Chou, T. & Chang, J., (2008), "Urban sprawl and the politics of land use planning in urban Taiwan," *International Development Planning Review*, 30(1): 67-93.

Chudacoff, H. P., (1975), *The Evolution of American Urban Society*, Englewood Cliffs, NJ: Prentice-Hall.

Clark, C., (1945), "The Economic Functions of a City in Relation to Its Size," *Econometrics*, 13: 97-113.

Cohen, B., (2004), "Urban Growth in Developing Countries: A Review of Current Trends and Caution Regarding Existing Forecasts," *World Development*, 32(1): 23-51.

Couch, C. Karecha, J. Nuiss, H. & Rink, D., (2005), "Decline and sprawl: an evolving type of urban development-observed in Liverpool and Leipzig," *European Planning Studies*, 13(1): 117-136.

Donahue, Amy K., and Joyce, Philip G., (2001), "A framework for Analyzing Emergency Management with an Application to Federal Building," *Public Administration Review*, 61(6): 728-740.

Downs, A., (2004), *Growth Management, Smart Growth and Affordable Housing in Growth Management and Affordable Housing*, Washington D.C.: The Brookings Institution.

Dreier, P., Mollenkopf, M., and Swanstrom, T., (2004), *Place Matters*. Lawrence, KS: University Press of Kansas.

Euchner, C. C. & McGovern, S. J., (2003), *Urban Policy Reconsidered: Dialogues on the Problems and Prospects of American Cities*, New York: Routledge.

FEMA, (1984), *Objectives for Local Emergency Management*, CPG 1-5, Washington, D.C.

Firey, W., (1947), *Landuse in Central Boston*, Harvard University press, Cambridge, Mass.

Fischer, M., (2003), "The Relative Importance of Income and Race in Determining Residential Outcomes in US Urban Areas 1970-2000," *Urban Affairs Review*, 38(5): 669-696.

Florida, R., (2002), *The Rise of the Creative Class*, New York: Basic Books.

Florida, R., (2005), *Cities and Creative Class*, 이원호(역), (2008), 「도시와 창조계급」, 서울: 푸른길.

Floyd, H., (1953), *Community Power Structure*, Chaple Hill: University of North Carolina Press.

Fol, S. and E. Cunningham-Sabot., (2010), "Urban Decline and Shrinking Cities: A Critical Assessment of Approaches to Urban Shrinking," *Annales de geographie*, 674: 359-383.

Glaeser E., (2011), *Triumph of the City. How our greatest invention makes us richer, smarter, greener, healthier, and happier*, New York: The Penguin Press.

Gottdiener, M., (1993), *The New Urban Sociology*, New York: Mcgraw-Hill.

Grimm, N. B., Faeth, S. H., Golubiewski, N. E., Redman, C. L., Wu, J. Bai, X. & Briggs, J. M., (2008), "Global change and the ecology of cities," *Science*, 319(5864): 756-760.

Grübler, A. & Fisk, D., (2013), *Energizing Sustainable Cities: Assessing Urban Energy*, Abingdon, United Kingdom: Routledge.

Haase, A., M. Bent, K. Grossmann, V. Mykhnenko and D. Rink, (2013), "Varieties of Shrinkage in European Cities," *European Urban and Regional Studies*, doi: 10, 1177/0969776413481985.

Hall, Peter, (2002), *Cities of Tomorrow*, Oxford: Blackwell Publishers.

Hambleton R., (2015), *Leading the Inclusive City. Place-based innovation for a bounded planet*, Bristol: The Policy Press.

Hammond, A., Adriaanse, A., Rodenburg, E., Bryant, D. & Woodward, R., (1995), *Environmental Indicators: A Systematic Approach to Measuring and*

Reporting on Environmental Policy Performance in the Context of Sustainable Development, World Resources Inst.

Harding, A., & Blokland, T., (2014), *Urban Theory*, Sage Publications Ltd.

Harggett P., (1971), *Locational Analysis in Human Geography*, Edward Arnold; Reprint edition.

Henstra & McBean, (2005), "Canadian Disaster Management Policy: Moving Toward a Paradigm Shift?," *Canadian Public Policy*, 31(3): 303-318.

Herson, L. & Bolland, J., (1998), *The Urban Web*, Nelson-Hall Publishers: Chicago.

Kennedy, C., Cuddihy, J. & Engel-Yan, J., (2007), *The changing metabolism of cities. Journal of Industrial Ecology*, 11(2): 43-59.

Kotter, T. & Friesecke, F., (2011), Developing urban indicators for managing mega cities. Department of Urban Planning and Real Estate Management, Institute of Geodesy and Geoinformation, University of Bonn.

Landry, C., (2000), *The Creative city: a toolkit for urban innovators*, London: Earthscan.

Lauria, M. and Baxter, V. A., (1999), "Residential Mortgage Foreclosure and Racial Transition in Neaw Orlens," *Urban Affairs Review*, 346: 757-986.

Lichter, D. T., (2013), "Integration or Fragmentation? Racial Diversity and the American Future," *Demography*, 50(2): 359-391.

Martins, M. R., (1995), "Size of municipalities, efficiency, and citizen participation: a cross-European perspective," *Environment and Planning C: Government and Policy*, 13: 441-458.

Massey, D., (1990), "American Apartheid: Segregation and the Making of the Underclass," *The American Journal of Sociology*, 96(2): 329-357.

Mazlish, B., (1989), *A New Science: The Breakdown of Connections and the Birth of Sociology*, Oxford University Press.

Menzel, Donald et. al., (1992), "Setting a Research Agenda for the Study of American County," *Public Administration Review*, 52(2): 173-182.

Monsted, M., (2006), "FRANCOIS PERROUX'S THEORY OF 'GROWTH POLE' AND 'DEVELOPMENT' POLE: A CRITIQUE,“ *ANTIPODE*, 6(2): 106-113.

Montgomery, R. M. & others, eds., (2004), *Cities Transformed: Demographic Change and its Implications in the Developing World*, London: Earthscan.

Mumford, L., (1961), *The City in History: Its Origins, Its Transformations, and Its*

Prospects, New York: Harcourt, Brace & World.

Mushkatel, Alvin H. & Weschler, Louis F., (1985), "Emergency Management and Intergovernmental System," *Public Administration Review*, 45(Special Issue): 49-56.

Nelson, A., Sanchez, T., and Dawkins, C., (2004), "The Effect of Urban Containment and Mandatory Housing Elements on Racial Segregation in US Metropolitan Areas 1990-2000," *Journal of Urban Affairs*, 26(3): 339-350.

Neuwirth, R., (2006), *Shadow Cities: A Billion Squatters, A New Urban World*, New York, NY: Routledge.

Niemeijer, D. & de Groot, R. S., (2008), "Framing environmental indicators: moving from causal chains to causal networks", *Environment, Development and Sustainability*, 10(1): 89-106.

OECD, (2012), *Compact City Policies: A Comparative Assessment*, OECD Green Growth Studies, OECD Publishing.

Olsen, Aksel, (2013), "Shrinking Cities: Fuzzy Concept or Useful Framework?," *Berkeley Planning Journal*, 26: 107-132.

Orum, A. M., (1995), *City-Building America*, Boulder, CO: Westview.

Pacione, M., (2009), *Urban Geography: A Global Perspective*, Third Edition, New York, NY: Routledge.

Pallagst, Karina, et. al., (2009), *The Future of Shrinking Cities: Problems, Patterns and Strategies of Urban Transformation in Global Context*, University of California.

Park, R. E., Burgess, E. W., & McKenzie, R. D., (1925), *The City*, University of Chicago Press.

Parsons, T., (1951), Illness and the role of the physician: A sociological perspective, *American Journal of Orthopsychiatry*, 21(3): 452-460.

Pelling, M., (2003), *The Vulnerability of Cities: Natural Disasters and Social Resilence*, London, UK: Earthscan Publications Ltd.

Petak, W. J., (1985), "Emergency Management: A Challenge for Public Administration," *Public Administration Review*, 45(Special Issue): 1-16.

Peterson, Paul E., (1981), *City Limits*, University of Chicago Press.

Poole, R. W., Jr., and Yuzo S., (1995), "Congestion Relief Toll Tunnels," *Transportation*, 22: 327-351.

Reckien, D. and Martinez-Fernandez, C., (2011), "Why do cities shrink?,"

European Planning Studies, 19(8): 1375-1397.

Rhodes, R. A. W., (1986), "Power Dependence: Theories of Central-Local Relations," In M. Goldsmith, (ed.), *New Research in Central-Local Relations*, London: Gower.

Robert A. Dahl., (1958). "A Critique of the Ruling Elite Model," *APSR*, Vol. 52.

Saltzman, A., (1979), "The Decline of Transit," *Public Transportation*, Prentice-Hall, Englewood Cliffs, N.J.

Saunders, P., (1981), *Social Theory and the Urban Question*, Holmes & Meier.

Savas, E. S., (1987), *Privatization: The Key to The Better Government*, New Jersey: Chathan House.

Sclar, E. D., (2000), *You Don't Always Get What You Pay For: The Economics of Priviatization*, Ithaca: Cornell Univ. Press.

Shevky, E., & Bell, W., (1955), *Social area analysis; theory, illustrative application and computational procedures*, Stanford University Press.

Smithson, Michael, (1990), "Ignorance and Disasters," *International journal of Mass Emergencies and Disasters*, 8(November): 207-235.

Stiglitz, Joseph E., (1988), *Economics of The Public Sector*, New York: Norton & Company.

Stone, C. N., (1993), "Urban Regimes and The Capacity to Govern: A Political Economy Approach," *Journal of Urban Affairs*, 15(1): 1-28.

Waugh, William, L., (1994), "Regionalizing Emergency management: Counties as State and Local Government," *Public Administration Review*, 54(3): 253-258.

World Bank, (2009), *World Development Report 2009: Reshaping Economic Geography*, Washington, DC: The International Bank for Reconstruction and Development.

Wright, Deil, S., (1983), *Understanding Intergovernmental Relations*, Pacific Grove, CA: Brooks/Cole Publishing Co.

高木一典, (2013), 人口減少下の都市計画マスタープランの条件, 川上光彦(編), 「地方都市の再生戦略」, 24-35, 學藝出版社.

高山純一, (2013), 人や公共交通を中心とした新しい交通戦略, 川上光彦(編), 川上光彦(編), 「地方都市の再生戦略」, 24-35, 學藝出版社.

広井良典, (2009), 「コミュニティを問い直す: つながり・都市・日本社会の未来」, ちくま新書.
久繁哲之介, (2010), 「地域再生の罠: なぜ市民と地方は豊かになれないのか?」, ちくま新書.
宮本憲一, (1999), 「都市政策の思想と現実」, 有斐閣.
根本祐二, (2013), 「豊かな地域はどこがちがうのか—地域間競争の時代」, ちくま新書.
今井照, (2006), 「自治体のアウトソーシング」, 学陽書房.
吉田民雄, (2008), 「都市行政学 1: 都市・市民・制度」, 中央経済社.
吉村弘, (1999), 「最適都市規模と市町村合併」, 東洋経済新報社.
内閣府, (2010), 「經濟財政白書 2010」.
西尾勝, (2007), 「地方分権改革」, 東京大学出版会.
松下圭一, (1971), 「シビル・ミニマムの思想」, 東京大学出版会.
日本創成会議・人口減少問題検討分科会, (2014), 「ストップ少子化・地方元気戦略」.
日本青年会議所・大正大学地域構想研究所共同編集, (2016), 「地方創生に役立つ！地域データ分析の教科書」, 大正大学出版会.
諸富徹, (2018), 「人口減少時代の都市: 成熟型のまちづくりへ」, 中公新書.
佐藤泰裕, (2014), 「都市・地域経済学への招待状」, 有斐閣.
佐々木信夫, (2008), 「自治体政策」, 日本経済評論社.
佐々木雅幸·水内俊雄, (2009), 「創造都市と社会包摂」, 水曜社.
中口毅博・熊崎実佳, (2019), 「SDGs先進都市フライブルク: 市民主体の持続可能なまちづくり」, 学芸出版社.
中邨章, (2004), "行政・行政学と 'ガバナンス'の三形態", 日本行政学会(編) 「ガバナンス論と行政学」, 39: 2-25, ぎょうせい.
川上光彦, (2013), 地方都市再生の現状と課題, 川上光彦(編), 「地方都市の再生戦略」, 11-23, 學藝出版社.
川上光彦・木谷弘司・持正浩, (2013), 地方都市の再生戦略, 川上光彦(編), 「地方都市の再生戦略」, 294-306, 學藝出版社.
村上周三ほか, (2019), 「SDGsの実践: 自治体・地域活性化編」, 宣伝会議.
片岸将広, (2013), コンパクトな都市づくりのための郊外市街地の再生・再編の戦略, 川上光彦(編), 「地方都市の再生戦略」, 36-47, 東京: 學藝出版社.

3. 인터넷 사이트

국가법령정보센터(http://www.law.go.kr/main.html).

대한민국 정책브리핑(http://www.korea.kr/special/policyCurationList.do).

서울시 경제정책실 홈페이지(http://news.seoul.go.kr/economy/economy_policy).

시애틀시 홈페이지(https://www.seattle.gov/).

프라이부르크시 홈페이지(https://www.freiburg.de/pb/,Lde/205243.html).

프라이부르크시, 프라이부르크 녹색도시(Freiburg GREEN CITY): 지속가능성으로의 길 (한국어판, https://www.freiburg.de/pb/372840.html, 2020년 5월 10일 검색).

한국민족문화대백과사전(https://encykorea.aks.ac.kr/).

Badenova AG & KG 홈페이지(https://www.badenova.de/web/).

OECD, (2013), "Metropolitan areas," OECD Regional Statistics(database), http://dx.doi.org/10.1787/data-00531-en.

Ökostrom Erzeugung Freiburg GmbH 홈페이지(https://www.oekostrom-freiburg.de/).

찾아보기

ㄱ

ㅊ

저자약력

■ 강 인 호

미국 The University of Akron 행정학석사(M.P.A.) 및 행정학박사(Ph.D.)
Florida State University Visiting Professor
조선대학교 학생부처장, 연구부처장
조선대학교 사회과학대학 학장, 정책대학원원장
(사)한국정책과학학회 회장
행정고등고시, 입법고등고시, 5급 사무관 승진시험, 서울특별시 7급 공채 문제출제 · 선정 · 채점 · 면접위원
민주평화통일자문회의 중앙상임위원
대통령직속 자치분권위원회 위원
현, 조선대학교 사회과학대학 행정복지학부 교수

››› 주요 저서 및 논문

"지방소도시의 도시축소 및 실태에 관한 실증적 연구", 한국지역개발학회지, 2019.
"일본 축소도시의 컴팩트 시티 추진전략", 한국정책학회보, 2018.
"인구소멸시대의 일본 축소도시가 추구하는 스마트 수축 전략", 한국정책과학학회보, 2017.
외 다수의 논문과 저서가 있음

■ 박 치 형

경희대학교 환경학과(이학사)
한양대 대학원 행정학과(행정학석사)
Florida International University(FIU)(행정학석사)
University of Texas at Arlington(도시계획 및 정책학박사)
University of Tennessee at Knoxville 객원교수
공주대학교 입학관리 본부장
세종특별자치시 출범 구역 획정 위원
정부업무평가 민간위원
입법고시 및 국회 8급 출제위원
9 · 7급 공무원시험 출제위원
현, 공주대학교 행정학과 교수

››› 주요 저서 및 논문

"An Impact Analysis of Kia Motors Investment on the Regional Economic Growth – Focused on Troup County in Georgia –," 한국거버넌스학회보, 2015.
"Redevelopment of Blighted Neighborhood: the Frazier Courts in Dallas, US," 연세대학교 사회과학논집, 2015.
"The Relationship between the Physical Growth of the Central City and Metropolitan Socio–Economic Growth in US Metropolitan Areas from 1950 to 2000," The Korean Journal of Policy Studies, 2015.
"The Effect of the Shift of White and the Growth of Ethnic Groups on Housing Variables in the Dallas–Fort Worth–Arlington Metropolitan Area between 2000 and 2010," 한국정책과학학회보, 2017.

■ 하 정 봉

고려대학교 정경대학 행정학과 졸업
서울대학교 행정대학원 정책학 석사
동아일보 기자
일본 쓰쿠바(筑波)대학교 행정학 박사
미국 워싱턴 대학교(University of Washington) 방문교수
한국지방자치학회보 편집위원
현, 대통령소속 자치분권위원회 전문위원
순천대학교 공공인재학부 행정학 전공 교수

〉〉〉 주요 저서(역서) 및 논문

작은 정부론(부키, 2007, 공저)
행정과 지방자치(논형, 2008, 공역)
일본행정론(애플트리테일즈, 2009, 공저)
한일 지방자치 비교(대영문화사, 2010, 공저)
새행정학 2.0(대영문화사, 2014, 공저)
원인을 추론하다(논형, 2017, 역서)
"지방이양사무의 특성별 성과분석," 한국행정논집, 2008.
"주민참여에 영향을 주는 요인에 관한 연구: 이익, 제도, 이념 등을 중심으로," 한국거버넌스학회보, 2013(공저).
"일본의 외국인 노동자 수용정책 변화와 함의," 한국비교정부학보, 2018.

도시행정론

2020년 8월 20일 초판 인쇄
2020년 8월 25일 초판 발행

저 자 강인호·박치형·하정봉
발행인 배 효 선
발행처 도서출판 法 文 社
주 소 10881 경기도 파주시 회동길 37-29
등 록 1957년 12월 12일 / 제2-76호(윤)
전 화 (031)955-6500~6 FAX (031)955-6525
E-mail (영업) bms@bobmunsa.co.kr
(편집) edit66@bobmunsa.co.kr
홈페이지 http://www.bobmunsa.co.kr
조 판 법 문 사 전 산 실

정가 24,000원 ISBN 978-89-18-91132-8